大学入試シリーズ

267

駒澤大学

全学部統一日程選抜

教学社

はしがき

入力した質問に対して，まるで人間が答えているかのような自然な文章で，しかも人間よりもはるかに速いスピードで回答することができるという，自然言語による対話型の AI（人工知能）の登場は，社会に大きな衝撃を与えました。回答の内容の信憑性については依然として課題があると言われるものの，AI 技術の目覚ましい進歩に驚かされ，人間の活動を助けるさまざまな可能性が期待される一方で，悪用される危険性や，将来人間を脅かす存在になるのではないかという危惧を覚える人もいるのではないでしょうか。

大学教育においても，本来は学生本人が作成すべきレポートや論文などが，AI のみに頼って作成されることが懸念されており，AI の使用についての注意点などを発表している大学もあります。たとえば東京大学では，「回答を批判的に確認し，適宜修正することが必要」，「人間自身が勉強や研究を怠ることはできない」といったことが述べられています。

16 ～ 17 世紀のイギリスの哲学者フランシス・ベーコンは，『随筆集』の中で，「悪賢い人は勉強を軽蔑し，単純な人は勉強を称賛し，賢い人は勉強を利用する」と記しています。これは勉強や学問に取り組む姿勢について述べたものですが，このような新たな技術に対しても，侮ったり，反対に盲信したりするのではなく，その利点と欠点を十分に検討し，特性をよく理解した上で賢く利用していくことが必要といえるでしょう。

受験勉強においても，単にテクニックを覚えるのではなく，基礎的な知識を習得することを目指して正攻法で取り組み，大学で教養や専門知識を学ぶための確固とした土台を作り，こうした大きな変革の時代にあっても自分を見失わず，揺るぎない力を身につけてほしいと願っています。

＊　＊　＊

本書刊行に際しまして，入試問題や資料をご提供いただいた大学関係者各位，掲載許可をいただいた著作権者の皆様，各科目の解答や対策の執筆にあたられた先生方に，心より御礼を申し上げます。

編者しるす

そもそも

赤本とは…

受験生のための
大学入試の過去問題集！

60年以上の歴史を誇る赤本は，600点を超える刊行点数で全都道府県の370大学以上を網羅しており，過去問の代名詞として受験生の必須アイテムとなっています。

Q. なぜ受験に過去問が必要なの？

A. 大学入試は大学によって問題形式や頻出分野が大きく異なるからです。

マーク式か記述式か，試験時間に対する問題量はどうか，基本問題中心か応用問題中心か，論述問題や計算問題は出るのか——これらの出題形式や頻出分野などの傾向は大学によって違うので，とるべき対策も大学によって違ってきます。
出題傾向をつかみ，その大学にあわせた対策をとるために過去問が必要なのです。

赤本で志望校を研究しよう！

赤本の掲載内容

傾向と対策

これまでの出題内容から，問題の**「傾向」**を分析し，
来年度の入試にむけて具体的な**「対策」**の方法を紹介しています。

問題編・解答編

年度ごとに問題とその解答を掲載しています。
「問題編」ではその年度の試験概要を確認したうえで，実際に出題された過去問に取り組むことができます。
「解答編」には高校・予備校の先生方による解答が載っています。

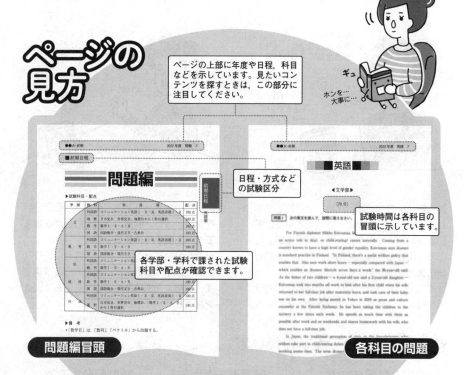

ページの見方

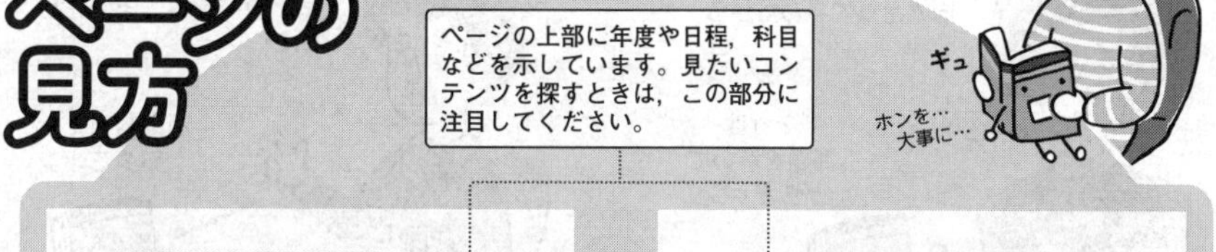

他にも赤本によって，大学の基本情報や，先輩受験生の合格体験記，在学生からのメッセージなどが載っています。

● 掲載内容について ●

著作権上の理由やその他編集上の都合により問題や解答の一部を割愛している場合があります。なお，指定校推薦入試，社会人入試，編入学試験，帰国生入試などの特別入試，英語以外の外国語科目，商業・工業科目は，原則として掲載しておりません。また試験科目は変更される場合がありますので，あらかじめご了承ください。

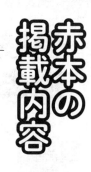

受験勉強は過去問に始まり，過去問に終わる。

STEP 1 なにはともあれ まずは解いてみる 》

過去問をいつから解いたらいいか悩むかもしれませんが，まずは一度，**できるだけ早いうちに**解いてみましょう。**実際に解くことで，出題の傾向，問題のレベル，今の自分の実力がつかめます。**
赤本の「傾向と対策」にも，詳しい傾向分析が載っています。必ず目を通しましょう。

STEP 2 じっくり具体的に 弱点を分析する 》

解いた後は，ノートなどを使って自己分析をしましょう。**間違いは自分の弱点を教えてくれる貴重な情報源です。**
弱点を分析することで，今の自分に足りない力や苦手な分野などが見えてくるはずです。合格点を取るためには，こうした弱点をなくしていくのが近道です。

合格者があかす赤本の使い方

傾向と対策を熟読

（Fさん／国立大合格）

大学の出題傾向を調べることが大事だと思ったので，赤本に載っている「傾向と対策」を熟読しました。解答・解説もすべて目を通し，自分と違う解き方を学びました。

目標点を決める

（Yさん／私立大合格）

赤本によっては合格者最低点が載っているものもあるので，まずその点数を超えられるように目標を決めるのもいいかもしれません。

時間配分を確認

（Kさん／公立大合格）

過去問を本番の試験と同様の時間内に解くことで，どのような時間配分にするか，どの設問から解くかを決めました。

過去問を解いてみて，まずは自分のレベルとのギャップを知りましょう。
それを克服できるように学習計画を立て，苦手分野の対策をします。
そして，また過去問を解いてみる，というサイクルを繰り返すことで効果的に学習ができます。

STEP 3　志望校にあわせて
重点対策をする

分析した結果をもとに，参考書や問題集を活用して**苦手な分野の重点対策**をしていきます。赤本を指針にして，何をどんな方法で強化すればよいかを考え，**具体的な学習計画を立てましょう**。
「傾向と対策」のアドバイスも参考にしてください。

STEP 1▸2▸3…　サイクルが大事！
実践を繰り返す

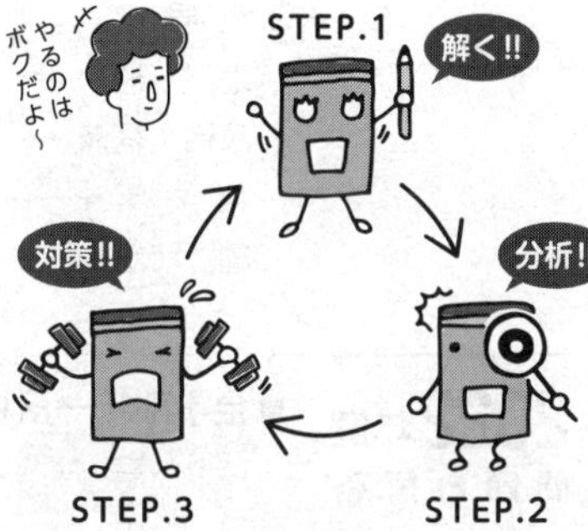

ステップ1～3を繰り返し，足りない知識の補強や，よりよい解き方を研究して，実力アップにつなげましょう。
繰り返し解いて**出題形式に慣れること**や，試験時間に合わせて**実戦演習を行うこと**も大切です。

添削してもらう
（Sさん／国立大合格）

記述式の問題は自分で採点しにくいので，先生に添削してもらうとよいです。人に見てもらうことで自分の弱点に気づきやすくなると思います。

繰り返し解く
（Tさん／国立大合格）

1周目は問題のレベル確認程度に使い，2周目は復習兼頻出事項の見極めとして，3周目はしっかり得点できる状態を目指して使いました。

他学部の過去問も活用
（Kさん／私立大合格）

自分の志望学部の問題はもちろん，同じ大学の他の学部の過去問も解くようにしました。同じ大学であれば，傾向が似ていることが多いので，これはオススメです。

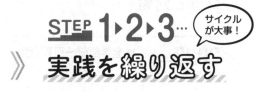

目次

掲載内容についてのお断り

自己推薦選抜は掲載していません。

University Guide

大学情報

大学の基本情報

学部・学科の構成

大　学

仏教学部

禅学科

仏教学科

文学部

国文学科

英米文学科

地理学科（地域文化研究専攻，地域環境研究専攻）

歴史学科（日本史学専攻，外国史学専攻，考古学専攻）

社会学科（社会学専攻，社会福祉学専攻）

心理学科

経済学部

経済学科

商学科

現代応用経済学科

法学部

法律学科（フレックスA，フレックスB）

政治学科

経営学部

経営学科

市場戦略学科

医療健康科学部

診療放射線技術科学科

グローバル・メディア・スタディーズ学部

グローバル・メディア学科

（備考）

- 仏教学部は３年次より各学科に分属する。
- 学部生は駒沢キャンパスで４年間学ぶ。玉川キャンパスで行われる講義も履修できる。

大学院

仏教学研究科 / 人文科学研究科 / 経済学研究科 / 商学研究科 / 法学研究科 / 経営学研究科 / 医療健康科学研究科 / グローバル・メディア研究科

大学所在地

駒沢キャンパス

玉川キャンパス

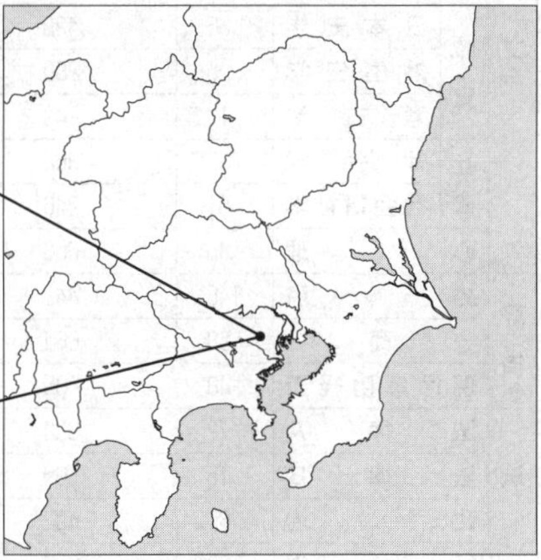

駒沢キャンパス　〒154-8525　東京都世田谷区駒沢 1-23-1

玉川キャンパス　〒157-0068　東京都世田谷区宇奈根 1-1-1

入試データ

入試状況（志願者数・競争率など）

- 競争率は受験者数÷合格者数（追加合格者を含む）で算出。
- 法学部法律学科のA，Bは，それぞれフレックスA，フレックスBを示す。
- 個別学力試験を課さない大学入学共通テスト利用選抜は1カ年のみ掲載。

2023年度 入試状況

一般選抜T方式（2月実施入試）

学部・学科・専攻等			募集人員	志願者数	受験者数	合格者数	競争率
仏教			25	227	221	128	1.7
文	国文		58	465	448	181	2.5
	英米文		59	361	350	176	2.0
	地理	地域文化研究	33	203	195	80	2.4
		地域環境研究	30	212	209	94	2.2
	歴史	日本史学	36	429	415	137	3.0
		外国史学	25	280	273	119	2.3
		考古学	17	143	137	58	2.4
	社会	社会学	30	362	344	113	3.0
		社会福祉学	51	246	238	117	2.0
	心理		45	653	643	155	4.1
経済	経済		145	1,442	1,392	486	2.9
	商		88	1,064	1,025	493	2.1
	現代応用経済		48	405	392	139	2.8
法	法律A		72	932	905	420	2.2
	法律B		15	109	105	66	1.6
	政治		66	492	473	273	1.7
経営	経営		133	1,363	1,312	449	2.9
	市場戦略		71	634	606	235	2.6
医療健康科学			33	253	248	103	2.4
グローバル・メディア・スタディーズ			58	475	461	146	3.2
合計				10,750	10,392	4,168	2.5

一般選抜T方式（3月実施入試）

学部・学科・専攻等			募集人員	志願者数	受験者数	合格者数	競争率
仏教			5	44	37	14	2.6
文	国文		5	33	30	6	5.0
文	英米文		5	42	36	15	2.4
文	地理	地域文化研究	若干名	18	15	2	7.5
文	地理	地域環境研究	若干名	16	15	1	15.0
文	歴史	日本史学	若干名	30	26	2	13.0
文	歴史	外国史学	若干名	7	4	1	4.0
文	歴史	考古学	若干名	13	11	2	5.5
文	社会	社会学	若干名	34	24	7	3.4
文	社会	社会福祉学	若干名	11	9	2	4.5
文	心理		若干名	95	91	4	22.8
経済	経済		10	170	146	32	4.6
経済	商		7	100	85	13	6.5
経済	現代応用経済		6	71	61	16	3.8
法	法律A※1		15	215	184	20	9.2
法	法律B		45	55	50	25※2 32※3	2.0※4
法	政治		10	131	116	39	3.0
経営	経営		15	133	114	31	3.7
経営	市場戦略		7	55	52	18	2.9
グローバル・メディア・スタディーズ			若干名	40	38	11	3.5
合計				1,313	1,144	293	3.9

※1…フレックスA・B併願者の数を含む。
※2…フレックスB専願者の合格者をあらわす。
※3…フレックスA・B併願者でフレックスB合格者をあらわす。
※4…フレックスB専願者の競争率をあらわす。

一般選抜S方式（特定科目重視型）

学部	学科	専攻	募集人員	志願者数	受験者数	合格者数	競争率
仏教			10	78	73	37	2.0
文	国文		20	268	258	69	3.7
文	英米文		18	131	123	60	2.1
文	歴史	日本史学	5	191	183	43	4.3
文	歴史	外国史学	4	83	82	21	3.9
文	歴史	考古学	3	47	42	14	3.0
医療健康科学			10	130	127	31	4.1
グローバル・メディア・スタディーズ			48	374	351	186	1.9
合計				1,302	1,239	461	2.7

全学部統一日程選抜

学部	学科	専攻	募集人員	志願者数	受験者数	合格者数	競争率
仏教			25	175	171	110	1.6
文	国文		12	289	283	76	3.7
文	英米文		13	226	225	110	2.0
文	地理	地域文化研究	10	185	180	96	1.9
文	地理	地域環境研究	10	180	174	86	2.0
文	歴史	日本史学	14	307	299	72	4.2
文	歴史	外国史学	11	182	180	53	3.4
文	歴史	考古学	5	118	115	44	2.6
文	社会	社会学	10	309	298	79	3.8
文	社会	社会福祉学	10	98	96	24	4.0
文	心理		10	296	290	47	6.2
経済	経済		37	964	946	199	4.8
経済	商		26	434	426	128	3.3
経済	現代応用経済		15	335	330	106	3.1
法	法律A		30	455	439	168	2.6
法	法律B		15	81	74	52	1.4
法	政治		15	225	219	62	3.5
経営	経営		30	687	668	151	4.4
経営	市場戦略		15	333	328	64	5.1
グローバル・メディア・スタディーズ			22	263	255	95	2.7
合計				6,142	5,996	1,822	3.3

■■大学入学共通テスト利用選抜

日程	学部	学科	専攻	募集人員	志願者数	受験者数	合格者数	競争率
前期	仏教			20	304	303	160	1.9
前期	文	国文		10	587	587	155	3.8
前期	文	英米文		10	428	427	125	3.4
前期	文	地理	地域文化研究	5	249	249	106	2.3
前期	文	地理	地域環境研究	5	284	284	99	2.9
前期	文	歴史	日本史学	8	460	460	121	3.8
前期	文	歴史	外国史学	7	317	316	103	3.1
前期	文	歴史	考古学	5	286	286	92	3.1
前期	文	社会	社会学	5	382	381	102	3.7
前期	文	社会	社会福祉学	5	120	120	29	4.1
前期	文	心理		5	514	512	100	5.1
前期	経済	経済		20	1,380	1,375	371	3.7
前期	経済	商		15	926	923	231	4.0
前期	経済	現代応用経済		5	338	338	94	3.6
前期	法	法律A		30	879	879	503	1.7
前期	法	政治		20	811	811	416	1.9
前期	経営	経営		30	1,298	1,292	355	3.6
前期	経営	市場戦略		12	520	517	163	3.2
前期	医療健康科学			5	251	243	40	6.1
前期	グローバル・メディア・スタディーズ			20	564	563	269	2.1
中期	仏教			8	9	9	6	1.5
中期	経済	経済		8	40	40	16	2.5
中期	経済	商		8	31	31	15	2.1
中期	経済	現代応用経済		3	27	27	12	2.3
中期	法	法律A		10	47	47	16	2.9
中期	法	政治		5	42	42	35	1.2
中期	医療健康科学			2	4	4	2	2.0
後期	法	法律B		15	79	79	45	1.8
合計					11,177	11,145	3,781	2.9

2022年度 入試状況

■一般選抜T方式（2月実施入試）

（　）内は女子内数

学部・学科・専攻等			募集人員	志願者数	受験者数	合格者数	競争率
仏教			26	201(57)	191(53)	126(43)	1.5
文	国文		56	416(246)	406(242)	173(122)	2.3
	英米文		54	337(176)	327(170)	216(111)	1.5
	地理	地域文化研究	33	169(47)	162(46)	110(33)	1.5
		地域環境研究	31	253(71)	243(68)	131(40)	1.9
	歴史	日本史学	35	377(139)	359(128)	174(63)	2.1
		外国史学	25	233(87)	224(83)	141(55)	1.6
		考古学	14	103(48)	99(46)	61(30)	1.6
	社会	社会学	20	322(176)	307(168)	98(57)	3.1
		社会福祉学	51	304(187)	287(174)	148(94)	1.9
	心理		46	567(306)	550(297)	198(121)	2.8
経済	経済		135	1,190(219)	1,144(214)	438(94)	2.6
	商		88	1,199(306)	1,155(296)	473(126)	2.4
	現代応用経済		50	260(68)	252(66)	124(32)	2.0
法	法律A		82	1,180(353)	1,143(339)	478(146)	2.4
	法律B		15	83(22)	75(20)	44(13)	1.7
	政治		67	490(155)	479(152)	275(96)	1.7
経営	経営		133	1,035(299)	990(286)	423(129)	2.3
	市場戦略		69	467(177)	453(174)	198(80)	2.3
医療健康科学			29	200(84)	191(84)	61(31)	3.1
グローバル・メディア・スタディーズ			48	526(236)	512(225)	205(102)	2.5
合計				9,912(3,459)	9,549(3,331)	4,295(1,618)	2.2

一般選抜Ｔ方式（３月実施入試）

（　）内は女子内数

学部・学科・専攻等			募集人員	志願者数	受験者数	合格者数	競争率
仏教			6	62(9)	52(9)	18(3)	2.9
文	国文		5	40(22)	33(20)	6(4)	5.5
	英米文		5	34(12)	26(9)	10(3)	2.6
	地理	地域文化研究	若干名	18(4)	12(2)	5(2)	2.4
		地域環境研究	若干名	20(2)	18(1)	5(1)	3.6
	歴史	日本史学	若干名	30(11)	27(10)	4(0)	6.8
		外国史学	若干名	16(3)	14(2)	1(0)	14.0
		考古学	若干名	10(2)	9(1)	2(0)	4.5
	社会	社会学	若干名	15(4)	12(4)	3(1)	4.0
		社会福祉学	若干名	4(2)	2(0)	0(0)	—
	心理		若干名	58(20)	46(16)	21(3)	2.2
経済	経済		10	229(37)	193(34)	54(10)	3.6
	商		7	106(23)	85(19)	28(7)	3.0
	現代応用経済		6	22(7)	18(6)	11(2)	1.6
法	法律A		15	196(50)※1	171(46)※1	75(23)※1	2.3
	法律B		38	52(13)	43(10)	64(15)※2	1.3※3
	政治		10	118(28)	100(22)	52(12)	1.9
経営	経営		14	209(61)	168(47)	40(13)	4.2
	市場戦略		7	82(24)	68(19)	18(5)	3.8
医療健康科学			若干名	32(14)	30(13)	1(0)	30.0
グローバル・メディア・スタディーズ			若干名	36(16)	30(15)	8(4)	3.8
合計				1,389(364)	1,157(305)	426(108)	2.7

※１…フレックスＡ・Ｂ併願者の数を含む。
※２…フレックスＡ・Ｂ併願者でフレックスＢ合格者 30 名を含む。
※３…フレックスＢ専願者の競争率をあらわす。

■一般選抜S方式（特定科目重視型）

（　）内は女子内数

学部・学科・専攻等			募集人員	志願者数	受験者数	合格者数	競争率
仏教			10	74(10)	71(9)	36(4)	2.0
文	国文		20	278(155)	265(147)	68(37)	3.9
	英米文		18	151(87)	148(86)	73(48)	2.0
	歴史	日本史学	5	200(42)	197(40)	41(9)	4.8
		外国史学	4	103(27)	99(25)	25(7)	4.0
		考古学	3	28(8)	25(7)	8(2)	3.1
医療健康科学			10	177(65)	170(64)	53(20)	3.2
グローバル・メディア・スタディーズ			48	614(330)	589(317)	192(120)	3.1
合計				1,625(724)	1,564(695)	496(247)	3.2

■全学部統一日程選抜

（　）内は女子内数

学部・学科・専攻等			募集人員	志願者数	受験者数	合格者数	競争率
仏教			25	148(43)	143(42)	96(26)	1.5
文	国文		12	327(193)	312(188)	70(42)	4.5
	英米文		13	281(140)	273(137)	85(45)	3.2
	地理	地域文化研究	10	174(56)	170(55)	81(30)	2.1
		地域環境研究	10	194(56)	193(56)	91(27)	2.1
	歴史	日本史学	14	281(106)	272(103)	76(28)	3.6
		外国史学	11	216(83)	207(79)	49(22)	4.2
		考古学	5	95(41)	91(41)	39(19)	2.3
	社会	社会学	10	346(188)	339(185)	83(49)	4.1
		社会福祉学	10	182(116)	181(115)	35(28)	5.2
	心理		10	338(189)	328(186)	38(27)	8.6
経済	経済		37	805(158)	777(150)	202(41)	3.8
	商		26	488(136)	470(131)	122(41)	3.9
	現代応用経済		15	273(75)	265(74)	85(23)	3.1
法	法律A		30	606(191)	582(183)	107(33)	5.4
	法律B		15	102(29)	97(27)	44(13)	2.2
	政治		15	340(94)	332(94)	69(19)	4.8
経営	経営		29	827(256)	810(252)	154(45)	5.3
	市場戦略		14	292(127)	282(122)	59(25)	4.8
グローバル・メディア・スタディーズ			22	274(149)	269(145)	92(56)	2.9
合計				6,589(2,426)	6,393(2,365)	1,677(639)	3.8

2021 年度 入試状況

一般選抜T方式（2月実施入試）

（　）内は女子内数

学部・学科・専攻等			募集人員	志願者数	受験者数	合格者数	競争率
仏教			25	213(　51)	206(　49)	147(　33)	1.4
文	国文		53	412(227)	389(216)	155(　97)	2.5
文	英米文		57	348(183)	336(176)	144(　74)	2.3
文	地理	地域文化研究	34	260(　72)	253(　69)	96(　25)	2.6
文	地理	地域環境研究	30	194(　40)	187(　39)	70(　21)	2.7
文	歴史	日本史学	38	440(137)	429(132)	137(　48)	3.1
文	歴史	外国史学	25	256(　94)	252(　93)	90(　33)	2.8
文	歴史	考古学	15	117(　47)	116(　47)	69(　28)	1.7
文	社会	社会学	27	291(156)	279(151)	82(　45)	3.4
文	社会	社会福祉学	50	223(129)	216(124)	102(　61)	2.1
文	心理		45	628(341)	610(331)	164(　89)	3.7
経済	経済		149	1,288(213)	1,235(203)	426(　84)	2.9
経済	商		100	1,136(271)	1,097(261)	390(102)	2.8
経済	現代応用経済		65	418(　81)	405(　78)	117(　22)	3.5
法	法律A		93	1,122(350)	1,085(339)	441(142)	2.5
法	法律B		15	80(　20)	74(　18)	45(　12)	1.6
法	政治		58	453(125)	433(118)	246(　60)	1.8
経営	経営		139	1,318(349)	1,269(341)	416(115)	3.1
経営	市場戦略		75	598(225)	574(216)	209(　91)	2.7
医療健康科学			28	321(144)	312(141)	109(　52)	2.9
グローバル・メディア・スタディーズ			50	364(163)	354(159)	179(　88)	2.0
合計				10,480(3,418)	10,111(3,301)	3,834(1,322)	2.6

一般選抜T方式（3月実施入試）

(　)内は女子内数

学部・学科・専攻等			募集人員	志願者数	受験者数	合格者数	競争率
仏教			若干名	36(5)	30(5)	18(3)	1.7
文	国文		5	53(22)	48(20)	17(8)	2.8
	英米文		5	53(20)	44(16)	5(1)	8.8
	地理	地域文化研究	若干名	17(4)	15(3)	7(1)	2.1
		地域環境研究	若干名	26(5)	25(5)	9(3)	2.8
	歴史	日本史学	若干名	30(13)	27(12)	3(0)	9.0
		外国史学	若干名	26(11)	26(11)	1(1)	26.0
		考古学	若干名	9(3)	8(3)	2(2)	4.0
	社会	社会学	若干名	30(14)	29(13)	1(0)	29.0
		社会福祉学	若干名	15(7)	14(6)	2(1)	7.0
	心理		若干名	37(19)	34(16)	5(1)	6.8
経済	経済		10	124(28)	104(22)	45(16)	2.3
	商		7	122(27)	104(25)	35(11)	3.0
	現代応用経済		6	75(15)	66(15)	9(1)	7.3
法	法律A		15	169(51)※1	138(44)※1	35(16)	3.9
	法律B		43	41(10)	37(8)	67(21)※2	1.6※3
	政治		10	78(21)	64(18)	38(10)	1.7
経営	経営		15	220(57)	194(53)	60(20)	3.2
	市場戦略		8	56(22)	49(21)	20(9)	2.5
医療健康科学			若干名	35(13)	32(12)	2(0)	16.0
グローバル・メディア・スタディーズ			若干名	54(22)	42(19)	7(3)	6.0
合計				1,306(389)	1,130(347)	388(128)	2.9

※1…フレックスA・B併願者の数を含む。
※2…フレックスA・B併願者でフレックスB合格者 44 名を含む。
※3…フレックスB専願者の競争率をあらわす。

■一般選抜S方式（特定科目重視型）

( )内は女子内数

学部・学科・専攻等			募集人員	志願者数	受験者数	合格者数	競争率
仏教			10	71(14)	69(14)	26(6)	2.7
文	国文		20	266(141)	255(138)	45(27)	5.7
	英米文		20	122(64)	115(60)	55(31)	2.1
	歴史	日本史学	7	160(42)	155(41)	35(8)	4.4
		外国史学	5	106(18)	100(17)	20(2)	5.0
		考古学	4	40(11)	40(11)	7(1)	5.7
医療健康科学			10	87(35)	83(34)	24(13)	3.5
グローバル・メディア・スタディーズ			48	530(276)	517(268)	206(112)	2.5
合計				1,382(601)	1,334(583)	418(200)	3.2

■全学部統一日程選抜

( )内は女子内数

学部・学科・専攻等			募集人員	志願者数	受験者数	合格者数	競争率
仏教			25	145(38)	142(38)	44(18)	3.2
文	国文		12	240(115)	235(113)	60(35)	3.9
	英米文		15	167(85)	165(85)	55(34)	3.0
	地理	地域文化研究	10	148(43)	147(43)	60(19)	2.5
		地域環境研究	10	145(37)	145(37)	72(20)	2.0
	歴史	日本史学	15	238(75)	232(75)	60(24)	3.9
		外国史学	12	175(53)	169(52)	55(14)	3.1
		考古学	5	85(34)	83(34)	18(8)	4.6
	社会	社会学	13	285(148)	277(145)	72(42)	3.8
		社会福祉学	10	153(87)	151(87)	31(16)	4.9
	心理		10	300(157)	289(155)	31(19)	9.3
経済	経済		40	760(137)	736(133)	131(32)	5.6
	商		30	338(93)	323(92)	90(24)	3.6
	現代応用経済		20	380(87)	373(85)	78(16)	4.8
法	法律A		30	502(164)	487(158)	125(39)	3.9
	法律B		15	95(29)	93(28)	43(15)	2.2
	政治		15	261(74)	253(73)	85(16)	3.0
経営	経営		30	598(189)	580(186)	133(44)	4.4
	市場戦略		15	295(147)	289(146)	64(34)	4.5
グローバル・メディア・スタディーズ			20	274(149)	262(147)	61(38)	4.3
合計				5,584(1,941)	5,431(1,912)	1,368(507)	4.0

合格最低点

- 経済学部・法学部のＴ方式と全学部統一日程選抜の数値は各科目の得点を偏差値換算し，その偏差値を合計したものである。
- グローバル・メディア・スタディーズ学部のＴ方式とＳ方式の(　)内は，2021 年度は英語の，2022・2023 年度は国語，英語の基準点をあらわす。

■一般選抜Ｔ方式

学部・学科・専攻等				2023 年度	2022 年度	2021 年度	満点
2月実施入試	仏教			165	165	138	300 点
	文	国文		215	203	205	
		英米文		200	180	209	
		地理	地域文化研究	214	190	201	
			地域環境研究	206	198	193	
		歴史	日本史学	227	205	226	
			外国史学	213	190	225	
			考古学	219	182	203	
		社会	社会学	213	207	221	
			社会福祉学	196	180	198	
		心理		232	218	213	
	経済	経済		161.3[偏差値]	158.0[偏差値]	161.9[偏差値]	
		商		152.4[偏差値]	157.8[偏差値]	162.1[偏差値]	
		現代応用経済		159.9[偏差値]	150.3[偏差値]	165.2[偏差値]	
	法	法律A		153.6[偏差値]	155.1[偏差値]	157.1[偏差値]	
		法律B		143.1[偏差値]	131.9[偏差値]	147.3[偏差値]	
		政治		149.0[偏差値]	146.0[偏差値]	147.7[偏差値]	
	経営	経営		213	195	209	
		市場戦略		208	193	206	
	医療健康科学			193	208	201	
	グローバル・メディア・スタディーズ			216(56, 67)	186(50, 58)	182(50)	

（表つづく）

区分	学部・学科・専攻等			2023 年度	2022 年度	2021 年度	満点
3月実施入試	仏教			164	169	138	300 点
	文	国文		220	206	198	
		英米文		181	179	214	
		地理	地域文化研究	224	192	210	
			地域環境研究	214	192	193	
		歴史	日本史学	232	215	220	
			外国史学	194	230	248	
			考古学	211	193	207	
		社会	社会学	214	213	257	
			社会福祉学	194	—	221	
		心理		237	187	225	
	経済	経済		171.6[偏差値]	165.1[偏差値]	160.3[偏差値]	
		商		171.8[偏差値]	160.9[偏差値]	162.6[偏差値]	
		現代応用経済		168.3[偏差値]	153.9[偏差値]	176.0[偏差値]	
	法	法律A		177.5[偏差値]	155.3[偏差値]	167.3[偏差値]	
		法律B		149.5[偏差値]	128.1[偏差値]	136.2[偏差値]	
		政治		160.2[偏差値]	150.2[偏差値]	151.0[偏差値]	
	経営	経営		205	201	201	
		市場戦略		210	202	201	
	医療健康科学				224	204	
	グローバル・メディア・スタディーズ			175(67, 54)	203(56, 62)	220(53)	

■一般選抜S方式（特定科目重視型）

学部・学科・専攻等			2023 年度	2022 年度	2021 年度	満点
仏教			231	235	245	400 点
文	国文		314	288	303	
	英米文		290	283	278	
	歴史	日本史学	314	307	289	
		外国史学	318	308	330	
		考古学	306	284	315	
医療健康科学			290	288	263	
グローバル・メディア・スタディーズ			286(50, 160)	301(55, 155)	284(158)	

■全学部統一日程選抜

学部・学科・専攻等			2023 年度	2022 年度	2021 年度	満点
仏教			180	176	200	300 点
文	国文		234	239	222	
	英米文		213	230	215	
	地理	地域文化研究	217	214	215	
		地域環境研究	215	214	207	
	歴史	日本史学	240	236	225	
		外国史学	237	242	222	
		考古学	228	225	228	
	社会	社会学	235	238	223	
		社会福祉学	233	235	220	
	心理		242	251	234	
経済	経済		169.5[偏差値]	167.8[偏差値]	172.0[偏差値]	
	商		163.5[偏差値]	166.4[偏差値]	167.2[偏差値]	
	現代応用経済		163.1[偏差値]	163.7[偏差値]	168.5[偏差値]	
法	法律A		161.1[偏差値]	171.7[偏差値]	166.1[偏差値]	
	法律B		140.9[偏差値]	158.2[偏差値]	157.7[偏差値]	
	政治		165.0[偏差値]	169.3[偏差値]	162.0[偏差値]	
経営	経営		234	240	220	
	市場戦略		241	233	222	
グローバル・メディア・スタディーズ			223	229	218	

募集要項（出願書類）の入手方法

一般選抜・大学入学共通テスト利用選抜・各種特別選抜は，ネット出願となります。願書・入学者選抜要項の紙での発行はありません。入学者選抜要項を大学ホームページで確認してください（大学院を除く）。

「大学案内 2024 SCOPE」「学部学科案内 2024 KOMANABI」「入学者選抜ガイド 2024」は下記より資料請求が可能です（大学ホームページでも閲覧可能です）。

■資料請求方法

大学ホームページから請求してください。

※ 200 円の送料がかかります。

要項請求先・問い合わせ先

駒澤大学 入学センター
〒 154-8525　東京都世田谷区駒沢 1-23-1
ホームページ　https://www.komazawa-u.ac.jp/
受験生サイト　https://think.komazawa-u.ac.jp/
※トップページの「資料請求」より各種資料の取り寄せが可能です。

Trend & Steps

傾向と対策

傾向と対策を読む前に

科目ごとに問題の「傾向」を分析し，具体的にどのような「対策」をすればよいか紹介しています。まずは出題内容をまとめた分析表を見て，試験の概要を把握しましょう。

■注意

「傾向と対策」で示している，出題科目・出題範囲・試験時間等については，2023 年度までに実施された入試の内容に基づいています。2024 年度入試の選抜方法については，各大学が発表する学生募集要項を必ずご確認ください。

また，新型コロナウイルスの感染拡大の状況によっては，募集期間や選抜方法が変更される可能性もあります。各大学のホームページで最新の情報をご確認ください。

分析表の記号について

☆印：全問マークセンス方式採用であることを表す。

英　語

年　度	番号	項　　目	内　　　　容
☆ **2023**	〔1〕	読　　解	内容説明，主題，内容真偽
	〔2〕	読　　解	内容説明，空所補充，要約
	〔3〕	読　　解	空所補充，内容真偽
	〔4〕	会 話 文	内容説明，内容真偽
	〔5〕	文法・語彙	定義に当てはまる語
	〔6〕	文法・語彙	空所補充
	〔7〕	文法・語彙	空所補充
	〔8〕	発　　音	アクセント
	〔9〕	文法・語彙	語句整序
☆ **2022**	〔1〕	読　　解	内容真偽，内容説明，主題
	〔2〕	読　　解	同意表現，空所補充，内容真偽
	〔3〕	読　　解	内容説明，内容真偽
	〔4〕	会 話 文	内容説明，空所補充，内容真偽
	〔5〕	文法・語彙	定義に当てはまる語
	〔6〕	文法・語彙	同意表現
	〔7〕	文法・語彙	空所補充
	〔8〕	文法・語彙	空所補充
	〔9〕	発　　音	アクセント
	〔10〕	文法・語彙	語句整序
☆ **2021**	〔1〕	読　　解	内容真偽，内容説明，主題
	〔2〕	読　　解	内容説明，空所補充，内容真偽
	〔3〕	読　　解	内容真偽，内容説明
	〔4〕	会 話 文	空所補充，内容説明
	〔5〕	文法・語彙	定義に当てはまる語
	〔6〕	文法・語彙	同意表現
	〔7〕	文法・語彙	空所補充
	〔8〕	文法・語彙	空所補充
	〔9〕	発　　音	アクセント
	〔10〕	文法・語彙	語句整序

傾 向

多様な出題形式で，英語の総合力をみる
基本的な語彙力・文法力を特に重視！

1 出題形式は？

全問マークセンス方式で，試験時間は 60 分。例年，大問 10 題，小問総数 50 問の出題であったが，2023 年度は文法・語彙の問題が 1 題減り大問 9 題となった。小問総数は変わらず 50 問である。読解，会話文，文法・語彙，発音と，内容豊富な形式となっている。

2 出題内容はどうか？

読解問題は 3 題あり，うち 1 題は広告や資料などを読んで答えるものとなっている。英語による内容説明，主題，空所補充，内容真偽などを含む設問がそれぞれ 5 問出題されている。空所補充は主に単語や短い句を入れるもので，内容真偽は真あるいは偽となる記述を選ぶものである。会話文の問題は，基本的な口語表現の知識と会話の流れをつかむ力を試すものとなっている。文法・語彙問題は，短文の空所補充，語句整序，定義に当てはまる語など，多彩な形式で問われている。2023 年度は出題されていないが，2022 年度までは同意表現についても出題されていた。語彙力を中心に，基本的な文法項目の理解を試す出題意図がうかがえる。発音問題は，アクセントの位置が異なる語を選ぶという問題のみとなっている。

3 難易度は？

問題は基本的な内容を問うものが中心となっており，全体としては標準レベルである。しかし，60 分という試験時間に対して多くの設問に答えなければならないので，スピーディーに問題を処理する能力が必要となる。特に，読解問題では素早く正確に読む速読力が必要とされる。読解 3 題におそらく 20〜30 分はかかるだろう。あとの問題は，どれも標準的な問題であるので，残り 30 分程度で素早く解答したい。

対 策

1 読解力の養成

まずは，基本となる語彙力・文法力の基礎を固めた上で 300 語程度の英文をたくさん読み，内容説明や内容真偽を中心とした問題に当たり，練習を重ねておきたい。その際，一定の時間内で問題が解けるように日頃から訓練することが大切であり，そのためには，段落単位で内容を把握し，設問との対応箇所を素早く発見できるような練習をしておきたい。

2　語彙力・文法力の養成

語彙力は，英文を読む上で重要な要素である。特に語彙に関する問題が多く見られるので，しっかり増強しておきたい。さらに，単語だけでなく熟語も頻繁に問われるので，『風呂で覚える英単語』『風呂で覚える英熟語』（ともに教学社）や『速読英単語必修編』『速読英熟語』（ともにＺ会）などの市販の単語集・熟語集を利用した十分な対策が必要である。

その際，発音やアクセントにも気を配っておくと，発音・アクセント問題の対策としても有効である。平素から単語を調べる際に発音・アクセントを確認するとともに，『英語の発音・アクセント総仕上げ』（駿台文庫）などでルールを習得しておきたい。

文法に関しては基本的な項目が問われているので，取りこぼしは許されない。文法項目を単元別に整理し，市販の問題集などを使って十分演習を重ね，確実な実力を養成しておくこと。また，受験生が間違いやすいポイントを網羅した『大学入試 すぐわかる英文法』（教学社）などの参考書を手元に置いて調べながら学習すると，効果アップにつながるだろう。

3　過去問の徹底研究

類似した内容が出題される傾向があるので，本書を十分に活用し，徹底した過去問演習をしておきたい。その際に時間配分をあらかじめ考え，制限時間内に解くという実戦練習も忘れずにしておくこと。さらに，復習の段階で知らなかった文法項目，単語，イディオムなどをチェックしておこう。また，Ｔ方式・Ｓ方式のグローバル・メディア・スタディーズ学部以外の学部の出題内容が全学部統一日程と類似しているので，こちらの過去問も解いておきたい。

日本史

年　度	番号	内　　　　容	形　　式
☆ ***2023***	〔1〕	「諸士法度」「寛永十年禁令」―幕藩体制の成立　＜史料＞	選　　択
	〔2〕	明治～大正期の社会運動	選　　択
	〔3〕	平氏政権	選択·正誤·配列
	〔4〕	「日本三代実録」「政事要略」―摂関政治と東アジアの変動　＜史料＞	選択·配列·正誤
☆ ***2022***	〔1〕	江戸時代の政治・経済	選　　択
	〔2〕	近代日本の東アジアへの進出	選　　択
	〔3〕	平安時代の地方政治の転換と受領　＜史料＞	選択·正誤·配列
	〔4〕	日明貿易・日朝貿易　＜年表＞	選択·正誤·配列
☆ ***2021***	〔1〕	摂関政治と国風文化	選　　択
	〔2〕	鎌倉～室町時代の守護・地頭	選　　択
	〔3〕	江戸時代前～中期の政治　＜史料＞	選　　択
	〔4〕	明治時代前期の政治・社会経済・文化　＜グラフ＞	選択·正誤·配列

傾　向　基本・標準問題中心　史料問題にも注意

1　出題形式は？

例年，大問 4 題，解答個数 40 個の出題で，全問マークセンス方式による選択法である。2022・2023 年度は〔3〕〔4〕で正誤問題が出題されたほか，ここ数年は配列問題も出題されている。試験時間は 60 分。

2　出題内容はどうか？

時代別では，例年，古代，中世，近世，近現代からほぼ満遍なく出題されている。過去には原始から出題されたこともある。

分野別では，政治史，外交史，社会経済史，文化史の分野から出題されている。

史料問題は頻出で，例年，大問 4 題のうち 1 ～ 2 題は出題されている。初見の史料が使用されることも多いので注意が必要である。また，2021

年度にはグラフを用いた問題，2022 年度には年表を用いた問題が出題された。過去には美術作品の写真などの視覚資料を用いた問題も出題されている。

3 難易度は？

史料問題が大問で出題されることが多いが，それに関連する文章が示されており，それをよく読めば正解を導き出すことができる。それ以外の問題も教科書の基本的内容を問うものである。教科書レベルの内容をしっかり学習しておけば，高得点も狙えるだろう。標準的な問題を取りこぼすことのないよう，時間配分を意識して取り組もう。

対　策

1 教科書学習の徹底を

ほとんどが教科書レベルの基本的な問題である。そのため，イージーミスによる取りこぼしは致命的となる。まず教科書の精読が最も有効な学習方法である。その際，図表や脚注もおろそかにせず，人名や重要歴史用語は『日本史用語集』（山川出版社）などを併用して，他の分野や時代とも関連づけておくなど，より深い理解を心がけたい。

2 過去問の研究を

同じ時代や分野が繰り返し問われる傾向にある。過去問の類題をできるだけ多く解いておくことが大切であり，過去問を解きながら出題内容や傾向をつかんでほしい。

世界史

年 度	番号	内 容	形 式
☆ 2023	〔1〕	五代十国時代～宋代の中国史	選 択
	〔2〕	イランとエジプトの歴史	選 択
	〔3〕	産業革命に関する諸学説	選 択
☆ 2022	〔1〕	古代メソポタミア史	選 択
	〔2〕	イタリアの近代史	選 択
	〔3〕	北京の歴史	選 択
☆ 2021	〔1〕	馬の活用の歴史	選 択
	〔2〕	ルネサンスの歴史	選 択
	〔3〕	戦争の歴史	選 択

傾 向　古代～現代まで幅広い出題 テーマ史・文化史に注意

1 出題形式は？

大問 3 題の出題で，解答個数は 45 個程度，全問マークセンス方式となっている。リード文の空所を補充する形式が中心だが，一部に語句選択や正文・誤文選択の形式が出題されている。試験時間は 60 分。

2 出題内容はどうか？

地域別では，例年，東アジア史，なかでも中国史に重点が置かれる傾向が強いが，2021 年度は中国史を単独で扱った大問は出題されなかった。2021～2023 年度は古代オリエントから連続して大問が出題されている。欧米地域では，一国史・一地域史が中心となっていたが，近年はテーマに沿って幅広い国・地域が取り上げられることもある。

時代別では，古代～現代まで幅広く出題されており，先史時代や第二次世界大戦後からも出題されている。年度によって出題される時代が偏るので，注意が必要である。古代史に関しては，中国史が大問で問われることが多いほか，ギリシア・ローマ史からの出題も目立つ。

分野別では，政治史を中心としつつ，文化史や社会経済史の大問も出題されることがある。2021 年度は「馬の活用の歴史」，2022 年度は「北京の歴史」，2023年度は「産業革命に関する諸学説」など，ここ数年はテーマ史が連続して出題されている。

3　難易度は？

教科書に準拠した取り組みやすいレベルの問題がほとんどであるが，かなり細かい内容が問われることもある。空所補充では，同じ番号の空所が複数ある場合もあるため，リード文全体を眺めながら，それぞれの空所を丁寧に検討していく姿勢が望まれる。ケアレスミスなどしないように時間配分を工夫したい。

対　策

1　教科書中心の学習が基本

出題される問題のほとんどが教科書レベルで十分対応できるものなので，まずは教科書を精読することから始めるとよい。その際，空所補充問題が大部分を占めることを考慮して，重要語句とその前後の文章のつながりに注意しながら読む習慣をつけるようにしたい。また，細かい知識が補助的に要求されることもあるので，教科書の本文のみならず，脚注や本文周辺の図表・地図・写真の解説なども精読しつつ，『世界史用語集』（山川出版社）などを利用して，知識を確実なものにしておきたい。

2　テーマ史学習

テーマ史がよく出題されている。日頃から時代・地域に共通するテーマ（「貨幣」「反乱」「政争」「革命」など）を意識しながら学習しよう。特にテーマ史として出題されやすい分野，たとえば「砂糖の歴史」「東西交易における3つの道」「中国の土地制度の変遷」などは，教科書や資料集などにコラムや特集としてまとめられている場合も多いので，それらの記述をぜひとも詳しく読み込んでおきたい。

3　文化史学習に注意

文化史の大問も出題されている。文化史を文化史としてのみ覚えるのではなく，その書物や芸術作品がつくられた背景を十分理解しながら覚える必要があるだろう。文化史に的を絞った問題集を利用して，効果的な学習を目指すとよい。また，教科書や資料集に掲載されている芸術作品（絵画・彫刻）や建築様式の写真などを視覚的に覚えることも重要である。

4 過去問の研究

本書を十分に活用して過去問の研究に取り組み，問題の特徴・レベルを身をもって理解してほしい。出題形式に慣れると同時に，過去問に触れることで自分に不足しているものを発見し，対策をとることも重要である。

地　理

年　度	番号	内　　容	形　式
☆ ***2023***	〔1〕	地理情報と地図　＜地形図＞	選択・計算
	〔2〕	農業　＜地図・統計表＞	選　択
	〔3〕	西・中央アジアの地誌　＜地図・グラフ＞	選　択
☆ ***2022***	〔1〕	地球温暖化問題　＜グラフ・統計表＞	選　択
	〔2〕	大都市圏とその周辺地域	選　択
	〔3〕	中国の地誌　＜地図・グラフ＞	選　択
☆ ***2021***	〔1〕	地形図の読図　＜地形図・図＞	選択・計算
	〔2〕	訪日観光　＜統計表＞	選　択
	〔3〕	アフリカの地誌	選　択

傾向　地図や統計を用いたバランスの良い出題　基本事項を中心とした学習を

1　出題形式は？

大問3題の出題で，試験時間は60分，全問マークセンス方式である。メインは語句の選択問題であるが，ほかに計算問題や，正文・誤文選択問題が出題されることもある。

2　出題内容はどうか？

例年，系統地理が2題，地誌が1題というパターンであり，2021・2023年度のように地形図の読図が出題されることもある。系統地理では，特に自然環境や産業，人口，村落・都市などが頻出しているが，2023年度は地理情報と地図について出題された。〔3〕の地誌はアフリカ・アジアなどの地域単位での出題のほか，2022年度のように，特定の国を中心とした出題も見られる。用語や地名を解答する問題が中心ではあるが，正文・誤文を判断する問題や，グラフ・図の読み取り，統計数値の判定や計算など，地理的思考力を要する問題も多く含まれている。

3　難易度は？

問われる用語や地名の多くは教科書に準じたものであり，標準レベルである。一部に教科書の知識だけでは対応しきれないような設問も含まれるが，知識量と思考力がバランスよく問われる。基本的な問題を取りこぼしなく正答することはもちろん，一部にみられる資料解釈や正文・誤文判定などの応用的な問題でいかに得点できるかが重要となるため，そこに十分な時間をかけられるよう，全体の時間配分にも注意したい。

対　策

1　基本事項の徹底学習

まず，教科書の基本事項をしっかりと理解しよう。重要な用語は『地理用語集』（山川出版社）などを利用して，その定義をきちんと確認しておくこと。自然地理に関する用語は，その具体例も合わせて覚えておくとよい。また，副教材として資料集も活用できると，さらに得点力を上げることができるだろう。

2　地図帳を活用した学習

地図を利用した問題が多出している。学習の際には地図帳を手元に置いて，出てきた地名はこまめにチェックする必要がある。また，地形図の読図や，各種主題図なども出題されているので，しっかりと地図の見方を理解しておきたい。気候区分や地形などの図を頭に描くことができれば，正答を導き出せる設問は多い。

3　統計書を利用した学習

学習の際にはこまめに統計書で具体的データを確認し，統計を読むことに慣れておきたい。各種統計がコンパクトにまとまった『データブック オブ・ザ・ワールド』（二宮書店）や，問題の出典となることも多い『日本国勢図会』『世界国勢図会』（いずれも矢野恒太記念会）などが便利である。

4　地形図読図の練習

地形図に関して基本的な地図記号の意味，等高線の読み方，縮尺の判定，距離・面積の計算方法などをしっかり学習しておくこと。また，集落立地と地形の関係や，地名と集落起源の関係などもきちんと理解しておきたい。なお，地形図読図は日本地誌の側面もあるので，日本各地の地域的特色に興味・関心をもつことも大切である。

5 過去問などの演習を積む

過去問を実際に解くと，傾向とレベルがよくわかり，対策を立てやすい。また，実戦力の向上にも直結する。これに加えて，特に正文・誤文判定問題やグラフや図の読み取りに慣れるには，『共通テスト過去問研究 地理B』（教学社）などの問題集を利用した演習も大変効果的であろう。

政治・経済

年度	番号	内容	形式
☆ 2023	〔1〕	日本国憲法	選択・正誤
	〔2〕	戦後の国際情勢	選択・正誤
	〔3〕	日本の財政	選択
	〔4〕	日本の農業	選択
☆ 2022	〔1〕	日本の裁判制度	選択・正誤
	〔2〕	戦後の国際情勢	選択・正誤
	〔3〕	現代の企業	選択・正誤
	〔4〕	エネルギー問題	選択・配列
☆ 2021	〔1〕	人身の自由と司法制度	選択・正誤
	〔2〕	日本の選挙制度	選択・正誤
	〔3〕	国際通貨制度と貿易体制の推移	選択
	〔4〕	国際的な経済格差とその是正	選択

傾向　基本的知識を問う標準問題　知識の定着を

1　出題形式は？

例年，大問 4 題の出題。全問マークセンス方式で，主に語句選択や正文・誤文判定の選択法のほか，正しいもの，誤っているものの組み合わせを選ぶ正誤法が出題され，配列法も見られる。試験時間は 60 分。

2　出題内容はどうか？

ここ数年の出題傾向としては，政治分野から 2 題，経済分野から 2 題と半分ずつ出題されている。政治分野では，日本国憲法の条文理解や人権・国会・内閣・裁判所・国際政治について問う問題が主流である。2023 年度は 2022 年度と同様に国際政治に関する問題が出題されている。経済分野では，さまざまな分野から出題されているが，特に，経済の諸課題（経済格差・労働問題・消費者問題・農業問題・環境問題など）が例年多く出題されている。2023 年度は財政問題に関して出題された。

3　難易度は？

教科書の記述に沿った出題が多く，解答しやすい。ただし，広い範囲から出題され，やや詳細な知識を要する選択肢も見られるので，全体としては難易度に幅をもたせた標準的な問題といえよう。見直す時間を確保し，基本的な出題での取りこぼしを防ぐためにも時間配分に注意したい。

対　策

1　教科書・授業が基本

基本事項の理解を完全にしておくことが第一。用語・事項のポイントを適切につかんで，しかも正確に覚えることが決め手である。そのためのベースを授業と教科書で確立しよう。授業で国際経済単元が手薄になるようであれば，まず教科書をくまなく読み込んでおいたほうがよい。また，日本国憲法については重要な条文をまず覚えること。さらに，条文の理解をさまざまな法制や問題点との関わりから深めておきたい。

2　用語集・資料集の活用

法律の条文や制度的な理解，戦後の政治史や国際関係の歴史をテーマにした出題が多い。また，時事問題が問われることもある。こうした出題に対処するためには，『ニュース解説室へようこそ！』（清水書院）など定評のある政治・経済の資料集を徹底的に活用しよう。また，近年，国会・内閣・裁判所などでの改革，地方分権や行財政改革など各方面で改革が見られる。こうした変化に重点的に対処しておくことも効果的である。その点からも資料集や用語集（山川出版社『政治・経済用語集』など）は有用性が高い。

3　過去問の研究

これまで出題された問題を必ず解いてみること。類似した出題もしばしば見られる。また，頻出の出題事項をチェックして，重点的な演習で弱点を補強しておくことが効果的である。

数　学

年　度	番号	項　　目	内　　　　容
☆ 2023	〔1〕	小 問 3 問	(1)空間のベクトル方程式と垂直条件　(2)3次式の整理　(3)剰余の定理
	〔2〕	確　　率	3色の玉を取り出す確率
	〔3〕	微・積分法	絶対値のついた3次関数の最大・最小
☆ 2022	〔1〕	小 問 3 問	(1)1次不定方程式の整数解　(2)変数が2つある関数の最小値　(3)三角関数を含む方程式
	〔2〕	確　　率	取り出した玉に書かれた数字の合計が指定された数になる確率
	〔3〕	図形と方程式，微 分 法	放物線の接線，円と放物線の共有点
☆ 2021	〔1〕	小 問 4 問	(1)整数の除法　(2)不等式　(3)漸化式　(4)同一平面上にあるための条件
	〔2〕	三 角 関 数	単位円上の点で作る図形
	〔3〕	図形と方程式	円によって切り取られた線分の長さ

傾　向

基本ないし標準問題が中心だが，応用力も要求
小問形式で広範囲から出題

1　出題形式は？

大問3題の出題で，試験時間は60分。全問マークセンス方式である。例年，〔1〕は3～4問の小問集合形式になっている。

2　出題内容はどうか？

出題範囲は「数学Ⅰ・Ⅱ・A・B（数列，ベクトル）」である。

これまでの出題を見ると，微・積分法，図形と方程式，ベクトル，確率，三角関数などが比較的よく出題されているが，大問3題のうち小問集合形式の大問が1題出題されているので，出題範囲全体から幅広くカバーされている。

3　難易度は？

全問とも基本・標準的な問題であり，教科書の節末・章末問題程度の出題が多い。したがって，まったく手がつけられないという難問はほとんどないが，なかには手間のかかる問題もあるので，しっかり問題演習をして実戦力をつけておく必要がある。時間配分の目安としては，大問1題あたり20分である。

対　策

1　基本事項のマスター

教科書を中心に，基本的な定理・公式などを十分にマスターしておくこと。また，定理・公式は単に覚えるだけでなく，理解して応用できるようにしておきたい。そのためには，教科書の例題や節末問題などを繰り返し徹底的に学習するのがよい。

2　偏りのない学習を

小問集合や融合問題もあり，広い範囲から出題されているので，全分野にわたって穴のない学習が必要となる。特に，基本問題は確実に解けるようにしておきたい。その上で，比較的よく出題されている微・積分法，図形と方程式，ベクトル，確率，三角関数などを重点的に学習しておきたい。

3　実戦力をつける

応用力を問われる問題も出題されているので，教科書だけでなく標準的な受験問題集などで問題を数多くこなしておく必要がある。特に，文字や式の扱い方，グラフや図形の活用などは重要である。

4　計算力をつける

マークセンス方式の問題では結果だけが問われるので，早合点や計算ミスは致命的である。したがって，迅速かつ確実な計算力を養成しておきたい。そのためには，日頃から面倒な計算も最後まできちんと記述し，見直しや検算をする習慣を身につけること。自分の計算ミスの傾向を把握しておくことも重要である。

5　空所補充問題対策

易しい設問から難しい設問へと誘導する形式の問題が見られる。前問をヒントにしたり，前問との違いをよく考えたりして解くとよい。またマークミスを防ぐためにも，同様な形式の他学部・方式の問題や，共通テスト対策問題集などで学習して，十分に慣れておきたい。

国　語

年度	番号	種類	類別	内容	出典
☆ *2023*	〔1〕	国語常識		書き取り	
	〔2〕	現代文	評論	内容説明，欠文挿入箇所，空所補充，語意，内容真偽，文学史	「政治的思考」 杉田敦
	〔3〕	古文	説話	内容説明，文法，口語訳，内容真偽，文学史	「沙石集」 無住
☆ *2022*	〔1〕	国語常識		書き取り	
	〔2〕	現代文	評論	空所補充，内容説明，文学史	「贈与の系譜学」 湯浅博雄
			評論		「世界は贈与でできている」 近内悠太
	〔3〕	古文	歴史物語	内容説明，語意，文法，内容真偽，文学史	「今鏡」
☆ *2021*	〔1〕	国語常識		書き取り	
	〔2〕	現・古融合	評論	空所補充，口語訳，語意，内容説明，文法，文学史，文章の構成，主旨	「FUJISAN 世界遺産への道」 近藤誠一
			日記		「更級日記」 菅原孝標女
			紀行日記		「うたたね」「十六夜日記」 阿仏尼

傾向　2021 年度は現代文・古文の融合問題が登場　2022・2023 年度は現代文で複数資料問題が出題

1 出題形式は？

全問マークセンス方式で，試験時間は 60 分である。例年，現代文 1 題，古文 1 題，国語常識（書き取り）1 題の計 3 題の出題であるが，2021 年度は現代文と古文が融合問題として出題され，国語常識（書き取り）と合わせて 2 題であった。大問の数には変化があったが，小問の数としてはほぼ変わらない。

2 出題内容はどうか？

2021 年度の〔2〕は融合問題であったが，それぞれの分野に分けて分析する。

現代文：評論の出題が続いている。内容は，近現代に関わる政治・文化・芸術・言語・思想分野と幅広く取り上げられている。2022・2023年度はメインの文章のほかに設問の中で関連する内容の別の文章が出された。設問は，空所補充が多数を占め，文学史も例年出題されている。漢字の書き取り，語意は基礎・標準レベルであり，確実に解答したい。

古　文：出典は中世の作品が多く，説話・歴史物語・日記などジャンルに偏りはない。設問は語意や口語訳，文法などオーソドックスな内容が多く，基礎・標準レベルの知識が問われている。文学史も例年出題されている。

3　難易度は？

2022・2023年度は〔２〕で複数の文章を読む必要があった。2021年度には現・古融合問題が出題されるなど，特徴のある出題形式で，難度は標準～やや難であった。文章読解のスピードに加え，複数の文章を比較して共通点や相違点，言い換え可能な箇所などを着実に把握する力が求められる。古文は，基本単語の意味，基礎文法の知識をしっかり身につけた上で，語彙力・解釈力が必要となる。国語常識などの知識を問う問題は手早く済ませ，読解問題にじっくり取り組むことが大切である。

対　策

1　複数資料問題について

複数の資料を提示した出題形式は今後も継続する可能性があるが，対策はこれまでと変わらない。現代文にしても古文にしても問題文に書かれていることを正確に読み取る力が求められているからである。以下，それぞれの分野に分けて述べておく。

2　現代文

読書量を増やし，総合的な読解力の養成をはかるようにしよう。「読む」ことを日常的に積み重ね，とりわけ論理的な文章に強くなることが合格への道である。さまざまなジャンルの新書を何冊か読んで文章に慣れておきたい。新聞の論説・文化欄などの文章を継続的に読むことも有効である。ただし，これらを漫然と読むのではなく，繰り返し表現，類義語，対義語，頻出語句に注意しながら，①文脈把握のための「キーワード」チェック，②段落・章・節の題（小見出し）から個々のパートの役割理解，③要旨を把握して要約文を作成，といった作業を実践することが効果的であろう。新書などの長い文章に当たることが時間的に難しい場合，評論問題を中心とした大学入試過去問題集に取り組むのもよいだろう。また，社会のしくみについて常識といえる範囲のことは身につけておこう。新聞やニュースの他，「現代社会」の教科書を参照するのもよい。

3 漢字・文学史

書き取りは，基本的な語彙を確実に身につけるために，薄いものでよいから，問題集を何度も繰り返して解こう。文学史も現代文・古文ともに出題されており，基本的な知識は問題集などで押さえておきたい。

4 古　文

まずは基本古語や文法など，基礎となる知識を確実に身につけることが大切である。基本古語は，頻出語を中心に300語程度はマスターしておきたい。文法は，特に助動詞については文法書を活用して，意味・用法・接続・活用などをしっかり身につけておこう。陳述の副詞など，定型表現も多く覚えておきたい。また，敬語の使い分けによって人物関係を把握し，状況を明確に理解できるようになっておくこと。問題を解くときは設問そのものをヒントにして，内容理解を心がけて「本文を読む」姿勢で取り組めば，実戦力もつくであろう。

2023年度

問題と解答

■全学部統一日程選抜

問題編

▶試験科目・配点

教　科	科　　　目	配　点
外国語	コミュニケーション英語Ⅰ・Ⅱ，英語表現Ⅰ	100 点
選　択	日本史Ｂ，世界史Ｂ，地理Ｂ，政治・経済，「数学Ⅰ・Ⅱ・Ａ・Ｂ（数列，ベクトル）」，情報の科学〈省略〉から１科目選択	100 点
国　語	国語総合（漢文を除く）	100 点

▶備　考

- 医療健康科学部では実施されていない。
- 経済学部，法学部では，各試験科目の得点を偏差値換算し，各科目の偏差値を単純に合計した総偏差値によって合否判定する。その他の学部は素点によって合否判定する。
- 英語外部試験において一定のスコアを取得している者については，書類を提出することで外国語（英語）を 75 点に換算する。その場合，外国語（英語）を受験しなくても構わないが，受験して 76 点以上のときには，その点数を採用する。

英語

（60分）

問題 I (Questions 1 to 5) Read the passage and select the best option for each question.

There are two kinds of people in the world: those who have been amazed by the world created in Michael Crichton's novel *Jurassic Park* and others who are terrified by the possibility of it. But ever since director Steven Spielberg brought the novel to life with his 1993 film of the same name, there has been one question on many minds: is it possible to re-create dinosaurs*, given the developments in science and the study of DNA? In *Jurassic Park*, scientists use DNA to create a variety of dinosaur species, including Triceratops, Velociraptor, and the T. Rex.

In reality, experts say it is easier imagined than performed. William Ausich, a professor at Ohio State University, explained in an article that the task becomes extremely difficult given the fact that all that is left of dinosaurs are their fossils**. DNA, on the other hand, is more easily obtained from the soft parts of a living creature, such as organs, nerves, muscle, and fat. "Buried for tens of millions of years in ancient mud, minerals, and water, the fossils come from the dinosaur's so-called 'hard parts' such as its bones and teeth," says Ausich. "The soft parts had either broken down or been eaten by another dinosaur."

Explaining the complexities of DNA, Ausich says, "It is something in every cell of every thing that ever lived on Earth, including dinosaurs. But recent studies show DNA breaks down and ultimately disappears after about 7 million years." So given that the last dinosaur died 65 million years ago, chances of finding DNA are extremely slim. And even if the scientists were able to come up with fragments of a dinosaur, they would not be able to make a complete one.

"Instead, they would have to combine the fragments with the DNA of a modern-day creature to create a living animal," says Ausich. This animal would not be a complete or actual dinosaur but, for example, half dinosaur and half bird.

(adapted from the website of *Gadgets 360*)

*dinosaur: 恐竜

**fossil: 化石

1. Who are the "two kinds of people" referred to in the first paragraph?
   A. People who have a favorite dinosaur, and people who think all dinosaurs are amazing.
   B. People who have seen the movie *Jurassic Park*, and people who haven't.
   C. People who think re-creating dinosaurs would be interesting, and people who think it would be scary.
   D. People who think the book *Jurassic Park* was better than the movie, and people who think the movie was better.

2. What is the main idea of the second paragraph?
   A. Dinosaur bodies often fill up with water when buried in the mud for a long time.
   B. It is difficult to create dinosaurs because fossils come from the "hard parts" of a dinosaur, but scientists need the "soft parts" to get DNA.
   C. It is easy to create dinosaurs because DNA can be found in dinosaur bones and teeth more often than it can in organs like the heart.
   D. There are not many fossils left because dinosaurs sometimes ate each other.

3. According to the passage, which of the following statements is true about DNA?
   A. DNA is only found in special cells of animals, not plants.
   B. Getting dinosaur DNA is almost impossible because they lived so long ago.
   C. Many dinosaur fossils contain complete sets of usable DNA.
   D. Scientists have used DNA to re-create fragments of a small dinosaur.

4. What does Ausich think about the possibility of re-creating true dinosaurs?
   A. It's complex, because scientists need both bone and teeth fossils, and it would take a long time.
   B. It's creative, because even if scientists can get the DNA, they don't know

what dinosaurs really looked like.

C. It's impossible, because even if some dinosaur DNA was found, it would have to be combined with the DNA of other species to make a living creature.

D. It's profitable, because scientists can use similar DNA from a bird to fill in the missing organs of a dinosaur.

5. Which is the correct order of events in the passage?

A. Crichton asked a question, Ausich gave an answer, Spielberg made a film.

B. Crichton wrote a book, Spielberg made a film, Ausich commented on re-creating dinosaurs.

C. Spielberg made a film, Ausich re-created a dinosaur, Crichton wrote a book about it.

D. Spielberg made a film, Crichton wrote a book, Ausich couldn't re-create a dinosaur.

問題Ⅱ (Questions 6 to 10) Read the passage and select the best option for each question.

(6) Boredom is like an annoying itch* that you feel when you know you want to do something other than what you're currently doing. Sometimes it's the situation that's to blame, such as when you're stuck doing the same task over and over at work or listening politely to a neighbor who talks too much. Other times, you might be free to act as you wish, and you know you want to do something, but you just don't know what to do. Notice how these situations are different from the state of simply not wanting to do anything.

Boredom is uncomfortable and, in terms of human evolution, its function would seem to be that it motivates us to make a change to our circumstances, to do something more personally meaningful. Related to this, there's research containing many examples showing that (7) boredom can increase creativity because of the way it encourages us to reflect and search for meaning.

Some people seem to experience boredom more often than others. Psychologists use tests to measure this tendency to become bored, which they see as being part of someone's personality. (8)High scorers tend to agree that time passes slowly, and that they find it hard to entertain themselves.

Unfortunately, people who are often bored are (9) depression and addiction**—they will often turn to drink, drugs and digital devices to ease their uncomfortable feelings, though such strategies promise only temporary relief. To truly overcome boredom, the secret is to find activities that are personally meaningful and offer just the right mix of challenge and novelty.

(adapted from the website of *Science Focus*)

*itch: かゆみ

**addiction: 中毒

6. What does the author mean by saying that (6)Boredom is like an annoying itch?
   A. Boredom bothers mainly younger people in all situations.
   B. Boredom is a physically painful condition.
   C. Boredom is an unpleasant feeling that is hard to get rid of.
   D. Boredom makes you want to scratch yourself.

7. Why does the author say that (7)boredom can increase creativity?
   A. to describe what happens to researchers when they study boredom
   B. to explain why bored people are more creative than depressed people
   C. to illustrate that boredom also has some positive influences on people
   D. to show how not all situations are helpful for people who are changing their life

8. What can we infer about the people who are the (8)High scorers mentioned in this passage?
   A. They become bored easily.
   B. They get high grades on quizzes.
   C. They have fun hobbies.
   D. They often take psychological tests.

9. Select the best option to fill in (9).

A. at a positive point to B. at heightened risk of

C. in a happy mood about D. in similar amounts to

10. Which of the following is the best summary of the last paragraph?

A. Digital devices make things easy, so it is important to bring your own.

B. Drugs and medicines are one of the best ways to treat people who suffer from boredom.

C. Some bored people engage in negative behaviors but finding interesting activities can help.

D. There is no clear way to overcome boredom so there is no point in trying.

問題Ⅲ (Questions 11 to 15) Read the passage, refer to the figure, and select the best option for each question.

The following is a group presentation prepared by Japanese high school students, which is supported by Figure 1 on the next page.

These days it is hard to find time to read for fun, particularly when many of us can barely finish our reading homework. We're too busy with social media sites like YouTube, Instagram, and Twitter. They can keep us entertained forever! Even though our teachers and parents keep telling us reading is good for the development of our brain and thinking skills, honestly, who can ever find the time to read for fun at all?

Our group took an interest in statistics on young people's reading time and found some data from the U.S., as shown in *Figure 1*. It shows reading time trends for three age groups.

Regarding the overall trend, the first thing we notice is that (11). (12)The second point we'd like to make is about the biggest difference between the 9-year-olds and the other groups. The position of "Almost every day" in the graphs in *Figure 1* remains at the top for 9-year-olds, although in 2020 the line finally comes together with "Less frequently" at (13)%. In contrast, for the other age groups, the line for

"Almost every day" starts in the middle, roughly 20% lower than that of 9-year-olds, and becomes the lowest of the three frequencies by 2020. We wondered if that is also the case with Japanese people.

So, from a different source, we've also discovered that, among the 32 countries surveyed, Japan had the second shortest reading time with just 4 hours a week. This was less than half that of the top two countries, India and Thailand. We all recognize that this is not good for us. Perhaps we all, regardless of age, should give up part of our social media time. We could spend more time reading for fun! What do you think?

Figure 1. How Often U.S. Students Read for Fun

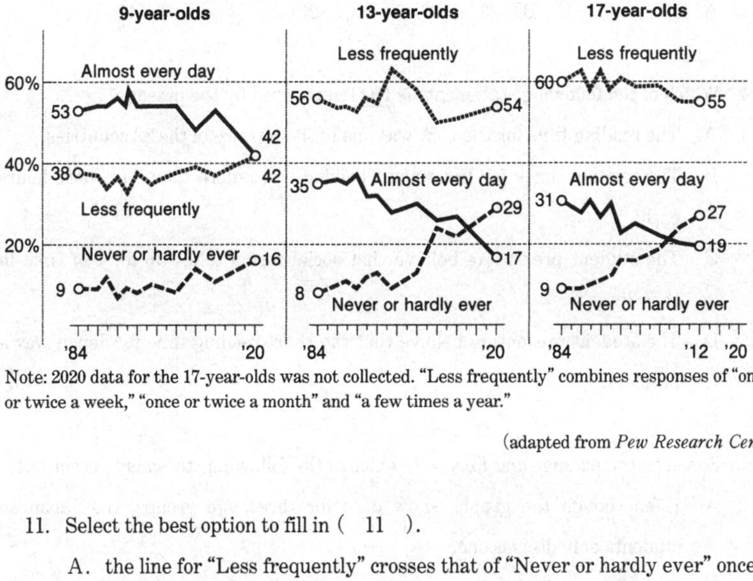

Note: 2020 data for the 17-year-olds was not collected. "Less frequently" combines responses of "once or twice a week," "once or twice a month" and "a few times a year."

(adapted from *Pew Research Center*)

11. Select the best option to fill in (11).

 A. the line for "Less frequently" crosses that of "Never or hardly ever" once for every age group

 B. the line for "Less frequently" remains within the second highest range for all age groups

 C. the line for "Never or hardly ever" generally goes up regardless of age group

 D. the line for "Never or hardly ever" remains the lowest at all times for all age groups

12. Which of the following statements is true about (12) The second point?

A. A greater percentage of 9-year-olds read almost every day compared to the other age groups.

B. A greater percentage of the older age groups read almost every day compared to the youngest group.

C. The difference in the "Almost every day" line between the youngest and the other age groups is constantly 10%.

D. What matters most about reading is content, not frequency.

13. Select the best option to fill in (13).

A. 16　　B. 23　　C. 25　　D. 42

14. Which of the following statements is NOT supported by the passage?

A. The reading time for the U.S. was one of the top two of the 32 countries.

B. The reading times for India and Thailand were more than 8 or more hours each.

C. The student presenters believe that social media takes up a lot of time in their lives.

D. The student presenters believe that the short reading time for Japan was a problem.

15. Based on the passage and *Figure 1*, which of the following statements is correct?

A. Even though the graphs show data for three age groups, the Japanese students only discuss one.

B. Even though the Japanese students discuss data from two sources, only one is accompanied by graphs.

C. The Japanese students don't mention reading being good for brain development.

D. The Japanese students present two kinds of data using graphs and a table with 32 countries.

問題Ⅳ (Questions 16 to 22) Read the conversation and select the best option for each question.

Gustav: Delicious! What's this? I've never had it before.

Yumiko: Oh that? It's just the Japanese omelet my mom makes. We have it almost every day for breakfast.

Gustav: It's great! We eat omelets back home in Germany too, but they're not usually so sweet.

Yumiko: Glad you like it. You can try many other foods too while you're staying with us. I hope you can introduce some German food to us as well.

Gustav: I sure will. Actually, it's funny. My father is a professional chef, but he never cooks at home. We usually eat cereal and toast in the mornings. We don't eat the traditional German breakfast.

Yumiko: That is funny! My father is a painter, but I've never seen him paint at home!

Gustav: Oh really. As for German food, don't worry. How about I search online and find out how to cook a real German breakfast? Then on the last morning of my homestay I'll prepare one for you.

Yumiko: Thanks, Gustav. That sounds great. So, what's your plan for today? Do you have any classes?

Gustav: No. Today I'm (16) as free as a bird. I want to look around in the city and see if I can find some plastic models of anime characters. They're very popular with my friends back home.

Yumiko: So, people in Germany are also interested in Japanese anime? Wow. I had no idea!

Gustav: Oh yeah, anime is so popular. And also sushi ... all my friends are crazy about it.

Yumiko: Why didn't they come with you on this trip to Japan?

Gustav: Oh, they're busy with other stuff. But for me, Japan is number one.

Yumiko: That's great!

Gustav: I'm really excited to be here. Hey, do you have time to show me around the city later today?

Yumiko: I'm so sorry Gustav. I have to attend volleyball practice. But, I'll be free after six o'clock. Would that be OK?

Gustav:　That'd be fine. Are all the shops open in the evening?

Yumiko:　I think so. And I know a great place to buy plastic models. You'll love it.

Gustav:　Thank you so much for everything, Yumiko. <u>How can I ever repay you?</u> (17)

Yumiko:　You know! Just let me try a traditional German breakfast. I'm looking forward to it.

16. What does Gustav mean when he says he is (16) <u>"as free as a bird"</u>?

A. He has no limitations on what he does or where he goes.

B. He knows that people have the same problems birds do.

C. He thinks keeping a bird as a pet would not cost any money.

D. He will spend the afternoon flying a model plane.

17. What does Gustav mean when he says (17) <u>"How can I ever repay you?"</u>

A. He is grateful and hopes to find a way to do something nice for Yumiko.

B. He is worried because he hasn't brought enough money to give to Yumiko.

C. He wants to check if exchanging gifts was traditional in ancient Japan.

D. He wonders if he should use a credit card or cash when making a payment.

18. According to the passage, which of the following is true?

A. Gustav does not appear to be enjoying the omelet, and he tells Yumiko directly.

B. Gustav has never eaten omelets in any country before.

C. Gustav is surprised that the omelet tastes the same as the ones his mom makes.

D. Gustav likes the omelet, but it is a little sweeter than the ones he eats back home.

19. How does Gustav respond to Yumiko's wish to try German food?

A. He agrees to order a great German breakfast that lasts all morning.

B. He promises to make some after he finds information on how to cook it.

C. He thinks it is not possible because he usually only eats toast and cereal.

D. He will ask his father because he is a professional German chef.

20. Which of the following is NOT correct, based on the conversation?

A. Gustav's friends also enjoy eating sushi.

B. Gustav's friends didn't come to Japan with him.

C. Yumiko already knew that people watch anime in Germany.

D. Yumiko is happy that Gustav likes Japan so much.

21. According to the conversation, what do Yumiko's and Gustav's fathers have in common?

A. Both coach volleyball part-time.

B. Both have been overseas.

C. Neither does his work at home.

D. Neither eats breakfast regularly.

22. Why does Yumiko suggest visiting a shop that sells plastic models?

A. She finds it hard to relax after long volleyball tournaments.

B. She is delighted that Gustav's friends couldn't visit Japan too this time.

C. She thinks it is probably the only store that is open in the city at nighttime.

D. She wants to help Gustav find something that he and his friends like.

問題V　問23－27　次の定義が表す最も適切な語をＡ～Ｄより一つ選び，その記号をマークしなさい。

23. to enter a country, town, or other area by force, in order to take it over

Ａ．access　Ｂ．injure　Ｃ．introduce　Ｄ．invade

24. very large in size, amount, or number

Ａ．massive　Ｂ．moderate　Ｃ．subtle　Ｄ．tiny

25. to behave in a dishonest way in order to succeed, especially in a competition, game, or examination

Ａ．beat　Ｂ．cheat　Ｃ．defeat　Ｄ．defend

26. a physical or mental change that shows that you are not healthy

Ａ．atom　Ｂ．maintenance

Ｃ．routine　Ｄ．symptom

27. a fault or a lack of something, making it not perfect

Ａ．advantage　Ｂ．defect　Ｃ．distinction　Ｄ．effect

問題Ⅵ　問28－35　各文の空所に入る最も適切な語（句）をA～Dより一つ選び，その記号をマークしなさい。

28. I saw Mike walking along the street last Friday, (　　　) I was with Kate at a cafe.

A．that　　B．when　　C．which　　D．who

29. (　　　) was because I wanted to do something else that I decided to quit the sports club.

A．Either　　B．It　　C．There　　D．This

30. I know I have to do more, but I've done all (　　　) I can do at this moment.

A．that　　B．what　　C．which　　D．who

31. This movie didn't make much money, because the action scenes weren't exciting and, (　　　), the story line was boring.

A．how is best　　B．how is worst

C．what is better　　D．what is worse

32. This rice cooker can make (　　　) you want from this list of dishes.

A．however　　B．whatever　　C．whenever　　D．whoever

33. Remember that it is not how much you read but what you read (　　　).

A．that adding　　B．that counts

C．that numbers in　　D．that tasked

34. Now that you are officially an adult, you (　　　) responsible for your actions.

A．have　　B．hold

C．will be having　　D．will be held

35. The teacher first had students (　　　) in pairs to discuss questions and then checked their answers.

A．be worked　　B．being working

C．to work　　D．work

問題Ⅶ　問36－40　各文の空所に入る最も適切な語（句）をA～Dより一つ選び，その記号をマークしなさい。

36. If you have (　　) valuables with you, you had better check them in at the reception desk.

A．every　　B．none　　C．some　　D．too

37. She devoted all her life (　　) caring for homeless people.

A．for　　B．of　　C．to　　D．with

38. The little girl stared at me with (　　) face.

A．an affection　　B．an afford　　C．a scared　　D．a stair

39. I am not sure that this shirt (　　) that jacket.

A．comes together　　B．goes with

C．match against　　D．meet up with

40. Person A: How was your final exam?

Person B: It was (　　) compared to the difficult mid-term exam.

A．a cake of soap　　B．a can of worms

C．a head of lettuce　　D．a piece of cake

問題Ⅷ　問41－45　各組の中で最も強いアクセント（第一強勢）の位置が一つだけ異なるものがあります。A～Dより選び，その記号をマークしなさい。

41. A．chal-lenge　B．con-fuse　C．oc-cur　D．re-lief

42. A．fac-ul-ty　B．fi-nan-cial
C．mar-vel-ous　D．rad-i-cal

43. A．ma-gi-cian　B．per-cen-tage
C．tre-men-dous　D．will-ing-ness

44. A．ac-ces-so-ry　B．ba-si-cal-ly
C．def-i-nite-ly　D．nec-es-sar-y

45. A．cal-cu-la-tor　B．dis-re-spect-ful
C．fas-ci-nat-ing　D．su-per-mar-ket

問題Ⅸ　問46－50　日本文とほぼ同じ意味になるように，A～Dの語（句）を並べ替えて英文を完成させなさい。解答は空所の3番目にくる語（句）の記号をマークしなさい。

46. 都会と違って，地方のコミュニティーでは，近所づきあいを今でも大変重視しています。

In contrast to those in cities, rural communities ＿＿＿ put ＿＿＿ (46) ＿＿＿.

A．a great deal of importance　　B．between neighbors

C．on relationships　　D．still

47. この地域でこの大学が一番古いということは当然ご存知でしょう。

I suppose you ＿＿＿ ＿＿＿ fact that in this area there (47) as ＿＿＿ this university.

A．are aware of　　B．is nothing

C．old as　　D．the well-known

48. 近い将来，今までにないほど多くの人々が快適で楽な生活を送るために，科学の進歩が役立つことが期待できる。

In the near future, we can expect scientific advances to ＿＿＿ ＿＿＿ (48) ＿＿＿ life.

A．help　　B．lead a comfortable and easy

C．more people　　D．than ever

49. もし締切までに終わらせなければならない仕事の量に圧倒されるようなことがあれば，全ての仕事を把握するために，このスマホのアプリを使うことをお勧めします。

If you ＿＿＿ feel overwhelmed ＿＿＿ you have to finish (49) , I'd recommend you use this smartphone application to ＿＿＿ all your work.

A．by a deadline　　B．by the amount of work

C．ever　　D．keep track of

50. 英語を話すのに十分な能力があるのにも関わらず，彼らはあまりにも恥ずかしがり屋であるせいで人前で話すことができない。

Even though they ＿＿＿ ＿＿＿, they (50) ＿＿＿.

A．are too shy　　B．have sufficient ability

C．to speak English　　D．to speak in public

日本史

（60分）

問題Ⅰ　次の史料と文を読んで，空欄 [1] ～ [10] に最も適する語句を後の語群から選び，その記号を解答欄にマークせよ。同一番号の空欄は同一語句である。

【史料】

（1）

一　軍役①定めの如く，旗・弓・鉄炮・鑓・甲冑・馬皆具・諸色・兵具ならびに人数積，相違無くあい嗜むべき事

〔中略〕

一　跡目の儀，養子ハ存生の内言上いたすべし，末期に及びこれを申すといえども，これを用うべからず②，〔中略〕養子に致すべき者これ無きにおいては，奉行所にとどけ，差《(指)》図を請《う》くべきなり，仮にも実子なりといえども，筋目違いたる遺言立べからざる事

（『徳川禁令考』）

（2）

一　異国へ奉書船のほか，舟遣し候儀，堅く停止③の事

一　奉書船のほかに，日本人異国へ遣し申すまじく候．もし忍び候て乗りまいり候ものこれ有るにおいてハ，そのものハ死罪，その船ならびに船主ともに留め置き，言上仕るべきの事

〔中略〕

一　異国船につみ来り候白糸④，直《(値)》段を立候て，残らず五ヶ所へ割符仕るべきの事

〔中略〕

一　薩摩，平戸，そのほかいづれの浦に着候船も，[1] の糸の直段のごとくたるべし，[1] にて直段立候ハぬ以前，売買停止の事

（『徳川禁令考』）

【文】

江戸幕府は [2] 年に，大名に対して一国一城令と武家諸法度を定め，朝廷に対しては禁中並公家諸法度を制定した。

武家諸法度は， [3] ごとに，社会情勢に応じて改変された。徳川家光のときに出された [4] 令では，諸大名に法度の遵守を厳命し，大船の建造禁止などが追加された。

史料（1）は旗本・御家人を対象に発布された諸士法度の一部で，家光によって武家諸法度 [4] 令と同じ年に発令された。下線部①の軍役とは，主君に対してつとめる軍事的負担のことで，武家諸法度 [4] 令で義務化された [5] もその一つである。強大な権力をもつ将軍を頂点とした幕藩体制は，家光の頃までに整えられたということができる。

諸士法度は徳川綱吉のとき，武家諸法度と同様の趣旨で出されているという理由から廃止された。下線部②の末期養子の禁止などにより，多くの大名家が改易となって牢人が多発したことが，徳川家綱の代におきた [6] の原因の一つであったことから，綱吉のときに出された武家諸法度には，末期養子の禁止緩和が盛り込まれることになった。

江戸幕府の体制が確立されていくなか，貿易と外交についても順次法令が出され，鎖国政策が進められた。史料（2）は1633年に出された法令の一部である。下線部③では， [7] が発行した奉書を所持する船以外の海外渡航を禁じ，あわせて奉書船以外での日本人の海外派遣禁止などの措置が定められた。下線部④の白糸とは， [8] で生産された上質の生糸のことである。当時，ポルトガル商人は1557年に居住権を手に入れた [9] を拠点として白糸の仲介貿易をおこなっていた。白糸の輸入価格を決定して一括購入する制度が設けられ，堺・京都・ [1] ・江戸・大坂の商人仲間に特権が与えられていた。この制度は，ポルトガル商人らの [10] ために設けられたものである。

〔語群〕

ア．島原の乱	イ．利益独占を排除する	ウ．側用人
エ．中国	オ．将軍の代がわり	カ．助郷役
キ．寛永	ク．慶安の変	ケ．ゴア
コ．1603	サ．貿易特権を強化する	シ．元和
ス．国役	セ．災害の発生	ソ．博多
タ．1623	チ．参勤交代	ツ．寛文
テ．対馬	ト．日本からの退去を防ぐ	ナ．長崎奉行
ニ．琉球	ヌ．政治の改革	ネ．マニラ

ノ．朝鮮　　ハ．宝暦事件　　ヒ．1615

フ．老中　　ヘ．マカオ　　ホ．長崎

問題Ⅱ　次の文を読んで，空欄 1 ～ 10 に最も適する語句を後の語群から選び，その記号を解答欄にマークせよ。同一番号の空欄は同一語句である。

幕末には廃鉱同然であった足尾銅山を，古河市兵衛が買いとったのは1877年のことであった。その6年後には製銅額が買収時の十数倍になったが，この飛躍的な発展にともなって，下流の渡良瀬川流域の農業・漁業に大被害が現われた。銅山から流れ込む鉱毒による被害であった。

これに対して，被害地の村民は，1897年以来，蓑笠・草鞋ばきで大挙して上京し，数回にわたって陳情を試みている。 1 選出の衆議院議員田中正造は，議会で政府に銅山の操業停止をせまった。また田中は木下尚江らの知識人とともに世論の喚起につとめた。ちなみに木下尚江は， 2 らと最初の社会主義政党である社会民主党を結成している。 2 は，平民社をおこして『平民新聞』を創刊した人物でもある。

また日清戦争前後の時期に入ると，待遇改善などを要求する工場労働者のストライキが始まり，1897年には全国で40件余り発生した。同年には，アメリカの労働運動の影響を受けた高野房太郎らが 3 を結成して労働運動の指導に乗り出している。このような動きに対して，政府は，労働運動を取り締まるとともに，労働条件を改善して労資対立を緩和しようとする社会政策の立場から，工場法の制定に向かった。

ところで，第2次桂太郎内閣は，1908年に戊申詔書を発布し，また内務省を中心に地方改良運動を推進した。戊申詔書では，日露戦争後に列強の一員となった日本を支えるため， 4 を国民に求めた。また桂内閣は，大逆事件を機に社会主義者などを大弾圧し，以後，第一次世界大戦に至るまで社会主義者にとっては身動きのとれない「冬の時代」になった。ロマン主義から出発した詩人 5 は，大逆事件に衝撃を受け，社会主義思想を盛り込んだ生活詩をうたい上げている。

第一次世界大戦がおこると，明治末期からの不況と財政危機とが改善された。大戦による急激な経済の発展は，工業労働者の増加と人口の都市集中を通じて米の消費量を増加させたが，農業生産の停滞もあり，米価が上昇した。シベリア出兵を当て込んだ米の投機的買占めが横行して米価が急騰すると，富山県での騒動をきっかけに，東京・大阪をはじめ全国38市・153町・177村，約70万人を巻き込む大騒擾となった。 6 内閣は軍隊を出動させて鎮圧に当たったが，責任を追及する世論の前に総辞職した。

第一次世界大戦中の産業の急速な発展によって，労働者の数は大幅に増加し，労働争議の件数も急激に増加した。また農村では小作料の引下げを求める小作争議が頻発し，1922年，[7]らによって全国組織である日本農民組合が結成された。[7]は，キリスト教社会主義者で，その伝道の体験を描いた『死線を越えて』を著している。

男性普通選挙権の獲得を求める運動は，1919年から1920年にかけて大衆運動として盛りあがった。これに対して政府の側でも，加藤友三郎内閣の頃から普通選挙制の検討を始め，第２次山本権兵衛内閣も導入の方針を固めていたが，関東大震災と，その後の[8]による総辞職で立ち消えとなった。[8]は，無政府主義者の難波大助が，摂政の裕仁親王を狙撃した事件である。

1925年，普通選挙法が成立すると，労働組合・農民組合を基盤とする社会主義勢力は議会を通じての社会改造をめざすようになり，1926年，合法的な無産政党である[9]が組織された。しかし，[9]の内部で共産党系の勢力が強まると，社会民衆党，日本労農党が分裂・離脱した。

女性の解放をめざす運動は，1911年，平塚明らによって結成された文学者団体の[10]に始まった。さらに平塚や市川房枝らが1920年に設立した新婦人協会は，参政権の要求など女性の地位を高める運動を進めた。

〔語群〕

ア．虎の門事件	イ．甘粕事件	ウ．栃木県
エ．茨城県	オ．群馬県	カ．労働組合期成会
キ．労働農民党	ク．日本民主党	ケ．内村鑑三
コ．日本労働総同盟	サ．幸徳秋水	シ．西園寺公望
ス．寺内正毅	セ．原敬	ソ．社会大衆党
タ．長塚節	チ．新渡戸稲造	ツ．賀川豊彦
テ．赤瀾会	ト．正宗白鳥	ナ．シーメンス事件
ニ．青鞜社	ヌ．友愛会	ネ．山川均
ノ．石川啄木	ハ．堺利彦	ヒ．大日本労働総同盟
フ．実学の奨励と個の尊重	ヘ．勤倹節約と皇室の尊重	
ホ．立憲制の推進と税負担の増加		

問題Ⅲ　次の文を読んで，空欄 [1] ～ [5] に最も適する語句を後の語群から選び，その記号を解答欄にマークせよ。同一番号の空欄は同一語句である。また，問1～5のそれぞれに最も適する記号を選び，その記号を解答欄にマークせよ。

①<u>高望王を祖とする桓武平氏のうち，伊勢・伊賀両国を拠点として勢力をもったのが伊勢平氏である</u>。伊勢平氏は，平将門の乱を鎮圧した平貞盛の子である維衡を祖とする。維衡は伊勢守となって，もっぱら地元に勢力を拡大したようであり，曾孫の正盛の代になって中央政界に進出した。

平正盛は，伊賀国にもっていた所領を白河上皇の皇女の菩提所である六条院に寄進したことから上皇の信頼を受け，②<u>北面の武士となった</u>。正盛は源氏がおこした乱の鎮圧でも名をあげた。すなわち，源義家の子である [1] が対馬守であったとき九州で狼藉をはたらき隠岐国へ流されるという事件がおきた。しかし， [1] は隠岐からぬけ出し出雲国へわたり目代を襲ったため，正盛がこれを討った。正盛はこのほか，藤原忠通とも交流をもち，成功をくり返し従四位上にまで進んだ。

平正盛の子が忠盛である。山陽道や南海道の海賊を討ち，白河上皇・ [2] 上皇の信任を得ると同時に西国に勢力を築いた。これらの功績から正四位上・刑部卿になり，昇殿を許され殿上人にまでなった。また③<u>神埼荘の預所となって日宋貿易に関わるようになった</u>。神埼荘は [2] 上皇の所領であり，そこの管理者となった忠盛は，上皇の権威を背景として交易権を握っていた大宰府に対抗した。

平忠盛の子が清盛である。一般に伊勢平氏というと，清盛ばかりが目立ち，彼一代で発展したかの印象を受ける。たしかに清盛の功績にはめざましいものがあるが，その土台として正盛・忠盛の活躍があったこともみのがせない。その土台のもとに清盛は飛躍をとげることになる。1156年におきた保元の乱では，源義朝とともに後白河天皇方として活躍した。ついで3年後の1159年の平治の乱では源義朝を倒して，院政を敷いていた後白河上皇の信任を得た。清盛は1160年，正三位・参議として公卿に昇った。そして，1167年には [3] となった。1171年には，娘の [4] を入内させて，高倉天皇の中宮とした。しかし，④<u>平氏一門のあまりの栄達は周囲の反発・警戒を生み出した</u>。1177年の鹿ヶ谷の陰謀は，後白河上皇の近臣らによる平氏打倒計画である。この事件は多田行綱の密告によって発覚し，俊寛らが処罰された。

こうしたなか，清盛と後白河上皇の関係も悪化していき，1179年，清盛は後白河上皇を幽閉するにいたった。そして，翌1180年，清盛は [4] の生んだ安徳天皇を即位させ，政治の主導権を握った。しかし，この年，以仁王によって平氏追討の令旨が諸国の武士にむけて発せられた。都では以仁王を奉じて源頼政が挙兵したが，平氏の追討をうけ，以仁王と源頼政は [5] で敗死した。

平清盛は，都を福原に移すなどして事態の立てなおしをはかったが，遷都は失敗し清盛自身も1181年に病死した。一門の要を失った平氏は，源頼朝に滅ぼされることになる。⑤この源平の争乱を治承・寿永の乱ともいう。

〔語群〕

ア．後三条	イ．太政大臣	ウ．延暦寺	エ．鳥羽	オ．源為朝
カ．徳子	キ．宇治	ク．源義親	ケ．和子	コ．内覧
サ．土御門	シ．関白	ス．宮子	セ．源義平	ソ．南都

問１　下線部①に関連して，桓武平氏・伊勢平氏について述べた文として**誤っているもの**を，次のア～エのうちから一つ選べ。

ア．桓武平氏の子孫からは，鎌倉幕府で執権として栄える北条氏も出ている。

イ．高望王の子である平国香は，平良将の子である将門と争って敗死した人物である。

ウ．平貞盛が鎮圧した平将門の乱を描いた『将門記』は，軍記物語の先駆である。

エ．伊勢平氏の子孫からは，上総国で乱をおこし源経基に殺された平忠常も出ている。

問２　下線部②について述べた文として正しいものを，次のア～エのうちから一つ選べ。

ア．天皇の居住する御所の北面につめ，警備に当ったことが名称の由来である。

イ．西面の武士と連携して天皇・上皇を守る武力であり，武士の中央政界進出のきっかけとなった。

ウ．白河上皇によって設置され，院の独自の軍事力となった。

エ．南都や北嶺の僧兵による強訴に対する防御は管轄外であった。

問３　下線部③に関連して，この時期の日宋貿易に関して述べた次の文ａ～ｄについて，正しいものの組合せを，下のア～エのうちから一つ選べ。

ａ　平忠盛は日宋貿易に着手し，さらに，貿易の拡大のため屋島を開削した。

ｂ　日宋貿易では，日本から金・木材などを輸出し，宋銭・陶磁器などを輸入した。

c　11世紀後半以降，日本と宋との貿易がさかんになったが，南宋になると衰えた。

d　平清盛は摂津国の大輪田泊の修築をおこない，宋商人の畿内への招来につとめた。

ア．a・c　　イ．a・d　　ウ．b・c　　エ．b・d

問4　下線部④に関して述べた次の文X・Yについて，その正誤の組合せとして正しいものを，下のア～エのうちから一つ選べ。

X　平氏の繁栄ぶりは，院政期にできた『平家物語』に記されており，琵琶法師によって平曲として語られた。

Y　平清盛をはじめ平氏一門は，安芸国の厳島神社を海上交通の守護神として崇敬し，『扇面古写経』を奉納した。

ア．X 正　Y 正　　イ．X 正　Y 誤
ウ．X 誤　Y 正　　エ．X 誤　Y 誤

問5　下線部⑤に関連して，治承・寿永の乱に関して述べた次の文Ⅰ～Ⅲについて，古いものから年代順に正しく配列したものを，下のア～カのうちから一つ選べ。

Ⅰ　伊豆国で挙兵した源頼朝は，相模国の石橋山の戦いで平氏方に敗れた。

Ⅱ　源義仲は，倶利伽羅峠の戦いで平維盛を破り入京し，平氏は都落ちした。

Ⅲ　富士川の戦いにおいて平維盛軍は，飛び立つ水鳥の羽音に驚き敗走した。

ア．Ⅰ→Ⅱ→Ⅲ　　イ．Ⅰ→Ⅲ→Ⅱ　　ウ．Ⅱ→Ⅰ→Ⅲ
エ．Ⅱ→Ⅲ→Ⅰ　　オ．Ⅲ→Ⅰ→Ⅱ　　カ．Ⅲ→Ⅱ→Ⅰ

問題Ⅳ　次の史料と文を読んで，空欄 [1] ～ [5] に最も適する語句を後の語群から選び，その記号を解答欄にマークせよ。同一番号の空欄は同一語句である。また，問1～5のそれぞれに最も適する記号を選び，その記号を解答欄にマークせよ。

【史料】

（1）

今日より官庁に坐《ざ》して就きて，万政を領行《とりおこな》い，入りては朕が躬《み》を輔《たす》け，出でては百官を総《す》ぶべし。①奏すべきの事，下すべきの事，必ず先づ諮《はか》りて稟《う》けよ。

（ [1] 原漢文）

（2）

摂政太政大臣に万機を関白せしむる詔を賜う。

詔したまわく，「②朕涼徳《りょうとく》を以《もっ》て茲《ここ》に乾符《けんぷ》を奉ず。〔中略〕其れ万機の巨細《こさい》，百官己《おのれ》に惣《す》べ，皆太政大臣に関白し，然《しか》る後に奏下《そうげ》すること，一に旧事の如くせよ。主者施行せよ。」と。

（『政事要略』原漢文）

【文】

③9世紀後半以降，藤原氏から摂政または関白が出されるようになり，特に摂政または関白がほぼ常に置かれた10世紀後半から11世紀頃の政治を摂関政治と呼んでいる。

[1] は，六国史のうち最後に編纂された歴史書である。史料（1）は884年6月5日に光孝天皇から発せられた詔で， [2] が事実上の関白の権限を有したことを示している。史料（2）は887年11月21日の記事で，「関白」の語の初見である。下線部②がさす人物は宇多天皇で，これは光孝天皇からの代がわりののち，再び [2] に対して出された詔である。冒頭に記されているように，摂政太政大臣に政務全般を関白（関与）させるという意味の詔で，「摂政太政大臣」は [2] をさす。

嵯峨天皇の信任を得て秘書官長である [3] になった藤原冬嗣以来，天皇との結びつきを強めることで台頭した藤原北家は，あいついで摂政または関白を輩出することで権勢の基礎を固めた。2つの史料からわかるように，摂政または関白は天皇の詔により任命され，その天皇一代限りのもので，新しい天皇が即位した場合は改めて詔が出されて任ぜられるものであった。

このののち④天皇による親政がおこなわれた時期もあったが，10世紀後半以降は摂政または関白がほぼ常置されるようになる。摂関の地位をめぐっては藤原氏内部での争いも生じたが，藤原道長の時にはおさまった。道長は4人の娘を中宮や皇太子妃とし，30年にわたって朝廷で権勢をふるった。道長のあとを継いだ藤原頼通も，3代の天皇の50年にわたって摂政または関白をつとめ，権力の絶頂期を迎える。藤原氏の氏長者は大学別曹の 4 などを管理し，任官や叙位の際には，氏に属する人びとの推薦権ももっていた。

一方，国外へ目を向けると，東アジアの国際関係は10世紀初頭から大きな変化を迎える。907年，東アジアの政治と文化の中心であった唐が滅んだ。その後の中国は，五代十国の諸王朝が興亡する時期を経て，宋によって再統一された。

中国東北部では，10世紀前半に渤海が 5 に滅ぼされた。1019年，九州北部が50余隻の船に来襲される事件（刀伊の入寇）がおきる。これは藤原隆家らによって撃退されたが，のちに 5 支配下の女真人によるものと判明した。朝鮮半島では，10世紀初めに高麗がおこり，新羅を滅ぼして朝鮮半島を統一した。

日本はこれらの国々と国交を開こうとはしなかったものの，⑤宋や高麗の商人との取引きは頻繁におこなわれていた。

〔語群〕

ア．藤原良房	イ．参議	ウ．『日本三代実録』
エ．学館院	オ．契丹	カ．藤原基経
キ．西夏	ク．『続日本後紀』	ケ．検非違使
コ．勧学院	サ．『日本文徳天皇実録』	シ．藤原兼家
ス．蔵人頭	セ．弘文院	ソ．金

問1　下線部①に関連して，摂関政治に関して述べた文として正しいものを，次のア～エのうちから一つ選べ。

ア．摂政は，天皇の成人後に，その後見役として政治を補佐した。
イ．藤原道長は，甥の伊周との争いに勝利して，政治の実権を握った。
ウ．国政の重要事項については，評定と呼ばれる公卿会議で審議された。
エ．白河天皇が出した延久の荘園整理令は，摂関家の荘園も対象とした。

問2　下線部②に関連して，宇多天皇について述べた文として**誤っているもの**を，次のア～エのうちから一つ選べ。

ア．宇多天皇の勅書にある「阿衡」の言葉をめぐり，藤原氏が抗議した。

イ．宇多天皇が重用した菅原道真は，漢詩文集『菅家文草』を著した。

ウ．宇多天皇のときの唐風を重んじる文化を，弘仁・貞観文化という。

エ．宇多天皇は，藤原氏を外戚（母方の親戚）としていなかった。

※問2については，問題に不備があったため，全員正解とする措置が取られたことが大学から公表されている。

問3　下線部③に関連して，9世紀から10世紀の出来事に関して述べた次の文Ⅰ～Ⅲについて，古いものから年代順に正しく配列したものを，下のア～カのうちから一つ選べ。

Ⅰ　紀貫之らによって『古今和歌集』が編纂された。

Ⅱ　藤原純友が瀬戸内海の海賊を率いて反乱をおこした。

Ⅲ　応天門の変がおこり，伴善男が流罪に処せられた。

ア．Ⅰ→Ⅱ→Ⅲ　　イ．Ⅰ→Ⅲ→Ⅱ　　ウ．Ⅱ→Ⅰ→Ⅲ

エ．Ⅱ→Ⅲ→Ⅰ　　オ．Ⅲ→Ⅰ→Ⅱ　　カ．Ⅲ→Ⅱ→Ⅰ

問4　下線部④に関連して，醍醐天皇・村上天皇に関して述べた次の文a～dについて，正しいものの組合せを，下のア～エのうちから一つ選べ。

a　醍醐天皇の治世下では，北家出身の藤原時平が重用された。

b　最後の皇朝十二銭である乾元大宝は，醍醐天皇のときに発行された。

c　醍醐天皇の死後，村上天皇の皇子であった源高明が失脚した。

d　両天皇による親政の合間には，藤原忠平が摂政・関白をつとめた。

ア．a・c　　イ．a・d　　ウ．b・c　　エ．b・d

問5　下線部⑤に関連して，10世紀の交易に関して述べた次の文X・Yについて，その正誤の組合せとして正しいものを，下のア～エのうちから一つ選べ。

X　奝然《ちょうねん》など，宋の商人の船を利用して大陸に渡り，宋の文物を日本にもたらす僧もいた。

Y　螺鈿細工の材料となる夜光貝は，高麗の特産品として日本へもたらされた。

ア．X　正　Y　正　　　イ．X　正　Y　誤

ウ．X　誤　Y　正　　　エ．X　誤　Y　誤

世界史

（60分）

問題Ⅰ　次の文章の［　　］に入る最も適当な語句を下記の語群から選び，その記号をマークせよ。

唐の滅亡から，［1］の分裂期をへて，北宋の統一に至る10世紀は，中国史上，最大の変革期と考えられている。［2］の初代皇帝となった朱全忠が，唐の重臣たちを殺して黄河に投げこんだ事件に象徴されるように，旧来の支配者層であった［3］が没落し，［3］政治が終わりを告げた。8世紀半ばの安禄山・［4］の乱以来，行政・軍事の両権を掌握する［5］が各地に割拠していたが，北宋は［5］の権限を中央に回収するとともに，武人に代えて文官を重用し，文治主義を徹底させた。このような皇帝を中心とする政治体制，いわゆる君主独裁政治を支えたのが，高級官僚の選抜試験，［6］である。［6］の起源は［7］の時代にさかのぼるが，北宋の太祖のとき，皇帝みずから試験官となる最終試験の殿試が始められ，中心的な官吏登用制度として確立した。この結果，［8］などと称される新興地主層の子弟が官僚に登用されるようになり，知識人層を形成した。［6］の本格的な運用を可能にしたのは，学術・文化の大衆化である。儒学の分野では，経典を自由に解釈し，宇宙の原理や人間の本質を哲学的に探究する［9］がおこる。北宋の［10］らに始まり，南宋の［11］によって大成されたため，［12］ともいう。仏教では［13］が官僚層によって支持され，また，金の統治下にあった華北では［14］が儒・仏・道の三教を融合し，［15］を始めた。このほか，文学，絵画などの分野でも革新がおこり，木版印刷の発達が学術・文化の普及に果たした役割も大きい。

[語群]

あ．王重陽	い．王陽明	う．欧陽脩
え．科挙	お．貴族	か．九品中正
き．郷挙里選	く．訓詁学	け．形勢戸
こ．五代十国	さ．五胡十六国	し．考証学

す．黄巣　　せ．後周　　そ．後梁
た．豪族　　ち．史思明　　つ．朱熹
て．朱子学　　と．諸侯　　な．周敦頤
に．隋　　ぬ．全真教　　ね．禅宗
の．宋応星　　は．宋学　　ひ．佃戸
ふ．都護府　　へ．八王　　ほ．白蓮教
ま．藩鎮　　み．北魏

問題Ⅱ　次の文章の [　　] に入る最も適当な語句を下記の語群から選び，その記号をマークせよ。

アッシリアは，[1] 王の時にエジプトを征服して古代オリエント世界を統一する。しかし王の死後，帝国の支配は急速に崩壊し，エジプト，新バビロニアのほか，アナトリアには [2]，[3] 高原にはメディアの4王国が並立した。やがてメディアは同じ [3] 系のペルシア人に倒され，アケメネス朝が打ち立てられる。アケメネス朝の建国者 [4] は [2] につづいて新バビロニアを征服し，つぎの王の時代にはエジプトを併呑してふたたびオリエントの統一を果たした。アケメネス朝の版図はアム河からエジプトにいたる広大なものとなり，その領域は歴史的に「[3] の地」と呼ばれるようになる。

3世紀前半に成立したササン朝は [5] の治世下で最盛期を迎え，6世紀半ばにモンゴル高原に勃興した遊牧国家 [6] と同盟してエフタルを滅ぼすなど，複雑な国際関係が展開された。[5] の孫は [7] に遠征してシリアやエジプトを占領し，その領域は最大になる。こうして「[3] の地」を版図に収めたササン朝はアケメネス朝の後継王朝であることを自任，[8] 教を国教とし，経典として『[9]』が編纂された。しかしながら同王朝は [7] にシリア・エジプトを奪回され，さらに [10] の戦いで新興のイスラーム勢力に敗れて事実上滅亡する。

10世紀初頭，シーア派の一派である [11] 派によってチュニジアに独立したイスラーム政権であるファーティマ朝が建てられ，やがてエジプトに拠点を移し，アッバース朝に対抗する。12世紀後半に十字軍とたびたび戦ったサラーフ＝アッディーンが創始した [12] 朝，13世紀中頃にモンゴル帝国の軍隊を退けて支配体制を確立したマムルーク朝などの存在を見るとき，エジプトがイスラーム世界におけるひとつの核になっていたことが分かる。

16世紀前半，オスマン帝国はマムルーク朝を破ってエジプトを併呑した。18世紀末にナポレオンの遠征軍によって征服されたことをきっかけに，ふたたびエジプトに自立の機運が高まる。オスマン帝国は，混乱に乗じて台頭した［13］にたいしてエジプト総督の地位を認め，彼のもとでエジプトは急速に近代化を進めることになった。しかしながらその一方で莫大な債務に苦しむようになり，19世紀後半には英仏の財務管理下に置かれるようになる。たとえばイギリスは［14］が首相の時にスエズ運河会社の株を買収してその経営権を握った。その後，紆余曲折をへて，エジプト革命に成功して大統領となった［15］が，1956年にスエズ運河の国有化を宣言し，やがてアラブ世界，非同盟外交政策の指導者として国際社会に大きな影響力を持つようになっていく。

[語群]

あ．アイユーブ	い．アヴェスター	う．アッシュルバニパル
え．イスマーイール	お．イブン＝アブドゥル＝ワッハーブ	
か．イラン	き．柔然	く．ヴェーダ
け．カルタゴ	こ．キュロス２世	さ．グラッドストン
し．サダト	す．シャープール１世	せ．ワッハーブ
そ．セム	た．セルジューク	ち．ゾロアスター
つ．タラス河畔	て．ダレイオス１世	と．ディズレーリ
な．突厥	に．ナセル	ぬ．ニハーヴァンド
ね．ネブカドネザル２世	の．ビザンツ帝国	は．ヒッタイト
ひ．ホスロー１世	ふ．マニ	へ．ムバラク
ほ．ムハンマド＝アリー	ま．リディア	み．レセップス

問題Ⅲ 次の文章を読み，各問に答えよ。

歴史上の出来事を考える場合，その事実性については客観性を検証できるが，その出来事が関係する因果関係やその意義については，複数の解釈が存在する余地がある。「学説」が存在する所以である。このことを，産業革命を題材に考えてみよう。

まず産業革命がイギリスで始まった原因についてだが，ひとつが生産の側面を重視する立場で，以下の点を根拠とした。生産に必要な資本の形成については，1300年頃より進展した［ 1 ］によって形成された独立自営農民が農村で毛織物工業を展開し，そこでの資本蓄積が機械工業へと発展した。労働力については，<u>18世紀に囲い込みが進展した</u>$_{\text{A}}$ことで，土地を失った大量の農民が都市に流入して労働力となった。そのほか，イギリスが石炭や鉄鉱石に恵まれていたこと，<u>科学的知識の普及</u>$_{\text{B}}$により，経済構造における［ 2 ］が展開されたことなどである。

この考えを批判し，<u>原因として需要や消費を重視する考え方もある</u>$_{\text{C}}$。周知のごとく，産業革命が始まったのは綿工業であり，毛織物業者が資本を蓄積して綿織物業に転じたという事実はなかった。そのため，17世紀よりヨーロッパに輸入されて人気を博した［ 3 ］産綿織物の輸入や着用が毛織物業者の圧力により禁止されたため，その「輸入代替」として国内での生産が行われたことが，綿工業発展の理由とされた。しかし，大量に綿織物を製造するとヨーロッパ域内の需要を上回るため，ヨーロッパ外に［ 4 ］が存在する必要がある。ここで重要となるのが，17世紀より展開していた［ 5 ］での三角貿易である。三角貿易でヨーロッパ人は当初，アメリカ大陸向けの［ 6 ］を<u>アフリカ</u>$_{\text{D}}$で入手するために，武器や日用品を輸出していたが，気温の高いこの地では，綿織物は最適な輸出品であった。また，産業革命以前よりイギリスはランカシャー地方でファスチャンと呼ばれる亜麻と綿の混織物を生産していた。これは国内やヨーロッパでは売れない粗悪品で，それをアフリカに輸出しており，そのルートに綿織物をのせることはたやすかった。この需要に支えられて産業革命が進展すると，安価なイギリス産綿織物は［ 3 ］の綿織物業を壊滅させ，さらに需要を増やしたのだった。需要がなければ［ 2 ］がなされないことも明らかである。16世紀のイギリスでは，木炭を燃料として製鉄業が展開していたが，建築，造船，家庭用燃料による消費のため木材の枯渇が起こり，17世紀には国内の製鉄業が停滞した。そのため，スウェーデンやロシアより鉄を輸入していたが，18世紀には鉄の需要がさらに高まり，石炭を利用した製鉄法が開発されたのだった。

それでは，綿工業はいかなる社会層によって開始されたのだろうか。従来の説のように毛織物業者が綿織物業に転じたことはなく，当時豊富な資金を有していた貿易業者やロンドンのシティの金融業者（ジェントルマン）が綿工業に乗り出すこともなかった。そのため，軽工業である綿業の創業資金は比較的少額であったため，社会のあらゆる層が綿業にかかわったことが最近の研究では重視されている。つまり，産業革命開始直後に大規模な工業化が進展し，煤煙を上げる工場の林立へと景観が一変したわけではなかった。

産業革命の社会への帰結については，大別して悲観論と楽観論がある。悲観論が強調するのは，産業革命により［ 7 ］が都市に建設されたことによる社会問題[E]の発生であり，それと関連した労働者の貧困の増大であった。しかし，労働者の貧困化と産業革命を直接に結びつけることはできないとの批判もある。たとえば，貧困に関連して都市のスラム化が強調されるが，[F]スラム化が進展したのは，綿織物業の中心地である（　①　）ではなく，最大消費地の（　②　）だった。こうしたことも背景に，楽観論は産業革命により労働者の賃金はむしろ上昇し，生活状態が悪化したとは必ずしも言えないとする。イギリスでは18世紀初頭より人口が増加に転じたが，その人口増を支えたのが，産業革命であった。

産業革命が「革命」であったのかという点についても議論がある。つまり，1780年から世紀末までのイギリスの経済成長率は年率換算で1.3％程度であり，そもそも産業革命という概念自体が妥当なのかという疑問も呈されている。これにたいして，革命概念を経済成長率のみで語ることへの批判もある。「輸入代替」に象徴されるように，17世紀以前にはアジアはヨーロッパよりも豊かで成熟した政治や経済，文化を営んでいた。しかし，この[G]アジアとヨーロッパとの力関係が18世紀から転換するわけで，産業革命はその転換を決定的としたことから革命と評価できるとの主張である。こうして19世紀にはイギリスは「世界の工場」を形成して世界経済の中心となり，それにフランスやドイツなどの後発国が対抗したが，アジアや南アメリカといった周辺地域では，植民地化した地域はイギリス工業に競合する部門が解体され，主権を確立した地域でも経済的には［ 8 ］や従属経済を強いられた。このような世界体制の変化をもたらし，今日の低開発問題の原因となったという意味で，産業革命はまさに「革命」であった。さらには，この時に起こった[H]エネルギー革命を強調して，その革命性を重視する考えもある。

問1　文中の［　　］に入る最も適当な語句を下記の語群から選び，その記号をマークせよ。

[語群]

あ. ペストの流行	い. 大西洋	う. マニュファクチュア
え. 技術革新	お. 岩塩	か. インド洋
き. 農奴解放	く. エジプト	け. エンコミエンダ
こ. 品種改良	さ. バルト海	し. 中国
す. 中世農業革命	せ. モノカルチャー	そ. 資源
た. 機械制工場	ち. 書物の制作	つ. 家内工業
て. 市場	と. アシエンダ	な. 生産地
に. アメリカ	ぬ. 象牙	ね. 重商主義
の. ザミンダーリー制	は. 金	ひ. 奴隷
ふ. 地中海	へ. 農民反乱	ほ. 問屋制
ま. 原料産地	み. インド	

問2 文中の下線部A～Hに関連して，下記の設問に答えよ。

A. この時期の囲い込みについての説明のうちで，誤っているものを一つ選びなさい。

あ. 農業革命の進展は，この囲い込みが進められる原動力のひとつになった。
い. この囲い込みにより，農業資本家による資本主義的大農業経営が確立した。
う. この囲い込みは，議会の承認のもとで合法的に行われた。
え. この囲い込みにより羊毛生産の拡大が目指された。
お. 囲い込みにより開放耕地制を維持できなくなったことが，農民の没落の一因であった。

B. このことの前提となったのが，17世紀に本格化した科学革命である。その説明について，誤っているものを一つ選びなさい。

あ. 科学革命が明らかにした重要な点は，自然界が合理的に成り立っており，様々な現象を法則（数式）によって表現することができるとしたことである。
い. 法則の定立に大きな影響を与えたのが，帰納法による合理的認識方法を主張したデカルトである。

う．物理学の分野で科学革命を代表する人物がニュートンである。

え．スウェーデンのリンネは動植物の分類について研究した。

お．科学技術の発展を目的として，各国で科学アカデミーが結成された。

C．需要や消費の充足には，流通（商業）が大きく関係している。以下の文で示す事実のうち，世界史における流通の役割と関係ないものを一つ選びなさい。

あ．古代ローマでは，属州での穀物生産が重要であった。

い．13世紀に帝国都市となったリューベックは，15世紀にかけて繁栄した。

う．フランス革命期に，封建地代の無償廃止が決定された。

え．1834年にドイツ関税同盟が発足した。

お．1846年にイギリスで穀物法が廃止された。

D．世界史におけるアフリカについての記述のうち，誤っているものを一つ選びなさい。

あ．最古の人類はアフリカ大陸に現れた。

い．ウマイヤ朝の活動により，北アフリカはイスラム教の影響下に入った。

う．ニジェール川流域の都市トンブクトゥは，マリ王国とソンガイ王国のもとで，サハラ縦断交易で栄えた。

え．南アフリカ戦争に勝利したイギリスは，トランスヴァール共和国とオレンジ自由国の領有権を獲得した。

お．第１次モロッコ事件の舞台となったのが，モロッコ南部の港湾都市アガディールである。

E．社会問題と関連する事例として，誤っているものを一つ選びなさい。

あ．資本家と労働者の対立により，社会不安が増大した。

い．住宅などの生活環境が悪化した。

う．工場法が制定された。

え．審査法が廃止された。

お．都市の不衛生な生活環境のなか，コレラが大流行した。

F．①と②の組み合わせについて，正しいものを一つ選びなさい。

あ．①リヴァプール，②ロンドン
い．①マンチェスター，②ロンドン
う．①バーミンガム，②マンチェスター
え．①ロンドン，②マンチェスター
お．①ロンドン，②リヴァプール

G．このことを象徴する事柄に含まれないものを一つ選びなさい。

あ．1793年にマカートニーは乾隆帝に謁見して，自由貿易の実現を要求した。
い．プラッシーの戦いでイギリスが勝利した。
う．1767年にアユタヤ朝が滅亡した。
え．1699年のカルロヴィッツ条約以降，18世紀にはオスマン帝国は中欧における覇権を失っていった。
お．ロシアのエカチェリーナ２世は，オスマン帝国と戦い，クリム＝ハン国の宗主権を放棄させた。

H．エネルギー革命とは，産業革命以前には有限の有機物をエネルギーとして使用していたために，人類の成長は制限されていたが，産業革命の時期に当時はほぼ無尽蔵であった化石燃料を利用することにより，さらなる成長が可能となったという考えである。エネルギー革命の事例として誤っているものを一つ選びなさい。

あ．ダービーが製鉄法を改良し，コークスを利用した方法を考案した。
い．スティーヴンソンが蒸気機関車の実用化に成功した。
う．フルトンがハドソン川で外輪式蒸気船を航行させた。
え．アークライトが水力紡績機を考案した。
お．カートライトが力織機を考案した。

地理

（60分）

問題Ⅰ　地理情報や地図に関するA・Bの問題に答えよ。

A　地理情報に関する次の文章を読んで，問1～問3に答えよ。

コンピュータを用いて，地理的な位置に関する情報（空間データ）とその属性情報を組み合わせ，デジタル地図上に収集・整理・分析・表現等できるシステムを，［ア］と呼び，複数の人工衛星から送られる信号を利用して位置情報を正確に取得するしくみを［イ］と呼ぶ。両者の技術を組み合わせることで，例えばスマートフォンのアプリケーションにあるように，現在地と目的地を地図や住所等から設定し，その移動経路を地図や音声を通じて案内する［ウ］などに利用することができる。

日本において［ア］が広く導入されるきっかけとなったのは，1995年に発生した［エ］とされている。また，度重なる大規模な自然災害に対して，災害発生時に想定される被害範囲や程度，避難場所などの情報が示されたハザードマップ(a)の整備が本格化した。

他方，地理情報は災害時における利用だけでなく，さまざまな統計データを地図上に視覚的に表現する統計地図(b)を作ることで，適切に地域の特徴をつかむことや，地域の比較を行うことができる。地図表現の代表的な例は，交通量や物資の流れを軌跡や矢印で示す［オ］，気温や気圧などの分布をあらわすのに適した［カ］，数値をいくつかの階級に区分し，階級ごとに異なった模様や色彩などで表現する［キ］がある。また，統計値の大小に応じて土地の形や面積を変形させることで，地域差を表現する地図を［ク］と呼ぶ。

問1　文章中の［ア］～［ク］に入る最も適切なものを，次の①～④からそれぞれ一つずつ選び，それらの番号をマークせよ。

ア　①　全球測位衛星システム　　②　地域気象観測システム
　　③　ナビゲーションシステム　　④　地理情報システム

イ　①　全球測位衛星システム　②　地域気象観測システム
　　③　ナビゲーションシステム　④　地理情報システム

ウ　①　全球測位衛星システム　②　地域気象観測システム
　　③　ナビゲーションシステム　④　地理情報システム

エ　①　新潟県中越沖地震　②　東南海地震
　　③　北海道南西沖地震　④　兵庫県南部地震

オ　①　コロプレスマップ　②　カルトグラム
　　③　等値線図　④　流線図

カ　①　コロプレスマップ　②　カルトグラム
　　③　等値線図　④　流線図

キ　①　コロプレスマップ　②　カルトグラム
　　③　等値線図　④　流線図

ク　①　コロプレスマップ　②　カルトグラム
　　③　等値線図　④　流線図

問2　文章中の下線部(a)に関する説明として，**適切でないもの**を，次の①～④から一つ選び，その番号をマークせよ。

①　地震による建物倒壊の危険度や火災延焼の危険性をランク分けして地図化したもの

②　火山噴火に伴う災害状況を予測し，その範囲を地図化したもの

③　洪水発生時の避難経路や避難場所の情報を地図化したもの

④　災害時に人が自分自身の頭の中で思い描く空間を地図化したもの

問3　文章中の下線部(b)に関する説明として，最も適切なものを，次の①～④から一つ選び，その番号をマークせよ。

①　地表の起伏や地表に分布する地物を網羅的に地図化したもの

②　地域の人口や高齢化率など，数値や割合に関するデータを加工して地図化したもの

③　道路の幅や信号の位置，パーキングエリアなど自動車での走行に必要な内容を地図化したもの

④　地表を斜め上空から見下ろす視点で，地表の起伏や地表に分布する地物を立体的にとらえられるように地図化したもの

B　地図と以下の文章を読んで，問4～問6に答えよ。

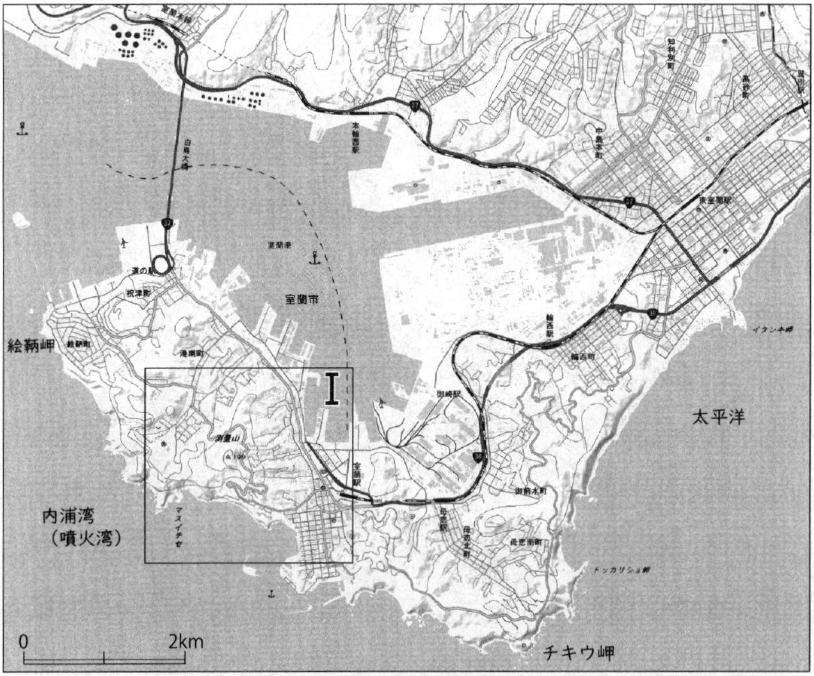

（地理院地図の一部を加筆・修正。原図はカラー。Ⅰは後出の地形図の範囲）

室蘭《むろらん》市は，北海道の中南部 ケ 地方に位置する港湾都市として，1900年代始めに コ が立地したことにより産業面で栄えた。近年は，これらの施設を「工場夜景」として新たな観光資源にも活用している。また，自然景観を活かした観光スポットである絵鞆《えとも》岬やチキウ岬の位置する絵鞆半島は，太平洋と内浦湾（噴火湾）に面しており，トンボロによって島と海岸がつながった サ である。なお， ケ 地方の東部を中心に，2018年9月に北海道で最大震度7の地震が発生した。

問4　文章中の ケ ～ サ に入る最も適切なものを，次の①～④からそれぞれ一つずつ選び，それらの番号をマークせよ。

ケ　①　根室　②　十勝　③　胆振《いぶり》　④　石狩

コ　①　自動車工場　②　製鉄所

③　食品加工場　④　製紙・パルプ工場

サ　①　離水海岸　　②　陸繋島《りくけいとう》　　③　沈水海岸　　④　フィヨルド

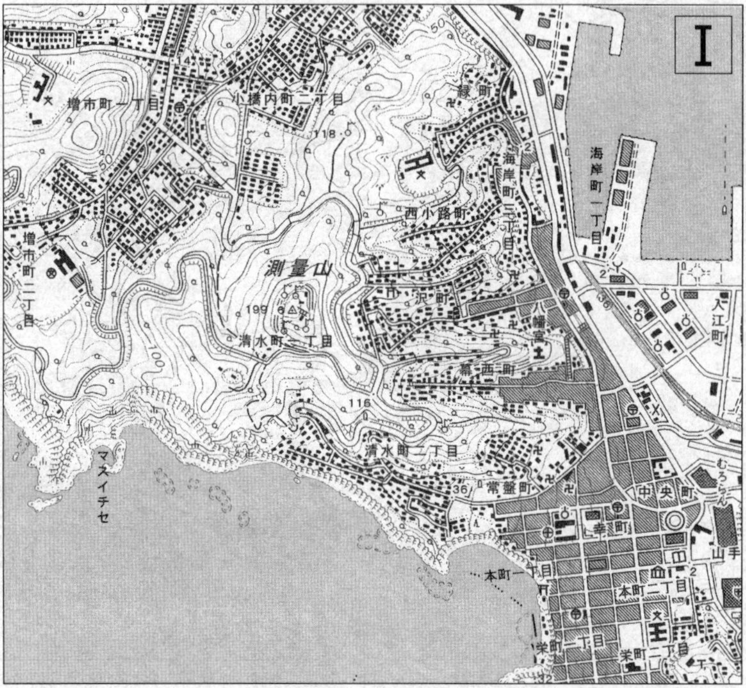

（2万5千分の1地形図「室蘭」平成18年発行，原寸，一部を加筆・修正。原図はカラー）

問5　上の地形図Ⅰ中の測量山《そくりょうざん》などに点在する地図記号♂は何を示しているか。最も適切なものを，次の①～④から一つ選び，その番号をマークせよ。

①　灯台　　②　電波塔　　③　電子基準点　　④　風車

問6　地形図Ⅰ中の測量山の山頂から室蘭市役所までは，地図上で約6cmである。実際の距離に換算した値として適切なものを，次の①～④から一つ選び，その番号をマークせよ。

①　500m　　②　1000m　　③　1500m　　④　2000m

問題Ⅱ　農業に関する次のA～Cの文章を読んで，問１～問８に答えよ。

A　この地域には，およそ１万年前まで [ア] が存在しており，やせた土地が多い。(a)このため，牧草や飼料作物を栽培して乳牛を育て，チーズやバターを出荷する [X] が発達した。(b)この地域を含む国家群では，農業市場を統一し，食糧供給の安定化をはかる共通農業政策を実施してきた。

B　この地域では，乾燥した気候のため森林が形成されず，イネ科草本からなる草原が広がる。草の枯れ葉が分解されたことで，肥沃な [イ] が形成された。この土が分布する広大な耕地で，大型農業機械を使い，(c)小麦やとうもろこし，大豆などを大規模に生産する [Y] が展開されてきた。

C　この地域では，高温で降水量も多いために，土壌中の有機物の分解と流亡が激しいことから，[ウ] が形成される。このため，森林に火を入れてその灰を肥料として作物を数年間栽培したあとに，他の土地に移る [Z] がおこなわれてきた。しかし，栽培期間の無理な延長により地力が消耗し，耕作が行われる面積が増加したことで，(d)森林破壊が生じている。

問１　文章中の [X] ～ [Z] に入る農業区分として最も適切なものを，次の①～⑥からそれぞれ一つずつ選び，それらの番号をマークせよ。

①　企業的穀物農業　　②　企業的牧畜業　　③　集約的稲作農業
④　焼畑農業　　⑤　遊牧　　⑥　酪農

問２　文章中の [ア] ～ [ウ] に入る最も適切なものを，次の①～④からそれぞれ一つずつ選び，それらの番号をマークせよ。

ア　①　硬葉樹林　　②　砂漠　　③　熱帯雨林　　④　氷河
イ　①　褐色土　　②　黒色土　　③　赤色土　　④　灰白色土
ウ　①　テラローシャ　　②　ポドゾル
　　③　ラトソル　　④　レグール

問３　A～Cの文章が説明している地域として，最も適切なものを，次の図中の①～⑥からそれぞれ一つずつ選び，それらの番号をマークせよ。

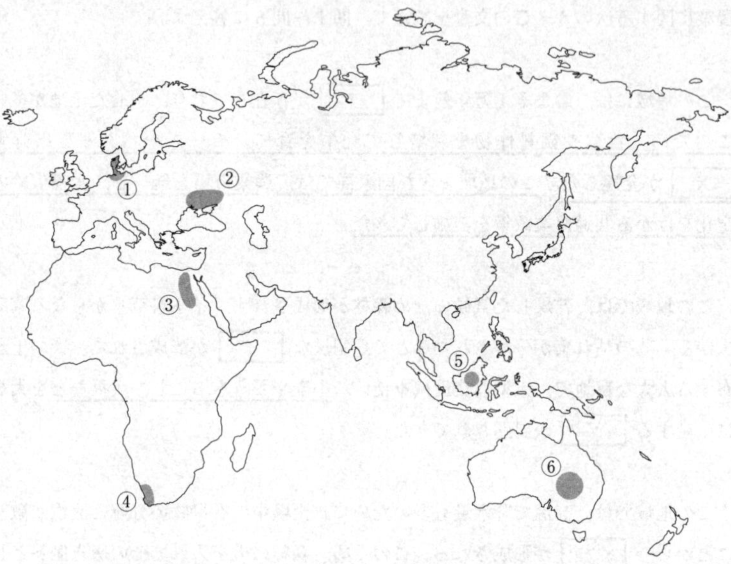

問4　文章中の下線部(a)に関して，［X］は，新大陸からの安い穀物の流入に対応するとともに，地域の市場条件に有利な農産物の生産に集中することで発達した農業である。それ以前にこの地域で展開していた農業として最も適切なものを，次の①～④から一つ選び，その番号をマークせよ。

①　園芸農業　　　②　混合農業
③　地中海式農業　　　④　プランテーション農業

問5　文章中の下線部(b)に関する説明として**適切でないもの**を，次の①～④から一つ選び，その番号をマークせよ。

①　域外から輸入される安い農産物に対して，輸入課徴金をかけて域内への流入を抑えた。
②　域内で生産された農産物の価格が下がった場合，補助金を出して買い支えた。
③　小麦などの主要な農産物に統一価格が設定された。
④　農産物の生産が減少した結果，財政負担が増大した。

問6　文章中の下線部(c)に関して，次の①～④の表は小麦，とうもろこし，大豆，米のいずれかの2018年の生産量上位5カ国と，その生産量を示したものである。**小麦**と

とうもろこしにあてはまる表を，それぞれ一つずつ選び，それらの番号をマークせよ。

①

	万トン
アメリカ合衆国	39,245
中国	25,717
ブラジル	8,229
アルゼンチン	4,346
ウクライナ	3,580
世界計	114,762

②

	万トン
中国	21,213
インド	17,258
インドネシア	8,304
バングラデシュ	5,642
ベトナム	4,405
世界計	78,200

③

	万トン
中国	13,144
インド	9,970
ロシア	7,214
アメリカ合衆国	5,129
フランス	3,580
世界計	73,405

④

	万トン
アメリカ合衆国	12,366
ブラジル	11,789
アルゼンチン	3,779
中国	1,419
インド	1,379
世界計	34,871

（『データブック　オブ・ザ・ワールド　2021年版』より作成）

問7　文章中の Z で作付けされる作物として**適切でないもの**を，次の①～④から一つ選び，その番号をマークせよ。

①　キャッサバ　②　なつめやし　③　バナナ　④　陸稲

問8　文章中の下線部(d)に関して，この地域の森林破壊について述べた文として**適切でないもの**を，次の①～④から一つ選び，その番号をマークせよ。

①　森林の減少は，二酸化炭素の吸収源の減少につながる。

②　森林破壊により森林で生活するカンガルーが絶滅の危機に瀕《ひん》している。

③　森林破壊の対策として，樹木の植栽と農業を組み合わせたアグロフォレストリーの試みが行われている。

④　農地開発のため，森林火災やそれにともなう煙害《えんがい》が発生している。

問題Ⅲ　西アジアと中央アジアに関する次の[1]と[2]の文章と地図を読んで，問１～問11に答えよ。

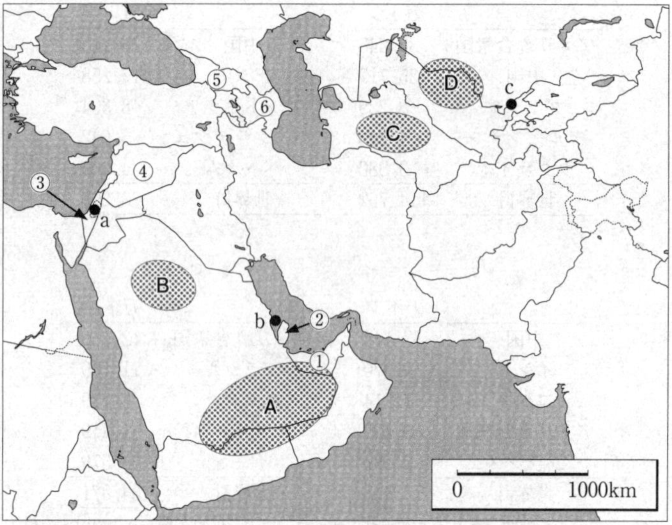

[1]　西アジアと中央アジアの自然環境

西アジアのペルシャ湾に沿う北東側の山脈は，ヒマラヤ山脈と同じようにとなり合う二つの陸のプレートが［　ア　］であり，新期造山帯（変動帯）に属する高原やけわしい山脈(1)が連なる。その北側は安定陸塊と古期造山帯からなり，世界最大の湖であるカスピ海(2)など大規模な内陸湖もみられ，南側にはその大部分が安定陸塊であるアラビア半島が位置している。

西アジアと中央アジアでは，年降水量が少ない乾燥した気候特性(3)をもつ地域が多い。アラビア半島は［　イ　］に覆われるため，大部分が砂漠(4)である。イラン北部から中央アジアにかけては海岸から離れているうえ，ペルシャ湾に沿って北東側に位置する［　ウ　］山脈の風下側にあたるため乾燥しており，砂漠やステップが広がっている。また，地中海沿岸からカスピ海南部，そしてテンシャン山脈北麓にかけては，地中海性気候の地域が帯状にみられる。

乾燥地域である西アジアと中央アジアでは，伝統的にラクダや羊などの遊牧(5)のほか，砂漠に点在するオアシスや外来河川のほとりで，小規模な灌漑《かんがい》農業が行われてきた。中央アジアでは1960年代になると，当時のソビエト社会主義共和国連邦（ソ連）により灌漑用水路が整備され，繊維原料である［エ］などを栽培するようになった。1960年頃まで世界4位の面積をもつ湖であった［オ］は，そこへ注ぎ込む河川から大量の灌漑用水が取水され流入水量が減少したことで，北部の一部を残して大部分は消滅の危機に瀕《ひん》している。

問1　文章中の［ア］～［オ］に入る最も適切なものを，次の①～④からそれぞれ一つずつ選び，それらの番号をマークせよ。

ア　①　ずれる境界　　②　狭まる境界（沈み込み帯）
　　③　狭まる境界（衝突帯）　　④　広がる境界

イ　①　極高圧帯　　②　赤道低圧帯
　　③　亜熱帯（中緯度）高圧帯　　④　偏西風帯

ウ　①　カフカス　　②　カラコルム
　　③　ザグロス　　④　ヒンドゥークシ

エ　①　ココヤシ　　②　サイザル麻　　③　ジュート　　④　綿花

オ　①　アラル海　　②　死海　　③　バイカル湖　　④　バルハシ湖

問2　文章中の下線部(1)に関して，新期造山帯に属する高原・山脈として**適切でないもの**を，次の①～④から一つ選び，その番号をマークせよ。

①　アナトリア高原　　②　ウラル山脈
③　イラン高原　　④　ヒンドゥークシ山脈

問3　文章中の下線部(2)に関して，カスピ海へ流入する河川として適切なものを，次の①～④から一つ選び，その番号をマークせよ。

①　アムダリア川　　②　ヴォルガ川
③　シルダリア川　　④　ユーフラテス川

問4　文章中の下線部(3)に関して，次のグラフX～Zは，地図中に示した都市a～cの雨温図である。都市と雨温図の組み合わせとして適切なものを，次の①～⑥から一つ選び，その番号をマークせよ。

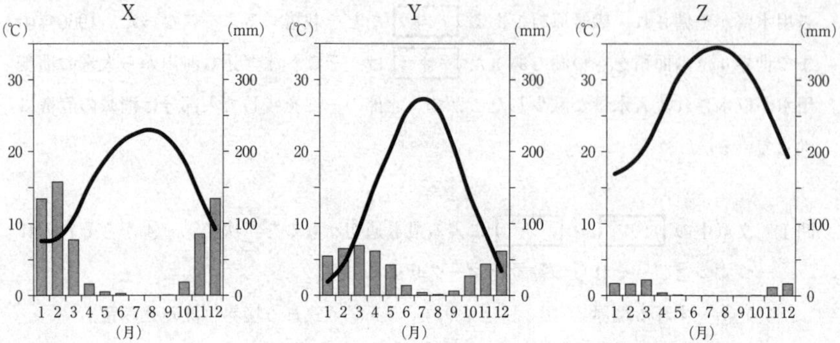

(『理科年表　2021』より作成)

	都市 a	都市 b	都市 c
①	X	Y	Z
②	X	Z	Y
③	Y	Z	X
④	Y	X	Z
⑤	Z	X	Y
⑥	Z	Y	X

問５　文章中の下線部(4)に関して，地図中に示したA～Dのうちルブアルハリ砂漠のおおよその位置として適切なものを一つ選び，その記号をマークせよ。

問６　文章中の下線部(5)に関して，西アジアから北アフリカの乾燥地域に居住するアラブ系遊牧民として適切なものを，次の①～④から一つ選び，その番号をマークせよ。

①　イヌイット　　②　サーミ

③　マサイ族　　④　ベドウィン

[2] 西アジアと中央アジアに位置する４カ国の宗教と産業

P国は，黒海とカスピ海に挟まれた　カ　地方に位置している。この国の首都は，中央アジアで最も早く開発された油田地帯の中心都市である。　キ　と国境を接していることもあり，人口の半数以上がイスラーム教（シーア派）を信仰している。隣国のジョージアを経由しトルコの地中海沿岸まで敷設されたBTCパイプラインは，石油資源をロシアに依存したくないヨーロッパ諸国にとって貴重な輸送路となっている。

Q国は，第二次世界大戦後，アラブ人勢力が反対するなか，ユダヤ人によってパレスチナに建国された。この国の首都（国際的な承認を得ていない）には，（　あ　）の嘆きの壁，（　い　）の聖墳墓教会，（　う　）のアル・アクサモスクという三大一神教の聖地が集まっている。農業では柑橘《かんきつ》類・野菜・酪農品などの生産が多く，工業ではダイヤモンド加工・機械工業・IT産業などが発達している。

R国は，P国と同様に旧ソ連の構成国であり，1991年に分離独立した。おもにテュルク系民族のイスラーム教徒によって構成されているが，ロシア人も多く，[ク]徒の割合も高い国である。北部の肥沃な土壌地帯は小麦の産地となっている。原油・天然ガスのほか，石炭・銅鉱などの鉱産資源に恵まれており，とくにウラン鉱の産出量は世界最大である。

S国は，1971年に成立した比較的新しい国である。総人口は年々増加しているが，増加分の多くが南アジアからの外国人労働者とその家族であるため，アラブ人の構成比は約50%である。そのため，(6)イスラーム教以外の宗教を信仰する人の割合も高い。国土の大部分が砂漠であり，石油の生産と輸出に依存する経済であったが，それからの脱却をめざし工業化を進めるとともに，アジアからヨーロッパやアフリカへの航空機の乗り継ぎ拠点として知られる[ケ]では，外国企業の誘致，金融センターの設置，観光開発などを行い産業の多角化を進めている。

問7　文章中の[カ]～[ケ]に入る最も適切なものを，次の①～④からそれぞれ一つずつ選び，それらの番号をマークせよ。

カ　①　カシミール　②　カフカス　③　パンジャブ　④　パタゴニア

キ　①　イラク　②　イラン　③　サウジアラビア　④　シリア

ク　①　キリスト教　②　シーク教　③　ヒンドゥー教　④　仏教

ケ　①　クウェート　②　ドーハ　③　ドバイ　④　バーレーン

問8　文章中の（　あ　）～（　う　）に入る宗教名の組み合わせとして適切なものを，次の①～⑥から一つ選び，その番号をマークせよ。

	あ	い	う
①	イスラーム教	キリスト教	ユダヤ教
②	イスラーム教	ユダヤ教	キリスト教
③	キリスト教	ユダヤ教	イスラーム教
④	キリスト教	イスラーム教	ユダヤ教
⑤	ユダヤ教	イスラーム教	キリスト教
⑥	ユダヤ教	キリスト教	イスラーム教

問９　下線部(6)に関して，Ｓ国でイスラーム教の次に信仰する人が多い宗教として適切なものを，次の①～④から一つ選び，その番号をマークせよ。

①　キリスト教　　②　シーク教

③　ヒンドゥー教　　④　仏教

問10　文章中のＰ国～Ｒ国の国名を，次の①～⑧からそれぞれ一つずつ選び，それらの番号をマークせよ。

①　アゼルバイジャン　　②　アラブ首長国連邦　　③　イスラエル

④　ウズベキスタン　　⑤　カザフスタン　　⑥　カタール

⑦　シリア　　⑧　トルクメニスタン

問11　文章中のＳ国の位置を，前出の地図中に示した①～⑥から一つ選び，その番号をマークせよ。

政治・経済

（60分）

問題Ⅰ　次の文章を読んで，下記の問いに答えなさい。

日本国憲法は，「すべて国民は，法の下に平等であつて，[1]，信条，性別，社会的身分又は門地により，政治的，経済的又は社会的関係において，差別されない」（第14条第1項）として，法の下の平等を規定している。華族など，[2] の制度は禁止され（第14条第2項），また，家族生活における個人の尊厳と両性の平等（第24条），選挙権の平等（参政権の平等）（第15条第3項，第44条）などが規定されており，さまざまな場面において平等(a)が保障されている。しかし，現実には，アイヌ民族(b)に対する差別などの差別問題が存在する。

憲法では，社会権（社会権的基本権）(c)の考え方も採用されている。憲法は，「すべて国民は，健康で文化的な最低限度の生活を営む権利を有する」（第25条第1項）として，生存権(d)を規定し，また，「国は，すべての生活部面について，社会福祉，社会保障及び [3] の向上及び増進に努めなければならない」（第25条第2項）としている。

また，すべて国民は勤労の権利を有するとされ（第27条第1項），これに加え，労働三権も規定されている（第28条）。このほか，労働者の権利の保護のため，労働三法が制定されている。公務員については，争議権が法律によって否定されるなど，労働基本権の制限が問題となっている(e)。

さらに，憲法は，すべて国民は「ひとしく [4] を有する」（第26条第1項）としている。[4] は，文化的な面で生存権を保障するものであるともいわれている。[4] の背景には，人は [5] を有するという理念があるとされている。1976年に，旭川学力テスト事件で最高裁判所も [5] を認めた。

問1　文中の [1] ～ [5] にあてはまる最も適切な語句を下記からそれぞれ1つ選び，その記号を解答欄にマークしなさい。

(ア)　勤労の義務　　　(イ)　首長　　　(ウ)　学習権

(エ)　貴族	(オ)　公的扶助	(カ)　知る権利
(キ)　精神の自由	(ク)　人種	(ケ)　社会保険
(コ)　思想	(サ)　請願権	(シ)　教育を受ける権利
(ス)　公衆衛生	(セ)　聖職者	(ソ)　信教

問2　文中の下線部 (a) に関連して，平等の原則について次のA～Cの記述のうち正しいものはどれか。その組み合わせとして最も適当なものを下記から1つ選び，その記号を解答欄にマークしなさい。

A　形式的平等は，機会の平等を確保しようとする考え方である。

B　実質的平等は，結果の平等を確保しようとする考え方である。

C　実質的平等を推進するための措置として，積極的差別是正措置（アファーマティブ・アクション）の導入がある。

(ア)　A	(イ)　B	(ウ)　C
(エ)　AとB	(オ)　AとC	(カ)　BとC
(キ)　AとBとC		

問3　文中の下線部 (b) に関して，誤っているものを下記から1つ選び，その記号を解答欄にマークしなさい。

(ア)　1997年，いわゆるアイヌ文化振興法が制定された。

(イ)　2008年，国会で「アイヌ民族を先住民族とすることを求める決議」が採択された。

(ウ)　2019年，アイヌ民族を支援するために新しい法律が制定された。

(エ)　2019年，北海道旧土人保護法が廃止された。

問4　文中の下線部 (c) に関連して，次のA～Cの記述のうち正しいものはどれか。その組み合わせとして最も適当なものを下記から1つ選び，その記号を解答欄にマークしなさい。

A　社会権は，国家からの不干渉を求めるものであり，国家に対し積極的な施策を要求するものではない。

B　自由権から社会権への基本的人権の拡大は，夜警国家から福祉国家への国家の役割の変化に対応している。

C　ドイツのワイマール憲法は，世界ではじめて社会権を広範に規定した憲法であった。

(ア)　A　　(イ)　B　　(ウ)　C
(エ)　AとB　　(オ)　AとC　　(カ)　BとC
(キ)　AとBとC

問5　文中の下線部(d)に関する著名な裁判である朝日訴訟について，次のA～Cの記述のうち正しいものはどれか。その組み合わせとして最も適当なものを下記から1つ選び，その記号を解答欄にマークしなさい。

A　この裁判では，障害福祉年金と児童扶養手当の併給禁止が憲法第25条に違反するか否かが問題となった。

B　この裁判では，最高裁判所は，プログラム規定説の考え方を採用したといわれている。

C　この裁判では，最高裁判所は，法的権利説の考え方を採用したといわれている。

(ア)　A　　(イ)　B　　(ウ)　C
(エ)　AとB　　(オ)　AとC　　(カ)　BとC
(キ)　AとBとC

問6　文中の下線部(e)に関して，公務員の労働基本権をめぐる裁判に<u>該当しないもの</u>を下記から1つ選び，その記号を解答欄にマークしなさい。

(ア)　全逓東京中央郵便局事件（全逓東京中郵事件）(1966年)
(イ)　郵便法損害賠償免除規定事件（2002年）
(ウ)　全逓名古屋中央郵便局事件（全逓名古屋中郵事件，名古屋中郵事件）(1977年)
(エ)　全農林警職法事件（1973年）

問題Ⅱ　次の文章を読んで，下記の問いに答えなさい。

アメリカ・イギリス・ソ連は，第2次世界大戦(a)中の1945年2月に [1] を開催し，戦後の世界秩序の構想や国際連合(b)の創設などを協議した。同年6月，連合国が国際連合憲章に署名し，同年10月，51ヵ国を原加盟国として国際連合が発足した。国際連合の目的は3つある。第1に，国際社会の平和と安全の維持，第2に，諸国間での友好関係の発展，そして最後に，経済的，社会的，文化的，人道的な諸問題を解決し，基本的人権の尊重を奨励するための国際協力の達成である。

しかしながら，第2次世界大戦後の国際社会では，アメリカとソ連という2つの超大国がそれぞれ陣営を形成し，相互に激しく対立することになった。両陣営は軍事的，経済的，イデオロギー的対立を深めた。こうした対立は冷戦(c)と呼ばれている。

西側諸国については，アメリカが1947年3月，共産主義勢力の封じ込め政策である [2] を発表し，また同年6月，ヨーロッパの戦後復興を支援する計画である [3] を打ち出した。1949年には，アメリカは西欧諸国との軍事同盟である [4] を設立した。

東側諸国については，ソ連がアメリカの動きに対抗して，1947年10月に東側諸国などの共産党間の情報交換と連携強化を図る組織を，1949年には経済協力のための組織を，1955年には軍事同盟である [5] を結成した。

日本が主権国家として国際社会に復帰したのは，冷戦の激化が世界に広がっていく国際情勢のなかであった。1945年8月，日本はポツダム宣言(d)を受諾した。その後，1951年9月，主に西側諸国との間にサンフランシスコ平和条約を締結し，1952年4月の条約発効により独立を回復した。また日本はサンフランシスコ平和条約の締結と同時に日米安全保障条約を結んだ(e)。

問1　文中の [1] ～ [5] にあてはまる最も適切な語句を下記からそれぞれ1つ選び，その記号を解答欄にマークしなさい。

(ア)　マーシャル・プラン　　(イ)　ヤルタ会談
(ウ)　経済相互援助会議（COMECON）
(エ)　アジェンダ21　　(オ)　鉄のカーテン
(カ)　米州機構（OAS）　　(キ)　マルタ会談
(ク)　北大西洋条約機構（NATO）　　(ケ)　トルーマン・ドクトリン
(コ)　パリ講和会議　　(サ)　ワルシャワ条約機構

(シ)　ベルリン封鎖　　(ス)　共産党情報局（コミンフォルム）
(セ)　欧州安全保障協力機構（ＯＳＣＥ）

問２　文中の下線部 (a) に関連して，国際紛争の解決のために設立されたはずの国際連盟が第２次世界大戦の勃発を防げなかったことについて，次のＡ～Ｃの記述のうち正しいものはどれか。その組み合わせとして最も適当なものを下記から１つ選び，その記号を解答欄にマークしなさい。

Ａ　国際連盟の総会や理事会の議決が全会一致を原則としていたため，戦争の防止に有効な決定ができなかった。
Ｂ　国際連盟の議決は勧告にすぎず，侵略国に対して経済制裁しか行えなかった。
Ｃ　対外膨張を図るアメリカやソ連が国際連盟から脱退した。

(ア)　Ａ　　(イ)　Ｂ　　(ウ)　Ｃ
(エ)　ＡとＢ　　(オ)　ＡとＣ　　(カ)　ＢとＣ
(キ)　ＡとＢとＣ

問３　文中の下線部 (b) に関連して，今日の国際連合のあり方について，次のＡ～Ｃの記述のうち正しいものはどれか。その組み合わせとして最も適当なものを下記から１つ選び，その記号を解答欄にマークしなさい。

Ａ　全加盟国から構成される総会での決議は，加盟国や安全保障理事会に対する法的拘束力をもつ勧告を行うことができる。
Ｂ　安全保障理事会では，アメリカ・イギリス・フランス・ロシア・中国の常任理事国が実質事項について拒否権を有する。
Ｃ　安全保障理事会は常任理事国５ヵ国と，総会で選出された任期２年の非常任理事国10ヵ国で構成される。

(ア)　Ａ　　(イ)　Ｂ　　(ウ)　Ｃ
(エ)　ＡとＢ　　(オ)　ＡとＣ　　(カ)　ＢとＣ
(キ)　ＡとＢとＣ

問4　文中の下線部 (c) に関して，最も適切なものを下記から1つ選び，その記号を解答欄にマークしなさい。

(ア)　湾岸戦争は米ソの代理戦争として知られる。
(イ)　ドイツ・朝鮮半島・ベトナムでは国家が2つに分裂した。
(ウ)　世界のすべての国々は米ソのいずれかの陣営に加わった。
(エ)　アルカイダによるアメリカ同時多発テロは，米ソ間の対立を一層深刻なものにした。

問5　文中の下線部 (d) に関して，最も適切なものを下記から1つ選び，その記号を解答欄にマークしなさい。

(ア)　日本に無条件降伏を迫るものであった。
(イ)　日本に基本的人権の尊重と軍国主義の維持を求めるものであった。
(ウ)　アメリカ・イギリス・ソ連の共同宣言として発表された。
(エ)　フランスものちにこの宣言に加わった。

問6　文中の下線部 (e) に関して，最も適切なものを下記から1つ選び，その記号を解答欄にマークしなさい。

(ア)　中国はサンフランシスコ平和条約を結んだ会議に招かれたものの，この条約に署名しなかった。
(イ)　日本はサンフランシスコ平和条約でソ連との国交を回復した。
(ウ)　サンフランシスコ平和条約により，沖縄はアメリカの施政権下におかれた。
(エ)　日米安全保障条約により，日本各地にあった在日米軍基地はすべて沖縄に移され，現在も在日米軍基地はすべて沖縄にある。

問題Ⅲ　次の文章を読んで，下記の問いに答えなさい。

少子高齢化が進み社会保障費が増大するなか，日本の財政は危機的な状況にある。1975年以降，一時期を除いて赤字国債(a)が発行されており，国債残高（公債残高）(b)が増大している。また，予算の多くが国債の返済費用に用いられると，将来的に柔軟な財政政策が展開できなくなる。政府は［1］の黒字化，つまり政策経費を当該年度の税収の範囲内に収めることを当面の目標としてかかげているが，なかなか達成することができない。国債の［2］の額が少ないとしても，将来のデフォルトや国債価格の下落の可能性をけっして無視できない。

戦後日本では，［3］勧告に基づき，直接税中心主義を採用した。直接税の１つが所得税であるが，その捕捉率の問題がたびたび指摘されてきた。すなわち，給与所得者の［4］制度と自営業者などの申告納税制度の間で不公平が存在するということである。また，所得税や［5］などには，累進課税の原則が適用されている。日本では所得税の累進度が弱められた時期があった一方で，消費税の税率は引き上げられてきた(c)。消費税は景気の動向に左右されにくく，安定した税収が期待できるといわれているが，経済的な格差の拡大と関連して逆進性(d)の問題が強く指摘されている。

法人税については，日本だけではなく，財政危機に苦しむ各国から，多国籍企業の租税回避の動き(e)が強く批判されるようになっており，今後の動向が注目されている。

問１　文中の［1］～［5］にあてはまる最も適切な語句を下記からそれぞれ１つ選び，その記号を解答欄にマークしなさい。

(ア)　市中消化の原則　(イ)　たばこ税　(ウ)　相続税
(エ)　入湯税　(オ)　シャウプ
(カ)　プライマリー・バランス　(キ)　クロヨン
(ク)　ビルト・イン・スタビライザー　(ケ)　有効需要
(コ)　特別会計　(サ)　財政投融資　(シ)　源泉徴収
(ス)　確定申告　(セ)　利払い　(ソ)　日銀直接引き受け

問２　文中の下線部 (a) の説明として最も適切なものを下記から１つ選び，その記号を解答欄にマークしなさい。

(ア)　道路・港湾建設など公共事業の費用をまかなうために発行される。

(イ)　一般的な経費をまかなうために，特例法に基づき発行される。

(ウ)　租税の直間比率を是正するために発行される。

(エ)　震災復興の財源確保に目的を限定して発行される。

問3　文中の下線部（b）に関連して，2021年度末の時点での国債残高はおよそどれくらいの額に達しているか。最も適切なものを下記から１つ選び，その記号を解答欄にマークしなさい。

(ア)　9.9兆円　　(イ)　99兆円　　(ウ)　990兆円　　(エ)　9,900兆円

問4　文中の下線部（c）に関連して，下の表は５つの年での所得税の最高税率と消費税率を比較したものである。A～Cに入る数字の組み合わせとして最も適切なものを下記から１つ選び，その記号を解答欄にマークしなさい。

年	所得税の最高税率	消費税率
1984	70%	なし
1989	A	３%（４月から）
1999	B	５%
2007	40%	５%
2015	45%	C

(ア)　A＝80%，B＝40%，C＝８%

(イ)　A＝50%，B＝37%，C＝８%

(ウ)　A＝50%，B＝35%，C＝10%

(エ)　A＝40%，B＝35%，C＝10%

問5　文中の下線部（d）に関して，次の記述のうち最も適切なものを１つ選び，その記号を解答欄にマークしなさい。

(ア)　低所得者の所得に対する税負担の割合が低くなり，彼らの可処分所得が増加する可能性がある。

(イ)　高所得者の所得に対する税負担の割合が高くなり，彼らの勤労意欲が大幅に失われてしまう恐れがある。

(ウ)　低所得者の所得に対する税負担の割合が高くなり，生活必需品に対して軽減税率の導入などが求められる場合がある。

(エ)　高所得者の所得に対する税負担の割合が低くなり，彼らの貯蓄が増えて所得の再分配機能が大幅に高まる。

問6　文中の下線部 (e) に関連して，次の記述のうち最も適切なものを1つ選び，その記号を解答欄にマークしなさい。

(ア)　多国籍企業は節税のために原材料や労働力などを各国に均等に配置した。

(イ)　多国籍企業が海外子会社との企業内分業を展開したため，企業内貿易は減少した。

(ウ)　多国籍企業の成長により，グローバルな資本移動と金融取引が増大した。

(エ)　日本を含む先進各国が法人税率の引き上げをたびたび行った。

問題Ⅳ　次の文章を読んで，下記の問いに答えなさい。

戦後の日本では農地改革の成果もあって農業生産意欲や生産性が向上した。もっとも，農地改革は小作農の自作農化を実現したものの，耕地の零細性という問題は解決しなかった。狭い耕地に資源を投入することによって生産力を高めてきた日本の農業は，［1］生産性は高いものの，［2］生産性が低く国際競争力も弱い。加えて高度成長期以降，農工間格差の拡大を背景として農家戸数や農業就業人口は大幅に減少した。その結果，農産物輸入が増大して食料自給率(a)は低下してきた。

この間の農家をめぐる変化は総戸数が減少したことだけでなく，主に農業で生計を立てる農家が減少して大部分が兼業農家，とりわけ［3］よりも［4］が主たる所得である農家が増加してきたことである。［4］が主たる所得であるにもかかわらず農地を手放さない農家が多い背景として，政府の農業政策(b)があったとされている。また農産物輸入が増大した背景には，アメリカなどからの輸入自由化圧力やGATTのウルグアイ・ラウンドを受けて，農産物輸入制限撤廃(c)の動きが本格化したことがあった。

農業や農村は食料の供給(d)はもちろんのこと，国土保全や良好な景観の形成といった役割も果たしており，(e)農業や農村が維持され発展することを目指す政策がとられている。また，世界人口の増大や気候変動を背景として世界的な食料供給の不安定化が心配されているため，[5] の観点からも国内農業の振興が求められている。

問１　文中の [1] ～ [5] にあてはまる最も適切な語句を下記からそれぞれ１つ選び，その記号を解答欄にマークしなさい。

(ア) 配当	(イ) 市場	(ウ) 財産所得
(エ) 利子	(オ) 労働	(カ) 農業所得
(キ) 国民所得	(ク) 自由貿易	(ケ) 価格
(コ) 農外所得	(サ) 外部経済	(シ) 利潤
(ス) 食料安全保障	(セ) 土地	(ソ) 依存効果

問２　文中の下線部 (a) に関連して，カロリーベースでみた食料自給率が2015年時点で100％を下回っている国を下記から１つ選び，その記号を解答欄にマークしなさい。

(ア) アメリカ　(イ) フランス　(ウ) カナダ　(エ) イギリス

問３　文中の下線部 (b) の説明として最も適切なものを下記から１つ選び，その記号を解答欄にマークしなさい。

(ア) 農業基本法は農家に対してコメ生産に専業化することを求めた。

(イ) 食糧管理制度では政府はコメを生産者から高く買い入れ消費者に安く売っていた。

(ウ) 減反政策ではコメ以外の作物の作付を制限していくことが奨励された。

(エ) 食糧管理制度に代わって制定された新食糧法ではコメの価格は公定価格とされた。

問４　文中の下線部 (c) の説明として誤っているものを下記から１つ選び，その記号を解答欄にマークしなさい。

(ア) 1991年に牛肉やオレンジの輸入が自由化された。

(イ) 1993年にコメの部分的な輸入自由化がはじまった。

(ウ) 1995年にコメのミニマム・アクセスとしての輸入がはじまった。

(エ) 1999年にコメの関税を撤廃した。

問5　文中の下線部 (d) に関連して，食料を自国で生産するのであれ輸入するのであれ，食の安全は消費者の大きな関心事である。そのため一部の食品については，どのような経路で生産・流通・消費されたかという履歴を明らかにするための制度がある。その制度の呼称として最も適切なものを下記から1つ選び，その記号を解答欄にマークしなさい。

(ア) スローフード　　(イ) ポストハーベスト

(ウ) フードマイレージ　　(エ) トレーサビリティ

問6　文中の下線部 (e) を目的とする取り組みの説明として最も適切なものを下記から1つ選び，その記号を解答欄にマークしなさい。

(ア) 1999年に制定された食料・農業・農村基本法で，株式会社による農地取得が全面的に認められるようになった。

(イ) 2009年には農地の貸借に対する規制が緩和され，個人や一般法人でも農地を借用できるようになった。

(ウ) 民主党政権下で導入された経営所得安定対策は，自民・公明連立政権への交代によって戸別所得補償制度として実施されるようになった。

(エ) 戸別所得補償制度は，農家に対して生産費が販売価格を下回る場合にその差額分相当の金額を交付する制度である。

数学

（60分）

解答上の注意

1．問題の文中の $\boxed{\text{ア}}$，$\boxed{\text{イウ}}$ などには，特に指示がないかぎり，解答用紙の解答欄に指定された数字（0～9），または符号（－）などが入ります。ア，イ，ウ，…の一つ一つは，これらのいずれか一つに対応します。それらを解答用紙の対応する問題番号のア，イ，ウ，…で示された解答欄にマークしなさい。

2．解答欄の個数が解答の桁数より多い場合は，解答を右づめにし，余った欄には0をマークしなさい。また，解答に負の符号が必要な場合は，一番左の欄に－をマークしなさい。

例えば，$\boxed{\text{エオカ}}$ に－5と答えたいときは，$\boxed{\text{エ}}$ に－を，$\boxed{\text{オ}}$ に0を，$\boxed{\text{カ}}$ に5をマークしなさい。また，$\boxed{\text{キク}}$ に5と答えたいときは，$\boxed{\text{キ}}$ に0を，$\boxed{\text{ク}}$ に5をマークしなさい。

3．分数形で解答する場合は，既約分数（それ以上約分できない分数）で答えなさい。符号は分子につけ，分母につけてはいけません。

例えば，$\dfrac{\boxed{\text{ケコ}}}{\boxed{\text{サ}}}$ に $-\dfrac{4}{5}$ と答えたいときは，$\dfrac{-4}{5}$ として，$\boxed{\text{ケ}}$ に－を，$\boxed{\text{コ}}$ に4を，$\boxed{\text{サ}}$ に5をマークしなさい。

4．小数の形で解答する場合，指定された桁数の一つ下の桁を四捨五入して答えなさい。また，必要に応じて，指定された桁まで0をマークしなさい。

例えば，$\boxed{\text{シ}}.\boxed{\text{スセ}}$ に2.5と答えたいときは，2.50として答えなさい。

5．根号を含む形で解答する場合は，根号の中に現れる整数の絶対値が最小となる形で答えなさい。

例えば，$\boxed{\text{ソ}}\sqrt{\boxed{\text{タ}}}$，$\dfrac{\sqrt{\boxed{\text{チツ}}}}{\boxed{\text{テ}}}$ に $4\sqrt{2}$，$\dfrac{\sqrt{13}}{2}$ と答えるところを，$2\sqrt{8}$，$\dfrac{\sqrt{52}}{4}$ のように答えてはいけません。

問題 I

(1)　点 O を原点とする座標空間に，2 点 A(1，0，5)，B(3，4，1)をとる。2 点 A，B を通る直線を l とする。

(i)　直線 l 上に点 C(4，s，t)があるとき，$s=\boxed{\text{ア}}$，$t=\boxed{\text{イウ}}$ である。

(ii)　直線 l 上に点 P がある。原点 O と点 P を結んでできる直線 OP が直線 l と垂直であるとき，点 P の座標は $\left(\boxed{\text{エ}},\ \boxed{\text{オ}},\ \boxed{\text{カ}}\right)$ である。

(2)　x を実数とする。

(i)　$2^x+2^{-x}=\dfrac{5}{\sqrt{3}}$ のとき，$2^{3x}+2^{-3x}=\dfrac{\boxed{\text{キク}}}{\boxed{\text{ケ}}\sqrt{\boxed{\text{コ}}}}$ である。

(ii)　$\sin x+\cos x=\dfrac{1}{\sqrt{3}}$ のとき，$\sin^3 x+\cos^3 x=\dfrac{\boxed{\text{サ}}}{\boxed{\text{ケ}}\sqrt{\boxed{\text{コ}}}}$ である。

(iii)　方程式 $\sqrt{3}\,x^2-x-5\sqrt{3}=0$ の 2 つの解を α，β とすると，

$\alpha^3+\beta^3=\dfrac{\boxed{\text{シス}}}{\boxed{\text{ケ}}\sqrt{\boxed{\text{コ}}}}$ である。

(3)　整式 $P(x)=\displaystyle\sum_{k=1}^{2023}x^{k-1}$ とおく。$P(x)$ を $x-1$ で割ると，その余りは $\boxed{\text{セソタチ}}$ となる。また，$P(x)$ を x^2-1 で割ると，その余りは $\boxed{\text{ツテトナ}}\,x+\boxed{\text{ニヌネノ}}$ となる。

問題Ⅱ　袋の中に赤い玉が5個，青い玉が3個，黄色い玉が2個入っている。袋の中から1回につき玉を1つずつ取り出す。取り出した玉は袋の中に戻さないものとする。

(1)　4回玉を取り出したとき，青い玉がすべて取り出されている確率は $\dfrac{\boxed{\text{ア}}}{\boxed{\text{イウ}}}$ である。

(2)　4回目で初めて青い玉が取り出される確率は $\dfrac{\boxed{\text{エ}}}{\boxed{\text{オ}}}$ である。

(3)　ちょうど7回目ですべての青い玉が取り出される確率は $\dfrac{\boxed{\text{カ}}}{\boxed{\text{キ}}}$ である。

(4)　7回玉を取り出したとき，赤い玉，青い玉，黄色い玉がどれも1つ以上取り出されている確率は $\dfrac{\boxed{\text{クケ}}}{\boxed{\text{コサ}}}$ である。

取り出した玉の色に応じて得点を与える。n 回玉を取り出したとき，赤い玉の個数が r，青い玉の個数が b，黄色い玉の個数が y であれば，得点を

$$20r + 10b + 5y$$

で与えることにする。ただし，$r + b + y = n$ である。例えば，$n = 3$ 回玉を取り出したとき，赤い玉の個数が $r = 1$，青い玉の個数が $b = 1$，黄色い玉の個数が $y = 1$ であれば得点は35点となる。

(5)　$n = 2$ 回玉を取り出したとき，得点が $\boxed{\text{シス}}$ 点である確率が最も高く，その確率は $\dfrac{\boxed{\text{セ}}}{\boxed{\text{ソ}}}$ である。

(6)　同じく $n = 2$ 回玉を取り出したとき，得点が $\boxed{\text{タチ}}$ 点である確率が最も低く，その確率は $\dfrac{\boxed{\text{ツ}}}{\boxed{\text{テト}}}$ である。

(7)　$n=4$ 回玉を取り出したとき，得点が 40 点以上である確率は $\dfrac{\boxed{\text{ナニ}}}{\boxed{\text{ヌネ}}}$ である。

問題Ⅲ　関数

$$y=\log_2 x\left|(\log_2 x^2)^2-18\log_8 x-9\right| \qquad \left(\frac{1}{2}\leqq x\leqq 8\right) \quad \cdots\cdots ①$$

の最大値と最小値について考える。

(1)　$\log_2 x=s$ とおき，y を s で表すと

$$y=s\left|\boxed{\text{ア}}\,s^2-\boxed{\text{イ}}\,s-\boxed{\text{ウ}}\right| \qquad \left(-\boxed{\text{エ}}\leqq s\leqq\boxed{\text{オ}}\right)$$

である。なお，$s=-\boxed{\text{エ}}$ のとき，$y=-\boxed{\text{カ}}$ であり，

$s=\boxed{\text{オ}}$ のとき，$y=\boxed{\text{キク}}$ である。

(2)　関数 $f(s)=\boxed{\text{ア}}\,s^2-\boxed{\text{イ}}\,s-\boxed{\text{ウ}} \qquad \left(-\boxed{\text{エ}}\leqq s\leqq\boxed{\text{オ}}\right)$

について考える。$f(s)=0$ となるのは

$$s=\frac{\boxed{\text{ケ}}\left(1\pm\sqrt{\boxed{\text{コ}}}\right)}{\boxed{\text{サ}}}$$

のときである。

(3)　関数 $g(s)=s\,f(s)$

$$=s\left(\boxed{\text{ア}}\,s^2-\boxed{\text{イ}}\,s-\boxed{\text{ウ}}\right) \quad \left(-\boxed{\text{エ}}\leqq s\leqq\boxed{\text{オ}}\right)$$

について考える。関数 $g(s)$ は

$s=-\dfrac{1}{\boxed{\text{シ}}}$ のとき，極大値 $\dfrac{\boxed{\text{ス}}}{\boxed{\text{セ}}}$ をとり，

$s=\dfrac{\boxed{\text{ソ}}}{\boxed{\text{タ}}}$ のとき，極小値 $-\dfrac{\boxed{\text{チツ}}}{\boxed{\text{テ}}}$ をとる。

(4)　①の関数 y は

$x = \dfrac{1}{\sqrt{\boxed{\text{ト}}}}$ のとき，最小値 $-\dfrac{\boxed{\text{ナ}}}{\boxed{\text{ニ}}}$ をとり，

$x = \boxed{\text{ヌ}}$ のとき，最大値 $\boxed{\text{ネノ}}$ をとる。

ア　夫には長年連れ添った妻がいたが、思いも掛けないことが起こったため、出家して諸国修行の旅に出ようと思う、と妻に打ち明けた。

イ　夫はくじ引きで主君に引出物をする相手に選ばれたが、それなりの品物を用意するだけの十分な財力がなく、恥をかくことを恐れた。

ウ　妻は夫の苦境を知り、既に相手に選ばれてしまった以上、立派な引出物を献上してから修行の旅に出たらよいだろうと進言した。

エ　主君は、どうせ十分な引出物などできないだろうと夫を見くびっていたが、夫が思いがけず立派な品物を用意したことに驚き、人々はおおいに賞賛した。

オ　主君は貧しい夫がこれほどの品物を用意できた理由を聞いて感心し、お返しに一枚の紙を与えた。夫に与えられたのは荘園であった。

問十　『沙石集』は鎌倉時代に成立した説話集である。それ以前に成立した文学作品を、次のア～オの中から一つ選び、その記号をマークせよ。

ア　太平記　　イ　古事記伝　　ウ　伊勢物語　　エ　修紫田舎源氏　　オ　心中天の網島

オ　気の毒でいたたまれない

問七　傍線（7）「ことことしからぬやうに」の意味内容として、最も適当なものを、次のア〜オの中から一つ選び、その記号をマークせよ。

ア　人に奪われないように
イ　他の物と紛れないように
ウ　おおげさにならないように
エ　運ぶ途中で壊れないように
オ　人に言いふらされないように

問八　傍線（8）「いかでか用意仕らざらむ」の現代語訳として、最も適当なものを、次のア〜オの中から一つ選び、その記号をマークせよ。

ア　どうして用意申し上げないことがあろうか
イ　どのように用意申し上げればよいのだろう
ウ　どうやって用意申し上げるべきかわからない
エ　どうしても用意申し上げることができなかった
オ　どうすれば用意申し上げることができるだろう

問九　次のア〜オの中から、本文の内容に合致していないものを一つ選び、その記号をマークせよ。

問四　傍線（4）「跡を暗うして」の意味内容として、最も適当なものを、次のア～オの中から一つ選び、その記号をマークせよ。

ア　仕事をやめさせられて
イ　明りを消して
ウ　お金を使い果たして
エ　ゆくえをくらまして
オ　つらい気持ちを隠して

問五　傍線（5）「果報拙くして」の意味内容として、最も適当なものを、次のア～オの中から一つ選び、その記号をマークせよ。

ア　口べたで
イ　運が悪く
ウ　遅刻が多く
エ　努力が足りず
オ　技能が劣っていて

問六　傍線（6）「傍らいたき」の意味として、最も適当なものを、次のア～オの中から一つ選び、その記号をマークせよ。

ア　不可解でいたたまれない
イ　不愉快でいたたまれない
ウ　無意味でいたたまれない
エ　妬ましくていたたまれない

ウ　たとえ人生に不満があっても、妻を置いて一人だけ現実から逃避するようなことはするまい、ということ
エ　たとえいつか妻を恋い慕う気持ちが薄れたとしても、一方的に見捨てるようなことはするまい、ということ
オ　たとえ裕福ではなくても、決して人から後ろ指を指されるような恥ずかしい思いはさせまい、ということ

問二　傍線（2）「人こそ多く侍るに」とあるが、この言葉には夫のどのような気持ちが込められているか。最も適当なものを、次のア～オの中から一つ選び、その記号をマークせよ。
ア　どうせくじ引きをするなら、もっと多くの人から選べばよかったのに、という気持ち
イ　ほかの多くの人が、自分こそ選ばれるだろうと期待していたのに、という気持ち
ウ　多くの人がいるのに、なぜよりによって自分がくじに当たってしまったのか、という気持ち
エ　本来なら、もっと多くの人に見守られる晴れ舞台となったはずなのに、という気持ち
オ　なぜこんなに多くの人が見物する中で、くじ引きをしなければならないのか、という気持ち

問三　傍線（3）「かきなむず」の文法的説明として正しいものを、次のア～オの中から一つ選び、その記号をマークせよ。
ア　動詞「かく」＋終助詞「なむ」＋打消の助動詞「ず」の終止形
イ　動詞「かく」＋完了の助動詞「ぬ」の未然形＋推量の助動詞「む」の連体形＋打消の助動詞「ず」の終止形
ウ　動詞「かく」＋係助詞「なむ」＋打消の助動詞「ず」の終止形
エ　動詞「かく」＋間投助詞「な」＋推量の助動詞「むず」の終止形
オ　動詞「かく」＋完了の助動詞「ぬ」の未然形＋推量の助動詞「むず」の終止形

*道心＝仏教語。仏道を修める心。
*御所＝ここでは、公卿（主君）の家のこと。
*次＝機会。
*先世の契り＝前世から現世にまたがる縁。夫婦の縁のこと。
*屋地＝家と土地。
*質換へて＝お金を借りる保証として。
*わ御前＝おまえさん。親しみを込めた呼び掛け。
*後世菩提の勤め＝死後、極楽に往生して悟りを得られるよう、仏道修行に励むこと。
*善知識＝仏道に導いてくれる指導者。
*用途＝銭のこと。
*折敷＝飲食物を載せる四角い盆。
*傍輩＝同じ主君に仕える同僚。
*返し引出物＝ここでは、主君から貧しい侍へのお返しの引出物。
*庄＝荘園《しょうえん》。

問一　傍線（1）「限りあらむ道にも、遅れ先立たじ」とは、どのようなことを言っているか。最も適当なものを、次のア～オの中から一つ選び、その記号をマークせよ。

ア　たとえ死ぬ時でも、一方が先に死に、他方が生き残るようなことはするまい、ということ

イ　たとえほんの短い旅に出たとしても、すぐにも帰宅して寂しい思いはさせまい、ということ

こそ夫妻ともなりて、今日まで、心ざし変はらずして過ごしつらめ。惑はば、ともにこそ惑はめ。この*屋地なんどあれば、*質《しち》換へて営みたまへ」と言ふに、夫、申しけるは、(5)「果報拙くして、今まで御恩も蒙《かうぶ》らねば、思ひ出もなくて、年ごろ日ごろ過ごしつるだにも、心苦しく、(6)傍らいたきに、我ゆゑ、*わ御前《ごぜ》さへ惑ひたまはむこそ口惜しければ」と言へば、「などかくは思ひたまはむ。ことの次《ついで》に、ともに尼法師にもなりて、*後世菩提《ごせぼだい》の勧めせば、*善知識《ぜんちしき》とこそ思ひたてまつらめ。これほどの、ある甲斐《かひ》なき世間は、惑ふとても嘆くにも足らず」と言ひければ、志の色、誠に浅からず見えける上は、「さらば、ともかくも、女房の計らひにこそ随《したが》はめ」とて、屋敷を売りて、*用途五六十貫《くわん》がほどありけるにて、銀《しろがね》の*折敷《をしき》に、金《こがね》の橘《たちばな》を作らせて、(7)ことことしからぬやうに、紙に裹《つつ》み、懐中して、既にその日になりぬ。

御所へ参りぬ。さて面々に、相手にいろいろの引出物をしけり。「いかに、某《なにがし》は上の御相手に参りて、その用意ありや」と*傍輩《はうばい》ども問ひければ、(8)「いかでか用意仕《つかまつ》らざらむ」と言ふ。「いかばかりのことか、し出だすべき」とて、目引き口引き、顔をそばめてぞ、をかしげに思ひ合ひける。

既に懐より、紙に裹みたる物を取り出だして、御前に置きけるを、「させることあらじ」と思ひて、かつがつ笑ふ者もありけり。さて御前に置きたるを、引き広げて見たまひければ、銀の折敷に、金の橘を置きたり。心も及ばず作りたりけり。これを見て、皆、目を驚かし、人々、苦りてぞ見えける。「そもそも何として御恩もなきに、かかる不思議はし出だしたるぞ」と、御内《みうち》の人に尋ねたまひければ、「かかる子細とこそ承はれ」と、委《くは》しく聞きたる者申しければ、大きに感じ仰せけり。

さるほどに、*返し引出物に、紙一枚を給はりて、都近き*庄《しやう》の、千石《せんごく》ばかりなるを給ひて、富み盛《さか》えて、いよいよ奉公仕りて、重ねて御領《ごりやう》も預かりけり。ありがたかりける果報かな。妻の志こそ、まめやかに、あはれに覚えけれ。

（『沙石集』による）

イ　或る女（有島武郎）
ウ　たけくらべ（樋口一葉）
エ　藪の中（芥川龍之介）
オ　月に吠える（萩原朔太郎）

問題三　次の文章を読んで、後の問に答えよ。

ある年に、相手をくじ引きで決め、「相手引出物《ひきでもの》」（お互いに相手に贈り物をすること）をすると災難を免れることができるという噂《うわさ》が立った。ある公卿《くぎょう》の家でもこのことを行うことになり、主君の相手に選ばれたのは、仕えている侍《さぶらい》だった。生活に余裕もなく、なんと不運なことかと本人も思い、周囲も噂した。

妻に語り申しけるは、「然《しか》るべき契りにて、年ごろ互ひに志浅からずして過ごしつれば、(1)限りあらむ道にも、遅れ先立たじとこそ思へども、思ひの外《ほか》のこと出《い》で来《きた》れば、出家入道して国々をも修行せばやと思ひ立ちたり。相添はむことも今夜《こよひ》ばかりと思ふに、名残の心に思ふほども言はれず」とて、さめざめと泣きたれば、妻、「何ごとによりて、かかる心は出で来りける。*道心の発《おこ》りたまへるか」と問へば、「道心にはあらず。*御所《ごしょ》中に、世間に沙汰する御ことあるべきにて、相手をくじに取りつるに、(2)人こそ多く侍るに、御相手にしも取り当たりて、(3)恥をかきなむず。見苦しからむことも恐れあり。よろしく営まむとすれば、その力なし。(4)ただ跡を暗うして、この*次《ついで》に、道心なくとも、山々寺々をも修行して、恥がましきことを逃れむと思ふばかりなり」と言へば、この妻、申しけるは、「そのことならば、などか嘆きたまはむ。人は果報も幸ひも心にこそあれ。次《ついで》に世を厭《いと》はむと思はむにつきても、既に御相手になりぬ。尋常なる御引出物をも参らせてこそ、御内《みうち》をも罷《まか》り出でたまはめ。*先世《せんぜ》の契りあれば

ウ　罷免―任命

エ　頒布―回収

オ　委細―綿密

問七　次のア～オの中から、本文の内容に合致しているものを一つ選び、その記号をマークせよ。

ア　社会の中で最も国家権力が作用する領域は市場であり、市場経済と国家とが連携して社会を抑圧しつつある現状を無視することはできない。

イ　国民と国家との表裏一体の関係は、境界線を引くことに専念する権力の暴走を生む危険性がある反面、隣国との間で領土をめぐる争いを防ぐ可能性ももっている。

ウ　福祉社会は、福祉国家とも呼ばれうる特徴を有しており、再配分などの福祉や社会的な連帯は、実際には国家権力と切り離せないものなのだといえる。

エ　経済的な格差が広がり、市場に対する批判的な考えをもつ人びとが多くなってきたが、国家がどこまで市場に介入すべきかを判断するには、社会と国民との理想的な関係を考察するほかない。

オ　内戦や紛争が続いている地域においては、国家は人びとを戦争に駆り立てる危険な存在でもあり、それを抑え込んでおくためにも、社会国家と呼べるような状態を保持しておくべきである。

問八　国民国家への問題提起となっていると考えられる作品に、井上ひさしの『吉里吉里人』がある。次のア～オの中から、『吉里吉里人』と同じ昭和期に発表された作品を一つ選び、その記号をマークせよ。

ア　潮騒（三島由紀夫）

（2）二重傍線「保険制度」は、どのようなことを示す例と考えられるか。最も適当なものを、次のア～オの中から一つ選び、その記号をマークせよ。

ア　市場の中にこそ存在する社会の自発性を示す例
イ　市場においても連帯的な側面があることを示す例
ウ　市場と社会との対立を埋める制度の可能性を示す例
エ　市場が利己的な考え方に基づいていることを示す例
オ　市場の利他的性質と社会の利己的性質との確執を示す例

問五　空欄ｂに入る最も適当な表現を、次のア～オの中から一つ選び、その記号をマークせよ。

ア　同質性の意識
イ　国境線の拡張
ウ　権力の弱体化
エ　歴史的な経験
オ　関係性の解体

問六　傍線Ｃ「相対的」の対義語は「絶対的」である。対義語の組み合わせとして正しくないものを、次のア～オの中から一つ選び、その記号をマークせよ。

ア　需要―供給
イ　摘発―看過

びとが多くいます。「社会的なもの」という言葉を大切にし、それに特別な意味を与えようとする人びとのほとんどが、市場を敵視し、　（iii）　。

社会的なものを大切にする人びとは、たとえば「連帯」という言葉を好みます。連帯とは人びとが支え合うということであり、生活に必要なものを相互に分け合ったり、さまざまな不運に遭遇したときに、それを補い合ったりする関係がそこでは想定されています。これに対して、市場では人びとは自己の利益だけを追求し、相互に支え合わないということが強調されます。

しかし、市場も、ある意味では人びとが支え合う関係を伴っています。市場があることで、人びとが必要を満たすことができる場合があるからです。逆に市場がないために、生活に必要なものを得ることができない場合もあります。また、不運に遭遇したときの助け合いについても、保険制度をはじめとして、さまざまなものが市場の中に用意されています。保険とは、加入者があらかじめ掛金を払い、病気や事故など困難に直面したときに保険金の支払いを受けるという制度です。そこでは、一度も病気にならず、事故にもあわずに、支払いを受けなかった人も文句を言わないことになっています。

（1）空欄（iii）に入る最も適当な表現を、次のア～オの中から一つ選び、その記号をマークせよ。

ア　人びとの間のつながりをもともと弱いものと見なし、個人の自立を阻むものとして市場を批判します

イ　人と人とのつながりはそう簡単に綻びることはないという立場から、福祉社会の不要を訴えます

ウ　市場における人間のあり方とは根本的に異なる関係の場として、社会というものを考えようとします

エ　国家と社会とが結びつく地点で、利他的な人間と利己的な人間とがぶつかり合うものと考えたがります

オ　市場での取引には人びとの欲望が渦巻き、利己的な人間どうしの支え合いしかないと指摘するものです

でなければ何もできなくなってしまう

オ　そもそも市場は国境に制限されるものではなく、国境を超えた取引が主流となっているのだから、戦争や征服によって特定の人びとを囲い込む行為は正当化できない

問二　次の文は、本文中の①〜⑤のどの箇所に挿入するのが最も適当か、その番号をマークせよ。

> なぜなら、国民とは国家によって囲い込まれた群れだからです。

問三　空欄ａに入る最も適当な表現を、次のア〜オの中から一つ選び、その記号をマークせよ。

ア　社会と国家を峻別した先にある国民＝国家の結合が強い状態

イ　社会＝国民と社会＝国家とのねじれが解消されていない状態

ウ　市民社会と国民国家とを融合させた社会国家と考えられている状態

エ　社会の中で国民が守るべきルールとしての制度が共有されていない状態

オ　社会＝国民＝国家という等式関係が成立しているとされる状態

問四　傍線Ｂ「たとえば、社会と市場とのつながりは見えなくなってしまいます」とあるが、筆者は本文と別の箇所で、次のように論じている。これを読んで、後の（1）（2）の問に答えよ。

社会について論じるにあたって、それを何よりもまず市場と区別し、社会と市場との間に鋭い対立を見出そうとする人

社会がどこまで広がっているのかについて、多くの人は、［　(i)　］と考えている。このとき、社会の範囲は限定されている。社会とはどこまでも無限に広がっているようなものとは考えてはいないのだ。もちろん、一見無縁に見える人びとが、実は何かによって、どこかでつながっているという事情を否定するのは難しいが、グローバル社会といっても、社会がどこまでも広がっていくという考え方には疑念を抱く人が多い。しかし、そのような視野の狭さについて、筆者は、［　(ii)　］と考え、社会と国家に関する人びとの見方を問い直している。

(i)
ア　実感を伴う社会の範囲は国民国家あるいは国民の範囲と重なっている
イ　強制力のない市場の連帯によって社会生活の実感を味わえる範囲をさす
ウ　社会＝国家という等式の自明性についてあらためて再考すべきだ
エ　範囲の小さい社会と範囲の大きい国家とをいったん切り離すべきだ
オ　社会の範囲を戦争や征服の結果として囲い込まれた国民に絞るべきだ

(ii)
ア　経済活動が主権国家の内部で完結しなくなってしまっている以上、社会の範囲と国家の範囲を重ね合わせておかないと、激化する市場競争に勝つことはできない
イ　通貨の価値はグローバル市場で決まり、国民国家ごとの経済活動だけでは成り立たなくなっているため、一個人の社会生活という狭い視点では論じられない
ウ　国境線の内側で社会的な連帯を模索することになると、境界線の向こう側で貧困にあえぐ人びとがいたとしてもそれが社会的な問題とされなくなってしまう
エ　経済のグローバル化が進む中で、主権国家の有用性が相対化されるにつれ、国民国家という完全に閉じた自国主義

な区分は成立しない。そこにあるのは、一面では強制的でありつつ他面では自発的な関係のすべてであり、それは社会国家としか呼びようのない状態なのです。

　これに対し、仮に国民国家では国家と社会とがくっつきやすいとしても、その二つを分離して考えたほうがいいのではないかという議論もあるでしょう。国家は人びとを戦争に動員することさえできるほど強力な存在であり、人びとの生活を一変させるだけの力をもつ危険な存在なので、それをいわば抑え込んでおくべきではないか、ということです。

　しかし、国家、市場、社会などの中で、どれが人びとにとって最も暴力的であり、強制的であるかはあらかじめ決められません。あえていえば、国家が最も暴力的で危険であるに決まっているという意見は、ある時代の歴史的な経験にもとづくものです。たとえば、市場で痛めつけられ、地域では迫害され、家族にも見放され、国家による保護を受けてようやく生活の安定を見た人物がいるとしましょう。彼に対して、国家権力の恐ろしさを説いても無駄でしょう。逆に、国家に痛めつけられ、市場によって救われるということもありうるのです。

（杉田敦『政治的思考』による）

問一　傍線A「こうした事情を意識する上で、グローバル社会という言葉は有益です。ところが、一般には、そうした言い方は今なおどこか怪しげなものと受け止められています。それは、否定するのは難しいとしても、実感の伴わない、形だけのものだという印象がある」とあるが、これに関して述べた次の文章の空欄（ｉ）（ⅱ）に入る最も適当な表現を、それぞれ後のア～オの中から一つ選び、その記号をマークせよ。

ここで注目しなければならないのは、福祉社会というものが、福祉国家とも呼ばれうるという事実です。社会的な連帯という場合には、国家とは別の市民社会的な領域、つまりボランティアなどの作用が主として念頭にあると思いますが、実際に福祉の重要な部分を担っているのは国家です。これは、北欧などの福祉先進地域すべてについて言えることです。実際には再配分は、そのほとんどを、強制力をもつ政府によって担われている。それは、国家の機能なのです。国家の活動を支えているのは社会であり、そちらが本体なのだ、と考えることも自由ですが、それでも福祉社会（ないし福祉国家。どちらとも呼べることが重要です）がC相対的に実現しているところでは、国家と社会は鋭く対立しているよりは、むしろ表裏一体となり、「社会国家」ともいうべきものが成立していると見たほうがいいのです。そのように見れば、社会的な連帯は、現実には、国家権力と不可分となっています。このことをまず確認しなければなりません。

こうした言い方は、反発を招くかもしれません。国家と社会とは区分されるべきであること。国家は強制的な領域で、社会は自発的な領域であること。強制よりは自発性のほうが望ましいので、国家をより小さくし、社会をより大きくすべきであること。こうした考え方は、広く共有されてきました。そして、国民国家の間で戦争が繰り広げられた時代には、国家は境界線をめぐる戦いを有利に進めるために、国内の締め付けを強めたので、それが国家権力の理不尽さを印象づけたことも事実です。

しかし、それでは国家は社会と無縁なところで、単に権力のための権力、暴力のための暴力を行使していたのでしょうか。あるいは国家は、社会の中のごく一部分である特定の利害のために、権力ないし暴力を振るっていたのでしょうか。そうした場合もあるでしょうが、そうでない場合もあります。国民国家では国民と国家は表裏一体の関係にあり、国民にとっての都合とまったく無関係に、国家が長期にわたって大規模な行動をとることなどできません。二〇世紀の総力戦は国民によって支えられた面があります。戦争そのものを望まなかったとしても、植民地の拡大により市場や雇用が得られることを歓迎し、それを求める世論がありました。

国境線によって囲い込まれた社会は、国家から独立した存在ではありません。強制的な国家と自発的な社会といった二分法的断とされる。主権をもつ国民国家というものを前提とすることで、政治を安定化させようとする人びとは、このように考えることでしょう。

しかし、社会＝国民という等式の自明化は、多くのことを覆い隠します。何よりも、社会的連帯や支え合いが、実際には国民というごく限定された範囲内でしか行われない（行われるとしても、ですが）ことが、見えなくなってしまう。境界線の向こう側で人びとが飢えていたとしても、それは社会的な問題とはされないのです。豊かな国と貧しい国との格差がここまで開いているときに、そうした視野の狭さは正当化できるでしょうか。

しかも、国民国家の境界線は、特定の人びとの群れを囲い込むという意味でだけ限定的なのではありません。同時にそれは、社会と国家との結びつきを際立たせることによって、社会というものがもつ、それ以外の側面を見えなくさせる効果をもっています。Bたとえば、社会と市場とのつながりは見えなくなってしまいます。

市場に批判的な人びとは、それでよいではないかというかもしれません。とりわけ、最近のように市場の力が強まっている状況では、市場と社会を対立させてとらえることに意味があると言うでしょう。しかし、関係は、それを見ないことによって消滅するわけではなく、むしろ、見なければますますそこに残ります。豊かな地域の人びとと貧しい地域の人びとは、資本、商品、資源、そしてヒトの移動という形で、現に結びついている。その関係を自分たちの問題として、つまり社会の内部の問題として見ることは、関係のあり方を問い直す第一歩ではないでしょうか。

最近では、福祉社会を守るために、改めて国民という単位にこだわるべきだという議論も出ています。社会的な連帯を実現するためにこそ、社会というものの範囲を、地理的にも、そして意味の上でも限定すべきだとします。連帯を維持するためには何らかの集合的なアイデンティティの意識が必要であり、現在のところ、そうしたアイデンティティとして有力なものは、国民以外にはない、ということのようです。生活条件を平等化するには、税金などの形で人びとが負担をし、資源を再配分しなければならない。そのようなやり方を人びとが受け容《い》れるためには、［ b ］が必要だとされるのです。

いう点。片や制度であり、片や人の群れであり、両者は別次元にあるという点。こういう点を強調すれば、社会の範囲が国民の範囲と重なったからといって、社会を国家とまで結びつけたわけではないということもできるかもしれません。

③　しかし、実際には、国家と国民とは表裏一体の関係です。少なくとも、国民国家という単位が相対化され始めた最近まではそうでした。④　戦争や征服の結果として、事実上囲い込まれた人びとが、国民になったのです。これに対して、いやそうではない、国民はもともと何らかの点で似た人びとなのだ、という議論もあるでしょう。⑤　国民という単位を確立するのに成功したところでは、だいたい、そういうことが信じられてもいます。しかし、その「似た人びと」がどうやって「群れ」になったのかを探っていくと、国家と呼べるようなものが大きな役割を果たしている場合が多い。つまり、制度的に教育を行ったり、文化的な統合政策を行ったりした結果として、国民としての同質性がつくり出されたのです。

他方、国家が維持されるには、国民という単位が確立しているほうが都合がいい。制度が円滑に機能するには、言語やルールが共有されていることが有利だからです。こうしてみると、国家が国民をつくり出し、国民が国家を再生産するという関係があります。国民国家とは、こうした表裏の関係が成立している、あるいは成立すべきと信じられている状態なのです。

要するに、国民国家とは、［　a　］です。社会が地表を覆って広がりうる、あるいはすでに広がっているという考え方を怪しみ、国民という単位に実感らしきものをもった時点で、人は社会について論じているつもりでも、実際には国家について論じ始めている可能性があります。そこでは、意識することなく国境線が人びとの考えの中に導入され、社会の範囲が限界づけられているのです。

このことはどういう意味をもつでしょうか。国民という単位と結びつけられることで、社会は一定の安定性をもつようになるとも言えます。社会とは、どこまで広がっているかわからないようなものではなく、とりあえず国境線の中に囲い込まれた人びとのことなのだ、と考えることができる。国境線の向こうは関係が薄い領域なのだと考え、内側の事柄に専念することができる。そこから先、境界線の内側で社会的な連帯、つまり福祉国家的なものをどこまで実現するかどうかは、それぞれの「社会」の判

②高級な肉をカタマリのまま購入する。
③空き缶をツブして捨てる。
④自然を守るのもコワすのも人間だ。
⑤過去をクいるよりも現在に最善を尽くすべきだ。

問題二　次の文章を読んで、後の問に答えよ。

一見無縁に見える人びとが、実は何かによって、どこかでつながっている。先進国の豊かな人びとと、途上国の貧しい人びとの間には、商品の流れ、資本の流れ、資源や廃棄物の流れなどがある。そして、ヒトの流れも活発になっている。Aこうした事情を意識する上で、グローバル社会という言葉は有益です。ところが、一般には、そうした言い方は今なおどこか怪しげなものと受け止められています。それは、否定するのは難しいとしても、実感の伴わない、形だけのものだという印象がある。なぜなのでしょうか。

それについて考えるには、逆に、実感の伴う社会の範囲とされるのはどこまでなのかを見る必要があります。今日でも、そう問われた人の多くは、国民国家だと答えるのではないでしょうか。社会の範囲が国民の範囲と一致しているものとされていることに、改めて注意を向けてみる必要があります。というのも、後に見るように社会と国家とを峻別《しゅんべつ》しようとする考え方が一方で非常に根強いのですが、このことと、社会＝国民という考え方との間には、一種のねじれが存在するからです。

①　もちろん、国家（ステート）と国民（ネーション）とは別だということにできれば、ねじれなどないことになります。

②　国家とは、強制力を伴って人びとにルールを守らせる制度であり、これに対し、国民とは具体的な人びとの群れであると

国語

（六〇分）

問題一　次の傍線を付したカタカナについて、（1）～（4）は最も適当な漢字を、（5）（6）は同じ漢字を含むものを、それぞれ①～⑤の中から一つ選び、その数字をマークせよ。

◇古典文学をカン**コツ**(1)ダッ**タイ**(2)した現代小説を発表する。

（1）**コツ**　①骨　②滑　③克　④孔　⑤肯

（2）**タイ**　①替　②逮　③滞　④戴　⑤胎

◇落語家のトウイ**ソク**(3)**ミョウ**(4)の話術を楽しむ。

（3）**ソク**　①則　②側　③速　④息　⑤即

（4）**ミョウ**　①明　②妙　③名　④命　⑤冥

◇真の世界平和を**カツ**(5)ボウする。

①資源がコ**カツ**する。
②聴衆の**カツ**サイを浴びる。
③諸領域をホウ**カツ**した研究体制を構築する。
④時間の都合で詳しい説明を**カツ**アイする。
⑤港湾や河川等は地元の警察署がカン**カツ**している。

◇投薬によってイ**カイ**(6)ヨウが完治した。

①気の緩みを**イマシ**める。

解答編

英語

I **解答** 1—C　2—B　3—B　4—C　5—B

◆全　訳◆

≪DNAから恐竜は再現できるか≫

世界には2種類の人がいる。マイケル=クライトンの小説『ジュラシック・パーク』で描かれた世界に驚嘆した人々と，それが現実になることを恐れる人々である。しかし，映画監督のスティーブン=スピルバーグが1993年に同題でその小説を映画化して以来，多くの人々の頭には1つの疑問がある。つまり，科学とDNAの研究の進歩を考えれば，恐竜を再現することは可能なのか？という疑問である。『ジュラシック・パーク』では，科学者たちはDNAを利用してトリケラトプス，ヴェロキラプトル，そしてティラノサウルスを含むさまざまな恐竜種を再現する。

現実には，想像することは簡単だが実際にやってみると難しいと専門家は言う。オハイオ州立大学の教授であるウィリアム=オーシッチは，ある記事で，恐竜の遺物は化石しかないことを考慮すると，その仕事は非常に困難になると説明した。一方でDNAは，臓器，神経，筋肉，脂肪などの生きている生物の柔らかい部分からより簡単に取得できる。「数千万年の間，泥，鉱物，水に埋もれているので，化石は，恐竜の骨や歯などのいわゆる『硬い部分』に由来します」とオーシッチは言う。「柔らかい部分は崩壊してしまったか，他の恐竜に食べられてしまったのです」

DNAの複雑さを説明して，オーシッチは，「それは，恐竜を含め，地球上で生きたすべてのもののすべての細胞に存在するものです。しかし，最近の研究によると，DNAは約700万年で崩壊し，最終的に消失します」と述べている。したがって，最後の恐竜が死んだのは6,500万年前であることを考えると，DNAを見つける可能性は極めて低い。そして，たとえ科学者たちが恐竜の断片を見つけることができたとしても，完全な恐竜を作ることはできないだろう。

「代わりに，生きている動物を作るために，彼らはそれらの断片と現代の生き物のDNAを組み合わせる必要があるでしょう」とオーシッチは言う。この動物は完全な，あるいは本物の恐竜ではなく，例えば半分が恐竜で半分が鳥のようなものになるだろう。

◀解　説▶

1．「第1段で言及されている『2種類の人々』とはどのような人か」　第1段第1文（There are two kinds of people …）の内容から，C「恐竜を再現するのは面白いことだろうと思う人々と，それは恐ろしいことだろうと思う人々」が正解。A「お気に入りの恐竜がいる人々と，すべての恐竜がすごいものだと思う人々」　B「映画『ジュラシック・パーク』を見たことがある人々と，見たことがない人々」　D「『ジュラシック・パーク』の本の方が映画よりも良かったと思う人々と，映画の方が良かったと思う人々」

2．「第2段の主旨は何か」　第2段は，恐竜について現在手に入るのはその「硬い部分」の化石だが，DNAはすでに崩壊してしまった「柔らかい部分」から取れるものなので，恐竜の再現は難しい，という内容である。よって，B「化石は恐竜の『硬い部分』に由来するが，科学者はDNAを得るのに『柔らかい部分』が必要なので，恐竜を作るのは難しい」が正解。A「恐竜の体は長い間泥に埋まっているとしばしば水が充満する」　C「DNAは，恐竜の心臓のような臓器からよりも，骨や歯からよりよく見つかるので，恐竜を作るのは簡単だ」　D「恐竜は時にお互いに食い合いをすることがあったので化石は多くは残されていない」

3．「本文によると，DNAについて次のどの記述が正しいか」　第3段第3文（So given that …）の内容からB「恐竜はずっと昔に生息していたので恐竜のDNAを得ることはほとんど不可能だ」が正解。given that ～「～を考慮すると，～と仮定すると」　chances of ～「～の可能性」　slim「わずかな」　A「DNAは植物ではなく動物の特別な細胞からしか見つからない」　C「多くの恐竜の化石は一揃えの利用可能なDNAを含んでいる」　D「科学者は小さな恐竜の一部を再現するためにDNAを使ってきた」

4.「本物の恐竜を再現することの可能性についてオーシッチはどう考えているか」 第3段最終文～第4段（And even if … and half bird.）の内容からC「不可能だ。なぜなら恐竜のDNAが見つかっても，生き物を作り出すためには他の種の生物のDNAと組み合わせなければならないからだ」が正解。A「複雑だ。なぜなら科学者は骨と歯の両方の化石を必要とし，それには長い時間がかかるだろうからだ」 B「それは想像力を要するものだ。なぜなら，たとえ科学者がDNAを得ることができても，恐竜の外見が実際はどのようなものだったか彼らは知らないからだ」 D「利益をもたらす。なぜなら，科学者は恐竜の臓器で見つからないものを埋め合わせるために，鳥から得た類似のDNAを使うことができるからだ」

5.「本文内の出来事の正しい順番はどれか」 第1段第1・2文（There are two … study of DNA?），第2段第2文（William Ausich, a …）より，B「クライトンが本を書き，スピルバーグが映画を作り，オーシッチが恐竜を再現することについてコメントした」が正解。A「クライトンが質問をし，オーシッチが答え，スピルバーグが映画を作った」 C「スピルバーグが映画を作り，オーシッチが恐竜を再現し，クライトンがそれについて本を書いた」 D「スピルバーグが映画を作り，クライトンが本を書き，オーシッチは恐竜を再現することができなかった」

例年，小問5は，本文のタイトルとして適切なものや本文のまとめとして適切なものを答えさせるなど，全体の内容の把握を問う問題が出題されている。いきなり本文を読み始めるのでなく，まず小問5の設問内容にさっと目を通し，さらに小問1の設問内容を頭に置いた上で本文にとりかかる，という形で「読み取るべき情報を頭に置いて本文を読む」ことを練習しておこう。設問に目を通しただけでは本文を読んでいる間に何を読み取るべきだったのか忘れてしまう，という場合は，把握した読み取るべき内容を設問の横に簡単にメモすることを試してみよう。

II　解答　6－C　7－C　8－A　9－B　10－C

◆全　訳◆

≪退屈とは，そして退屈を克服する秘訣≫

退屈は，現在していること以外の何かをしたいと思うときに感じる，うんざりさせられるかゆみのようなものだ。それは，仕事で同じ作業を繰り返しさせられたり，おしゃべりすぎる隣人の話を失礼のないように聞いたりする時のように，置かれた状況が原因であることがある。また，やりたいように好きに行動でき，何かしたいということはわかっているが，ただ何をすべきかわからないということもあるだろう。これらの状況が，単に何もしたくない状態とどのように異なるかということに注意する必要がある。

退屈は不快でありながら，人間の進化の観点からは，個人的により意味のあることをするために，私たちの環境に変化をもたらす動機を与えることがその役割であるように思われるだろう。このことに関連して，退屈が私たちに反省や意味の探求を促す方法のおかげで，退屈が創造性を高めることができるということを示す多くの例を含む研究がある。

一部の人々は，他の人々よりも退屈をよく経験するようだ。心理学者は，退屈になる傾向を人の性格の一部だと見なし，それを測定するためのテストを使用している。このテストでの高得点者は，時間がゆっくりと過ぎると感じ，楽しく時間を過ごすのが難しいと感じる傾向がある。

残念ながら，退屈をよく感じる人々は，うつ病や中毒に陥るリスクが高くなる――彼らはしばしば飲酒，薬物，デジタル機器に頼って，不快な感情を和らげようとするが，そうした戦略は一時的な安心感しか与えない。本当に退屈を克服するための秘訣は，個人的に意味があり，適度な挑戦と新規性のバランスを与えてくれる活動を見つけることだ。

◀解　説▶

6.「退屈はうんざりさせられるかゆみのようなものだ，と言うことによって筆者は何を意図しているか」 下線部に続く部分（that you feel …）に「現在していること以外の何かをしたいと思うときに感じる」とあるので何かよくない気分のことだろうと推測できれば，C「退屈は逃れることが難しい不快な感覚だ」が正解とわかる。A「退屈は全ての状況で主に若者を悩ませる」は，若者に限定する記述はないので不適。B「退屈は肉体的に痛みがある状態だ」，D「退屈は体を掻きたい気持ちにさせる」はいずれも肉体的状態に関することなので不適。

7.「なぜ筆者は『退屈は創造性を高めうる』と言っているのか」 下線部に続く部分（because of …）の内容から，退屈が創造性を高めるのはそれが「私たちに反省や意味の探求を促す」というプラスの影響を与えるからだとわかるので，C「退屈は人にプラスの影響も与えることを説明するため」が正解。A「退屈を研究する時に研究者に何が起こるかを説明するため」 B「退屈した人がうつ状態の人より創造的である理由を説明するため」 D「すべての状況が自分の人生を変えつつある人にとって役立つわけではないことを示すため」

8.「本文で言及されている『高得点者』である人についてどんなことが推測できるか」 下線部を含む文の直前の文（Psychologists use tests …）から，この『高得点者』は退屈する傾向を測るテストの得点が高い者であることがわかるので，A「彼らはすぐに退屈する」が正解。B「彼らはクイズで高成績をとる」 C「彼らは楽しい趣味を持っている」 D「彼らはよく心理テストを受ける」

9.「空所（　9　）に入れるのに最も適するものを選べ」 空所を含む文の文頭にUnfortunately「残念ながら」とあるのでマイナスの内容であることがわかる。よってB「…の高いリスク（危険性）がある」が正解。選択肢A・Cはプラスの内容であり，Dはプラスとマイナスどちらの内容でもないので不適。

10.「次のどれが最終段のまとめとして最も適切か」 最終段（Unfortunately, people …）は，前半で，よく退屈を感じる人についてマイナスの内容を述べ，後半（To truly overcome …）で，退屈を乗り越えるための秘訣というプラスの内容を述べている。このマイナス→プラス構造をまとめているC「退屈を感じる人の中にはマイナスの行動をする人がいるが，関心の持てる活動を見つけることが助けとなりうる」が正解。A「デジタル機器は物事を簡単にするので，自分自身のものを持ってくることが大切だ」 B「ドラッグと医薬は退屈に苦しむ人々を治療する最善の方法の一つだ」 D「退屈を乗り越える明確な方法はないので試す意味はない」

III　解答　11—C　12—A　13—D　14—A　15—B

◆全　訳◆

≪楽しみのための読書の時間に関する考察の発表内容≫

以下は日本の高校生によるグループ発表であり，次のページの図1がその資料である。

最近では，楽しみのための読書の時間を見つけることは大変です。特に，多くの人が読書の宿題を終えるのがやっとの場合はそうです。私たちはYouTube，Instagram，Twitterなどのソーシャルメディアを見るのに忙し過ぎるのです。これらは，私たちをいつまでも楽しませ続けることができます！　私たちの先生や両親は，読書が脳や思考力の発達に良いと言い続けていますが，正直，いったい誰が楽しみのための読書の時間を見つけることができるでしょうか？

私たちのグループは，若者の読書時間の統計に興味を持ち，図1に示される米国のデータを見つけました。それは3つの年齢グループの読書時間の傾向を示しています。

全体的な傾向に関しては，まず，「全く，あるいはほとんどなし」のグラフ線は年齢グループに関係なく概ね上昇することに気づきます。私たちが挙げたい2つ目のポイントは，9歳とその他のグループとの最大の違いについてです。図1のグラフでは，「ほぼ毎日」の位置は9歳ではトップに留まっていますが，2020年にはグラフ線が「あまり頻繁ではない」のグラフ線と42％で最終的に交差します。これに対し，他の年齢グループでは，「ほぼ毎日」の線は真ん中で始まり，それは9歳のものよりもおよそ20％低いのですが，2020年までに3つの頻度の中で最も低くなります。私たちは，日本人にも同様の傾向があるかどうか疑問を持ちました。

そこで，別の情報源から，調査された32カ国の中で，日本は週にたった4時間の読書時間で，2番目に読書時間が短い国であることを見つけました。これは，トップ2の国であるインドとタイの半分以下です。私たちは，これが私たちにとって良くないことだと認識しています。たぶん私たちは，年齢に関係なく，ソーシャルメディアを見る時間の一部を削減するべきです。楽しみのために読書にもっと多くの時間を費やすことができるでしょう！　あなたはどう思いますか？

◀解　説▶

11.「空所（　11　）に入れるのに最も適するものを選べ」 空所を含む一文は「全体的な傾向に関しては，まず（　）ことに気づく」という意味で，図のグラフから「『全く，あるいはほとんどなし』のグラフ線は年齢グループに関係なく概ね上昇する」ことがわかり，Cが正解。A「『あまり頻繁ではない』のグラフ線は全ての年齢グループで1回『全く，あるいはほとんどなし』のグラフ線と交わる」 B「『あまり頻繁ではない』のグラフ線は，すべての年齢グループで第2位に留まっている」 D「『全く，あるいはほとんどなし』のグラフ線は全ての年齢グループで常に最も低い位置にある」

12.「『2つ目のポイント』について正しいのは次の記述のどれか」 下線部の次の文（The position of …）の内容からA「他の年齢グループと比べてより多くの割合の9歳児がほとんど毎日読書をしている」が正解。B「最も下の年齢のグループと比べてより年上のグループはほぼ毎日読書をする割合がより高い」 C「最も下の年齢グループと他の年齢グループの『ほぼ毎日』のグラフ線の差は常に10％だ」 D「読書で最も重要なのは頻度ではなく内容だ」

13.「空所（　13　）に入れるのに最も適切なものを選べ」 9歳児のグラフで「ほぼ毎日」と「あまり頻繁ではない」のグラフ線は最終的に42％で交差しているのでDが正解。

14.「本文の内容と合わないのは次のどれか」 第4段第2文（This was less …）にトップの2国はインドとタイとあるのでA「アメリカの読書時間は32カ国の中でトップ2国のうちの1つだった」が正解。

15.「本文と図1に基づけば，次のどれが正しいか」 第4段第1文（So, from a …）で「別の情報源から」とあり，その後32カ国での調査について述べているが，そのような情報を示す図はないのでB「その日本人の生徒たちは2つの情報源から得たデータについて論じているが，グラフを伴っているのは1つだけだ」が正解。A「グラフは3つの年齢グループのデータを示しているが，その日本人の生徒たちは1つについてしか論じていない」 C「その日本人の生徒たちは読書が脳の発達に良いということに触れていない」 D「その日本人の生徒たちは複数のグラフと32カ国の表を用いた2種類のデータを示している」

Ⅳ　解答　16―A　17―A　18―D　19―B　20―C　21―C　22―D

◆全　訳◆

≪ドイツから来日している男性と日本人の女性の会話≫

グスタフ：おいしい！　これは何？　これまで食べたことがない。

ユミコ　：ああ，これは母が作る日本のオムレツよ。朝食にほぼ毎日食べてるの。

グスタフ：おいしい！　ドイツでもオムレツは食べるけど，普通そんなに甘くないよ。

ユミコ　：気に入ってもらえてよかった。滞在中に他の日本料理も試してみてね。あなたにもドイツの食べ物を紹介してほしいな。

グスタフ：もちろん。実は面白いことに，父はプロのシェフなのに家では料理しないんだ。普段は朝食にシリアルとトーストを食べてる。ドイツの伝統的な朝食は食べないんだ。

ユミコ　：それは面白いわね！　父は画家なんだけど，家で絵を描いてるところを見たことがないわ！

グスタフ：そうなんだ。ドイツ料理に関しては大丈夫。ぼくがネットで調べて，本格的なドイツの朝食の作り方を見つけるっていうのはどうかな？　それからホームステイの最後の朝に作るよ。

ユミコ　：ありがとう，グスタフ。それは素晴らしいわ。では，今日の予定は何？　授業はあるの？

グスタフ：いや，今日は自由だよ。街を散策して，アニメキャラクターのプラモデルが売ってないか探してみたいんだ。故郷の友達にすごく人気があるんだよ。

ユミコ　：ドイツの人たちも日本のアニメに興味があるのね？　すごいわ，知らなかった！

グスタフ：うん，アニメはすごく人気だよ。あと，寿司も…みんな寿司が大好きなんだ。

ユミコ　：なぜ彼らも日本旅行に一緒に来なかったの？

グスタフ：ああ，彼らは他の用事があるんだ。でも，僕にとっては日本がナンバーワンだからね。

ユミコ　：それは素晴らしいわ！

グスタフ：本当にここに来られて嬉しいんだ。ねえ，今日，後で街を案内してくれない？
ユミコ　：ごめん，グスタフ。バレーボールの練習があるの。でも，6時以降は自由よ。それでいい？
グスタフ：それでいいよ。夜になってもお店は開いてるのかな？
ユミコ　：そうだと思う。私，プラモデルを買うのに，とてもいいお店を知っているの。きっと気に入ると思うわ。
グスタフ：ユミコ，なにもかも本当にありがとう。どうしたらお返しができるかな？
ユミコ　：大丈夫！　本場のドイツの朝食を作ってくれるだけでいいわ。楽しみにしてるわ。

◀解　説▶

16.「グスタフが，自分は『as free as a bird』だと言うとき，彼は何を意図しているか」

A「彼には，何をするか，あるいはどこへ行くかについて制約がない」

B「人は鳥が抱えているのと同じ問題を抱えていることを彼は知っている」

C「鳥を飼うことはお金がかからないだろうと彼は考えている」

D「彼は模型飛行機を飛ばして午後を過ごすつもりだ」

ユミコの第4発言（Thanks, Gustav. That …）の後半「今日の予定は何？　授業はあるの？」に対する返答で，「いいえ」に続く内容なので「授業はない，ひまだ，授業以外の予定がある」ということを言っているはずなのでAかDに絞ることができる。また，続けて「街を散策して，アニメキャラクターのプラモデルが売ってないか探してみたい」と言っているのでDは不適。よって，Aが正解。

17.「グスタフが，『How can I ever repay you?』と言うとき，彼は何を意図しているか」　グスタフの最後の発言（Thank you …）「なにもかも本当にありがとう」に続く発言であり，それを受けてユミコが「大丈夫！本場のドイツの朝食を作ってくれるだけでいいわ」と言っていることから，「お返しに何をすればいいのか」と尋ねているのだとわかる。よって，A「彼は感謝しており，ユミコのために何かいいことをする方法を見つけたいと思っている」が正解。

18.「本文によれば次のどれが正しいか」 グスタフの第2発言（It's great! We …）「おいしい！　ドイツでもオムレツは食べるけど，普通そんなに甘くないよ」から，D「グスタフはそのオムレツが好きだが，それは彼が故郷で食べているものよりも少し甘い」が正解。

19.「ドイツの食べ物を食べてみたいというユミコの願いにグスタフはどのように反応しているか」 グスタフの第4発言（Oh really. As …）で「ぼくがネットで調べて，本格的なドイツの朝食の作り方を見つけるっていうのはどうかな？　それからホームステイの最後の朝に作るよ」と言っているので，B「彼がそれの作り方に関する情報を見つけた後で作ることを約束している」が正解。

20.「この会話に基づけば，次のどれが正しくないか」 ユミコの第5発言（So, people in …）で「ドイツの人たちも日本のアニメに興味があるのね？　すごいわ，知らなかった！」と言っているので，C「ユミコはドイツで人々がアニメを見ることをすでに知っていた」が正解。Aはグスタフの第6発言第2文（And also …）から，Bはユミコの第6発言（Why didn't they …）から，Dはグスタフの第7発言（Oh, they're busy …）とユミコの第7発言（That's great!）から，いずれも正しい。

21.「この会話によれば，ユミコの父親とグスタフの父親に共通しているのは何か」 グスタフの第3発言第3文（My father is …）とユミコの第3発言第2文（My father is …）から，C「どちらも家で自分の仕事をしない」が正解。

22.「ユミコがプラモデルを売っている店を訪れることを提案しているのはなぜか」 グスタフの第5発言第3・4文（I want to look … friends back home.）で「街を散策して，アニメキャラクターのプラモデルが売ってないか探してみたいんだ。故郷の友達にすごく人気があるんだよ」と言っており，それに対する提案であると推測できるので，D「彼女は，グスタフが彼と彼の友人たちが好きなものを見つけるのを手伝いたい」が正解。

V　解答　23―D　24―A　25―B　26―D　27―B

◀解　説▶

23.「占領するために，力づくで国や町，あるいはその他の地域に侵入すること」 D「侵略する」が正解。

24.「大きさ，量，数において非常に大きいこと」 A「大きい，大量の」が正解。

25.「特に競技やゲーム，あるいは試験などで，成功するために不正な手段を用いること」 B「だます，不正をする」が正解。

26.「健康でないことを示す身体的または精神的な変化」 D「症状」が正解。

27.「それを完全ではなくさせる欠陥あるいは何かの欠如」 B「欠点，欠陥」が正解。

VI　解答　28―B　29―B　30―A　31―D　32―B　33―B　34―D　35―D

◀解　説▶

28.「先週の金曜日，マイクが通りを歩いているのを目にしたが，その時私はケイトと喫茶店にいた」 空所の直前の last Friday を受けて「その時」という意味になる語が空所に入ると推測できる。空所以下に Friday を補おうとすると（I was with Kate at a cafe）on Friday と前置詞が必要であることから，関係副詞 when が適切であることがわかる。

29.「そのスポーツクラブをやめようと決心したのは他のことがしたいと思ったからだ」 It is〔was〕… that ～. の形で…の部分に入る語句を強調する強調構文。強調構文は空所補充や整序英作文で頻出だが気づかないことが多いので注意しよう。

30.「もっとやらなければならないのはわかっているが，今できることは全てやった」 選択肢から関係詞が入ると予測でき，文意から先行詞 all は人ではないと判断して関係代名詞 that を入れる。先行詞が物を指す all の場合，関係代名詞は that を用いるのが適切。

31.「この映画は興行収入があまりよくなかった。なぜなら，アクションシーンは面白くなかったし，さらに悪いことに，ストーリーもつまらなかったからだ」 what is〔was〕 worse で「さらに悪いことに」という意味。
32.「この炊飯器は，この料理リストから何でも好きなものを作ることができる」 whatever you want で「欲しいものを何でも」という意味の名詞節を作ることができ，make の目的語に置くことができる。
33.「読む量ではなく，読む内容が重要であることを忘れないでください」 It is not *A* but *B* that counts. という強調構文を含む構文で，「重要なのは *A* ではなく *B* だ」という意味になる。count「重要である」
34.「あなたは今や正式に大人なのだから，自分の行動に責任を持たなければなりません」 hold *A* responsible for ～ で「*A* に～に対する責任がある」という意味になり，本問はその受動態（*A* be held responsible for ～）になっている。
35.「先生は，最初に問題について議論するために生徒にペアで作業させ，その後に彼らの答えを確認した」 have *A* *do* で「*A*（人）に～してもらう，～させる」という意味。

Ⅶ **解答** 36―C 37―C 38―C 39―B 40―D

◀解 説▶

36.「貴重品がある場合は，受付に預けることをお勧めします」 valuable「価値がある」という形容詞は知っていても valuables と s がついた形は見慣れないかもしれない。しかし，have の目的語になっていることから名詞であり，後半に them とあることから複数形だと判断して，some を入れると推測したい。every は単数形を伴う。none, too は後に名詞を伴わない。
37.「彼女はホームレスの人々の世話をすることに人生を捧げた」 devote *A* to *B* で「*A* を *B*（名詞，動名詞）に捧げる」という意味。
38.「その少女は，おびえた顔で私を見つめた」 face「顔」を修飾するので，scared「おびえた」という形容詞が適切。affection は名詞「愛情」，afford は動詞「～する余裕がある」，stair は名詞「階段」。
39.「このシャツがそのジャケットに合っているかどうかはわかりません」 go with ～ で「～と調和する，合う」という意味。match も同意だが他動詞で match ～ の形で使う。come together「ひとつにまとまる，和解する」 meet up with ～「～と出会う」

40. A：あなたの期末試験はどうでしたか？

B：難しい中間試験と比べると楽勝でした。

a piece of cake で「朝飯前，楽勝，簡単（なこと）」という意味。a cake of soap「石鹸 1 個」 a can of worms「ミミズの缶詰（『複雑で解決困難な問題』という意味の慣用句）」 a head of lettuce「レタス 1 個」

Ⅷ 解答 41－A　42－B　43－D　44－A　45－B

◀解　説▶

41. A の challenge のみ第 1 音節に第 1 強勢がある。他は第 2 音節にある。

42. B の financial のみ第 2 音節に第 1 強勢がある。他は第 1 音節にある。-ial で終わる語はその直前に強勢がある。

43. D の willingness のみ第 1 音節に第 1 強勢がある。他は第 2 音節にある。-cian，-ous はその直前に強勢がある。

44. A の accessory のみ第 2 音節に第 1 強勢がある。他は第 1 音節にある。

45. B の disrespectful のみ第 3 音節に第 1 強勢がある。他は第 1 音節にある。

Ⅸ 解答 46－C　47－B　48－D　49－A　50－A

◀解　説▶

46. (In contrast to those in cities, rural communities) still (put) a great deal of importance on relationships between neighbors(.)

put importance on *A*「*A* を重視する」 relationships between ～「～の間の関係」

47. (I suppose you) are aware of the well-known (fact that in this area there) is nothing (as) old as (this university.)

be aware of *A*「*A* を知っている」

48. (In the near future, we can expect scientific advances to) help more people than ever lead a comfortable and easy (life.)

than ever は比較級の後で「これまでになく，ますます」 help *A* *do*「*A*

が～するのに役立つ」

49. (If you) ever (feel overwhelmed) by the amount of work (you have to finish) by a deadline (, I'd recommend you use this smartphone application to) keep track of (all your work.)

by a deadline「締め切りまでに」 keep track of ～「～の成り行きを把握している」

50. (Even though they) have sufficient ability to speak English (, they) are too shy to speak in public (.)

have ability to *do*「～する能力がある」 too … to *do*「…すぎて～できない，～するには…すぎる」

日本史

I 解答

1ーホ　2ーヒ　3ーオ　4ーキ　5ーチ　6ーク
7ーフ　8ーエ　9ーヘ　10ーイ

◀解　説▶

≪幕藩体制の成立≫

2．大坂の役直後の1615年，江戸幕府は一国一城令を出して大名の居城を一つに限り，ついで武家諸法度を制定して大名の守るべきことがらを定めた。

4・5．1635年に発令された武家諸法度寛永令では，大名に国元と江戸とを原則1年交代で往復させる参勤交代が義務化された。

6．3代将軍徳川家光が死去した1651年，兵学者の由井正雪は，将軍の代がわりの政情不安をつき，牢人らを集めて幕府への反乱を企てた（慶安の変)。この事件をきっかけに，幕府は牢人問題に配慮する必要性を痛感し，末期養子の禁止をゆるめ，大名の改易を減らそうとした。

7．史料(2)は1633年に出された「寛永十年禁令」の一部で，奉書船以外の日本船の海外渡航を禁止した。奉書船とは，朱印状のほかに，老中が長崎奉行に発行した老中奉書によって渡航を許可された船のこと。

8・9．ポルトガル商人は，マカオを拠点として中国産の生糸（白糸）を長崎に運んで巨利を得ていた。

10．ポルトガル商人らの利益独占を排除するため，幕府は1604年に堺・京都・長崎の特定商人に糸割符仲間をつくらせ，生糸の輸入価格を決定して一括購入する糸割符制度を設けた。のち，糸割符仲間に江戸・大坂の商人が加わり，五カ所商人と呼ばれた。

II 解答

1ーウ　2ーサ　3ーカ　4ーヘ　5ーノ　6ース
7ーツ　8ーア　9ーキ　10ーニ

◀解　説▶

≪明治～大正期の社会運動≫

2．幸徳秋水は，社会主義に関心を持ち，社会民主党の結成に参加した。

のち，平民社をおこし『平民新聞』を創刊して，日露戦争反対を唱えた。
3．アメリカで労働運動を体験した高野房太郎・片山潜らは，1897年に労働組合期成会を結成し，その指導を受けて鉄工組合や日本鉄道矯正会が誕生した。
4．1908年，政府は，勤倹節約と皇室の尊重を国民に求める戊申詔書を発し，列強の一員としての日本を支えるための国民道徳の強化につとめた。
5．石川啄木は，幸徳秋水らが逮捕・死刑判決となった大逆事件に衝撃を受け，『時代閉塞の現状』に収められる評論で，国家権力を批判した。
6．米騒動に対し，寺内正毅内閣は軍隊を出動させて鎮圧するものの，混乱の責任をとって総辞職した。後継首相には立憲政友会の総裁原敬が就任し，最初の本格的な政党内閣が誕生した。
7．賀川豊彦は，1922年に杉山元治郎らとともに日本農民組合を結成し，小作争議を指導した。著書『死線を越えて』は，神戸のスラム街で貧しい人達とともに過ごした体験が描かれており，大正期最大のベストセラーとなった。
8．1923年，大正天皇の病気のため，摂政を務めていた裕仁親王が，甘粕事件などに憤る無政府主義者の難波大助に狙撃される虎の門事件がおこり，第2次山本権兵衛内閣は事件の責任をとって総辞職した。
9．普通選挙制度が実現すると，社会主義勢力が政治的進出の動きを強め，1926年，合法的な無産政党である労働農民党が組織された。

III　解答

1ーク　2ーエ　3ーイ　4ーカ　5ーキ
問1．エ　問2．ウ　問3．エ　問4．エ　問5．イ

◀解　説▶

≪平氏政権≫
3．平治の乱後，平清盛はめざましく昇進し，1167年には武士として初めて朝廷の最高官職である太政大臣となった。
5．やや難。1180年，平氏打倒をはかる以仁王を奉じて源頼政が挙兵したが，平氏の追討をうけ，二人は山城国宇治で敗死した。
問1．エ．誤文。伊勢平氏は，平将門を討った平貞盛の子維衡の子孫で，伊勢や伊賀を地盤とした。平忠常はこの一族ではなく，また上総国で乱をおこしたが，源頼信に降伏し，京に連行される途中で病没した。

問2．ウ．正文。ア．誤文。「天皇」が誤り。北面の武士は，白河上皇のときに，院（上皇）の御所を警備するために設置された武士で，院の御所の北面に詰所があったことが名称の由来である。イ．誤文。北面の武士は，上皇を守る武力であり，武士の中央政界進出のきっかけとなった。また，承久の乱の前に，後鳥羽上皇が北面の武士に加えて新たに設置した西面の武士も上皇を守る武力であった。エ．誤文。北面の武士は，興福寺や延暦寺（南都や北嶺）の僧兵による強訴に対する京都の防衛に当たった。

問3．b・d．正文。a．誤文。平忠盛が日宋貿易に着手し，子の平清盛が貿易の拡大のため音戸の瀬戸を開削した。c．誤文。12 世紀に宋が北方の金に圧迫されて南宋となってからは，日本との貿易がさかんに行われた。

問4．X．誤文。平氏の興亡を主題とした『平家物語』は，鎌倉前期にできた軍記物語で，盲目の琵琶法師によって平曲として語られた。Y．誤文。平清盛ら平氏一門が厳島神社に奉納した装飾経は『平家納経』である。『扇面古写経』は四天王寺などに分蔵されており，院政期の庶民の生活をうかがうことができる。

問5．Ⅰ（1180 年 8 月，石橋山の戦い）→Ⅲ（1180 年 10 月，富士川の戦い）→Ⅱ（1183 年 5 月，倶利伽羅峠の戦い）の順。

Ⅳ 解答

1―ウ　2―カ　3―ス　4―コ　5―オ

問1．イ　問2．※　問3．オ　問4．イ　問5．イ

※問 2 については，問題に不備があったため，全員正解とする措置が取られたことが大学から公表されている。

◀解　説▶

≪摂関政治と東アジアの変動≫

1．六国史のうち，最後に編纂されたのは『日本三代実録』で，清和・陽成・光孝の 3 天皇の時代が記されている。

3．嵯峨天皇は，平城太政天皇の変（薬子の変）の際，天皇の命令をすみやかに太政官組織に伝えるため，天皇の秘書官長として蔵人頭を置き，藤原冬嗣らを任命した。

5．中国東北部では，926 年，日本と親交のあった渤海が契丹（遼）に滅ぼされた。1019 年には，契丹支配下にあった沿海州地方に住む女真人が

九州北部を襲う事件（刀伊の入寇）がおきた。のちに，女真人は独立して金を建国し，契丹を滅ぼした。

問1．イ．正文。ア．誤文。摂政は天皇が幼少の期間にその政務を代行し，関白は天皇の成人後に，その後見役として政治を補佐した。ウ．誤文。国政の重要事項は，陣定と呼ばれる公卿会議で審議され，天皇の決裁の参考にされた。エ．誤文。延久の荘園整理令を出したのは，後三条天皇。この荘園整理令では，摂関家の荘園も対象となり，かなりの成果を上げた。

問3．Ⅲ（866年，応天門の変)→Ⅰ（905年，『古今和歌集』の編纂)→Ⅱ（939～41年，藤原純友の乱）の順。

問4．a・d．正文。b．誤文。最後の皇朝十二銭である乾元大宝は，村上天皇のときに発行された。c．誤文。「村上天皇」が誤り。醍醐天皇の皇子であった源高明は，藤原氏の陰謀による安和の変で失脚した。

問5．X．正文。Y．誤文。「夜光貝は，高麗の特産品」が誤り。螺鈿細工の材料となる夜光貝は，奄美大島や喜界島などの南島でとれるものが用いられた。

世界史

I 解答

1－こ　2－そ　3－お　4－ち　5－ま　6－え
7－に　8－け　9－は　10－な　11－つ　12－て
13－ね　14－あ　15－ぬ

◀解　説▶

≪五代十国時代～宋代の中国史≫

2．後梁は，朱全忠が建国した王朝で，開封を都としていた。五代の王朝は，後梁→後唐→後晋→後漢→後周と続く。

5．藩鎮とは，節度使が任地の軍政・民政・財政を掌握して唐王朝から自立して成立した政治勢力である。安史の乱の後から各地に割拠し，五代十国の建国者の多くは藩鎮出身だった。

8．形勢戸は，貴族に代わって成長した新興地主層に対する宋代の呼称である。科挙の合格者の多くは形勢戸出身だった。

10．周敦頤は，北宋の儒学者で，仏教や道家の思想を取り入れて宋学の創始者の一人となった。主著は『太極図説』。

14・15．全真教は，金代の華北で王重陽が創始した道教の一派である。

II 解答

1－う　2－ま　3－か　4－こ　5－ひ　6－な
7－の　8－ち　9－い　10－ぬ　11－え　12－あ
13－ほ　14－と　15－に

◀解　説▶

≪イランとエジプトの歴史≫

1．アッシュルバニパル王は，アッシリア最盛期の王で，前7世紀にエジプトを征服して古代オリエントを統一した。ニネヴェに大図書館を建設し大量の楔形文字の文書を収集した。

4．キュロス2世は，前6世紀にメディアから自立しアケメネス朝を建国した。バビロンに捕らわれていたユダヤ人を解放したことでも知られる。

7．ビザンツ帝国は，6世紀のユスティニアヌス帝のときに最盛期となり，ササン朝のホスロー1世と抗争した。ホスロー1世の孫のホスロー2世に一時，シリアやエジプトを占領されたが，ビザンツ皇帝ヘラクレイオス 1 世が体制を立て直して両地を奪還した。

８・９．アヴェスターは，ゾロアスター教の聖典である。ササン朝でゾロアスター教が国教となったことにより編纂された。

15．ナセルは，エジプトの大統領で，1956 年にスエズ運河の国有化を宣言した。これに反発したイギリスは，フランス・イスラエルとともにエジプトに侵攻し，第 2 次中東戦争が勃発した。

Ⅲ　解答

問１．１―き　２―え　３―み　４―て　５―い
６―ひ　７―た　８―せ

問２．A―え　B―い　C―う　D―お　E―え　F―い　G―う　H―え

◀解　説▶

≪産業革命に関する諸学説≫

問１．１．イギリスでは，1300 年頃から農奴解放が進み独立自営農民（ヨーマン）が誕生した。

５．大西洋三角貿易は，17 世紀から活発化していたヨーロッパとアフリカ，アメリカ大陸をつなぐ貿易である。

８．モノカルチャーとは，単一の農作物などに依存する経済のことを指す。19 世紀以降，アジア・アフリカ諸地域は，ヨーロッパ諸国の植民地となった。これらの地域では，ヨーロッパの宗主国から特定の商品作物の栽培を強制されるなどしたためモノカルチャー化が進展し，経済的に従属的な立場に置かれるようになった。

問２．A．え．誤文。羊毛生産の拡大が目指されたのは，16～17 世紀の第一次囲い込みである。18 世紀に進展した第二次囲い込みは，穀物生産を目的として行われた。

B．い．誤文。デカルトは演繹法による合理的認識方法を主張した。帰納法を重視したのは，イギリス経験論の主張者である。

C．う．不適。フランス革命時に実施された封建地代の無償廃止は，封建領主の土地に関する権利を廃止して，農民の土地所有を認める政策を指す。これは土地に関する政策であり，流通の役割とは関係ない。

D．お．誤文。第 1 次モロッコ事件の舞台となったのは，タンジールであ

る。

E．え．不適。審査法の廃止によって，イギリス国教会の信者以外の人々にも公職が解放された（カトリックは除く)。宗教問題に関する政策なので誤り。

F．いが正解。①マンチェスターは，産業革命が始まった都市で綿織物業の中心地だった。②ロンドンは，イングランドの首都で綿織物の最大の消費地だった。

G．う．不適。アユタヤ朝はビルマ（コンバウン朝）の侵攻により滅んだ。アジアとヨーロッパの力関係の転換とは関係ない。

H．え．不適。アークライトが考案した水力紡績機の動力は，水力だったので化石燃料とは無関係である。ジェニー紡績機と水力紡績機の長所を組み合わせてクロンプトンにより考案されたミュール紡績機には，のちに蒸気機関が取り付けられた。

地理

I 解答

問1．ア―④　イ―①　ウ―③　エ―④　オ―④
カ―③　キ―①　ク―②
問2．④　問3．②　問4．ケ―③　コ―②　サ―②
問5．②　問6．③

◀解　説▶

≪地理情報と地図≫

問2．①～③適切。ハザードマップとは，地震や火山噴火，津波，高潮，洪水といったさまざまな災害の危険度やその範囲を予測し，避難経路や避難場所の情報などとあわせて地図化したものである。④不適。「自分自身の頭の中で思い描く空間を地図化したもの」はメンタルマップとよばれる。
問6．縮尺25000分の1の地図における6cmの実際の距離は25000×6cm＝150000cm＝1500mと計算できる。

II 解答

問1．X―⑥　Y―①　Z―④
問2．ア―④　イ―②　ウ―③
問3．A―①　B―②　C―⑤　問4．②　問5．④
問6．小麦：③　とうもろこし：①　問7．②　問8．②

◀解　説▶

≪農　業≫

問3．Aはかつて氷河が存在しやせた土地が多く，酪農地帯であること，EUの共通農業政策の説明がみられることから，デンマークおよびドイツ北部を含む①だと判定できる。Bは肥沃な黒色土が分布する草原地帯で，企業的穀物農業が盛んであるという説明から，ウクライナを示す②が該当する。Cは高温多雨の気候下で焼畑農業が行われているという説明から，赤道直下のカリマンタン（ボルネオ）島を示す⑤が該当する。
問4．北・西ヨーロッパでは，三圃式農業から発達した混合農業が行われてきたが，競争力の高い農産物を選んで生産する専門分化が進んだ結果，酪農や園芸農業といった専門性の高い農業形態が発達した。

問５．④不適。EU では，共通農業政策によって農産物の域内生産が増加したことで，その分支出額も増大し，財政負担が増大した。1980 年代にはEU の支出全体の６，７割程度が農業関連支出となっていたが，その後の改革を通じて，近年ではその割合は４割程度となっている。

問６．人口が多い中国とインドが世界１・２位となっている②・③のうち，モンスーンアジアが上位を占める②は米で，ロシアやアメリカ合衆国などの欧米諸国も上位にみられる③が小麦である。とうもろこしは，米，小麦とあわせて生産量が多く三大穀物とよばれるが，飼料にも使われるため最も生産量が多い。したがって，生産量の世界計がきわめて多い①が該当する。残る④が大豆であり，油脂原料や飼料用としての需要が高まり，アメリカ合衆国やブラジルで生産が急速に増大している。

問８．②不適。カンガルーはおもにオーストラリア大陸の乾燥した草原や低木林，砂漠などに生息する動物で，問３の図中⑤のカリマンタン（ボルネオ）島のような熱帯の森林地帯には生息していない。

Ⅲ　解答

問１．ア―③　イ―③　ウ―③　エ―④　オ―①
問２．②　問３．②　問４．②　問５．A　問６．④
問７．カ―②　キ―②　ク―①　ケ―③　問８．⑥　問９．③
問10．P―①　Q―③　R―⑤　問11．①

◀解　説▶

≪西・中央アジアの地誌≫

問３．カスピ海へ流入するのは②ヴォルガ川である。①アムダリア川と③シルダリア川はアラル海へ注ぐ河川である。④ユーフラテス川はおもにイラクを流れ，ティグリス川と合流しペルシャ湾に注ぐ河川である。

問４．夏に高温少雨となっているXとYは，地中海性気候に属すａかｃで，相対的に気温の年較差が小さく降水量が多いXが沿岸部のａ，気温の年較差が大きく降水量が少ないYが内陸部のｃである。一方，年中少雨のZは北回帰線付近に位置し年中亜熱帯高圧帯の影響圏にあるｂである。

問５．Aのルブアルハリ砂漠はサウジアラビア南部に広がる世界最大級の砂漠の一つである。なお，Bはサウジアラビア北部に広がるネフド砂漠，Cはトルクメニスタンのカラクーム砂漠，Dはウズベキスタンからカザフスタンにかけて広がるキジルクーム砂漠を示している。

問6．西アジアから北アフリカの乾燥地域に居住するアラブ系遊牧民は，④ベドウィンである。①イヌイットはカナダ北部などの北極海沿岸，②サーミはスカンディナヴィア半島の北部など，③マサイ族はケニアにそれぞれ居住する先住民族である。

問9．S国（アラブ首長国連邦）ではオイルマネーの流入によって急速な経済発展がみられ，道路や鉄道，港湾などのインフラをはじめ，高層ビルや商業・レジャー施設などの都市開発が進んでいる。一方で，国内人口がきわめて少なく，労働力が不足することから，周辺のアラブ諸国やアジアなどから多くの外国人労働者を受け入れている。なかでもインド人労働者が多く，宗教別にみるとイスラーム教徒に次いでヒンドゥー教徒が多い。

問10．P国はカフカス地方の油田地帯に位置し，イランと隣接しシーア派が多いこと，BTCパイプラインの起点である，といった説明から，①アゼルバイジャンだとわかる。Q国はユダヤ人が建国したという説明から③イスラエルがあてはまる。R国は旧ソ連の構成国で，北部に肥沃な土壌を活かした小麦産地がみられること，資源大国であるといった説明から，⑤カザフスタンが該当する。

政治・経済

I　解答

問1．1―(ク)　2―(エ)　3―(ス)　4―(シ)　5―(ウ)
問2．(キ)　問3．(エ)　問4．(カ)　問5．(イ)　問6．(イ)

◀解　説▶

≪日本国憲法≫

問1．5．(ウ)が正解。旭川学力テスト事件では，子どもは教育を自分自身に施すことを大人に対して要求する学習権を有するとされた。

問2．(キ)が正解。アファーマティブ-アクションの具体例として，大学入試や就職において人種や性別による特別枠を設けることで結果の平等を保障することなどが挙げられる。

問3．(エ)が誤り。北海道旧土人保護法は1997年のいわゆるアイヌ文化振興法の成立をもって廃止された。

問4．(カ)が正解。A．誤文。社会権は「国家による自由」とも呼ばれ，生存権の保障など，国家に対し積極的な施策を要求するものである。

問5．(イ)が正解。A．誤文。障害福祉年金と児童扶養手当の併給禁止が憲法違反か否かが争点となったのは堀木訴訟である。C．誤文。朝日訴訟で最高裁は，憲法第25条の生存権の規定について，国民が直接これを根拠に国家に要求できるという法的権利説ではなく，政策の指針を定めたものであり具体的な権利を定めたものではないというプログラム規定説を採用した。

問6．(イ)が誤り。郵便法損害賠償免除規定事件は，郵便法の国家賠償免責・制限規定が憲法第17条の国家賠償請求権に反するか否かをめぐって起こされた訴訟である。

II　解答

問1．1―(イ)　2―(ケ)　3―(ア)　4―(ク)　5―(サ)
問2．(エ)　問3．(カ)　問4．(イ)　問5．(ア)　問6．(ウ)

◀解　説▶

≪戦後の国際情勢≫

問1．5．(サ)が正解。ワルシャワ条約機構は，1955年に西ドイツの再軍備などに対抗しソ連を含む東欧諸国8カ国で発足した集団軍事機構である。なお，1947年に成立した「東側諸国などの共産党間の情報交換と連携強化を図る組織」は(ス)の共産党情報局（コミンフォルム），1949年に成立した「経済協力のための組織」は(ウ)の経済相互援助会議（COMECON）である。

問2．(エ)が正解。C．誤文。アメリカは当初から国際連盟に不参加であり，ソ連は1934年に加盟を認められたものの，1939年にフィンランド侵攻を理由に除名された。

問3．(カ)が正解。A．誤文。国際連合の総会決議は勧告であり，加盟国や安全保障理事会に対して法的拘束力をもつものではない。加盟国に対して拘束力をもつ決議を行うことができるのは，安全保障理事会である。

問4．(イ)が正文。(ア)誤文。湾岸戦争は，冷戦終結後に起こった戦争であり，イラクのクウェート侵攻が主な原因である。(ウ)誤文。冷戦下においてアジアやアフリカを中心に，第三勢力と呼ばれる米ソどちらの陣営にも加わらない国々が見られた。(エ)誤文。アメリカ同時多発テロは2001年に起こったものであり，ソ連はすでに消滅していた。

問5．(ア)が正文。(イ)誤文。ポツダム宣言では，日本の軍国主義の排除が掲げられた。(ウ)・(エ)誤文。ポツダム宣言は当初アメリカ・イギリス・中国の共同宣言として発表され，のちにソ連も加わった。

問6．(ウ)が正文。(ア)誤文。中国は1951年のサンフランシスコ講和会議に招かれなかった。(イ)誤文。日本とソ連の国交が回復したのは，1956年の日ソ共同宣言によってである。(エ)誤文。現在も横須賀など沖縄県以外に在日米軍基地は複数存在している。

III　解答

問1．1―(カ)　2―(セ)　3―(オ)　4―(シ)　5―(ウ)
問2．(イ)　問3．(ウ)　問4．(イ)　問5．(ウ)　問6．(ウ)

◀解　説▶

≪日本の財政≫

問1．1．(カ)が正解。プライマリー・バランスは国債発行を除く歳入と国債の返済を除く歳出の比較で算出され，この黒字化は歳入の方が多い状態を指す。

問2．(イ)が正文。(ア)誤文。これは建設国債についての説明である。(ウ)誤文。

直間比率の是正のためには，国債発行ではなく税制の変更が求められる。㈤誤文。これは東日本大震災からの復興のために発行されている復興債についての説明である。
問3．㈂が正解。日本の国債残高は増加の一途をたどっており，世界的にもGDP比でみると非常に高い水準にあり問題視されている。
問4．㈁が正解。所得税は1980年代までは税収の多くを占めてきたが，消費税が導入されると消費税が税収に占める割合が増加した。
問5．㈂が正文。㈀・㈁誤文。消費税の逆進性とは，高所得者に比べ低所得者の所得に対する税負担の割合が高くなることを意味する。㈤誤文。高所得者の税負担の割合が低くなり貯蓄が増える場合，所得の再分配機能はむしろ弱まる。
問6．㈂が正文。㈀誤文。多国籍企業は節税のために，タックスヘイブンと呼ばれる法人税などの税率が低い国や地域への本社の移転を行うことがある。㈁誤文。多国籍企業が企業内分業を進めたため，部品や製品の企業内貿易が増加してきた。㈤誤文。法人税率を引き上げれば，多国籍企業は税率の低い国へ逃げていくので，先進各国は法人税率の引き上げが困難な状況になっている。日本は1990年ごろは約40％であった法人税率が現在では約23％となっている。

Ⅳ　解答

問1．1―㈝　2―㈃　3―㈄　4―㈇　5―㈉
問2．㈤　問3．㈁　問4．㈤　問5．㈤　問6．㈁

◀解　説▶

≪日本の農業≫

問1．5．㈉が正解。食料安全保障は1980年代の世界的な食糧危機が叫ばれた際に登場した考えであり，国連食糧農業機関（FAO）は「全ての人が，いかなる時にも，活動的で健康的な生活に必要な食生活上のニーズと嗜好を満たすために，十分で安全かつ栄養ある食料を，物理的，社会的及び経済的にも入手可能であるときに達成される状況」と定義している。日本でも食料・農業・農村基本法などでその重要性が確認されている。
問2．㈤が正解。アメリカ・フランス・カナダはカロリーベースの食料自給率が100％を超えており，特にカナダは200％を超えている。イギリスのカロリーベースの食料自給率は70％程度である。

問3．(イ)が正文。これを逆ザヤと呼んだ。(ア)誤文。農業基本法では，需要の変化に合わせた生産品目の選択的拡大が図られた。(ウ)誤文。減反政策では，コメ以外の作物の作付が推進された。(エ)誤文。新食糧法により，食糧管理制度は事実上廃止され，農家が市場で自由にコメの売買を行うことができるようになったので，コメの価格は市場原理により決定されることになった。

問4．(エ)が誤文。1999 年にミニマム・アクセス米以外のコメに関税を課して輸入するようになった。(イ)正文。1993 年はコメの不作（平成のコメ騒動）により，外国産米の緊急輸入が行われた。

問5．(エ)が正解。(ウ)のフードマイレージは，食料の輸送距離と輸送量を掛け合わせた数値で，環境への負荷の度合いなどを示す際に用いられる指標である。

問6．(イ)が正文。それまでは，法人に対しては，農業生産法人のみが農地の借用を認められていたが，農地法の改正により，株式会社などそれ以外の法人も農地を借用できるようになった。(ア)誤文。株式会社による農地取得が認められたのは農地法改正によるものである。(ウ)誤文。戸別所得補償制度は民主党政権のもと 2010 年に導入され，自民・公明連立政権への交代によって 2013 年に経営所得安定対策に改称され，2018 年に廃止された。(エ)誤文。「生産費が販売価格を下回る場合」が誤り。戸別所得補償制度においては，生産費が販売価格を上回る（販売価格が生産費を下回る）場合にその差額分相当の金額が交付された。

数学

I

解答 (1)(i)ア．6　イウ．−1　(ii)エ．2　オ．2　カ．3

(2)(i)キク．80　ケ．3　コ．3　(ii)サ．4

(iii)シス．46

(3)セソタチ．2023　ツテトナ．1011　ニヌネノ．1012

◀解　説▶

≪小問3問≫

(1)(i)　$\overrightarrow{AB}=(2,\ 4,\ -4)$ であるから，直線 l のベクトル方程式は

$$(x,\ y,\ z)=(1,\ 0,\ 5)+m(2,\ 4,\ -4)\quad (m：実数)$$
$$=(1+2m,\ 4m,\ 5-4m)$$

x 成分が 4 となるような m は

$$1+2m=4$$
$$2m=3$$

$m=\dfrac{3}{2}$ なので，これを代入して

$$s=4\times\frac{3}{2}=6 \quad \rightarrow ア$$

$$t=5-4\times\frac{3}{2}=-1 \quad \rightarrow イウ$$

(ii)　直線 OP が直線 l と垂直であるとき，$\overrightarrow{OP}$ は直線 l の方向ベクトル $\overrightarrow{AB}$ と垂直である。つまり，$\overrightarrow{OP}\cdot\overrightarrow{AB}=0$ である。

点 P は直線 l 上の点であるから，その座標は P$(1+2m,\ 4m,\ 5-4m)$ と書けるので

$$\overrightarrow{OP}\cdot\overrightarrow{AB}=0$$
$$(1+2m,\ 4m,\ 5-4m)\cdot(2,\ 4,\ -4)=0$$
$$2(1+2m)+4\cdot4m-4(5-4m)=0$$
$$2+4m+16m-20+16m=0$$
$$36m=18$$
$$m=\frac{1}{2}$$

これを代入して　　P(2, 2, 3)　→エ～カ

(2)　$\alpha^3+\beta^3$ について，これを $\alpha+\beta$ と $\alpha\beta$ で表すと

$$\alpha^3+\beta^3=(\alpha+\beta)(\alpha^2-\alpha\beta+\beta^2)$$
$$=(\alpha+\beta)\{(\alpha+\beta)^2-3\alpha\beta\}$$

(i)　$2^x=\alpha$, $2^{-x}=\beta$ とすると，$\alpha+\beta=\dfrac{5}{\sqrt{3}}$, $\alpha\beta=1$ である。よって

$$2^{3x}+2^{-3x}=\alpha^3+\beta^3$$
$$=(\alpha+\beta)\{(\alpha+\beta)^2-3\alpha\beta\}$$
$$=\frac{5}{\sqrt{3}}\cdot\left\{\left(\frac{5}{\sqrt{3}}\right)^2-3\cdot 1\right\}$$
$$=\frac{5}{\sqrt{3}}\cdot\left(\frac{25}{3}-3\right)$$
$$=\frac{5}{\sqrt{3}}\cdot\frac{16}{3}$$
$$=\frac{80}{3\sqrt{3}}$$　→キ～コ

(ii)　$\sin x=\alpha$, $\cos x=\beta$ とおくと，$\alpha+\beta=\dfrac{1}{\sqrt{3}}$ である。

$\alpha\beta$ について，$\sin x+\cos x=\dfrac{1}{\sqrt{3}}$ の両辺を2乗すると

$$(\sin x+\cos x)^2=\left(\frac{1}{\sqrt{3}}\right)^2$$
$$\sin^2 x+2\sin x\cos x+\cos^2 x=\frac{1}{3}$$
$$1+2\sin x\cos x=\frac{1}{3}$$
$$2\sin x\cos x=-\frac{2}{3}$$
$$\sin x\cos x=-\frac{1}{3}$$

より，$\alpha\beta=-\dfrac{1}{3}$ である。よって

$$\sin^3 x+\cos^3 x=\alpha^3+\beta^3$$
$$=(\alpha+\beta)\{(\alpha+\beta)^2-3\alpha\beta\}$$

$$=\frac{1}{\sqrt{3}}\cdot\left\{\left(\frac{1}{\sqrt{3}}\right)^2-3\cdot\left(-\frac{1}{3}\right)\right\}$$

$$=\frac{1}{\sqrt{3}}\cdot\left(\frac{1}{3}+1\right)$$

$$=\frac{1}{\sqrt{3}}\cdot\frac{4}{3}$$

$$=\frac{4}{3\sqrt{3}}\quad \rightarrow サ$$

(iii)　2 次方程式の解と係数の関係より

$$\alpha+\beta=-\frac{-1}{\sqrt{3}}=\frac{1}{\sqrt{3}},\ \ \alpha\beta=\frac{-5\sqrt{3}}{\sqrt{3}}=-5$$

である。よって

$$\alpha^3+\beta^3=(\alpha+\beta)\{(\alpha+\beta)^2-3\alpha\beta\}$$

$$=\frac{1}{\sqrt{3}}\cdot\left\{\left(\frac{1}{\sqrt{3}}\right)^2-3\cdot(-5)\right\}$$

$$=\frac{1}{\sqrt{3}}\cdot\left(\frac{1}{3}+15\right)$$

$$=\frac{1}{\sqrt{3}}\cdot\frac{46}{3}$$

$$=\frac{46}{3\sqrt{3}}\quad \rightarrow シス$$

(3)　整式を 1 次式で割った余りは定数なので，$P(x)$ を $x-1$ で割った商を $Q_1(x)$，余りを r とすると

$$P(x)=(x-1)Q_1(x)+r$$

これに $x=1$ を代入して，$P(1)=r$ であるから

$$r=P(1)$$

$$=\sum_{k=1}^{2023}1^{k-1}$$

$$=1^0+1^1+1^2+\cdots+1^{2021}+1^{2022}$$

$$=1\times 2023$$

$$=2023\quad \rightarrow セ〜チ$$

整式を 2 次式で割った余りは 1 次式か定数なので，$P(x)$ を x^2-1 で割った商を $Q_2(x)$，余りを $ax+b$ とすると

$$P(x)=(x^2-1)\,Q_2(x)+ax+b$$

これに$x=1$を代入して　　$P(1)=a+b$

$x=-1$を代入して　　$P(-1)=-a+b$

であるから

$$
\begin{aligned}
a+b&=P(1)\\
&=\sum_{k=1}^{2023}1^{k-1}\\
&=1^0+1^1+1^2+\cdots+1^{2021}+1^{2022}\\
&=1\times 2023\\
&=2023
\end{aligned}
$$

$$
\begin{aligned}
-a+b&=P(-1)\\
&=\sum_{k=1}^{2023}(-1)^{k-1}\\
&=(-1)^0+(-1)^1+(-1)^2+\cdots+(-1)^{2021}+(-1)^{2022}\\
&=1-1+1-\cdots-1+1\\
&=1
\end{aligned}
$$

よって　　$\begin{cases} a+b=2023 \\ -a+b=1 \end{cases}$

これを解いて　　$a=1011$，$b=1012$　→ツ～ノ

II　解答

(1)ア．1　イウ．30　(2)エ．1　オ．8
(3)カ．1　キ．8　(4)クケ．37　コサ．40
(5)シス．30　セ．1　ソ．3　(6)タチ．10　ツ．1　テト．45
(7)ナニ．41　ヌネ．42

◀解　説▶

≪3色の玉を取り出す確率≫

(1)　すべての玉を区別し，順列として数える。赤い玉をR，青い玉をB，黄色い玉をYと書くこととする。

4回玉を取り出したとき，B 3個がすべて取り出されるとすると，取り出した4個の玉のうちの残り1個はRかYである。

RとYは合計で5+2=7個あり，このうちの1つを取り出す場合の数は${}_4C_1=4$通りあるので，求める確率は

$$4\times\frac{3\times2\times1\times7}{10\times9\times8\times7}=\frac{1}{30}\quad\to \text{ア～ウ}$$

(2)　4回目で初めてBが取り出されるとき，1回目から3回目には合計7個のRかYが3個取り出されているので，求める確率は

$$\frac{7\times6\times5\times3}{10\times9\times8\times7}=\frac{1}{8}\quad\to \text{エ，オ}$$

(3)　ちょうど7回目ですべてのBが取り出されるとき，6回目までにBは2個，RとYは合計4個取り出されている。

6回目までにBが2個取り出されるとき，この2個を取り出す場合の数は ${}_6C_2=15$ 通りあるので，6回目までにBが2個取り出される確率は

$$15\times\frac{3\times2\times7\times6\times5\times4}{10\times9\times8\times7\times6\times5}=15\times\frac{1}{30}=\frac{1}{2}$$

この後，7回目に残り4個の玉のうち1個のBを取ると，すべてのBを取り出せるので，求める確率は

$$\frac{1}{2}\times\frac{1}{4}=\frac{1}{8}\quad\to \text{カ，キ}$$

(4)　余事象の考え方を用いて求める。

7回玉を取り出してR，B，Yがどれも1つ以上出る確率は，7回玉を取り出して出ない色の玉がある確率を1から引いて求められる。

7回玉を取り出すとき，すべて同じ色が出ることはない。

7回玉を取り出すとき，2色の玉しか出ない確率について，合計8個あるRとBだけを取り出す確率は

$$\frac{8\times7\times6\times5\times4\times3\times2}{10\times9\times8\times7\times6\times5\times4}=\frac{6}{90}=\frac{1}{15}$$

合計7個あるRとYだけを取り出す確率は

$$\frac{7\times6\times5\times4\times3\times2\times1}{10\times9\times8\times7\times6\times5\times4}=\frac{1}{120}$$

BとYは合計5個しかないので，この2色だけを7回取り出すことはない。

よって，求める確率は

$$1-\left(\frac{1}{15}+\frac{1}{120}\right)=1-\frac{9}{120}$$

$$=1-\frac{3}{40}$$

$$=\frac{37}{40} \quad \toク〜サ$$

(5) 玉を2個取り出すときの $(r,\ b,\ y)$ の組合せは

$(2,\ 0,\ 0)$，$(0,\ 2,\ 0)$，$(0,\ 0,\ 2)$，$(1,\ 1,\ 0)$，$(1,\ 0,\ 1)$，

$(0,\ 1,\ 1)$

の6通りである。

$(r,\ b,\ y)=(2,\ 0,\ 0)$ である確率は

$$\frac{5}{10}\times\frac{4}{9}=\frac{2}{9}$$

であり，得点は $20\times2=40$ 点である。

$(r,\ b,\ y)=(0,\ 2,\ 0)$ である確率は

$$\frac{3}{10}\times\frac{2}{9}=\frac{1}{15}$$

であり，得点は $10\times2=20$ 点である。

$(r,\ b,\ y)=(0,\ 0,\ 2)$ である確率は

$$\frac{2}{10}\times\frac{1}{9}=\frac{1}{45}$$

であり，得点は $5\times2=10$ 点である。

$(r,\ b,\ y)=(1,\ 1,\ 0)$ である確率は，Rを1回目あるいは2回目に取り出す場合の数が ${}_2C_1=2$ 通りであることから

$$2\times\frac{5}{10}\times\frac{3}{9}=\frac{1}{3}$$

であり，得点は $20\times1+10\times1=30$ 点である。

$(r,\ b,\ y)=(1,\ 0,\ 1)$ である確率は，Rを1回目あるいは2回目に取り出す場合の数が ${}_2C_1=2$ 通りであることから

$$2\times\frac{5}{10}\times\frac{2}{9}=\frac{2}{9}$$

であり，得点は $20\times1+5\times1=25$ 点である。

$(r,\ b,\ y)=(0,\ 1,\ 1)$ である確率は，Bを1回目あるいは2回目に取り出す場合の数が ${}_2C_1=2$ 通りであることから

$$2\times\frac{3}{10}\times\frac{2}{9}=\frac{2}{15}$$

であり，得点は $10\times1+5\times1=15$ 点である。

よって，得点が 30 点である確率が最も高く，その確率は $\frac{1}{3}$ である。

→シ～ソ

(6)　(5)より，得点が 10 点である確率が最も低く，その確率は $\frac{1}{45}$ である。

→タ～ト

(7)　余事象の考え方を用いて求める。

得点は 5 点刻みであるから，35 点以下となる確率を 1 から引いて求められる。

- R が 2 個以上出るとき，得点は 40 点を超えるので不適である。
- R が 1 個出るとき，残りの玉による得点は 15 点以下でなければならない。しかし，Y は 2 個しかないので，できる限り得点を少なくしようとしても，残りの玉による得点は B 1 つ Y 2 つの 20 点となり，不適である。
- R が 1 個も出ないとき，B が出る個数で場合を分ける。

B が 2 個出ると残り 2 個の玉はどちらも Y で，そのときの得点は 30 点である。このとき，B を取り出す場合の数は $_4C_2=6$ 通りあるので，この確率は

$$6\times\frac{3\times2\times2\times1}{10\times9\times8\times7}=\frac{1}{70}$$

B が 3 個出ると，残り 1 個の玉は Y であり，そのときの得点は 35 点である。このとき，Y を取り出す場合の数は $_4C_1=4$ 通りあるので，この確率は

$$4\times\frac{3\times2\times1\times2}{10\times9\times8\times7}=\frac{1}{105}$$

よって，得点が 35 点以下となる確率は

$$\frac{1}{70}+\frac{1}{105}=\frac{5}{210}=\frac{1}{42}$$

であるから，求める確率は　$1-\frac{1}{42}=\frac{41}{42}$　→ナ～ネ

III　解答

(1)ア．4　イ．6　ウ．9　エ．1　オ．3　カ．1
キク．27

(2)ケ．3　コ．5　サ．4

(3)シ．2　ス．5　セ．2　ソ．3　タ．2　チツ．27　テ．2

(4)ト．2　ナ．5　ニ．2　ヌ．8　ネノ．27

◀解　説▶

≪絶対値のついた3次関数の最大・最小≫

(1)　$\log_2 x^2 = 2\log_2 x = 2s$，$\log_8 x = \dfrac{\log_2 x}{\log_2 8} = \dfrac{s}{3}$ であるから

$$y = s\left|(2s)^2 - 18\cdot\frac{s}{3} - 9\right|$$

$$= s|4s^2 - 6s - 9| \quad \to ア〜ウ$$

また，$s = \log_2 x$ は底が1より大きいので，x が増加すると s も増加する。これにより

$x = \dfrac{1}{2}$ のとき　　$s = \log_2 2^{-1} = -1$

$x = 8$ のとき　　$s = \log_2 2^3 = 3$ なので

$$-1 \leqq s \leqq 3 \quad \to エ，オ$$

$s = -1$ のとき

$$y = -1\cdot|4\cdot(-1)^2 - 6\cdot(-1) - 9| = -1\cdot 1 = -1 \quad \to カ$$

$s = 3$ のとき，$y = 3\cdot|4\cdot 3^2 - 6\cdot 3 - 9| = 3\cdot 9 = 27$　→キク

(2)　$f(s) = 4s^2 - 6s - 9$ について，$f(s) = 0$ とすると

$$4s^2 - 6s - 9 = 0$$

$$s = \frac{6 \pm \sqrt{6^2 - 4\cdot 4\cdot(-9)}}{8}$$

$$= \frac{6 \pm 6\sqrt{5}}{8} = \frac{3 \pm 3\sqrt{5}}{4}$$

$$= \frac{3(1 \pm \sqrt{5})}{4} \quad \to ケ〜サ$$

$\sqrt{5} = 2.236\cdots$ より，これらの値は

$$\frac{3(1+\sqrt{5})}{4} < \frac{3(1+3)}{4} = 3$$

$$\frac{3(1-\sqrt{5})}{4} > \frac{3(1-2.3)}{4} = \frac{-3.9}{4} > -1$$

これはどちらも $-1 \leqq s \leqq 3$ を満たす。

(3)　$g(s) = s(4s^2 - 6s - 9)$　$(-1 \leqq s \leqq 3)$　である。

$g(s)=4s^3-6s^2-9s$ を s で微分すると

$$g'(s)=12s^2-12s-9$$

これより，$g'(s)=0$ となるのは

$$12s^2-12s-9=0$$

$$4s^2-4s-3=0$$

$$(2s+1)(2s-3)=0$$

$$s=-\frac{1}{2},\ \frac{3}{2}$$

のときである。これはどちらも $-1\leqq s\leqq 3$ を満たす。

よって，右の増減表より，$g(s)$ は

s	-1	$\cdots$	$-\frac{1}{2}$	$\cdots$	$\frac{3}{2}$	$\cdots$	3
$g'(s)$	$+$	$+$	0	$-$	0	$+$	$+$
$g(s)$	-1	↗	$\frac{5}{2}$	↘	$-\frac{27}{2}$	↗	27

$s=-\dfrac{1}{2}$ のとき，極大値 $\dfrac{5}{2}$　→シ～セ

$s=\dfrac{3}{2}$ のとき，極小値 $-\dfrac{27}{2}$　→ソ～テ

(4)　(2)より，$f(s)$ は下に凸の放物線であるから

$$|4s^2-6s-9|=\begin{cases} 4s^2-6s-9 & \left(-1\leqq s\leqq\dfrac{3(1-\sqrt{5})}{4},\ \dfrac{3(1+\sqrt{5})}{4}\leqq s\leqq 3\right) \\ -(4s^2-6s-9) & \left(\dfrac{3(1-\sqrt{5})}{4}<s<\dfrac{3(1+\sqrt{5})}{4}\right) \end{cases}$$

である。よって，$y=s|4s^2-6s-9|$ は

$$y=\begin{cases} 4s^3-6s^2-9s=g(s) & \left(-1\leqq s\leqq\dfrac{3(1-\sqrt{5})}{4},\ \dfrac{3(1+\sqrt{5})}{4}\leqq s\leqq 3\right) \\ -(4s^3-6s^2-9s)=-g(s) & \left(\dfrac{3(1-\sqrt{5})}{4}<s<\dfrac{3(1+\sqrt{5})}{4}\right) \end{cases}$$

また，(3)より $y=g(s)=4s^3-6s^2-9s$ の極値をとる x の値と $\dfrac{3(1\pm\sqrt{5})}{4}$ の大小について

$$\frac{3(1-\sqrt{5})}{4}<\frac{3(1-2.2)}{4}=\frac{3\cdot(-1.2)}{4}=\frac{-3.6}{4}<-\frac{1}{2}$$

$$\frac{3(1+\sqrt{5})}{4}>\frac{3(1+2)}{4}=\frac{9}{4}>\frac{3}{2}$$

であることから，定義域 $-1 \leqq s \leqq 3$ において，極値をとる値や $g(s)=0$ となる値の大小関係は

$$-1<\frac{3(1-\sqrt{5})}{4}<-\frac{1}{2}<\frac{3}{2}<\frac{3(1+\sqrt{5})}{4}<3$$

とわかる。これらのことから，$y=g(s)$ のグラフと $y=-g(s)$ のグラフをもとにして，$y=s|4s^2-6s-9|$ のグラフは下のようになる。

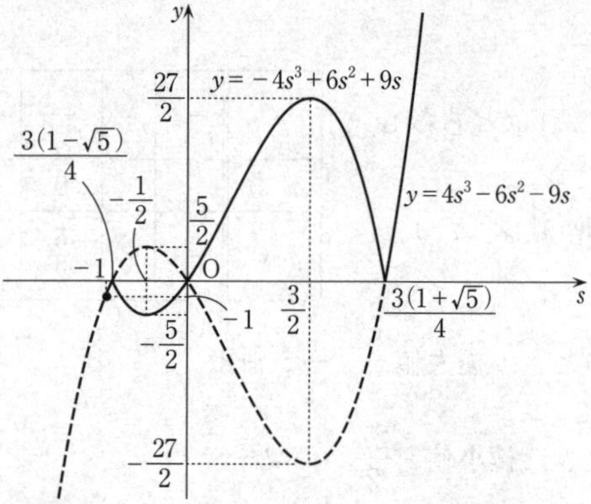

グラフより，この関数は $s=-\frac{1}{2}$ のとき，最小値 $-\frac{5}{2}$，$s=3$ のとき，最大値 27 をとる。

$s=\log_2 x=-\frac{1}{2}$ とすると　　$x=2^{-\frac{1}{2}}=\frac{1}{\sqrt{2}}$

$s=\log_2 x=3$ とすると　　$x=2^3=8$

なので，関数 $y=\log_2 x|(\log_2 x^2)^2-18\log_8 x-9|$　$\left(\frac{1}{2} \leqq x \leqq 8\right)$ は

$x=\frac{1}{\sqrt{2}}$ のとき，最小値 $-\frac{5}{2}$　→ト〜ニ

$x=8$ のとき，最大値 27　→ヌ〜ノ

まれない」という語ですべて表せるが、ここでは直前に「心苦しく」とあるので、「気の毒で」とするオが正解。「心苦し」は〝つらい・気の毒だ・心配だ〟の意。

問七　形容詞「ことことし」は〝大げさである・ぎょうぎょうしい〟の意。

問八　「いかでか」には〝①どうして～（疑問）、②どうして～か、いや～ない（反語）、③なんとかして～（願望、希望、仮定などの語と呼応する）〟の意味がある。ここでは、願望や希望の語と呼応していないので、①か②の意。直前で、同僚たちに「用意ありや」と聞かれているので、傍線(8)はその応対である。打消の助動詞「ず」の未然形「ざら」が含まれているが、夫は贈り物を用意してきているので、②の反語で解釈すると〝どうして用意し申し上げないことがあるだろうか、いや、用意する〟となり、文脈とも合う。正解はア。

問九　ア、夫の言葉「然るべき契りにて、年ごろ……修行せばやと思ひ立ちたり」に合致する。イ、夫の言葉「相手をくじに取りつるに、……恥をかきなむず。……よろしく営まむとすれば、その力なし」に合致する。ウ、妻の言葉「既に御相手になりぬ。尋常なる御引出物をも参らせてこそ、御内をも罷り出でたまはめ」に合致する。エ、最後から三つ目の段落で、夫の同僚たちは、主君への贈り物の準備ができたかどうかを尋ね、どれほどの贈り物ができるものかと笑い合っている。その次段落で「させることあらじ（＝たいしたことはないだろう）」と見くびっているのも、同僚たちである。主君の動作には、地の文で敬語が使われていることから主語が判別できる。この段落での主君の動作は、「見たまひければ」「尋ねたまひければ」「感じ仰せけり」のみである。したがって、「主君は」が合致しない。また、立派な品物を見た人々は「苦りてぞ見えける」とあるので「人々はおおいに賞賛した」も合致しない。オ、「『そもそも何として御恩もなきに、かかる不思議はし出だしたるぞ』と、御内の人に尋ねたまひければ、……大きに感じ仰せけり。さるほどに、返し引出物に、紙一枚を給はりて、都近き庄の、千石ばかりなるを給ひて」に合致する。

問八　ア
問九　エ
問十　ウ

▲解　説▼

問一　「限りある道」とは、寿命には限りがあることから〝死〟を意味する。「遅る」には〝遅れる・死に後れる（＝誰かに先立たれ、自分が生き残る）・劣る〟、「先立つ」には〝先に行く・先に死ぬ〟といった意味があるが、死との関連から〝死に後れる〟〝先に死ぬ〟が文脈に合う。「じ」は打消意志。傍線部の意味は〝死ぬときでも、（どちらかが）死に後れたり先に死んだりするつもりはない〟となる。したがって正解はア。

問二　傍線(2)の直後「御相手にしも取り当たりて」の「しも」は副助詞「し」＋係助詞「も」で、強意を表す。〝よりによって〟というニュアンスを加えている。リード文の事情も考え合わせると正解はウ。

問三　「むず」とあった場合「む／ず」と助動詞二語になることはない。なぜなら、「ず」は必ず未然形に接続するが、「む」は「○／○／む／む／め」と活用して、未然形は存在しないからである。「むず」は一語で、推量の助動詞「むず（○／○／むず／むずる／むずれ）」である。そして助動詞「むず」も「む」と同様、未然形に接続するため、正解はオになる。

問四　「跡」は〝足跡、行方〟の意。

問五　「果報」とは〝前世からの報い・幸運〟で、形容詞「拙《つたな》し」は〝劣っている・未熟だ・運が悪い・卑怯である・見苦しい〟などの意味があるが、「果報」との関連を考えると、〝運が悪い〟である。

問六　形容詞「傍《かたは》らいたし」は、大きく分けて以下の三つの意味がある。①自分をそばにいる人がどのように意識しているか気になる気持ち〝恥ずかしい・きまりが悪い・つらい〟。②自分が他人を気に入らないと思っている気持ち〝みっともない・腹立たしい〟。③そばにいる人を思いやる気持ち〝気の毒だ・心苦しい〟。選択肢にあるとおり「いたた

いるのである。したがって正解はウ。オは「支え合いしかない」が不適切。

（2）「市場では人びとは自己の利益だけを追求し、相互に支え合わない」とあるが、次段落はじめに「しかし、市場も、ある意味では人びとが支え合う関係を伴っています」とあり、その具体例として「保険制度」が挙げられている。「連帯とは人びとが支え合うということ」なので、当てはまるのはイ。

問五　連帯（＝互いに助け合うこと）を維持するために、国民という単位が有力であるならば、それは同じ国の人間としてのア「同質性の意識」を高めることで、平等化を受け容れることが可能だと考えることができる。

問七　傍線Cの直後「国家と社会は鋭く対立しているよりは……社会的な連帯は、現実には、国家勢力と不可分（＝切り離せない）となっています」が根拠となって、ウが選べる。ア「最も国家権力が作用する……」、イ「争いを防ぐ可能性」、エ「国家がどこまで市場に介入すべきか」、オ「国家は人びとを……」などは、当てはまる記述が本文に見当たらない。

三

出典　無住『沙石集』〈巻第七　十一　君に忠有りて栄えたること〉

解答

問一　ア

問二　ウ

問三　オ

問四　エ

問五　イ

問六　オ

問七　ウ

答えるのではないでしょうか」である。よって、「国民国家」と重なるとするアが正解。

(ii)「視野の狭さ」についての筆者の考えが入るので、本文中で「視野の狭さ」について言及している部分を探し、「そうした視野の狭さは正当化できるでしょうか」とある第八段落に着目する。「正当化できるでしょうか」という問いかけは反語的な意味で、筆者の考えでは〈正当化できない〉ということなので、「人びとの見方を問い直している」につながる。「そうした視野の狭さ」は、その前の「社会的連帯や支え合いが、実際には国民というごく限定された範囲内でしか行われない……人びとが飢えていたとしても、それは社会的な問題とはされないのです」を指す。したがって正解はウ。

問二　挿入文は「なぜなら……だから」という構文で、理由を述べている。したがって、挿入文の前には「国民」と「国家」の間の結びつきが書かれていると推測できる。④の前に「実際には、国家と国民とは表裏一体の関係です」とあり、これの説明として挿入文はふさわしい。また、④の後に「囲い込まれた人びと」とあり、挿入文の「囲い込まれた群れ」を受けている。したがって、正解は④である。

問三　直前に「国民国家とは、こうした表裏の関係が成立している……状態」とあり、国家と国民が表裏の関係にあることが述べられる。これを受けて「要するに、国民国家とは、[a]です」とまとめているので、「国民＝国家」が含まれるアかオに絞られる。さらに、次段落には「このことはどういう意味をもつでしょうか。国民という単位と結びつけられることで、社会は一定の安定性をもつようになるとも言えます」とある。ここでは国民と社会が結びつけられているので「社会＝国民」が含まれるオが正解となる。アは「社会と国家を峻別（＝はっきり区別すること）した」が誤り。

問四　(1)空欄を含む段落の内容は、直後の段落の「社会的なものを大切にする人びとは、……補い合ったりする関係がそこでは想定されています。これに対して、市場では……相互に支え合わないということが強調されます」で詳しく説明されている。社会での「補い合ったりする関係」に「特別な意味を与え」、「支え合わない」市場を「敵視し」て

国語

一

解答　(1)—①　(2)—⑤　(3)—⑤　(4)—②　(5)—①　(6)—③

二

出典　杉田敦『政治的思考』〈第六章　社会——国家でも市場でもないのか〉（岩波新書）

解答

問一　(i)—ア　(ii)—ウ

問二　④

問三　オ

問四　(1)—ウ　(2)—イ

問五　ア

問六　オ

問七　ウ

問八　ア

▲解　説▼

問一　(i)空欄直前に「多くの人は」とあるので、一般的に考えられている社会の範囲とは何を指すのかを考えればよい。

該当箇所は第二段落の「実感の伴う社会の範囲とされるのはどこまでなのか……問われた人の多くは、国民国家だと

2022年度

問題と解答

■全学部統一日程選抜

問題編

▶試験科目・配点

教 科	科 目	配 点
外国語	コミュニケーション英語Ⅰ・Ⅱ，英語表現Ⅰ	100 点
選 択	日本史B，世界史B，地理B，政治・経済，「数学Ⅰ・Ⅱ・A・B（数列，ベクトル）」，情報の科学〈省略〉から１科目選択	100 点
国 語	国語総合（漢文を除く）	100 点

▶備 考

- 医療健康科学部では実施されていない。
- 経済学部，法学部では，各試験科目の得点を偏差値換算し，各科目の偏差値を合計した総偏差値によって合否判定する。その他の学部は素点によって合否判定する。
- 英語外部試験において一定のスコアを取得している場合は，書類を提出することで外国語を 75 点に換算する。その場合，外国語を受験しなくても構わない。受験して 76 点以上の場合は，その点数を採用する。

英語

（60分）

問題Ⅰ　次の英文を読み，設問（1－5）に答えなさい。

Ever since Japanese woodblock prints* were introduced to Europe and America in the 19th century, they have been the most popular form of Japanese art in the Western world. The influence of these prints on the impressionists** is well known. Painters such as Claude Monet and Vincent van Gogh admired, collected, and were inspired by the works of Kitagawa Utamaro, Katsushika Hokusai, Ando Hiroshige, and many other Japanese masters.

Woodblock prints were not always so highly admired in Japan. Considered a low form of art, they were not collected seriously until the past few decades. It has been estimated that at one time, ninety percent of traditional Japanese prints had reached the West, but in recent years Japanese museums and private collectors have been buying them back. Now there are excellent collections in Tokyo, Osaka, and Kyoto as well as Boston, Chicago, New York, and London. Because prints were originally mass-produced and cheap, they are still widely available, although the finest prints can now cost large sums of money. Some collectors today are concentrating on contemporary prints, which are still relatively cheap, because they continue to reveal the genius of the Japanese artists.

Hokusai and Hiroshige, the two greatest *ukiyo-e* artists of 19th-century Japan, each designed thousands of prints that included every subject you could imagine. But both became famous for their landscape prints. Each found a major subject: for Hokusai, it was views of Mt. Fuji; and for Hiroshige, the stations of the Tokaido road.

Hokusai had a long and successful career as a painter, print designer, and book illustrator before he created his Fuji prints. These did not appear until the early 1830s, when the artist was in his seventies. It was immediately clear that he had found his great subject; originally intending to design a series of thirty-six prints, Hokusai added ten more, and a few years later he issued a set of three woodblock-print books with one hundred more views of Fuji.

(adapted from *How to Look at Japanese Art* by Stephen Addiss, 1996)

*woodblock print: 版画　　**impressionist: 印象派の画家

問 1 − 5　Read the passage and select the best option for each question.

1. According to the passage, which of the following statements is correct?
   A. Hiroshige was a famous impressionist in Europe in the 19th century.
   B. Japanese woodblock prints have always been unpopular in the Western world.
   C. Japanese woodblock prints became famous in Europe in the 19th century.
   D. Van Gogh was the most influential painter in Japan in the 19th century.

2. According to the passage, which of the following is <u>NOT</u> true about woodblock prints?
   A. There are now many great woodblock print collections in Japan and overseas.
   B. Woodblock prints are very difficult to purchase today.
   C. Woodblock prints have been collected more in Japan over the past twenty to thirty years.
   D. Woodblock prints haven't always been respected in Japan.

3. What does the third paragraph indicate about Hokusai and Hiroshige?
   A. They became known for the same locations in their prints.
   B. They still design prints on numerous subjects.
   C. They gained a reputation for their landscape prints.
   D. They were very fond of living on the Tokaido road.

4. What is the main idea of the fourth paragraph?
   A. Hokusai achieved much success early in life with his Fuji prints.
   B. Hokusai's greatest accomplishment was turning seventy years old.

C．Hokusai's work on Mt. Fuji is regarded as some of his greatest art.

D．Hokusai's work on the Tokaido road became very famous.

5．What is the best title for this passage?

A．Hokusai's Success Story

B．Japan's Famous Woodblock Prints

C．The World's Greatest Painters

D．Woodblock Prints in Museums Around the World

問題Ⅱ　次の英文を読み，設問（6－10）に答えなさい。

Bauhaus was an influential art and design movement that began in 1919 in Weimar, Germany. The movement championed an abstract style featuring little emotion and no historical references, and its (6)aesthetic continues to influence architects, designers and artists.

The Weimar art school was founded by architect Walter Gropius in 1919. Under his leadership, the Bauhaus movement made no special (　7　) between the applied and fine arts. Painting, architecture, fabric design, furniture-making, theater design, stained glass, woodworking, metalworking—these all found a place in the Bauhaus movement.

The Bauhaus style of architecture featured sharp angles of glass, stone, and steel, together creating patterns and resulting in buildings that some historians characterize as looking as if no human had a hand in their creation. This philosophy of art favored function and mass production, and was influential in the worldwide redesign of everyday buildings that did not hint at unequal levels of power and wealth in society.

Starting in 1925, Gropius directed the school's move to the town of Dessau. He designed several buildings for the new campus allowing the principles of the Bauhaus movement to manifest in the school's physical space. The school moved during a struggle for survival with Germany's dictatorship*, whose interference demanded experimental work be toned down as it seized control of the school. The teachers refused to work with the government of the time, and the school was closed in 1933 by the teachers' vote. Following this decision, Gropius and many others within the Bauhaus movement fled to the United States, where they had a deep and lasting influence on 20th-century art and design.

(adapted from the website of *History*)

*dictatorship: 独裁政権

問 6 －10　Read the passage and select the best option for each question.

6．Which of the following is closest in meaning to (6) aesthetic?

A．careful minds　　B．historical treatments

C．ideas about beauty　　D．physical abilities

7．Select the best option to fill in (　7　).

A．attempt　　B．distinction　　C．lease　　D．transportation

8．According to the passage, which of the following is true about the Bauhaus style of architecture?

A．It aims at completely restoring the original beauty of historical buildings.

B．It objects to constructing standardized buildings in large quantities.

C．It places importance on function and doesn't feel like it was designed by humans.

D．It represents the culture and tradition of class-based societies in European countries.

9．According to the passage, which of the following is mentioned about the relocation of the school to Dessau?

A．Gropius decided on the relocation because Dessau was physically accessible and spacious.

B．Teachers at the school were given more chances to express their opinions in Dessau.

C．The Bauhaus movement became more famous across Europe and other countries after the relocation.

D．The Bauhaus movement's design principles could be seen in the buildings on the new campus.

10. According to the passage, which of the following is correct?

A. The Bauhaus movement went out of control due to the government's interference.

B. The government closed the school because the school did not stop conducting experiments.

C. The teachers closed the school to avoid cooperating with the government.

D. The worldwide influence of the Bauhaus movement faded away after the school was closed.

問題Ⅲ 次の英文を読み，設問（11－15）に答えなさい。

Global food waste is well on the way to becoming a billion-ton problem. The United Nations Environment Program's (UNEP) 2021 Food Waste Index has found that an estimated 931 million tons of food ends up in the trash every year. Most of that figure, 569 million tons, falls under the category of household waste while the food service and retail sectors account for a further 244 and 118 million tons, respectively. On a per capita* basis, the average global household wastes 74kg of food each year. This figure is broadly similar across both rich and poor countries, and therefore, widespread improvement is necessary. The latest figures recorded by UNEP show that the scale of the problem has been dramatically underestimated. That is, the global waste at consumer level, for example, at home and in restaurants, is more than twice as high as previously estimated.

UNEP's 2021 Food Waste Index notes that (11)if food loss and waste were a country, it would be the third biggest source of greenhouse gas emissions on the planet. So just how much food do different countries throw away each year? Perhaps unsurprisingly, (12)the two countries with the largest populations generate the highest food waste totals, according to the UNEP.

*per capita: 一人当たりの

出典追記：The Enormous Scale Of Global Food Waste [Infographic], Forbes on March 5, 2021 by Niall McCarthy

Graph 1. Total Annual Food Waste (tons)

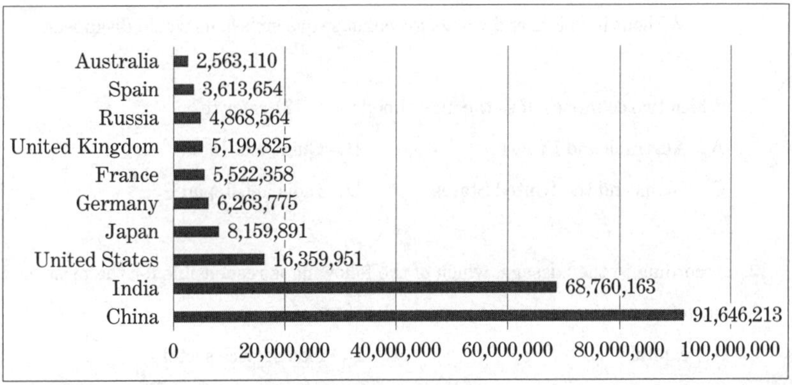

Table 1. Estimated Food Waste per Capita (kg)

Australia	102
Spain	77
Russia	33
United Kingdom	77
France	85
Germany	75
Japan	64
United States	59
India	50
China	64

(adapted from the website of *Forbes*)

問11－15　Read the passage and refer to the graph and table and select the best option for each question.

11. Which of the following statements is closest in meaning to the underlined section (11)?

A. Food loss and waste contribute significantly to greenhouse gas emissions.

B. Food loss and waste were the third biggest country in the world.

C. The country with the biggest population contributes most to greenhouse gas emissions.

D．Without food loss and waste, greenhouse gas emissions would disappear.

12. Which two countries does the underlined part (12) refer to?

A．Australia and France　　　　B．China and India

C．China and the United States　　D．India and Japan

13. According to the passage, which of the following is responsible for the most food waste?

A．capitals　　　　B．food service sectors

C．households　　　D．retail sectors

14. Which of the following is mentioned in the passage?

A．The amount of per capita food waste across different countries is similar regardless of national wealth.

B．The more food that is produced, the more consumption is necessary.

C．The national waste at consumer level is less than twice as high as previously estimated.

D．The problem of greenhouse gas has been dramatically underestimated.

15. According to Graph 1 and Table 1, which of the following statements is true?

A．China's total food waste and per capita food waste are larger than that of any other country.

B．France's and the United Kingdom's per capita food waste are almost indistinguishable.

C．In comparison to other countries, Australia's total food waste is low whereas its per capita food waste is high.

D．Russia's total food waste and per capita food waste are lower than that of any other country.

問題Ⅳ　次の二人の会話を読み，設問（16－20）に答えなさい。

Yumi:　Hey, Peter. What a surprise! I don't usually see you in my shop.

Peter:　I'm looking for a birthday present for my son. He loves reading.

Yumi:　Unlike you. The last time I saw you with a book was five years ago.

Peter:　Right. But Jimmy's turning 12 next week and I want to get him something special.

Yumi:　Hmm ... 12 years old. Do you think he likes detective stories?

Peter:　That sounds like a good idea. (16) Do you have any you could recommend?

Yumi:　Well, this one is popular, and it costs 25 dollars. (17) Lucky you have a friend who works in a bookstore. I can let you have it for 20 dollars.

Peter:　Thanks. Can you wrap it too and (　18　) a bag? I don't want Jimmy to see it before his party.

Yumi:　Party? Why wasn't I invited?

Peter:　Come on Yumi, you're my friend, not Jimmy's.

Yumi:　Just kidding. But don't forget to invite me to your birthday party!

Peter:　I sure will. Only don't bring me any books or I'll send you back home straight away.

問16－20　Read the conversation above and select the best option for each question.

16. What does Peter mean when he says (16) Do you have any you could recommend?

　A. He hopes to surprise Yumi with his knowledge of detective stories.

　B. He is asking about a book that he wouldn't like.

　C. He wants to know which of this week's books are best sellers.

　D. He wants Yumi to suggest a book for Jimmy.

17. Why does Yumi say that Peter is (17) Lucky?

　A. Because he doesn't usually have to go to bookstores.

　B. Because Peter can buy a book from his friend at a lower price.

　C. Because they have a cousin called Jimmy.

　D. Because Yumi started reading detective stories at 12 years of age.

18. Select the best option to fill in (18).

A．check it out

B．force them through

C．put it in

D．take it out

19. According to the passage, which of the following is NOT true?

A．Yumi and Peter have known each other for at least 5 years.

B．Yumi did not expect to see Peter in the bookstore.

C．Yumi has not been invited to Jimmy's birthday party.

D．Yumi will be sure to send the books straight back home.

20. What can we infer about Peter from this conversation?

A．He does not care what kind of gift he buys for his son.

B．He hopes his son will like his birthday present.

C．He told his friend to spend 25 dollars on a detective story.

D．He usually hides the wrapping paper from customers in his store.

問題V　次の設問（21－25）に答えなさい。

問21－25　次の定義が表す最も適切な語をA～Dより一つ選び，その記号をマークしなさい。

21. the state or condition of being free from being observed or disturbed by other people

A．loneliness　B．privacy　C．stability　D．status

22. empty, with nothing written, printed, or recorded on it

A．blank　B．clean　C．messy　D．tidy

23. to stop happening or existing

A．cease　B．disease　C．follow　D．promise

24. to go or move down

A．descend　B．loosen　C．pass　D．transfer

25. a liquid with a pleasant smell that you put on your skin or clothing

A．fluid　B．perfume　C．powder　D．spice

問題Ⅵ　次の設問（26－30）に答えなさい。

問26－30　各文の下線部の意味に最も近い語（句）をＡ～Ｄより一つ選び，その記号をマークしなさい。

26. The video chat with my grandchild really made my day.

Ａ．built up my golden age　　Ｂ．made me happy

Ｃ．made me tired　　Ｄ．reminded me of my childhood

27. Alex and his brother have not been on speaking terms since they argued about who would receive their family's fortune.

Ａ．been very careful about their wording

Ｂ．decided to talk freely about anything

Ｃ．not been good at talking

Ｄ．refused to talk to each other

28. This company has made a great contribution to helping the hungry people in their city.

Ａ．donated unused items to

Ｂ．played a large instrument for

Ｃ．played a significant role in

Ｄ．taken little part in

29. I went blind for a short time after the accident due to a brain injury.

Ａ．became invisible　　Ｂ．lost my vision

Ｃ．lowered the blind　　Ｄ．was unseen

30. Please be advised that our telephone operators are available from 8:00 a.m. to 5:00 p.m. Monday through Friday.

Ａ．be aware　　Ｂ．be sorry　　Ｃ．give advice　　Ｄ．suggest

問題Ⅶ 次の設問（31－35）に答えなさい。

問31－35 各文の空所に入る最も適切な語（句）をA～Dより一つ選び，その記号をマークしなさい。

31. The current situation in the Middle East (　　　) all around the world since it may affect the global energy industry.

A．has been watching　B．is being watched
C．is watching　D．watched

32. (　　　) your antivirus software updated can maintain your computer's security.

A．In order to keep　B．Keep
C．Keeping　D．You should keep

33. The news that the famous singer canceled the concert was (　　　) for his fans.

A．disappoint　B．disappointed
C．disappointing　D．disappoints

34. The mere thought of a car accident makes me (　　　) uncomfortable.

A．feel　B．feeling　C．to feel　D．to feeling

35. There are some anxieties about the speed (　　　) the global temperatures are rising.

A．at which　B．of which　C．what　D．whose

問題Ⅷ 次の設問（36－40）に答えなさい。

問36－40 各文の空所に入る最も適切な語をA～Dより一つ選び，その記号をマークしなさい。

36. Person A: A button just (　　　) off your jacket!
Person B: Oh, dear. It's not very well-sewn at all.
A．came　B．got　C．took　D．turned

37. I used to argue with my parents almost every day but now I get (　　　) with them well.
A．across　B．along　C．off　D．up

38. Could you tell me what is (　　　) at the Broadway Theater today?
A．after　B．between　C．into　D．on

39. If you are dissatisfied in (　　　) way with the quality or performance of our electronic product, you may return it within two weeks.
A．all　B．any　C．several　D．somehow

40. The police officer is on patrol duty to (　　　) that the neighborhood children can safely cross the street.
A．ensure　B．pleasure　C．surely　D．unsure

問題Ⅸ 次の設問（41－45）に答えなさい。

問41－45 各組の中で最も強いアクセント（第一強勢）の位置が一つだけ異なるものがあります。A～Dより選び，その記号をマークしなさい。

41. A．al-low B．com-plete C．dam-age D．en-gage

42. A．In-ter-net B．in-ter-pret C．in-ter-val D．sat-el-lite

43. A．cat-a-log B．en-ter-tain
C．news-pa-per D．par-a-dox

44. A．cor-po-ra-tion B．hel-i-cop-ter
C．in-suf-fi-cient D．sym-pa-thet-ic

45. A．dis-a-gree-ment B．es-tab-lish-ment
C．ex-per-i-ment D．im-pos-si-ble

問題X　次の設問（46－50）に答えなさい。

問46－50　日本文とほぼ同じ意味になるように，A～Dの語（句）を並べ替えて英文を完成させなさい。解答は空所の<u>3番目</u>にくる語（句）の記号をマークしなさい。

46. そのエアコンは私が思っていた約3倍の価格だったので，買わないことにした。

The air conditioner ＿＿＿ ＿＿＿ three times （46） as I ＿＿＿ , so I decided not to buy it.

A．around　　B．as much　　C．cost　　D．expected

47. もっと時間があったら，より多くの寺院や神社を訪れることができたのに。

If I ＿＿＿ had more time, I ＿＿＿ （47） ＿＿＿ more temples and shrines.

A．could　　B．had　　C．have　　D．visited

48. 新たな通信技術の発達は，より多くの人が在宅勤務できるようになる可能性を秘めている。

The development of new communication technology ＿＿＿ ＿＿＿ （48） more people ＿＿＿ from home.

A．has　　B．the potential

C．to enable　　D．to work

49. もっとお金がなければ，この研究を続けるのは不可能だということがわかった。

I ＿＿＿ ＿＿＿ （49） to continue the research ＿＿＿ more money.

A．found　　B．impossible　　C．it　　D．without

50. 太郎はF1グランプリでトップ3入りを果たした日本人ドライバーでわずか2人目です。

Taro is ＿＿＿ ＿＿＿ （50） ＿＿＿ to the top three in an F1 Grand Prix race.

A．it　　B．only

C．the second Japanese driver　　D．to make

日本史

（60分）

問題Ⅰ　次の文を読んで，空欄 1 〜 10 に最も適する語句を下の語群から選び，その記号を解答欄にマークせよ。同一番号の空欄は同一語句である。

豊臣秀吉の死後，五大老筆頭の徳川家康が大きな力をもつようになった。関ヶ原の戦いで西軍の石田三成らを破った家康は，1603年に朝廷から征夷大将軍に任じられ，江戸に幕府を開いた。家康は将軍職が徳川氏の世襲であることを示すため，わずか2年で将軍職を子の秀忠に譲った。しかし，依然として豊臣秀頼が大坂城におり，大名や公家に対して権威を保っていたため，家康は 1 の大仏殿鐘銘を口実として，大坂の役で豊臣氏を攻め滅ぼした。

幕府は武家諸法度の制定や 2 を義務づけるなどして，将軍と大名との主従関係は将軍徳川家光の頃までに確立した。 2 はのちに 3 で緩和されたが，大名を統制する重要な政策であった。統一政権である江戸幕府とその支配下にありながら独立の領国をもつ藩が，土地と人民を統治する支配体制を幕藩体制という。

幕府の財政基盤は，約400万石（17世紀末）の直轄領からの年貢と主要鉱山からの収入であった。また，江戸・京都・大坂・長崎などの主要都市を直轄にして商工業や貿易を統制し，貨幣の鋳造権も握った。

貨幣は金座・銀座・銭座でつくられた。金座では小判や一分金などが鋳造され，銀座では丁銀や豆板銀などの 4 も鋳造された。銭貨は，輸入貨幣や欠け銭などの悪質なものが混用されていたが，江戸時代初期には銭座で 5 が大量に鋳造されて，三貨は17世紀中頃までには全国に広まり，商品流通の飛躍的な発展を支えた。ただし，江戸を中心とする東日本ではおもに 6 遣いで， 6 貨が取引や貨幣計算の中心とされた。また，三貨の交換比率は， 7 。

将軍徳川綱吉の時代になると，幕府財政は転換期を迎えた。財政収入が減少しただけでなく，前代の家綱時代には，明暦の大火後の江戸城と市街の再建があり，さらに綱吉による寺院造営や改築などの費用が大きな支出となって，幕府財政の破綻をまねいた。そこで勘定吟味役の 8 は，貨幣の改鋳を上申して金の含有量を減らした小判を発行し，幕府の歳入を増やした。しかし，貨幣価値の下落は物価の上昇を引きおこし，人びとの生活を圧迫した。

そのため将軍徳川家継の時代には，新井白石が以前の慶長小判と金の含有率が同率の［9］を鋳造させて，物価の上昇をおさえようとしたが，再度の貨幣交換はかえって社会に混乱をもたらした。また貿易政策では，長崎からの金銀の流出を防ぐために海舶互市新例を出して貿易額を制限した。なお，新井白石は朱子学者で，自伝である［10］を著している。新井白石ののち，幕府財政の再建は，将軍徳川吉宗へと引き継がれていく。

〔語群〕

ア．軍役	イ．永楽通宝	ウ．天保の改革	エ．本位貨幣
オ．元文小判	カ．一国一城	キ．荻原重秀	ク．正徳小判
ケ．柳沢吉保	コ．寛永通宝	サ．『采覧異言』	シ．大徳寺
ス．文久の改革	セ．計数貨幣	ソ．『読史余論』	タ．金
チ．宝永通宝	ツ．方広寺	テ．『折たく柴の記』	ト．安政の改革
ナ．東大寺	ニ．銀	ヌ．参勤交代	ネ．宝永小判
ノ．秤量貨幣	ハ．神尾春央	ヒ．銅	

フ．相場によってつねに変動した

ヘ．幕府によって公定され変動しなかった

ホ．三都の掛屋によって決定された

問題Ⅱ　次の文を読んで，空欄 [1] ～ [10] に最も適する語句を下の語群から選び，その記号を解答欄にマークせよ。同一番号の空欄は同一語句である。

近代日本の東アジアへの進出過程を，日清戦争と日露戦争それぞれの背景，さらには両戦争後の国際関係を通じて概観してみよう。

日清戦争は，近代日本が体験した初めての本格的な対外戦争であった。その規模の大きさは，総動員兵数が約24万人であった点からしても認められる。日清戦争の発端は，朝鮮半島を舞台にした日清両国の軋轢に求められるといえよう。

1876年に日本が日朝修好条規によって朝鮮を開国させて以降，朝鮮では親日派勢力が台頭してきた。その代表は，日本への接近を進める閔氏一族であった。1882年，これに反対する [1] が漢城で反乱をおこし失敗したが（ [2] 事変），これ以降，閔氏一族の政権は日本から離れて清国に依存し始めた。さらに1884年，日本と組んで朝鮮の近代化をはかろうとした [3] らの親日改革派（独立党）は，改革を目指したクーデタを決行するも清国軍の来援で失敗した。これらの事変によって日本の朝鮮に対する影響力が減退したのに対し，清国の朝鮮進出は強化された。日清戦争の背景には，こうした朝鮮をめぐる日清両国の対立があったのである。

日露戦争の背景についても考えてみよう。日清戦争の敗北によって清国の弱体ぶりを認識した欧米列強は，あいついで同国に勢力範囲を設定していった（中国分割）。また宗主国であった清国の敗北は，朝鮮の外交政策にも影響を与えた。朝鮮では，ロシアの支援で日本に対抗する動きが強まり，親露政権が誕生した。ロシアの存在は日本にとって脅威であった。北清事変以降にロシアが採った南下政策が，日本の韓国権益を脅かすと考えられていたのである。日本政府内にはロシアと妥協して「満韓交換」をおこなおうとする日露協商論もあったが，結局，第１次 [4] 内閣は，同内閣の外相 [5] などの意見を容れ，1902年に日英同盟を成立させた。

では，日露戦後の国際関係は，どのように推移していったのだろうか。日本は，日露戦争中に日韓協約を結び，日本が推す [6] の顧問を韓国政府におき，重要な案件は事前に日本政府と協議することを認めさせていた。さらに日露戦争に勝利すると，イギリスとは日英同盟を改定し（第２次），韓国の保護国化を承認させた。これらを背景として1905年には第２次日韓協約を結んで， [7] 府を設置した。

日本は韓国に対する支配をさらに推し進めていった。1907年７月，第３次日韓協約で韓国の内政権を奪うと，その直後には第１次日露協約を結んだ。同条約の「秘密協約」では，ロシアは日本の韓国における「政事上利害共通ノ関係ヲ承認」し「妨碍」や「干渉」はしないことを約し（第2条），一方，日本はロシアの外蒙古における「特殊権益」を認める（第3条）ことが定められた。これらを背景に日本は1910年8月，ついに韓国を併合した。

また，日本は中国の東北部への勢力も拡大させていった。1906年には関東州を租借し，本社を [8] の南満州鉄道株式会社を設立した。同社は，ロシアからゆずり受けた長春・旅順間の旧東清鉄道に加えて，鉄道沿線の炭鉱なども経営し，満州への経済的進出の足がかりとなった。その後，日露協約を第 [9] 次まで改定し，ロシアとの間で満州権益を分割しあうことを確認することによって，国際社会，ことに日本の満州進出に難色を示す [10] に対して，満州権益を承認させたのである。 [10] は，1909年に満州鉄道中立化を提案するなど，日本の満州進出を牽制した。

〔語群〕

ア．軍事と財政	イ．3	ウ．金玉均
エ．陸奥宗光	オ．明成皇后	カ．李鴻章
キ．4	ク．大院君	ケ．小村寿太郎
コ．財政と外交	サ．青木周蔵	シ．軍事と外交
ス．2	セ．金日成	ソ．高宗
タ．甲午	チ．甲申	ツ．鎮守
テ．フランス	ト．総督	ナ．統監
ニ．壬午	ヌ．桂太郎	ネ．イギリス
ノ．伊藤博文	ハ．アメリカ	ヒ．大隈重信
フ．奉天におく民間資本	へ．旅順におく国策会社	ホ．大連におく半官半民

問題Ⅲ　次の史料と文を読んで，空欄 [1] ～ [5] に最も適する語句を下の語群から選び，その記号を解答欄にマークせよ。同一番号の空欄は同一語句である。また，問1～5のそれぞれに最も適する語句を選び，その記号を解答欄にマークせよ。

【史料】

尾張国 [1] 百姓等解し申し請《こ》ふ官裁の事。

裁断せられむことを請ふ，当国の守《かみ》藤原朝臣 [2] ，三箇年の内に責め取る非法の [3] 幷《あわ》せて濫行横法《らんぎょうおうほう》三十一箇条の□□《(愁状)》

一，裁断せられむことを請ふ，例挙《れいこ》の外に三箇年の収納，暗に以《もっ》て加徴《かちょう》せる正税《しょうぜい》四十三万千二百四十八束が息利の十二万九千三百七十四束《そく》四把《わ》一分の事。

〔中略〕

一，裁断せられむことを請ふ，守 [2] 朝臣，①京より下向《げこう》する度毎《たびごと》に，有官《うかん》，散位《さんに》の従類，同じき不善の輩《ともがら》を引率するの事。

〔中略〕

永延《えいえん》二年十一月八日　[1] 百姓等

（「尾張国 [1] 百姓等解」原漢文）

【文】

この988（永延2）年の史料は，古代の地方政治の一端を示すものである。ここでは，尾張国の国司である藤原 [2] の悪政非行について訴え，その罷免を政府に嘆願している。下線部①のような国司のなかには，自己の収入を増やすため，過酷な徴税をおこなったものもいて，しばしば [1] や有力農民たちから訴えられた。以下，古代の土地制度と地方政治について概観していこう。

8世紀後半から9世紀には，農民の間にも貧富の差が拡大し，困窮した農民のなかには，②さまざまな手段で負担を逃れようとするものが増えた。また，有力農民のなかにも税負担を逃れるものが出てきたため，律令制度は実態にあわなくなっていた。こうして，公地公民制の基本であった班田収授の実施は難しくなっていく。そのため，③桓武天皇は班田収授を6年に一度から12年に一度に変更し，公出挙の利息を5割から3割に減らし，雑徭の期間を年間60日から30日に減らすなど，民衆の負担を軽減したものの，目立った効果はなかった。

10世紀には律令体制のいきづまりがはっきりしてくる。④政府は違法な土地所有を禁じたり，班田を命じたりして令制の再建をめざしたが，もはや戸籍・計帳の制度は崩れ，班田収授の実施はできなくなっていた。

こうした事態に対し，政府は租税の実質的な確保を目的として，実際の地方行政を国司に任せるようになる。この頃には，朝廷の儀式や寺社造営などに私財を出し，見返りとして官職に任じてもらう [4] などの売官・売位がおこなわれるようになった。

国司による徴税のあり方は，これまでの戸籍・計帳を基本とする人を対象とした税から，土地を対象とした課税方法へと変化していく。田地の耕作は有力農民である [5] に請け負わせ，田地は，名という徴税単位に編成された。また，税の種類も，それまでの租・庸・調や公出挙の利稲に由来する [3] と，雑徭に由来する臨時雑役とに一新された。

やがて11世紀後半になると，下線部①のような国司も交替の時以外は任国へおもむかなくなり，かわりとして目代を派遣するようになる。目代は，国衙において政務をとるかたわら，⑤<u>国内の有力武士を国衙の軍事力として組織し，地方の治安維持にも当った。</u>

〔語群〕

ア．公文	イ．実資	ウ．成功	エ．国造
オ．郡司	カ．純友	キ．遙任	ク．荘園領主
ケ．公事	コ．重任	サ．田堵	シ．年貢
ス．元命	セ．作人	ソ．官物	

問1　下線部①に関連して，受領について述べた文として正しいものを，次のア～エのうちから一つ選べ。

ア．留守所において，下級役人を監督した。

イ．任国に赴任した国司のうち最上席者のものをいう。

ウ．受領によって不輸が認められた荘園を官省符荘という。

エ．受領の多くは，上級貴族出身であった。

問2　下線部②に関連して，古代の土地政策や税負担に関して述べた文として**誤っているもの**を，次のア～エのうちから一つ選べ。

ア．百万町歩開墾計画は，口分田の不足を補うため，橘諸兄政権時に出された。

イ．浮浪とは，本籍地を離れても所在が明らかで，調・庸をおさめることをいう。

ウ．農民の窮乏生活を歌ったものとして，山上憶良の『貧窮問答歌』がある。

エ．戸籍には，税を負担する成人男性ではなく，女性の登録を増やしたものもあった。

問3　下線部③に関連して，桓武朝における諸政策に関して述べた次の文ａ～ｄについて，正しいものの組合せを，下のア～エのうちから一つ選べ。

ａ　令外官である勘解由使を新たに設け，国司交替の際の引継ぎを監督させた。

ｂ　官庁の実態に合わせて政治実務の便をはかるため，格式を分類・編纂した。

ｃ　坂上田村麻呂は802年に胆沢城を築き，鎮守府を多賀城から移した。

ｄ　菅野真道の意見を採用し，蝦夷制圧と平安京造営を打ち切ることにした。

ア．ａ・ｃ　　イ．ａ・ｄ　　ウ．ｂ・ｃ　　エ．ｂ・ｄ

問4　下線部④に関連して，この時期の政府がとった政策や地方の様子に関して述べた次の文Ｘ・Ｙについて，その正誤の組合せとして正しいものを，下のア～エのうちから一つ選べ。

Ｘ　902年，醍醐天皇の世に藤原時平が勅を奉じて荘園整理令が出された。

Ｙ　914年，三善清行は，中央政府の改革・経費節減・地方政治改革などについて，12カ条の意見を醍醐天皇に提出した。

ア．Ｘ　正　Ｙ　正　　イ．Ｘ　正　Ｙ　誤

ウ．Ｘ　誤　Ｙ　正　　エ．Ｘ　誤　Ｙ　誤

問5　下線部⑤に関連して，地方の戦乱に関して述べた次の文Ⅰ～Ⅲについて，古いものから年代順に正しく配列したものを，下のア～カのうちから一つ選べ。

Ⅰ　源頼信が，上総でおきた平忠常の乱を鎮圧した。

Ⅱ　源頼義・義家親子が，奥州でおきた安倍頼時による反乱を鎮圧した。

Ⅲ　平貞盛・藤原秀郷らが，下総を根拠地とした平将門がおこした反乱を鎮圧した。

ア．Ⅰ→Ⅱ→Ⅲ　　イ．Ⅰ→Ⅲ→Ⅱ　　ウ．Ⅱ→Ⅰ→Ⅲ
エ．Ⅱ→Ⅲ→Ⅰ　　オ．Ⅲ→Ⅰ→Ⅱ　　カ．Ⅲ→Ⅱ→Ⅰ

問題Ⅳ　次の年表を参照し，下の文を読んで，空欄 [1] ～ [5] に最も適する語句を下の語群から選び，その記号をマークせよ。同一番号の空欄は同一語句である。また，問1～5のそれぞれに最も適する記号を選び，その記号を解答欄にマークせよ。

【年表】

1325年	[1] 船を派遣
1342年	天龍寺船を派遣
1401年	正使祖阿・副使肥富を派遣
1404年	勘合貿易開始
1411年	国交中断
1419年	応永の外寇
1443年	[2] 約条の締結
1510年	三浦の乱
1512年	壬申約条の締結
1523年	[3] の乱
[4] 年	大内氏滅亡，勘合貿易断絶

【文】

室町幕府は，大きく変化しつつある東アジアの動きに対応するためにさまざまな策をとっている。①天龍寺船は，[1] 船を先例として，中国へ派遣された。これは，足利尊氏・直義がかつて争った天皇のために寺院を建立する費用を得ようとしたものである。

当時，中国との間には正式な国交がなかったため，幕府は1401年に②祖阿と肥富を派遣して国交を開いた。その結果，③勘合貿易が開始されることになるが，この貿易は朝貢貿易という形式であった。このときの中国との貿易は多くの利益が得られたため，幕府は朝貢という形式をのんだのである。

一方，この頃中国・朝鮮は海賊集団の倭寇に悩まされていた。1419年の事件はそうしたことを背景にしておきた。応永の外寇は，対馬を倭寇の根拠地とみなした朝鮮が，

200隻の軍船で襲撃したものである。朝鮮との貿易は，対馬の宗氏が管理権を握っており，文引の発行などで多くの利益を得ていた。

対馬の宗貞盛と朝鮮との間に結ばれたのが［2］約条である。この条約は，嘉吉条約ともいわれ，これによって，日本側からの渡航船は制限されることになった。日朝貿易のさい，日本人は④朝鮮の三浦（乃而浦・富山浦・塩浦）に居住を認められていたが，ここでおこったのが三浦の乱であり，これ以後，日朝貿易は衰退にむかうことになる。

これに対して，日本と中国との貿易に関しては，初期には幕府が管理していたが，次第に大内氏・細川氏といった有力守護大名に実権が移っていった。大内氏に対抗して，細川氏は［5］商人と組んで貿易をおこなった。両氏が貿易の主導権を争って中国の［3］でおこしたのが1523年の事件である。この事件で貿易は一時中断したが，⑤そののち大内氏が独占し，滅亡するまで続けられた。

〔語群〕

ア．平戸	イ．円覚寺	ウ．堺	エ．乙巳	オ．1551
カ．癸亥	キ．1547	ク．博多	ケ．寧波	コ．上海
サ．建仁寺	シ．辛亥	ス．福州	セ．建長寺	ソ．1536

問1　下線部①に関連して，中国へ派遣された天龍寺船の理由について述べた文として正しいものを，次のア～エのうちから一つ選べ。

ア．夢窓疎石の勧めで，寺院の建立費を得るために元へ派遣された。
イ．絶海中津の勧めで，寺院の建立費を得るために明へ派遣された。
ウ．夢窓疎石の勧めで，寺院の建立費を得るために明へ派遣された。
エ．絶海中津の勧めで，寺院の建立費を得るために元へ派遣された。

問2　下線部②について述べた文として**誤っているもの**を，次のア～エのうちから一つ選べ。

ア．祖阿は足利義持が命じて派遣した使者で，肥富は博多の商人であった。
イ．２人が派遣されたときの将軍は，義持であった。
ウ．これを受けて，中国の皇帝は日本国王の称号と暦を与えた。
エ．この派遣の10年後の国交中断は，義持が朝貢形式に反対したからである。

問３　下線部③に関連して，勘合貿易の輸入品に関して述べた次の文ａ～ｄについて，正しいものの組合せを，下のア～エのうちから一つ選べ。

ａ　銅銭は輸入品であった。
ｂ　蘇木は輸入品であった。
ｃ　銅は輸入品であった。
ｄ　生糸は輸入品であった。

ア．ａ・ｃ　　イ．ａ・ｄ　　ウ．ｂ・ｃ　　エ．ｂ・ｄ

問４　下線部④に関して述べた次の文Ｘ・Ｙについて，その正誤の組合せとして正しいものを，下のア～エのうちから一つ選べ。

Ｘ　三浦と首都の漢城とには，朝鮮側によって倭館が設けられた。
Ｙ　三浦の乱とは，三浦に住む日本人居留民がおこした暴動である。

ア．Ｘ　正　Ｙ　正　　イ．Ｘ　正　Ｙ　誤
ウ．Ｘ　誤　Ｙ　正　　エ．Ｘ　誤　Ｙ　誤

問５　下線部⑤に関連して，大内氏に関して述べた次の文Ⅰ～Ⅲについて，古いものから年代順に正しく配列したものを，下のア～カのうちから一つ選べ。

Ⅰ　学問・芸能を好んだ大内義隆は，家臣に襲われ自害に追い込まれた。
Ⅱ　大内義弘は６カ国の守護大名であったが，幕府と対立し，堺で敗死した。
Ⅲ　応仁の乱勃発の２年後に帰国した雪舟は，以後，山口の雲谷庵に住した。

ア．Ⅰ→Ⅱ→Ⅲ　　イ．Ⅰ→Ⅲ→Ⅱ　　ウ．Ⅱ→Ⅰ→Ⅲ
エ．Ⅱ→Ⅲ→Ⅰ　　オ．Ⅲ→Ⅰ→Ⅱ　　カ．Ⅲ→Ⅱ→Ⅰ

世界史

（60分）

問題Ⅰ　次の文章の [　　] に入る最も適当な語句を下記の語群から選び，その記号をマークせよ。

「肥沃な三日月地帯」のほぼ東半分を占めるメソポタミアは，ティグリス川とユーフラテス川を利用した灌漑農業を基盤として世界最初の都市国家を生み出した。シュメール人たちによって誕生した [1] がその都市国家の代表である。彼らは各都市にあった神殿においてそれぞれの神を祀り，王が政治・軍事の権限を持ち人々を支配した。シュメール人たち最大の発明は [2] であった。そもそも [2] は先を尖らせた葦筆などで粘土板に記されたものである。この発明がシュメール文学の傑作『 [3] 叙事詩』を我々に残してくれる要因となったのである。 [1] の王であった [3] の永遠の命を求め旅した冒険譚を描いたこの叙事詩は世界最古の文学作品と評され，ギリシア神話やユダヤ教の教典である [4] に影響を与えたとされている。その他にもシュメール人たちは，六十進法や太陰暦など現代世界にも影響を及ぼす文化を残してくれたのである。なかでも月の満ち欠けの周期や目視可能な惑星の数から考え出されたとされる [5] は，キリスト教的伝統のなかで現代にまで継承された。その後，ユーフラテス川中流域の都市バビロンを都とした [6] では，第6代の王ハンムラビの治世に中央集権化に成功する。ハンムラビは「目には目を，歯には歯を」の [7] で知られた法典を制定したが，これもまた [2] で刻まれたのである。

このように二つの大河に挟まれたこの土地は，安定した水の供給と豊かな土壌を背景として，高度な文化文明を創出したのである。この地では大麦，エンマー小麦，魚が容易に手に入った。しかしながらその反面，メソポタミアは大型の木材や金属資源を欠いていた。この短所が周辺諸地域との軋轢や長距離交易の必要性をもたらしたのである。肥沃な三日月地帯の北に位置する現在のトルコ共和国とほぼ重なり，また小アジアとも呼ばれることもある [8] とは状況が大きく異なっていた。早くから小麦の栽培や牛の家畜化が確認されているこの地域に紀元前17世紀なかば頃にハットゥシャを都として [9] が成立する。 [9] は， [8] で入手可能であった鉱物資源と製錬用木材を利用し，すでに同地で知られていた冶金術を発展させ，［ 10 ］を生み出した。このことにより古代オリエント屈指の強国となった［ 9 ］は，紀元前16世紀にメソポタミアに侵入して［ 6 ］を滅ぼしたのである。さらに南下政策を採った［ 9 ］は，シリアのカデシュにおいて［ 11 ］と戦ったが講和条約を結び休戦した。［ 6 ］の滅亡後には，イランのザグロス山脈から侵入した民族系統不明の［ 12 ］人が一時メソポタミアの南部を支配したが，紀元前12世紀にエラム人に滅ぼされた。メソポタミアの北部は，フルリ人が多数を占める［ 13 ］が支配したが，紀元前14世紀に［ 9 ］に敗れ，その後一時［ 13 ］に服属していたこともある［ 14 ］に併合された。続いてオリエントで勢力を拡大していった［ 14 ］は，［ 10 ］と戦車，騎馬隊，そして弓で武装した歩兵を用いることにより，紀元前７世紀なかばまでには全オリエントを統一した。［ 15 ］の治世に最大版図を達成するが，紀元前612年に首都ニネヴェが破壊され滅亡した。

[語群]

あ．ヘシオドス	い．フェニキア	う．ウルク
え．イリアス	お．ヒエログリフ	か．青銅製の武器
き．ギルガメシュ	く．ウル	け．アッシリア
こ．アムル	さ．奴隷制度	し．パレスチナ
す．１週７日制	せ．アケメネス朝	そ．ヒッタイト
た．楔形文字	ち．カッシート	つ．エジプト
て．新バビロニア	と．『新約聖書』	な．測地術
に．同害復讐法	ぬ．アナトリア	ね．ウル第３王朝
の．鉄製の武器	は．『旧約聖書』	ひ．イオニア
ふ．アッシュルバニパル	へ．ミタンニ	ほ．ネブカドネザル２世
ま．バビロン第１王朝	み．ホメロス	

問題Ⅱ　次の文章の [　　] に入る最も適当な語句を下記の語群から選び，その記号をマークせよ。

17・18世紀，[1] 家のもとで統合されていくフランスの状況とは対照的に，分裂状況にあったイタリアでは，[2] においてマキァヴェリが主張したような統一が果たされることはなかった。中央集権が進まなかったことは，イギリスやフランスといった国々と比べた時に，税制改革を立ち遅らせることになった。大航海時代に進展した物価騰貴現象である [3] のなかで商業資本が弱体化したことからも，イタリアは国際的な地位を落としてしまう。

例外は，[4] 家によって18世紀初頭に打ち立てられ，富国強兵を進めたサルデーニャ王国である。フランス革命時にはイギリスの首相の [5] が結成した第1回対仏大同盟に参加したものの，総裁政府の派兵の前に敗れ去った。その後，ウィーン体制下においてサルデーニャ王国はジェノヴァを獲得するなど，勢力を伸張させる。一方では，フランス革命の影響も強く，秘密結社である [6] が自由主義的改革を求め蜂起した。

1848年にウィーンで起こった [7] の余波もまたイタリアへと及んだ。1849年に樹立されたローマ共和国は短命に終わるものの，[6] でもともと活動し，マルセイユで [8] を組織していたマッツィーニも参加したことで知られている。またサルデーニャ王国も立憲制を確立する。ヴィットーリオ＝エマヌエーレ2世のもとで自由主義者のカヴールが首相となったことで，[9] の普及など社会的基盤の近代化が進められたのである。サルデーニャ王国はナポレオン3世と [10] を結んで，オーストリアに対して開戦した。この戦いに勝ったサルデーニャ王国はオーストリアからロンバルディアを得，さらには [4] と [11] のフランスへの割譲と引き換えに，ナポレオン3世の合意のもとで中部イタリア諸国において住民投票を実施して，1860年これらを統合した。同年には [8] 出身のガリバルディが，スペインの [1] 家が支配していた両シチリア王国を占領して，ヴィットーリオ＝エマヌエーレ2世に献上した。こうして成立したイタリア王国は，[12] の結果ヴェネツィアを併合し，[13] の結果，教皇領の占領に及んだ。

以上のような30年に満たない間のめまぐるしい動きのなかで，イタリア語系住民の多くを統合した国民国家が立ち現れることとなる。しかし，オーストリアにとって海への出口となっていた [14] のように，イタリア語系住民の多いいくつかの地域がなおオーストリアの支配にとどめおかれたし，ヴァチカンはイタリアへの統合を拒み続けた。このように急速に進められた近代化のゆえに残された諸問題は，イタリアが第一次世界

大戦において [15] の一員として参戦する大きな動機となった。

［語群］

あ．協商国	い．普墺（プロイセン＝オーストリア）戦争	
う．『神曲』	え．グラッドストン	お．ディズレーリ
か．鉄道	き．電話	く．『君主論』
け．価格革命	こ．カルボナリ	さ．ピット
し．ティルジット条約	す．ミラノ	せ．六月蜂起
そ．商業革命	た．農業革命	ち．ビスマルク
つ．サヴォイア	て．ニース	と．「青年イタリア」
な．プロンビエール密約	に．デカブリスト	ぬ．ブルボン
ね．同盟国	の．三月革命	は．二月革命
ひ．普仏（プロイセン＝フランス）戦争		ふ．枢軸国
へ．南チロル	ほ．トリエステ	ま．ハプスブルク
み．アルザス・ロレーヌ		

問題Ⅲ　次の文章を読み，各問に答えよ。

近年，遊牧世界と農耕世界とが接壌する地帯について，その歴史的重要性に関心が高まっている。その中心地のひとつが，現在，中華人民共和国の首都となっている北京である。ふるくは戦国の七雄のひとつに数えられる [1] が栄え，その名はいまでも北京の別名として用いられている。

高句麗などが勢力を増すと，隋の [2] は大運河を開削してこの地域を江南の経済地域と結びつけ，高句麗にたいしては3度にわたり遠征を行なった。唐代A にはソグド・突厥・ [3] などさまざまな背景をもつ集団が混在するようになり，そのなかから [4] が台頭する。755年に反乱を起こした節度使の [4] はソグド人を父に突厥人を母にもち複数の言語に通じるなど，まさにこの地の国際性を体現した人物であった。唐の滅亡後， [3] が勢力をのばし，北京一帯は [5] の一部として後晋から割譲され， [3] はここに副都のひとつを置く。 [3] を滅ぼした金は [6] の変で宋B を倒し，のちに北京の地に都を遷して中都と名づけた。

チンギス＝ハンは金を攻略して中都を華北支配の拠点とし，のちにフビライが中都の東北に新たな都城を造営してこれを大都と命名する。大都こそが，現在の北京の直接の起源にあたる。[7] で即位して明C を建てた朱元璋は，元の帝室をモンゴル高原に退かせ，大都を北平とあらためて子のひとり朱棣を [1] 王としてそこに配し遊牧勢力に備えさせた。朱棣はのちに [8] の役で帝位に就き，北平に遷都して北京と改称する。明が滅亡すると，李自成を破った清が北京のあらたな主となった。

19世紀，清にヨーロッパ列強が進出するようになると，北京は激動の渦に巻き込まれていく。アロー戦争（第2次アヘン戦争）で北京は英仏軍に占領され，イエズス会D の宣教師が設計に加わった円明園は廃墟となった。1900年，[9] をとなえる義和団が北京に入ると清は列強各国に宣戦を布告したが，8カ国連合軍に敗れ，多額の賠償金の支払いや北京への駐兵権を認める。清は改革による立て直しを図ったがE，1911年に辛亥革命が起き，翌年，[7] で [10] を臨時大総統とする中華民国の建国が宣言された。

問1　文中の [　] に入る最も適当な語句を下記の語群から選び，その記号をマークせよ。

［語群］

あ．安禄山	い．王仙芝	う．ウイグル
え．燕	お．袁世凱	か．燕雲十六州
き．オルドス	く．開封	け．韓
こ．契丹	さ．紅巾	し．黄巾
す．黄巣	せ．西安	そ．靖康
た．靖難	ち．孫文	つ．中体西用
て．趙	と．張作霖	な．吐谷渾
に．土木	ぬ．南京	ね．二十一ヵ条要求の破棄
の．扶清滅洋	は．孝文帝	ひ．渤海
ふ．滅満興漢	へ．楊炎	ほ．煬帝
ま．李世民	み．梁啓超	

問2　文中の下線部A～Eに関連して，下記の設問に答えよ。

A．唐代の文化に関連した記述のうち，誤っているものを1つ選べ。

あ．長安にその寺院が建てられるなどしたゾロアスター教は，景教と呼ばれた。

い．インドに渡った義浄は行き帰りとも海路をとり，『南海寄帰内法伝』を記した。

う．孔穎達らが編纂した『五経正義』は，科挙のテキストとされた。

え．書家として知られる顔真卿は，節度使の反乱に対して義兵を率いて抵抗した。

お．玄宗に仕えた詩人の李白は，「詩仙」と称された。

B．宋代の国際関係に関連した記述のうち，誤っているものを１つ選べ。

あ．1004年の澶淵の盟では，宋が契丹に毎年，銀と絹を送ることなどを条件に和議が結ばれた。

い．タングート人が建てた西夏は，宋にしばしば侵入した。

う．周辺国に対する防衛費の増大などにより国家財政が逼迫し，神宗によって宰相に任命された司馬光は新法による改革を実施した。

え．南宋では，和平派の秦檜と主戦派の岳飛が対立したものの，金とのあいだに和議が結ばれた。

お．朱熹によって大成された朱子学は四書を五経の上におき，また日本や朝鮮の思想にも大きな影響を及ぼした。

C．明代の諸制度に関連した記述のうち，誤っているものを１つ選べ。

あ．全国的な人口調査と土地調査が行なわれ，租税台帳として賦役黄冊が，土地台帳として魚鱗図冊が作成された。

い．人口調査をもとに里甲制が編成され，10戸で１甲，10甲と10里長戸の110戸で１里とし，徴税や治安維持に当たらせた。

う．朱子学を官学とし，「父母に孝順なれ」などといった六諭を発布し，これを里老人が唱えて回った。

え．軍制としては衛所制がしかれ，一般から兵士を募集して給与を支払った。

お．朝貢形式の貿易以外，民間人が外国と交易をすることや海外へ渡航することを禁じた海禁政策がとられた。

D．イエズス会に関連した記述のうち，誤っているものを１つ選べ。

あ．イエズス会は，スペイン出身のイグナティウス＝ロヨラがフランシスコ＝ザビエルらとともに結成し，中国や日本などひろく海外においても布教活動を行なった。

い．マテオ＝リッチらと親交を結んだ徐光啓は，エウクレイデスの『幾何原本』の翻訳にも参加した。

う．フランスのルイ14世によって派遣されたブーヴェは，清の領土を実地測量した坤輿万国全図の作製に尽力した。

え．画家として清朝の宮廷に仕えたカスティリオーネは，円明園の設計にも加わった。

お．典礼問題が起こると，康熙帝はイエズス会以外の布教を禁じ，雍正帝はキリスト教布教の全面禁止を命じた。

E．清の改革に関連した記述のうち，誤っているものを１つ選べ。

あ．西洋の技術を導入して富国強兵をはかる洋務運動は，左宗棠ら漢人官僚によって推進された。

い．李鴻章は新式の海軍として北洋艦隊を編成したが，日清戦争で日本の海軍に敗れた。

う．アロー戦争後，外国公使の北京駐在に対応するために，総理各国事務衙門（総理衙門）が設けられた。

え．光緒帝のもと，康有為らは立憲君主制を目指す戊戌の変法を推し進めた。

お．太平天国の乱が起こると，八旗などそれまでの軍勢では対抗できなかったため，曾国藩は安徽で淮軍を組織して鎮圧にあたった。

地理

（60 分）

問題Ⅰ　地球温暖化は，大気中に存在する温室効果ガスの濃度が上昇することが原因だと考えられている。地球温暖化を防ぐためには，温室効果ガスの大半を占める二酸化炭素の大気中への放出を減らし，大気中から二酸化炭素を取り除くことに取り組む必要がある。大気中への二酸化炭素の放出源の一つとして，自動車がある。一方，二酸化炭素を吸収する効果があるものとして森林の存在があげられる。以上を念頭に，世界の国々における自動車の保有台数，森林面積の変化，地球温暖化問題に対する国際的取り組みに関する問1～問3に答えよ。

問1　下の図は，インド・中国・日本・ブラジル・ロシアにおける自動車保有台数の推移を示したものである。図中の**a**～**d**の国名として最も適切なものを，次の①～④からそれぞれ一つずつ選び，それらの番号をマークせよ。

①　インド　　②　中国　　③　日本　　④　ロシア

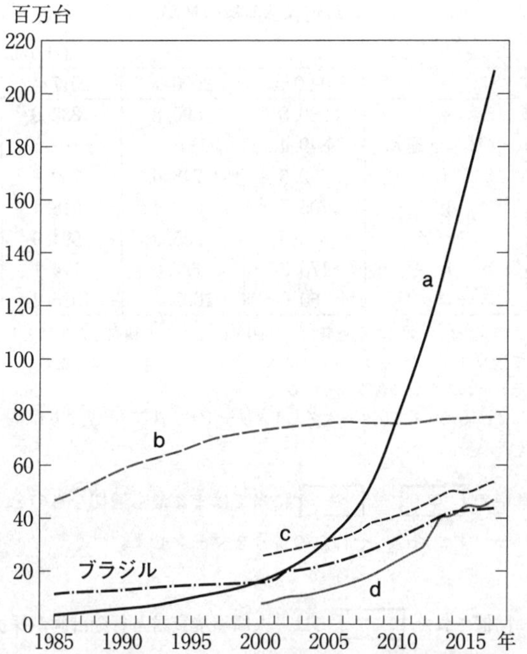

(『世界国勢図会2019/20』より作成)

問2　下の表は，地域別森林面積の推移を示したものである。世界の国々では，森林の伐採が進む一方で，植林が行われるようになり，近年のヨーロッパやアジアのように森林面積の減少が抑えられている地域もある。しかし，現在も森林面積の減少が続いている地域が存在するのも確かである。表中の**e**～**h**の地域名として最も適切なものを，次の①～④からそれぞれ一つずつ選び，それらの番号をマークせよ。

①　アフリカ　　②　オセアニア　　③　北アメリカ　　④　南アメリカ

地域別森林面積の推移

（百万ha）

	1990年	2000年	2017年
e	930.8	890.8	838.0
ソビエト連邦	849.4	…	…
f	752.5	748.6	750.8
g	705.7	670.4	618.4
アジア	552.3	565.9	594.9
h	176.8	177.6	174.1
ヨーロッパ	160.6	1002.3	1016.2

この表では，ソビエト連邦は，1990年には1つの独立した地域として扱われていたが，2000年以降はアジアとヨーロッパに分割され，それぞれの数値に含まれている。

（『データブック　オブ・ザ・ワールド　2020年版』より作成）

問3　次の文章中の［ア］～［キ］に当てはまる最も適切なものを，下の①～⑫からそれぞれ一つずつ選び，それらの番号をマークせよ。

1972年に開催された［ア］では，人間環境宣言と行動計画が採択されて，環境を重視する国際的な取り組みが始まった。この行動計画にもとづき，同年，［イ］が設立された。1992年に開かれた［ウ］では，21世紀に向けた行動計画として［エ］が採択され，温室効果ガスの排出量を削減し，気候変動にともなう様々な悪影響を防止するための［オ］や，生物多様性条約など，その後の国際的な環境政策の根幹となる条約が締結された。1997年に開催された［オ］の締約国会議では，はじめて低炭素社会をめざす［カ］が採択された。また，2015年には［カ］に代わる［キ］が採択されたが，2017年にはアメリカ合衆国が離脱を表明して波紋を呼んだ。

①　アジェンダ21　②　ウィーン条約　③　ウルグアイ＝ラウンド

④　環境と開発に関する国連会議（地球サミット）　⑤　気候変動枠組条約

⑥　京都議定書　⑦　国連環境計画（UNEP）

⑧　国連人間環境会議　⑨　循環型社会形成推進基本法

⑩　パリ協定　⑪　モントリオール議定書

⑫　ワシントン条約

問題Ⅱ　次の文章を読んで，問1～問8に答えよ。

大都市圏では都市機能が地域ごとに分化して，特徴のある地域構造が見られる。一般に，都心には，官公庁や大企業の本社などの中枢管理機能が集中している［ア］と呼ばれる地域がある。例えば，東京の丸の内・大手町，ニューヨークの［イ］がこれに該当する。そして，［ア］には，［X］が少なく昼夜間の人口差が［Y］という特徴がある。

都心とその周辺地域では，(a)インナーシティ問題が発生していることもある。また，そのような地域が再開発され，高所得者が転入する［ウ］も見られる。加えて，古い港湾地区が取り壊され，オフィスビルや商業施設が建設されることもある。例えば，ロンドンの［エ］がこれに該当する。

外国からの移民が多い都市では，民族集団ごとに居住地域が分かれる［オ］も見られる。そして，特定の民族に関連する企業や商店，レストランなどが集まる特徴的な地域が形成される。例えば，(b)チャイナタウンやコリアタウンなどである。

郊外地域では，都市の拡大に伴い住宅や施設が無秩序に広がる［カ］が起きやすく，課題は多い。また，日本では1960年代以降，［キ］が進み日常生活で自動車を利用する人が増えた。しかし，自動車への過剰な依存は，燃料の浪費や排気ガスによる大気汚染，渋滞の発生などの理由により再検討を迫られている。そのため，郊外への都市拡大を抑え，中心市街地の活性化を図る［ク］構想によるまちづくりに取り組むところもある。そのような都市では，徒歩や自転車，公共交通で移動しやすい都市整備が行われている。

(c)都市の郊外では農業も営まれている。ここで生産された農産物は，主に近隣に住む都市住民が購入するため，(d)フードマイレージが小さく，環境負荷の観点からも評価できる。また，郊外では，行政と住民の協力により(e)里山が残されている地域もある。このような里山は環境保全にもつながり貴重である。

さらに都市から離れると農山村地域となる。多くの農山村では(f)過疎問題が発生している。しかし，農山村で作られた農産物が都市住民の食料となったり，農山村の森林が国全体の環境保全に貢献していることなどから，過疎問題は都市住民にも無関係ではない。都市と農山村が協力して互恵関係を築くことが求められている。

問1　文章中の［ア］～［ク］に入る語として最も適切なものを，次の①～④からそれぞれ一つずつ選び，それらの番号をマークせよ。

ア　① CBD　② DID　③ GIS　④ GNI

イ　① シティ　② マレ
③ マンハッタン　④ ラ・デファンス

ウ　① インキュベーション　② コナーベーション
③ ジェントリフィケーション　④ セグリゲーション

エ　① ドックランズ　② シティ
③ ハワード　④ レッチワース

オ　① インキュベーション　② コナーベーション
③ ジェントリフィケーション　④ セグリゲーション

カ　① エッジシティ化　② ストロー現象
③ スプロール現象　④ ドーナツ化

キ　① ジャストインタイム　② パークアンドライド
③ モータリゼーション　④ ロードプライシング

ク　① グリーンベルト　② コンパクトシティ
③ ニュータウン　④ メガロポリス

問2　文章中の X と Y に入る語の組み合わせとして最も適切なものを，次の①～④から一つ選び，その番号をマークせよ。

	X	Y
①	常住人口	大きい
②	常住人口	小さい
③	昼間人口	大きい
④	昼間人口	小さい

問3　文章中の下線部(a)の特徴として**適切でないもの**を，次の①～④から一つ選び，その番号をマークせよ。

① 建物の老朽化　② 治安の悪化
③ 地価の高騰　④ 貧困層の滞留

問4　文章中の下線部(b)に関連して，日本で**チャイナタウン（中華街）がない都市**を次の①～④から一つ選び，その番号をマークせよ。

① 仙台　② 横浜　③ 神戸　④ 長崎

問5　文章中の下線部(c)に関連して，日本の近郊農業の説明として**適切でないもの**を，次の①～④から一つ選び，その番号をマークせよ。

① 土地生産性が高い。

② 野菜や果樹，花きがよく栽培されている。

③ 一般に経営耕地面積が小さい。

④ 単一品種が大量生産されている。

問6　文章中の下線部(d)の説明として最も適切なものを，次の①～④から一つ選び，その番号をマークせよ。

① 地場産の食料を購入すると貯まるポイントを数値で示したもの

② 食料の生産から消費までの価格の変化を数値で示したもの

③ 食料の輸送が環境に与える影響を数値で示したもの

④ 腐敗して廃棄する食料の割合を数値で示したもの

問7　文章中の下線部(e)の説明として最も適切なものを，次の①～④から一つ選び，その番号をマークせよ。

① 園芸農業のための庭木を生産している農地

② 原生林が卓越する山地

③ 集落に隣接した人の暮らしと関わりの深い林地

④ 埋立地に造成された緑地

問8　文章中の下線部(f)の特徴として**適切でないもの**を，次の①～④から一つ選び，その番号をマークせよ。

① 著しい人口減少を伴う。

② 学校の統廃合が起きている。

③ 従来の地域社会の維持が困難になる。

④ 日本では1990年代にはじまった。

問題Ⅲ　次の文章と地図を読んで，問１～問７に答えよ。

中華人民共和国（中国）の西部からモンゴルにかけては，東西に延びる山脈(a)とその間に広がる盆地が交互に並んでいる。海から隔てられたこの地域の盆地には砂漠(b)も広がっている。一方で，南部のチベット高原ではモンスーンの影響を受け，夏季に降水がみられる。高原の南西部を源流とするヤルンツァンポ川は，ヒマラヤ山脈の東縁を横断してブラマプトラ川となり，[ア]川とともにデルタを形成してベンガル湾に注いでいる。シャンハイで東シナ海に注ぐ長江も，チベット高原を源流としている。降水量が多い地域を流下することから，流域では主に[イ]の栽培を中心とする農業が行われている。チベットの北のチンハイ省に源流のある黄河は，黄土高原など乾燥した地域を流下し，流域では主に[ウ]の栽培を中心とする農業が行われている。

中国には漢民族のほかにチベット族，ウイグル族，モンゴル族をはじめとする様々な民族が生活をしている。中国国内では少数となるこれらの民族はそれぞれ独自の言語，文化，生活様式を持っている(c)。伝統的にチベット族は[エ]を行ってきた。

地図中のＥ砂漠の南北には，シルクロードと呼ばれる交易路が開かれ，利用されてきた(d)。しかし，現代では経済的に発展した沿海部に比べて西部は開発が遅れ，中国国内の地域間不均衡が社会問題になってきた。そこで，2000年には西部大開発(e)の方針が打ち出され，大規模プロジェクトが進められている。また，人口増加による過度な農地開発や家畜の過放牧による草地の減少が砂漠化をもたらしている。これに対して[オ]という砂漠化防止対策が進められている。また，乾燥地域を流下する黄河の下流では，断流が発生するようになり，長江の水を黄河流域に引水する[カ]も進められている。

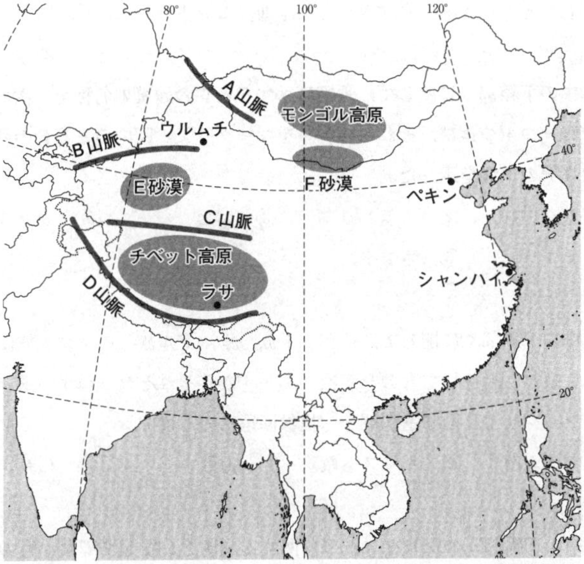

問1　文章中の ア ～ カ に入る最も適切なものを，次の①～④からそれぞれ一つずつ選び，それらの番号をマークせよ。

ア　①　インダス　②　エーヤワディー
　　③　ガンジス　④　メコン

イ　①　稲　②　大麦　③　小麦　④　キャッサバ

ウ　①　稲　②　大麦　③　小麦　④　キャッサバ

エ　①　企業的牧畜　②　混合農業　③　焼畑農業　④　遊牧

オ　①　セマウル運動　②　田園都市構想
　　③　ナショナルトラスト運動　④　緑の長城計画

カ　①　一国二制度　②　東北振興
　　③　南水北調事業　④　民工潮

問2　文章中の下線部(a)に関して，地図に示すA～Dの山脈の名称を，次の①～⑩からそれぞれ一つずつ選び，それらの番号をマークせよ。図中のA～Dの山脈はそれらのおおよその位置を示した。

①　アルタイ　②　アンナン　③　カフカス　④　クンルン
⑤　大シンアンリン　⑥　チンリン　⑦　テベク

⑧　テンシャン　⑨　ヒマラヤ　⑩　ヒンドゥークシ

問3　文章中の下線部(b)に関して，地図に示すEとFの砂漠の名称を，次の①～⑥からそれぞれ一つずつ選び，それらの番号をマークせよ。図中のEとFの砂漠はそれらのおおよその位置を示した。

①　カラクーム　②　カラハリ　③　ゴビ　④　タクラマカン
⑤　ナミブ　⑥　ネフド

問4　文章中の下線部(c)に関して，チベット族，ウイグル族，モンゴル族が主に信仰している宗教として適切なものを，次の①～④からそれぞれ一つずつ選び，それらの番号をマークせよ。同じ選択肢を，複数回選んでもよい。

①　イスラム教　②　キリスト教　③　道教　④　仏教

問5　文章中の下線部(d)のシルクロードに関する説明として**適切でないもの**を，次の①～④から一つ選び，その番号をマークせよ。

①　山の稜線上の標高が高く涼しい場所を通っている。
②　古代からヨーロッパと中国をつなぐ交易路として利用された。
③　乾燥地域では，山脈から流れ出る水が得やすい山麓に沿っていることが多い。
④　交易地としてトンホワン（敦煌）やローラン（楼蘭）などの都市が栄えた。

問6　文章中の下線部(e)の西部大開発の事業として**適切でないもの**を，次の①～④から一つ選び，その番号をマークせよ。

①　内モンゴル自治区での風力発電所の建設
②　シンチヤンウイグル自治区で採掘した天然ガスを沿岸部へ輸送するパイプラインの建設
③　チューハイ経済特区への外国企業の誘致
④　チンハイ省とチベット自治区を結ぶチンツァン鉄道の建設

問7　次の雨温図は地図中のウルムチ，シャンハイ，ペキン，ラサのいずれかのものである。このうち，ウルムチ，シャンハイ，ペキンの雨温図を，①～④からそれぞれ一つずつ選び，それらの番号をマークせよ。

①

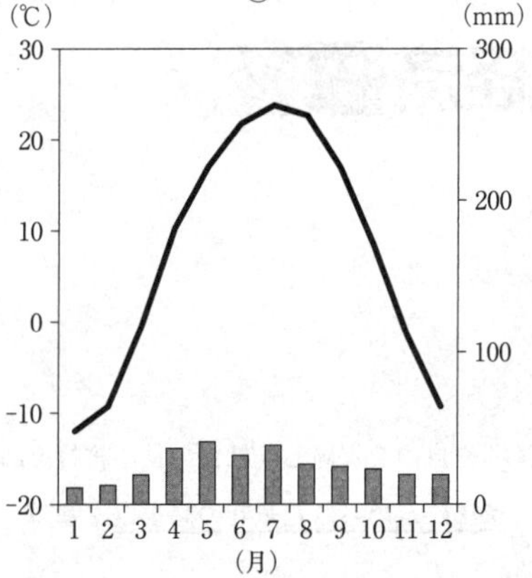

②

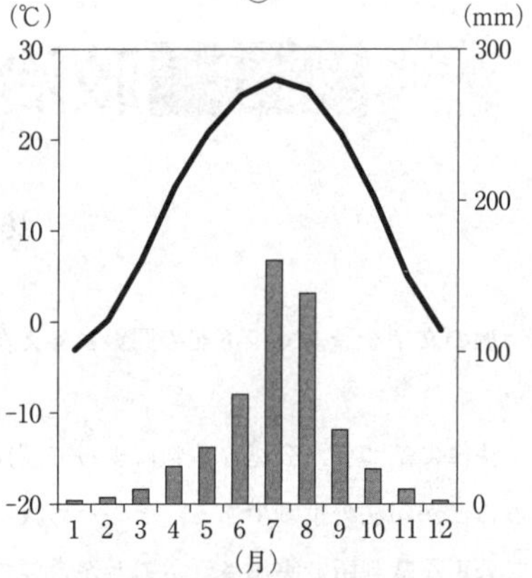

③

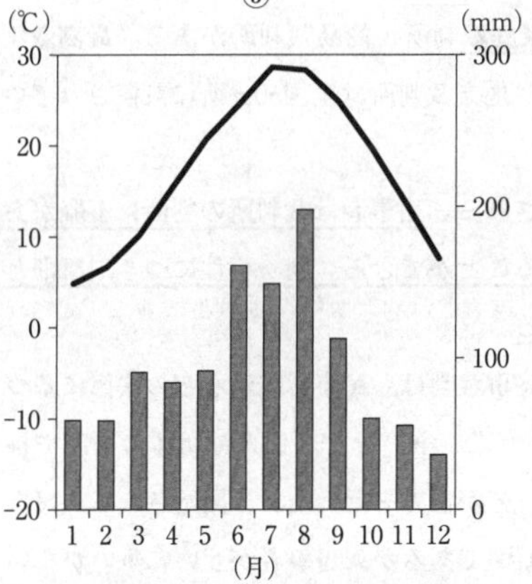

④

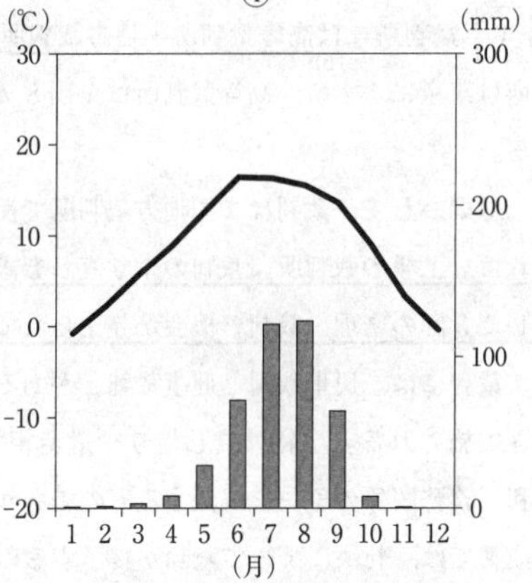

(『理科年表　2020』より作成)

政治・経済

（60分）

問題Ⅰ　次の文章を読んで，下記の問いに答えなさい。

法律に基づいた公正な裁判によって国民の権利や自由を保障し，社会の秩序維持を図ることが司法の役割である。そのため裁判は，憲法に定められた裁判の諸規定(a)に基づいて公正な裁判所で実施されることが重要である。

現在の日本の裁判所は，最高裁判所とその他の [1] 裁判所によって構成されている。[1] 裁判所には高等裁判所・地方裁判所・家庭裁判所・簡易裁判所(b)がある。最高裁判所は東京に１ヵ所，高等裁判所は全国８ヵ所，地方裁判所は全国50ヵ所に設置されている。

原則として，裁判はまず地方裁判所で開始される。当事者は裁判所の判断に不服があれば，上級の裁判所に裁判のやり直しを求めることができる。同一事件につき，原則として３回の審理・裁判の機会が与えられている(c)。

裁判には，民事裁判と刑事裁判とがある。民事裁判は，民事訴訟法などの法律に基づき実施される。金銭の貸し借りや遺産相続をめぐる争いなど，個人や団体の財産や権利・義務関係の争いを解決するものであり，一方が他方を訴えたとき開始される。民事裁判では，判決によって裁判が終了するのが原則であるが，当事者が互いに争いがないことを確認しあう [2] によって裁判が終了する場合もある。また，判決を下すよりも手続きが簡単で，裁判所において当事者の話し合いを試みる [3] 手続きによって争いの解決を図る方法もある。国や地方公共団体などと個人，あるいは行政機関相互の間に発生する行政事件の裁判(d)も特殊な類型の民事裁判として扱われている。

刑事裁判は，犯罪行為をした者に国家が罪を問う刑事事件を扱う裁判で，罪を犯したと思われる者を被告人として，検察官が [4] することによって開始される。刑事裁判は刑事訴訟法などの法律に規定された刑事裁判の原則(e)に基づき進められる。裁判官が検察官・被告人・弁護人の主張を聞き，検察官側と被告人側の立証が行われた後，被告人の有罪・無罪を判断し，有罪であれば刑罰の量刑も決める。刑罰には被告人の生命を奪う死刑，[5] に収容して自由を奪う懲役刑・禁固刑，財産を奪う罰金刑などがある。

問1　文中の 1 ～ 5 にあてはまる最も適切な語句を下記からそれぞれ1つ選び，その記号を解答欄にマークしなさい。

(ア) 起訴　(イ) 上訴　(ウ) 調停　(エ) 上告　(オ) 棄却
(カ) 和解　(キ) 公判前整理　(ク) 指導　(ケ) 下級　(コ) 争議
(サ) 特別　(シ) 国際司法　(ス) 留置場　(セ) 刑務所　(ソ) 拘置所

問2　文中の下線部 (a) に関連して，憲法に規定された裁判の諸原則として正しいものは次のA～Cのどれか。その組み合わせとして最も適当なものを下記から1つ選び，その記号を解答欄にマークしなさい。

A　裁判官には定年がない。
B　裁判の判決は公開で行う。
C　場合によっては，裁判官の全員一致により対審（審理）を非公開で行うことができる。

(ア) A　(イ) B　(ウ) C
(エ) AとB　(オ) AとC　(カ) BとC
(キ) AとBとC

問3　文中の下線部 (b) に関連して，裁判所についての記述として誤っているものを下記から1つ選び，その記号を解答欄にマークしなさい。

(ア) 憲法76条によれば，特別裁判所の設置は禁止されている。
(イ) 特許権などの事件を専門に扱う知的財産高等裁判所が，東京高等裁判所の特別支部として設置されている。
(ウ) 20歳未満の少年の犯罪については，原則としてまず家庭裁判所で審判を行う。
(エ) 憲法違反に関する争いについては，原則としてまず最高裁判所で審理される。

問4　文中の下線部 (c) に関して，最も適切なものを下記から1つ選び，その記号を解答欄にマークしなさい。

(ア)　地方裁判所の第一審判決に対して，高等裁判所の判断を求めることを上告という。

(イ)　高等裁判所の第二審判決に対して，最高裁判所の判断を求めることを控訴という。

(ウ)　刑事事件では，簡易裁判所の判決に対する控訴は高等裁判所に対して行う。

(エ)　第一審判決に対して，最高裁判所に上告を行うことは理由を問わず許されない。

問５　文中の下線部 (d) に関連して，次のA～Cの記述のうち国や地方公共団体を相手とする行政訴訟であるものはどれか。その組み合わせとして最も適当なものを下記から１つ選び，その記号を解答欄にマークしなさい。

A　津地鎮祭事件

B　松山事件

C　マクリーン事件

(ア)　A　　(イ)　B　　(ウ)　C

(エ)　AとB　　(オ)　AとC　　(カ)　BとC

(キ)　AとBとC

問６　文中の下線部 (e) に関する記述として誤っているものを下記から１つ選び，その記号を解答欄にマークしなさい。

(ア)　ある行為をしたときに，それを罰する法律がなかった場合は，後から法律が成立してもさかのぼって処罰されることはない。

(イ)　人権保護の観点から，容疑者を逮捕するためには，つねに裁判官の発行した逮捕状が必要である。

(ウ)　ある事件につき刑罰が確定した後は，同じ事件について再び罪を問われることはない。

(エ)　被告人は，弁護人を依頼する権利があり，必要があれば国が弁護人をつける制度がある。

問題Ⅱ　次の文章を読んで，下記の問いに答えなさい。

冷戦期，アメリカとソ連は軍事的側面のみならず，政治経済体制とイデオロギーの側面で対立した。1962年に，ミサイル基地建設に端を発して起きた［1］危機では，核戦争の危機に直面した。核戦争の危機を回避すべく，アメリカとソ連が譲歩し，冷戦は［2］へと向かった。また国際社会は次第に<u>多極化</u>(a)した。冷戦が終結し，ソ連が解体すると，イデオロギー対立はアメリカの勝利に終わったかのようにみえた。ロシアなど旧ソ連諸国や東欧諸国では，民主化が進み，市場経済に移行した。<u>国際的に人権に対する意識も高まり</u>(b)，［3］は1991年にアパルトヘイト（人種隔離政策）を廃止した。

2000年代にかけて，グローバル化が進展し，市場経済と民主主義が拡大した。欧米諸国は，中国を自由市場体制に組み込めば，民主化が進展すると期待し，2001年に［4］加盟を認めた。また2010年末には<u>「アラブの春」</u>(c)がはじまった。

現在，民主化の流れは後退している。中国とロシアは，国民の政治的自由を制限し，権威主義化を強めている。中国は自由市場のもとで経済大国となったが，<u>政治的自由・市民的自由は後退し</u>(d)，周辺諸国との軍事的緊張を高めている。そして<u>独自の社会主義</u>(e)が途上国をはじめとする世界のモデルであると自負している。ロシアは2014年，［5］に軍事介入し，クリミア半島を併合した。

問１　文中の［1］～［5］にあてはまる最も適切な語句を下記からそれぞれ１つ選び，その記号を解答欄にマークしなさい。

(ア)　ポーランド	(イ)　南アフリカ	(ウ)　デタント	(エ)　オーストラリア
(オ)　ハイチ	(カ)　キューバ	(キ)　世界貿易機関（ＷＴＯ）	
(ク)　ウクライナ	(ケ)　新冷戦	(コ)　経済協力開発機構（ＯＥＣＤ）	
(サ)　ベトナム	(シ)　恐怖の均衡	(ス)　アジア太平洋経済協力（ＡＰＥＣ）	

問２　文中の下線部(a)に関連して，次のＡ～Ｃの記述のうち正しいものはどれか。その組み合わせとして最も適当なものを下記から１つ選び，その記号を解答欄にマークしなさい。

Ａ　東側陣営では，1950年代末から中国とソ連の対立がはじまり，軍事衝突にまで至った。

B　西側陣営では，1966年にフランスのドゴール政権が北大西洋条約機構（NATO）の軍事部門から脱退した。

C　欧米の植民地から独立したアジア・アフリカの諸国は，1955年，インドネシアのバンドンに集まり，平和10原則を採択した。

(ア)　AとB　(イ)　AとC　(ウ)　BとC　(エ)　AとBとC

問3　文中の下線部 (b) に関連して，人権問題に関する記述として誤っているものを下記から1つ選び，その記号を解答欄にマークしなさい。

(ア)　旧ユーゴスラビア分裂の過程で，他民族を排除するための虐殺などを行う民族浄化が起きた。

(イ)　トルコ・イラン・イラクなどの国境地帯に住むクルド人は，イランのフセイン政権に弾圧され，化学兵器により虐殺されたといわれている。

(ウ)　高度な自治を求めるウイグル人に対して，中国が人権侵害を行っている，とアメリカが批判している。

(エ)　カナダは，自国における文化の多様性を積極的に肯定し，相互に尊重し，共存を推進する多文化主義を推進している。

問4　文中の下線部 (c) に関して，次の記述のうち正しいものを下記から1つ選び，その記号を解答欄にマークしなさい。

(ア)　チュニジアで起きた民主化要求運動はアラブ諸国へと拡大し，リビアなどで長期独裁政権が終焉した。

(イ)　エジプトでは，社会主義の在り方を変化させる改革運動が起き，民主化が進められたが，外国の軍の介入によって民主化運動は挫折した。

(ウ)　ソマリアでは，北部の住民が主体のソマリア政府と，南部の住民を主体とする反政府組織との間で内戦が激化し，2011年に南部が分離独立した。

(エ)　ヨルダンでは，2011年の民主化運動を契機に政府軍と反政府軍の戦闘が激化し，他国やイスラーム過激派，民族主義組織も加わり，内戦が長期化し，多くの難民が出た。

問5　文中の下線部 (d) に関連して，中国の政治に関する記述として誤っているものを下記から1つ選び，その記号を解答欄にマークしなさい。

(ア)　国家の最高権力機関とされる全国人民代表大会は5年に1度開催される。

(イ)　共産党が国政全体を強力に指導しており，人民解放軍も共産党の機関である。

(ウ)　2018年の憲法改正により，国家主席の任期制限がなくなった。

(エ)　1989年，民主化を要求する学生や労働者が天安門広場を占拠したが，軍が武力によって鎮圧した。

問6　文中の下線部 (e) に関連して，中国の経済に関する記述として誤っているものを下記から1つ選び，その記号を解答欄にマークしなさい。

(ア)　国有企業の権限を大幅に経営者にゆだねている。

(イ)　2010年には日本を抜いて，ＧＤＰで世界第2位に躍進した。

(ウ)　一帯一路を提唱し，陸と海のシルクロード経済圏の構築を提唱した。

(エ)　貿易の自由化を推進する環太平洋パートナーシップ協定（ＴＰＰ）を長年主導してきた。

問題Ⅲ　次の文章を読んで，下記の問いに答えなさい。

企業は財やサービスを生産するために，資金を調達する(a)必要がある。資金を調達するために，今日では多くの企業が株式会社の形態を採用している。他の会社形態(b)と比較して，株式会社には不特定多数の人々から資金を集めやすいという利点があるためである。

上場されている株式は，株式市場において売買される(c)。株式会社の出資者を株主という。株主は，株主総会で1株につき1票の [1] を有する。株主は株主総会において [1] を行使することで，[2] の選任や決算の承認といった会社の経営にかかわる重要な意思決定を行う。

会社が大規模になると，出資者（株主）と経営者が異なることも少なくない。これを所有と経営の分離という。一般的に，会社の経営方針を決定するのは，株主総会で選任された [2] である。所有と経営が分離している状態では，経営者が株主の利益にかなう行動をとるような仕組み(d)を整えることが重要である。たとえば，自社株を一定価格で購入する権利を付与する [3] には，経営者に株価を上昇させるような努力を促す効果がある。

企業は株主のみならず，従業員や関連企業，地域社会といった幅広い利害関係者に対して，企業の社会的責任(e)を果たさねばならない。法令遵守を意味する [4] を徹底したり，事業活動に関する情報公開を積極的に行ったりすることなどが求められる。企業が高い倫理性をもって活動しているか否かは，投資家の判断材料にもなる。社会的責任を果たしている企業を選んで投資することを [5] という。

問1　文中の [1] ～ [5] にあてはまる最も適切な語句を下記からそれぞれ1つ選び，その記号を解答欄にマークしなさい。

(ア)　ストックオプション	(イ)　ＢＯＰ	(ウ)　ディスクロージャー
(エ)　有限責任	(オ)　取締役	(カ)　内部留保
(キ)　アカウンタビリティ	(ク)　監査役	(ケ)　ＳＲＩ
(コ)　議決権	(サ)　コンプライアンス	(シ)　法人
(ス)　ＩＳＯ	(セ)　インサイダー取引	(ソ)　配当

問2　文中の下線部 (a) に関連して，次のA～Cの記述のうち正しいものはどれか。その組み合わせとして最も適当なものを下記から1つ選び，その記号を解答欄に

マークしなさい。

A　株式で集めた資金とは異なり，社債の発行によって集めた資金は他人資本であるため，企業には元本の返済と利息の支払いが求められる。

B　貸借対照表（バランスシート）には，企業の資金調達や資金運用の状況が表されている。

C　株式は証券会社を通じて発行されるため，株式の発行による資金調達は間接金融に分類される。

(ア)　A　　(イ)　B　　(ウ)　C

(エ)　AとB　　(オ)　AとC　　(カ)　BとC

(キ)　AとBとC

問3　文中の下線部(b)に関連して，次の記述の［X］にあてはまる最も適切な語句を下記から1つ選び，その記号を解答欄にマークしなさい。

2006年に施行された会社法では，ベンチャー企業の設立への活用などを想定して，［X］が新たに規定された。

(ア)　有限会社　　(イ)　合資会社　　(ウ)　合名会社　　(エ)　合同会社

問4　文中の下線部(c)に関連して，誤っているものを下記から1つ選び，その記号を解答欄にマークしなさい。

(ア)　ＪＡＳＤＡＱはベンチャー企業を対象とした新興株式市場である。

(イ)　独占禁止法の改正により，現在では持株会社制度が禁止されている。

(ウ)　日経平均株価は東京証券取引所の一部上場企業のうち，代表的な225社の銘柄から構成される指標である。

(エ)　株式市場には個人や一般企業のほか，金融機関や年金基金といった機関投資家も参加している。

問5　文中の下線部(d)に関連して，正しいものを下記から1つ選び，その記号を解答欄にマークしなさい。

(ア)　株式などの売買によって得られる利益のことをマーケット・シェアという。

(イ)　社外取締役は，企業経営の健全性に関する監督業務に携わることはできない。

(ウ)　株主などが企業経営に関してチェック機能を果たすことをコーポレート・ガバナンスという。

(エ)　株主の過度の干渉によって企業経営が妨害されるおそれのある場合，経営者は株主代表訴訟を起こすことができる。

問6　文中の下線部 (e) に関連して，次のA～Cの記述のうち正しいものはどれか。その組み合わせとして最も適当なものを下記から1つ選び，その記号を解答欄にマークしなさい。

A　メセナとは，企業による芸術・文化の支援活動である。

B　特定秘密保護法は，企業の不正を内部告発した労働者を保護するための法律であり，公務員も対象となる。

C　フィランソロピーとは，企業の行うボランティア活動などの社会貢献活動である。

(ア)　A　　(イ)　B　　(ウ)　C

(エ)　AとB　　(オ)　AとC　　(カ)　BとC

(キ)　AとBとC

問題Ⅳ　次の文章を読んで，下記の問いに答えなさい。

1960年代に主要なエネルギー源は石炭から石油へと転換した。先進国は中東地域などから供給される石油を利用して重化学工業を拡大させ，高度経済成長を実現した。しかし，1970年代に起こった２度の石油危機を契機として，先進国は省エネルギーに取り組むと同時に，石油に代わるエネルギーの開発を求めた。

日本は原子力を石油代替エネルギーの中心に位置づけ，原子力発電を推進してきた。また，原子力発電の結果生み出されるプルトニウムを燃料として使用する［1］の推進をかかげ，(a)高速増殖炉の導入やプルサーマル計画を進めてきた。原子力エネルギーは発電コストが比較的安定していることや，発電時に二酸化炭素を排出しないため［2］対策に効果があることが利点として挙げられるが，(b)放射性物質による汚染事故や放射性廃棄物の処理など安全面で課題があると指摘されてきた。2011年の東日本大震災による福島第一原子力発電所の事故は，(c)日本ばかりでなく世界のエネルギー政策に大きな影響を与えることになった。事故後，日本政府は原発ゼロをめざしたが，2014年に策定されたエネルギー基本計画では，原子力発電は［3］と位置づけられ，安全性を確認したうえで原発を再稼働させるとした。

今日の世界では，化石燃料の使用によって排出される二酸化炭素が地球環境へ及ぼす影響がますます問題になっており，1995年から開催されている気候変動枠組み条約締約国会議（［4］）では，この問題に対する国際的な取り組みが議論されてきた。その解決のためには，(d)化石燃料の使用の抑制や，(e)化石燃料に代わるエネルギーの開発が求められている。一方，エネルギー利用の効率化も重要な課題である。近年では情報通信技術（ＩＣＴ）を活用して電力を送電・受電の双方から最適に自動調整する［5］が注目されている。

問１　文中の［1］～［5］にあてはまる最も適切な語句を下記からそれぞれ１つ選び，その記号を解答欄にマークしなさい。

(ア)　コージェネレーション	(イ)　ベースロード電源	(ウ)　オゾンホール
(エ)　サンシャイン計画	(オ)　新エネルギー	(カ)　発送電分離
(キ)　エネルギー革命	(ク)　ソフトエネルギー	(ケ)　ＣＯＰ
(コ)　大気汚染	(サ)　核燃料サイクル	(シ)　ＵＮＥＰ
(ス)　スマートグリッド	(セ)　地球温暖化	(ソ)　ＩＰＣＣ

問2　文中の下線部 (a) に関連して，誤っているものを下記から1つ選び，その記号を解答欄にマークしなさい。

(ア)　プルサーマルには軽水炉を利用する。

(イ)　プルサーマルは1993年に本格的に開始された。

(ウ)　1995年に高速増殖炉もんじゅがナトリウム漏れ事故を起こした。

(エ)　2016年に高速増殖炉もんじゅの廃炉が決定し，高速増殖炉の実用化のめどはたっていない。

問3　文中の下線部 (b) に関して，次のA～Cの事故を古い年代順に並べた組み合わせとして正しいものを下記から1つ選び，その記号を解答欄にマークしなさい。

A　東海村臨界事故

B　チェルノブイリ原子力発電所事故

C　スリーマイル島原子力発電所事故

(ア)　A → B → C　　(イ)　A → C → B　　(ウ)　B → A → C

(エ)　B → C → A　　(オ)　C → A → B　　(カ)　C → B → A

問4　文中の下線部 (c) に関連して，2011年以後の原子力政策について誤っているものを下記から1つ選び，その記号を解答欄にマークしなさい。

(ア)　ドイツはすべての原子力発電所を2022年までに廃止することを決定した。

(イ)　フランスは2011年の国民投票の結果を受けて脱原発に踏み切った。

(ウ)　日本ではすべての原子力発電所が点検のために稼働を停止したが，原子力規制委員会が作成した新たな規制基準に適合した原子力発電所の再稼働が2015年から行われている。

(エ)　日本はインドと原子力協定を締結し，原発を輸出する計画を進めてきた。

問5　文中の下線部 (d) に関連して，二酸化炭素の排出量削減を目的として日本で2012年に導入されたものを下記から1つ選び，その記号を解答欄にマークしなさい。

(ア)　環境税

(イ)　クリーン開発メカニズム

(ウ)　ゼロ・エミッション

(エ)　家電リサイクル法

問6　文中の下線部 (e) に関連して，再生可能エネルギーにあてはまらないものを下記から1つ選び，その記号を解答欄にマークしなさい。

(ア)　バイオマス

(イ)　シェールガス

(ウ)　波力

(エ)　地熱

数学

(60 分)

解答上の注意

1．問題の文中の $\boxed{\text{ア}}$，$\boxed{\text{イウ}}$ などには，特に指示がないかぎり，解答用紙の解答欄に指定された数字(0～9)，または符号(−)などが入ります。ア，イ，ウ，… の一つ一つは，これらのいずれか一つに対応します。それらを解答用紙の対応する問題番号のア，イ，ウ，… で示された解答欄にマークしなさい。

2．解答欄の個数が解答の桁数より多い場合は，解答を右づめにし，余った欄には 0 をマークしなさい。また，解答に負の符号が必要な場合は，一番左の欄に − をマークしなさい。

例えば，$\boxed{\text{エオカ}}$ に −5 と答えたいときは，$\boxed{\text{エ}}$ に − を，$\boxed{\text{オ}}$ に 0 を，$\boxed{\text{カ}}$ に 5 をマークしなさい。また，$\boxed{\text{キク}}$ に 5 と答えたいときは，$\boxed{\text{キ}}$ に 0 を，$\boxed{\text{ク}}$ に 5 をマークしなさい。

3．分数形で解答する場合は，既約分数（それ以上約分できない分数）で答えなさい。符号は分子につけ，分母につけてはいけません。

例えば，$\dfrac{\boxed{\text{ケコ}}}{\boxed{\text{サ}}}$ に $-\dfrac{4}{5}$ と答えたいときは，$\dfrac{-4}{5}$ として，$\boxed{\text{ケ}}$ に − を，$\boxed{\text{コ}}$ に 4 を，$\boxed{\text{サ}}$ に 5 をマークしなさい。

4．小数の形で解答する場合，指定された桁数の一つ下の桁を四捨五入して答えなさい。また，必要に応じて，指定された桁まで 0 をマークしなさい。

例えば，$\boxed{\text{シ}}$.$\boxed{\text{スセ}}$ に 2.5 と答えたいときは，2.50 として答えなさい。

5．根号を含む形で解答する場合は，根号の中に現れる整数の絶対値が最小となる形で答えなさい。

例えば，$\boxed{\text{ソ}}\sqrt{\boxed{\text{タ}}}$，$\dfrac{\sqrt{\boxed{\text{チツ}}}}{\boxed{\text{テ}}}$ に $4\sqrt{2}$，$\dfrac{\sqrt{13}}{2}$ と答えるところを，$2\sqrt{8}$，$\dfrac{\sqrt{52}}{4}$ のように答えてはいけません。

問題Ⅰ

(1)　不定方程式 $12x-7y=3$ の整数解 $(x,\ y)$ のうち $0 \leqq x+y \leqq 50$ を満たすものは，x の値が小さい順に

$(x,\ y)=\left(\boxed{\text{ア}},\ \boxed{\text{イ}}\right),\ \left(\boxed{\text{ウ}},\ \boxed{\text{エオ}}\right),\ \left(\boxed{\text{カキ}},\ \boxed{\text{クケ}}\right)$ である。

(2)　$a>0,\ b>0,\ a+b=1$ のとき，$a+\dfrac{1}{a}+b+\dfrac{1}{b}$ の最小値は $\boxed{\text{コ}}$ であり，このとき $\dfrac{1}{a}=\boxed{\text{サ}}$，$\dfrac{1}{b}=\boxed{\text{シ}}$ である。

(3)　$0 \leqq \theta < 2\pi$ のとき，方程式 $\cos\left(\theta+\dfrac{\pi}{7}\right)=\dfrac{1}{2}$ を満たす θ の値は，小さい順に

$\theta=\dfrac{\boxed{\text{ス}}}{\boxed{\text{セソ}}}\pi,\ \dfrac{\boxed{\text{タチ}}}{\boxed{\text{ツテ}}}\pi$ である。

問題Ⅱ　袋の中に，数字の 5 が書かれた玉が 5 個，数字の 8 が書かれた玉が 3 個，数字の 2 が書かれた玉が 2 個入っている。

(1)　この袋から 2 個の玉を同時に取り出すとき，

(a)　取り出した玉の数字の合計が 4 である確率は $\dfrac{\boxed{\text{ア}}}{\boxed{\text{イウ}}}$ である。

(b)　取り出した玉の数字の合計が 10 である確率は $\dfrac{\boxed{\text{エオ}}}{\boxed{\text{カキ}}}$ である。

(c)　取り出した玉の数字の合計が 13 以上である確率は $\dfrac{\boxed{\text{ク}}}{\boxed{\text{ケ}}}$ である。

(2)　この袋から 3 個の玉を同時に取り出すとき，

(a)　取り出した玉の数字の合計が 15 である確率は $\dfrac{\boxed{\text{コ}}}{\boxed{\text{サ}}}$ である。

(b)　取り出した玉の数字の合計が 18 である確率は $\dfrac{\boxed{\text{シ}}}{\boxed{\text{スセ}}}$ である。

(c)　取り出した玉の数字の合計が 10 以下である確率は $\dfrac{\boxed{\text{ソ}}}{\boxed{\text{タチ}}}$ である。

問題Ⅲ　座標平面上の放物線 $C : y = 3x^2 - \dfrac{3}{4}$ と円 $S : x^2 + (y + r)^2 = r^2$ を考える。

点P$\left(p,\ 3p^2 - \dfrac{3}{4}\right)$ における C の接線を l とし，Pを通り l に垂直な直線を m とする。

ただし，p，r は正の実数とする。

(1)　直線 l の方程式は

$$y = \boxed{\text{ア}}\,px - \boxed{\text{イ}}\,p^{\boxed{\text{ウ}}} - \frac{\boxed{\text{エ}}}{\boxed{\text{オ}}}$$

であり，直線 m の方程式は

$$y = -\frac{\boxed{\text{カ}}}{\boxed{\text{キ}}\,p}x + \boxed{\text{ク}}\,p^{\boxed{\text{ケ}}} - \frac{\boxed{\text{コ}}}{\boxed{\text{サシ}}}$$

である。

(2)　直線 m と y 軸との交点をQとする。原点OとQの距離は

$$\left|\,\boxed{\text{ス}}\,p^{\boxed{\text{セ}}} - \frac{\boxed{\text{ソ}}}{\boxed{\text{タチ}}}\,\right|$$

であり，PとQの距離は

$$\sqrt{p^{\boxed{\text{ツ}}} + \frac{\boxed{\text{テ}}}{\boxed{\text{トナ}}}}$$

である。

(3)　直線 l と円 S が点Pにおいて接するとき，$r = \dfrac{\boxed{\text{ニ}}}{\boxed{\text{ヌ}}}$，$p = \dfrac{1}{\boxed{\text{ネ}}\sqrt{\boxed{\text{ノ}}}}$

である。

(4)　円 S と原点で外接し，放物線 C との共有点がちょうど2つである円の中心の座標は

$\left(\boxed{\text{ハ}},\ \dfrac{\boxed{\text{ヒ}}}{\boxed{\text{フ}}}\right)$ であり，半径は $\dfrac{\boxed{\text{ヘ}}}{\boxed{\text{ホ}}}$ である。

エ　統理は、増賀聖の室で真面目に修行生活に励みながらも、昔の女性との結婚生活を思い出すことがあった。

オ　東宮は、増賀聖の名声を思いながら、修行に励む統理のいる多武峰をはるかに眺めているという歌を贈った。

問九　本文中の「一の人」は藤原道長のことである。藤原道長と同時代に活躍した人物として正しいものを、次のア～オの中から一つ選び、その記号をマークせよ。

ア　阿仏尼

イ　鴨長明

ウ　世阿弥

エ　紫式部

オ　源実朝

号をマークせよ。

ア　生活に必要な物
イ　豪華なお祝いの品
ウ　滋養のある食べ物
エ　子どもの遊び道具
オ　仏にお供えする物

問七　傍線（7）「東宮より歌賜はりたらむは、仏にやはなるべき」とあるが、ここには増賀聖のどのような思いが込められているか。それを説明したものとして最も適当なものを、次のア～オの中から一つ選び、その記号をマークせよ。

ア　東宮の歌に感激したように、歌に関心を持っているようならば、悟りを得る必要はないだろう、ということ
イ　東宮の歌に共感したように、人を思う気持ちを大切にして、悟りを得るように努力をしなさい、ということ
ウ　東宮から返歌をいただいて、東宮に認められたのだから、必ず悟りを得ることができるだろう、ということ
エ　東宮への思いを断ち切ったことは立派だが、かたくなな心では、悟りを得ることはおぼつかない、ということ
オ　東宮への思いを捨てきれないように、俗世間に執着していては、悟りを得ることはできない、ということ

問八　次のア～オの中から、本文の内容に合致しているものを一つ選び、その記号をマークせよ。

ア　統理は、月に雲がかかったのを見て、自分も月のように山里に隠れて住もうという気持ちがわいてきた。
イ　統理の妻は、統理が頭髪を洗って整えたのを見て、統理の意図を察して夫との別れを悲しむ涙を流した。
ウ　藤原道長は、統理が別れの印として置いていった数珠を懐に入れ、帰っていく統理を拝みながら見送った。

ウ　統理の、生まれてくる子どもの後見役になってもらいたいという気持ち
エ　道長の、自分の亡き後には代って政治を執ってもらいたいという気持ち
オ　道長の、子どもの後見役として将来を見守ってもらいたいという気持ち
カ　道長の、自分が極楽往生できるようにしてもらいたいという気持ち

問四　傍線（4）「いぶせく思ひたまへて」とあるが、誰がどのように思っているのか。最も適当なものを、次のア～カの中から一つ選び、その記号をマークせよ。

ア　女が、増賀聖のことを近寄りがたく思っている
イ　女が、増賀聖のことを不人情に思っている
ウ　統理が、女のことを恥ずかしく思っている
エ　統理が、女のことを気がかりに思っている
オ　増賀聖が、女のことを煩わしく思っている
カ　増賀聖が、女のことを心配に思っている

問五　傍線（5）「□産みやらで悩みける」とあるが、「難産で出産することができなくて苦しんでいた」という意味にするためには、空欄にどのような言葉を入れればよいか。最も適当なものを、次のア～オの中から一つ選び、その記号をマークせよ。

ア　な　　イ　え　　ウ　あに　　エ　いかで　　オ　さだめて

問六　傍線（6）「まめなるもの」とあるが、その意味内容として、最も適当なものを、次のア～オの中から一つ選び、その記

問一　傍線（1）「世を背く心」とあるが、それはどのような心か。最も適当なものを、次のア～オの中から一つ選び、その記号をマークせよ。
ア　政治に不満を抱く心
イ　出家したいと思う心
ウ　風流な生活を求める心
エ　孤独な生き方に引かれる心
オ　悠々自適の暮らしを望む心

問二　傍線（2）「かたみに」の意味として、最も適当なものを、次のア～オの中から一つ選び、その記号をマークせよ。
ア　打ち解けて
イ　心を込めて
ウ　一方的に
エ　深刻に
オ　互いに

問三　傍線（3）「後の世は頼むぞ」に込められた気持ちとして、最も適当なものを、次のア～カの中から一つ選び、その記号をマークせよ。
ア　統理の、後に残された妻を経済的に援助してもらいたいという気持ち
イ　統理の、自分が亡くなったら追善供養をしてもらいたいという気持ち

など言ふを、聖、都に急ぎ出でて、その家におはしたりければ、(5)□産みやらで悩みけるを、聖、祈りたまひて産ませなどして、人に(6)まめなるものなど請ひたまひて、車に積みて、*産養《うぶやしな》ひまでしたまひけり。

その統理、*三条院より、*歌の御返し賜《たま》はりける、

忘られず思ひ出でつつ山人をしかぞ恋しく我もながむる

と侍りけるに、涙のごひはべりければ、

(7)「東宮より歌賜はりたらむは、仏にやはなるべき」

と、聖、恥ぢしめたまひけるとかや。奉りたる歌もあはれにきこえはべりき。

君に人馴《な》れな習ひそ奥山に入りての後はわびしかりけり

とぞ詠みて奉りける。

（『今鏡』による）

*少納言統理＝藤原統理。平安時代中期の貴族。
*泔＝頭髪を洗い整えるために用いる湯水。
*一の人＝最高の権力者。ここでは、藤原道長のこと。
*増賀聖＝奈良県桜井市の多武峰《とうのみね》に住した僧。聖僧と仰がれた。
*さる心＝増賀聖の気性が激しいことをいう。
*産養ひ＝子どもが産まれた時に行われる祝いの宴。
*三条院＝第六十七代三条天皇のこと。この頃、三条院は東宮であった。統理は東宮に仕えていたことがあった。
*歌の御返し＝統理が以前に贈っていた歌（「君に人…わびしかりけり」）への返歌のこと。

問七　ジャン＝ジャック・ルソーの『社会契約論』は、日本の自由民権運動にも影響を与えた。自由民権運動の末期に出発した文学者に坪内逍遙がいるが、逍遙の作品を、次のア～オの中から一つ選び、その記号をマークせよ。

ア　浮雲　　イ　五重塔　　ウ　多情多恨　　エ　当世書生気質　　オ　厭世詩家と女性

問題三　次の文章を読んで、後の問に答えよ。

*少納言統理《むねまさ》ときこえし人、年頃《としごろ》(1)世を背く心やありけむ、月の隈《くま》なくはべりけるに、心をすまして、山深く尋ね入らむこころざしのせちに催しければ、まづ家に、

「*泔《ゆする》設《まう》けよ。出《い》でむ」

と言ひて、頭《かしら》洗ひ、梳《けづ》り乾《ほ》しなどしけるを、妻《め》なりける女も心得て、さめざめと泣き居《を》りけれど、(2)かたみにとかく言ふことはなくて、あくる日、うるはしき装ひして、*一の人の御許《もと》に詣《まう》でて、山里にまかりこもるべき由の暇《いとま》申しければ、人も申しつがざりけるを、強《し》ひ申しければ、聞きたまひて、

「少納言こなたへ」

とて、出で会ひたまひて、御数珠《ずず》賜《た》びて、

「(3)後の世は頼むぞ」

など侍《はべ》りければ、数珠をば納めて拝したてまつりて、*増賀聖《ぞうがひじり》の室《むろ》に到りて頭おろしたりけれど、勤め行なふこともなくて、もの思ひたる姿なりければ、聖、*さる心にて、はしたなくはべりければ、

「子産みはべるべき月に当りたる女の侍ることの思ひ捨てはべれど、(4)いぶせく思ひたまへて」

この〈私〉はあくまでも利益という目的に対する手段でしかないからです。
だから信頼できないのです。

つまり、贈与が無くなった世界（交換が支配的な社会）には、信頼関係が存在しない。
裏を返せば、信頼は贈与の中からしか生じないということです。

（1）傍線C「相手が使い物にならなくなった場合や目的を果たした後は、助ける義理はない、というドライな関係」とあるが、このような「関係」が生じるのはなぜか。それを説明した次の文の空欄に入る、最も適当な八字の表現を、**【文章Ⅰ】**の段落12～16から探し、その表現を含む段落の番号をマークせよ。ただし句読点や符号がある場合には、それも字数に含む。

「交換の論理」が支配的な近代資本制社会では、物だけでなく人間もまた、共通の尺度となる［　　　］、等価的な交換が可能なものとして扱われてしまうから。

（2）傍線D「「差し出すもの」とその「見返り」が等価であるようなやり取り」とあるが、これに対して、「クラ」と呼ばれる交流・交易では、どのような「やり取り」になっているか。それを説明した次の文の空欄に入る、最も適当な二十九字の表現を、**【文章Ⅰ】**の段落17～20から探し、その表現を含む段落の番号をマークせよ。ただし句読点や符号がある場合には、それも字数に含む。

「クラ」においては、「差し出すもの」の「見返り」をすぐに求めるのではなく、贈与は、［　　　］に従って、順次、次の者へと贈与され、迂回路をたどった後、元の贈与者に回収される。

ビジネスの文脈では、相手に何かをしてほしかったら、対価を差し出すしかありません。相手が認める対価を持ち合わせていなかったり、「借りを返す」見込みが薄い場合などでは、協力や援助を取りつけることは難しくなります。

だから大人になると、ギブ&テイクの関係、ウィン－ウィンの関係（交換的なつながり）以外のつながりを持つことが難しくなるのです。

「助けてあげる。で、あなたは私に何をしてくれるの？」

これがギブ&テイクの論理を生きる人間のドグマ（教義）です。

要するに「割に合うか合わないか」で物事を判断する態度です。

割に合うなら助けるし、仲良くする。割に合わないなら、縁を切る。

他人を「手段」として遇する態度です。

問題は、僕らは、自分のことを手段として扱おうとして近づいてくる人を信頼することができないことです。

親切にされればされるほど、何か裏がある、打算があるはずだと感じてしまう。

「割に合うかどうか」という観点のみにもとづいて物事の正否を判断する思考法を、「交換の論理」と呼びたいと思います。

「努力は報われる／報われない」という視点ですら、交換の論理の一部をなしています。

努力という支払いに見合う報酬があるのかないのかという発想自体が、すでに交換の論理に根差しているのです。

交換の論理はD「差し出すもの」とその「見返り」が等価であるようなやり取りを志向し、貸し借り無しのフラットな関係を求めます。ですから、交換の論理を生きる人は打算的にならざるを得ません。

それゆえ、交換の論理を生きる人間は、他人を「手段」として扱ってしまいます。

そして、彼らの言動や行為には「お前の代わりは他にいくらでもいる」というメッセージが透けて見えます。なぜなら、

問五　空欄dに入る最も適当な表現を、次のア〜オの中から一つ選び、その記号をマークせよ。

ア　譲渡したはずの〈自分のもの〉を手つかずの状態で取り戻すことになる
イ　他者の労働による付加価値がついた〈自分のもの〉を再び所有することになる
ウ　新たな交易を開く扉として、未知の他者の〈貴重な固有のもの〉を受け取ることになる
エ　自らの産み出した生産物を獲得する代わりに、〈貴重な固有のもの〉を喪失することになる
オ　それぞれの中継地において追加された〈貴重な固有のもの〉をすべて手中に収め、優位に立つことになる

問六　次の【文章Ⅱ】は、【文章Ⅰ】と同じく贈与と交換について書かれた、近内悠太『世界は贈与でできている』の一部である。これを読んで、後の（1）（2）の問に答えよ。

【文章Ⅱ】

子供のころ、僕らは誰とでも友人になることができました。たまたま教室で席が隣になったというだけで、たまたま好きなミュージシャンが一緒だったというだけで、僕らは無邪気に友人になることができました。

それなのに、大人になると、新しい友人を作ることが難しくなってしまいます。

どうして「仕事上の知り合い」とは友人関係になりにくいのでしょう？

それは、互いを手段として扱うからです。

「ビジネスパートナー」という言葉がありますが、これはあくまで利害が一致している限りでの関係や、共通の目的を持った者同士の（一時的な）協力関係を指します。逆に言えば、C相手が使い物にならなくなった場合や目的を果たした後は、助ける義理はない、というドライな関係に他なりません。

イ　原初の人々の祭りは、〈富〉の再生産がうまく運ぶことを目的とする性格を持っていたが、その祭りを引き継いだ、歌や舞踏、演劇などの活動においては、かつての性格は失われた。

ウ　原初の人々の祭りは、〈富〉の非生産的な消費という側面を持つものであったが、同時にそれは、人々が自らの生存や再生産を維持するために生産物を消費する側面も持っていた。

エ　原初の人々の祭りは、後の時代には巨大な石像や神殿を伴い、人々が働いて産出したすべての〈富〉を祭りの間に消費し尽すものとなり、結果として穀物や家畜の豊饒が促された。

オ　原初の人々の祭りは、神々への贈与を、〈富〉の消費それ自体を目的とする仕方で行うものであり、そこには後代の宗教や祭儀に見られるような豊饒の祈願という観念はなかった。

問四　傍線B「「クラ」と呼ばれる交流・交易」とあるが、これについて説明した次の文章の空欄X・Yに入る最も適当な表現を、Xは十字で、Yは十八字で、それぞれ段落 7 ～ 13 から探し、その表現を含む段落の番号をマークせよ。ただし句読点や符号がある場合には、それも字数に含む。

トロブリアンド諸島の人々は、他の氏族・部族の人々に、自分の生産したものなどを、まず贈与するというかたちで交流を開始する。その当初の段階では、彼らの贈与するという行為は非生産的なものであって、自らの生存を維持するために行う富の交換というよりは、［　X　］ように見える。しかし、贈与物はやがて円環的に贈与者の元に戻ってくるので、時間的な差異を伴う交換であるようにも見える。そのため、等価なものの交換という観念を当然の前提としている私たちの目には、「クラ」は、［　Y　］という両義性を持つものに見える。

＊信用貸し＝貸し手が借り手を信用して、担保・保証なしで金銭などを貸し付けること。

問一　空欄ａに入る表現として最も適当なものを、次のア〜オの中から一つ選び、その記号をマークせよ。

ア　ルソーが独自の着想により類比的に創出した理想社会の観念
イ　古代においては富裕層のみが特権的に占有した階級社会の観念
ウ　原始共同体の誕生とともに自然発生的に発達して普遍化した観念
エ　後代の商取引から逆向きの仕方で推論的に抽象して定式化した観念
オ　神々との原初の心的な交流のなかで象徴的に儀礼化され制度化した観念

問二　空欄ｂ、ｃに入る言葉の組み合わせとして最も適当なものを、次のア〜カの中から一つ選び、その記号をマークせよ。

ア　ｂ―宗教的　ｃ―神秘性　　イ　ｂ―功利的　ｃ―有用性
ウ　ｂ―規範的　ｃ―理想性　　エ　ｂ―思弁的　ｃ―論理性
オ　ｂ―階層的　ｃ―優越性　　カ　ｂ―義務的　ｃ―作為性

問三　傍線Ａ「まず〈初物を捧げる〉という仕方で、精霊たちや神々に奉納する祭りを行った」とあるが、原初の人々の祭りについて述べた次のア〜オの中から、正しいものを一つ選び、その記号をマークせよ。

ア　原初の人々の祭りは、なんらの目的もなく貴重な〈富〉を濫費する非生産的なものであったが、やがて神々の像として彫刻や絵画が制作されたことで、人々に正しい信仰心が芽生えた。

に戻ってくる、循環的な贈与である。

19 Aという贈与する者（氏族・部族）はその人独自のマナ（霊的力）の容器のようにみなされており、Aが生産した富はそのマナを担っている。そういう富を贈与すると、Aはいったん〈自分にとって貴重な固有のもの〉を分離し、他の容器である受贈者Bのなかへと譲渡する。贈り物を受け取った者（氏族・部族）は、そういう恩恵を負い目のように感じており、恩＝負債はどうしても返さなければならないという相互性の原理に基づいて、必ず自分も贈与しようとする。そうやって〈贈与の運動〉のうちに参入しない限り、つねに負債をおったままに――あるいは、相手に優位を認め、自らは劣勢に立たされたままに――なってしまうからである。

20 こうして、その贈り物は、こんどは受贈者Bのうちでその人のマナによる労働の成果を付与され、作り変えられる。Bはそれを第三の者（氏族・部族）Cに贈与する。そして、Cはまた同じように時間をかけた過程を経て、自らのマナを担った労働の成果である生産物を、D（E、F……）に贈与し、そのDは、今度は、円環的に回って、自らの産み出した特産品をAに贈与する。贈り物をすることは、次々と中継地を経由して循環的に元の贈り手に返され、戻る。すると贈与者Aは、いわば［　d　］。〈貴重な固有のもの〉はいったん手放されるけれども、迂回路《うかい》をたどったあと、必ず回収され、また自己所有される。それゆえ後代のポリティカル・エコノミーの観点から見れば、一種の「利子付きの*信用貸し」に相当するように思える。ただし文書による契約に基づくのではない。つねに〈心的な恩＝負債の感情〉に結ばれた黙契にほかならない。

（湯浅博雄『贈与の系譜学』による）

＊ポリティカル・エコノミー＝政治経済学。政治現象や社会構造との関連に重点を置いて経済現象を解明しようとする学問。
＊〈消尽〉＝生産とは結び付かない、徹底的な消費のこと。
＊反対給付＝一方の給付に対して対価の意味をもつ他方の給付。

も考慮しつつ、『贈与論』の副題として「原始社会における交換の形態と理由」という言い方を添えているのである。

14 ただし、それは独特の交換であり、交換ではないような交換であって、近代資本制社会、市場経済社会において私たちが慣れている〈等価なものの交換〉、貨幣を前提にした交換、商品の交換のような交換ではない。

15 モースが挙げている多くの原始社会では、人々がなにかある物を、自分とは違う、他の人々へと交流させることを実行する場合、少なくとも最初は、贈与する、というかたちを取る。自分が生産したもの、制作したもの、保有しているものを、他なる者（他の氏族・部族）に贈る、というやり方で始めるように見える。

16 たとえば、文化人類学者ブロニスワフ・マリノフスキー（一八八四―一九四二年）の『西太平洋の遠洋航海者』（一九二二年）が報告しているように、西太平洋のトロブリアンド諸島の人々は、自分の生産したもの、作業して産み出し、所持しているものを、他の人々（他の氏族・部族）に、まず贈与する、というかたちで交流を開始する。現代の観察者（その社会を訪れた民族学者、文化人類学者）の目から見れば、そう言える。

17 B「クラ」と呼ばれる交流・交易を簡略化して示そう。Aという島の氏族・部族から贈られ、Bという島の氏族・部族によって受け取られたものは、Bのもとでしばらくのあいだとどまる。生活品や消費財であれば、利用され、活用されて、Bが作り出す新たな生産物に変わるし、象徴財（たとえば腕輪や首飾り）であれば、なんらかの逸話（ある儀式で着装された、という物語）が付け加わる。Bはやがて別の島のCという氏族・部族に、自分の生産したもの、所持するものを贈る。そして同じような過程を経て、Cはしばらくの後、自らの生産したもの、所有するものを、Aに贈る。むろん、D、E……という具合に数はふえてもよいのだが、生活財や象徴財がAからBへ、BからCへ……という仕方で循環していき、しばらく時間が経過したあと、円環的に元に戻るという構図は同じである。クラという語の意味は、リング、円環、に近いと、マリノフスキーは報告している。

18 モースの考察の中心を占めているのは、給付することが――ある時間をかけた過程を経て――*反対給付を呼び、それがまた同じような過程を経て、次の反対給付を促し、という具合に次々と連繫《れんけい》していって、ある限定された回路を経由したあと、必ず元対し、貴重な〈富〉を神々に贈与するやり方で費やす活動は、なにかに役立つというよりも、その活動自体のうちに目的を見出《みいだ》している。産み出された富を費やすということが、なにものかに利益があり、役に立つと予測されたうえで、消費されるのとは違う。それを費やすことが、そのこと自体において価値を持つ仕方で使うことである。

10 少し敷衍《ふえん》して言いかえると、富を費やすことが、再び生産活動が円滑に運ぶように、という目的を考慮して——あるいは、いつのまにか予測し、期待しつつ、見込んで——実行されるのではない。そうではなく、その消費が、もっぱらそれ自体のうちに目的性=究極性を持つ様態で行われる。それゆえ、このとき貴重な富は、非生産的なやり方で消費される（すなわち、濫費される）ことになる。後代の＊ポリティカル・エコノミーの観点から見れば、そう思える。通常の意味での〈消費〉とは異なり、むしろ〈消失〉である。こうした非生産的な消費は、バタイユが〈濫費〉とか＊〈消尽〉と呼ぶものに近い。

11 しかし、労働することによって産出された貴重な産物を、神々に捧げる祭り——精霊や神々に贈り物として献上する祝祭——は、よくそう言われるとおり、豊かな収穫を感謝したり、次の栽培や飼育も豊饒《ほうじょう》であるよう祈願したりしているのではないか。つまり、再生産がうまく運ぶように気づかっているのではないか。そういう反論もありうる。だが、〈豊饒の祈願〉という観念は、もっと後代の——十分に制度化した——宗教とその祭儀から逆向きに推論して導き出した観念であって、原初の人々はそんな観念を、定まったものとしては持っていなかっただろう。ここでも、貴重な産物を犠牲にして捧げることが、結果として見れば、穀物や家畜の豊饒を促したことになるだけであり、それは結果であって、原因をなすものではない。

12 マルセル・モースの『贈与論』（一九二五年）から何が読み取れるだろうか。

13 『贈与論』の副題は、「原始社会における交換の形態と理由」と書かれている。モースは、この論考で贈与をテーマとし、贈与について論じているが、しかしその贈与は、現代人から見れば、贈与でもあり、また同時に交換でもあるような曖昧さを持っている。ほとんどの場合、大きく距離をとって、また長い時間の幅をとって、その行動=ふるまい——贈与的次元を持つ、と思えるふるまい——を眺めれば、時間的な差異（遅れ）を伴う交換であるように見える。だからこそモースは、読者の理解しやすさ

4　近代資本制社会は、万般にわたって貨幣（共通の尺度となるもの、そして共約可能性を産み出すもの）による等価性の設定を当然のこととして前提にしている。だから等価なものの交換という観念しか知らず、それが自然なことだと思っている。人々は、商業活動を範型にして考えるので、原初の人々は、自分が産み出し、所有している物を、それを必要としている他の人に渡し、その代わりに等価的なものとして、自分に欠けているもの、必要なものを、他から受け取ったのだと思う。

5　しかし「物々交換」というのは、[a]であって、原初の人間はその観念を――公式的なものとしては――持っていなかっただろう。後から見れば、結果として、物と物を等価的に交換したように見えるだけだ。それは結果であって、原因にあたるなにかではない。

6　バタイユの考えでは、原始社会における物のやり取りは、[b]な意味あいを――主な動機としては――持たず、[c]と（少なくともダイレクトには）結ばれていない。では、原初的な物の移動・やり取り、交流・交易は、何に最も深く結ばれていたのだろうか。それを解明するためには、原始社会において〈富〉や〈財〉がどんな原則に従っていたのかを、考えてみなければならない。

7　原初の人々は、自分が働いて産み出した成果である産物を、どのように見ていたのだろうか。もちろん彼らは生存を維持し、再び労働できるために自分たちでその産物を消費もした。それは当然である。だが、その前にまず A〈初物を捧《ささ》げる〉という仕方で、精霊たちや神々に奉納する祭りを行った。〈富〉はまずなによりも神々に贈るべきものだった。

8　この奉納およびそれと一体になった祝祭は頻繁に行われた。さらには、このように貴重な〈富〉を贈与する祭りを引き継ぐ活動として、神々に捧げる様式で、歌、舞踏、見世物、演劇を上演することが行われたし、また、少し後の時代には、巨大な石像や神殿を建てること、神々の似姿《イマージュ》＝像として彫刻や絵画を制作することが実践された。

9　それらの活動はどんな特性を持つだろうか。自分が産み出した富や財を、自らの生存を維持し、再び労働することができるために自分たちで消費するときには、この消費は役に立つものであり、生産された物は有用な仕方で消費されると言える。それに

②夏にヨワっていた猫が見事に回復した。

③いつも使っている道が工事でサエギられていた。

④昔通っていた商店街はすっかりサビれてしまった。

⑤ワカいうちの苦労は買ってでもしなさいと言われた。

問題二　次の文章を読んで、後の問に答えよ。なお、本文の段落に1〜20の番号を付してある。

【文章Ⅰ】

1　原始社会において、〈物を譲り渡し、また、受け取る活動〉の領域では、なにが義務だとされていたのだろうか。文化人類学者マルセル・モース（一八七二―一九五〇年）の思想、思想家ジョルジュ・バタイユ（一八九七―一九六二年）の思想を参照しつつ、原初の社会において、物の交流・交易に関わる義務や責任（応答）がどう考えられていたのかを推定してみよう。

2　まず原初の社会において、人々はどのようにして物をやり取りしていたのかを考えてみたい。つまり人々は、自分が生産した物、自分が所有し、保持している物を、どのようにして他の人に譲り渡したのか、また、他の人が産み出した物、所持している物を、どのようにして渡してもらい、受け取ったのだろうか。

3　常識的には、原初の人々は「物々交換」をしたのだと思われてきた。ジャン＝ジャック・ルソー（一七一二―七八年）のような思想家が、後期の長い小説作品である『新エロイーズ』（一七六一年）のなかで、一種の理想郷として構想した「クララン」では、自給自足が原理とされ、貨幣は廃止されているが、物のやり取りはやはり「物々交換」というかたちで行われていた、と考えられている。

国語

（六〇分）

問題一　次の傍線を付したカタカナについて、（1）〜（4）は最も適当な漢字を、（5）（6）は同じ漢字を含むものを、それぞれ①〜⑤の中から一つ選び、その数字をマークせよ。

◇人情のキ（1）ビ（2）に触れる。

（1）キ　①機　②吉　③軌　④器　⑤起

（2）ビ　①備　②美　③微　④鼻　⑤尾

◇卒業生の言葉に教師ミョウ（3）リ（4）に尽きる思いがした。

（3）ミョウ　①命　②名　③明　④妙　⑤冥

（4）リ　①吏　②理　③利　④裏　⑤履

◇荒トウ（5）無稽な風説に惑わされないようにする。

①物価の高トウに対する経済政策を議論する。

②最近、優トウ生的な発言が多い。

③初対面の人からトウ突な質問を受ける。

④彼は世俗を離れて高トウ的な生き方をしていた。

⑤登記簿のトウ本を確認する。

◇どのような時も傍ジャク（6）無人にふるまうべきではない。

①相手の事情をクみとって対応した。

解答編

■英語■

I　解答　1－C　2－B　3－C　4－C　5－B

◆全　訳◆

≪近代日本の木版画≫

19世紀に日本の版画が欧米に紹介されて以来，それらは西洋で最も人気のある日本美術の形式になっている。印象派の画家に対するこれらの版画の影響はよく知られている。クロード=モネやフィンセント=ファン=ゴッホなどの画家は，喜多川歌麿，葛飾北斎，安藤広重をはじめとする日本の多くの巨匠たちの作品を賞賛し，収集し，それらにインスピレーションを得た。

日本では，版画は必ずしも常に高く評価されていたわけではない。低俗な芸術と考えられていたので，これらの作品は，過去数十年まで真剣に収集されていなかった。一時は，日本の伝統的な版画の90パーセントが西洋に流出していたと推定されているが，近年，日本の美術館や個人の収集家がそれらを買い戻している。現在では，ボストン，シカゴ，ニューヨーク，ロンドンだけでなく，東京，大阪，京都にも優れたコレクションがある。もともと版画は大量生産で安価だったため，今でも広く出回っている。もっとも，最高級の版画は今では多額の費用がかかることもあるが。今日，一部の収集家は，まだ比較的安価な現代版画に集中して力を入れているが，それは，それらの版画が日本の芸術家の天才的な才能を明らかにし続けているからである。

19世紀の日本を代表する二大浮世絵師，北斎と広重はそれぞれ，人間が思いつけるであろう限りのあらゆる題材を描いた何千枚もの版画をデザインした。しかし，どちらも風景画の版画で有名になった。それぞれが主要なテーマを見つけたが，北斎にとって，それは富士山の眺めであり，広重にとっては東海道の宿場だった。

北斎は，富士山の版画を制作する以前は，画家，版画家，本の挿絵画家として長い間成功を収めていた。これら富士山の版画が登場するのは1830 年代初頭，その画家が 70 歳を過ぎてからである。彼がすばらしい題材を見つけたことはすぐにはっきりとした。当初は 36 点の版画の連作を制作することを予定していたが，北斎はさらに 10 点を加え，数年後にはさらに 100 点の富士山の光景を収録した全 3 冊からなる版画集を刊行した。

◀解　説▶

1．「本文によると，次のどの記述が正しいか」という設問に対し，第 1 段第 1 文（Ever since Japanese …）の内容から，C「日本の版画は 19 世紀にヨーロッパで有名になった」が正解。A「広重は 19 世紀のヨーロッパで有名な印象派の画家だった」 B「日本の版画は西洋の世界でこれまで常に不人気であった」 D「ファン=ゴッホは 19 世紀の日本で最も影響力のある画家だった」

2．「本文によると，版画について次のどれが正しくないか」という設問に対し，第 2 段第 5 文（Because prints …）に「もともと版画は大量生産で安価だったため，今でも広く出回っている」とあるので，B「版画は今日購入するのがとても難しい」が正解。A「日本と海外に現在多くのすばらしい版画のコレクションがある」 第 2 段第 4 文（Now there …）より正しい。C「版画は過去 20～30 年の間に日本でより多く収集されてきた」第 2 段第 2 文（Considered a low …）より正しい。D「版画は日本で常に尊重されてきたわけではない」 第 2 段第 1 文（Woodblock prints …）より正しい。

3．「北斎と広重について第 3 段はどんなことを述べているか」という設問に対し，第 3 段第 2 文（But both …）の内容から，C「彼らは風景版画で評判を得た」が正解。A「彼らは，彼らの版画の中の同じ場所で知られるようになった」 B「彼らはいまだに数多くの題材で版画をデザインしている」 D「彼らは東海道に住むのがとても好きだった」

4．「第 4 段の主旨は何か」という設問に対し，第 4 段は富士山を題材にした北斎の作品に関する記述なので，C「富士山に関する北斎の作品は彼の傑作に含まれるとみなされている」が正解。A「北斎は富士山の版画で早くから大きな成功を収めた」も富士山について触れているが，第 4 段第

2文（These did …）より不適。B「北斎の最大の業績は70歳を超えたことだ」 D「北斎の東海道に関する作品はとても有名になった」
5.「本文に対するタイトルとして最もよいのは何か」という設問に対し，この文章の全般にわたって述べられている内容から判断すると，B「日本の有名な版画」が正解。A「北斎の成功物語」 C「世界で最も偉大な画家たち」 D「世界中の美術館の版画」

II　解答　6－C　7－B　8－C　9－D　10－C

◆全　訳◆

≪バウハウス運動の芸術への影響≫

バウハウスは，1919年にドイツのワイマールで始まった，影響力のある芸術とデザインの運動だ。この運動は，感情をほとんど表に出さず，歴史的な参照もない，抽象的なスタイルを支持した。そして，その美学的思想は建築家，デザイナー，芸術家に影響を与え続けている。

ワイマール美術学校は，1919年に建築家ヴァルター=グロピウスによって設立された。彼の指導のもと，バウハウス運動では応用芸術と純粋芸術を特に区別しなかった。絵画，建築，織物のデザイン，家具の製作，劇場の設計，ステンドグラス，木工，金属加工――これらすべてがバウハウス運動の中に居場所を見いだした。

バウハウスの建築様式は，ガラス，石，鋼鉄の鋭角を特徴としており，それらが一緒になって模様を作り，その結果，一部の歴史家がまるで人間がその創造に関わっていないかのように見えると特徴づけている建物を生み出した。この芸術哲学は，機能と大量生産を好み，社会における権力と富の不平等をうかがわせない，日常的な建築物の世界中での再設計に影響を及ぼした。

1925年から，グロピウスはデッサウの町への学校の移転を監督した。彼は，バウハウス運動の原則を学校の物理的な空間に現出させる，新キャンパスのためのいくつかの建物を設計した。この学校は，ドイツの独裁政権との生き残りをかけた闘いの中で移転したが，その政権が学校を掌握したので，その干渉によって実験的な活動を抑制することが要求された。教師たちは当時の政府との連携を拒否し，1933年に学校は教師たちの投票によって廃校にされた。この決定を受けて，グロピウスおよび他の多くのバウハウス運動関係者はアメリカに渡り，そこで彼らは20世紀の芸術とデザインに深く，そして永続的な影響を及ぼした。

◀解　説▶

6.「aesthetic に意味の上で最も近いのは次のどれか」という設問に対し，第1段最終文後半（and its aesthetic …）の内容から，建築家・デザイナー・芸術家に影響を与え続けているものは何か，を考えれば，C「美に関する考え」が適切。A「慎重な心」　B「歴史的な扱い」　D「身体的能力」

7.「空所に入れるのに最も適切な選択肢を選べ」という設問に対し，空所の直後が，between *A* and *B* の構造になっていることから，「*A* と *B* の間の区別」の意味になるBが適切。A「試み」　C「賃貸借契約，リース」　D「輸送」

8.「本文によれば，バウハウスの建築様式について正しいのは次のどれか」という設問に対し，第3段最終文（This philosophy …）に「この芸術哲学は，機能と大量生産を好み」とあり，同段第1文（The Bauhaus …）後半に「(バウハウスの建築様式は）まるで人間がその創造に関わっていないかのように見える」とあるので，C「それは機能を重視し，人間によってデザインされたように感じられない」が正解。A「それは歴史的建築物の元々の美しさを完全に修復することを目指している」　B「それは大量に標準的な建物を建てることに反対している」　D「それはヨーロッパ諸国の階級に基づく社会の文化と伝統を表している」

9.「本文によれば，その学校のデッサウへの移転について述べられているのは次のどれか」という設問に対し，最終段第2文（He designed …）に「彼は，バウハウス運動の原則を学校の物理的な空間に現出させる，新キャンパスのためのいくつかの建物を設計した」とあるので，D「バウハウス運動のデザインの原則は新キャンパスの建物に見ることができた」が正解。A「グロピウスは，デッサウが物理的に行きやすく広々としていたので移転を決心した」　B「その学校の教師たちはデッサウで自分たちの意見を表明する機会をより多く与えられた」　C「移転後，バウハウス運動はヨーロッパをはじめとする国々でより有名になった」

10.「本文によれば，次のどれが正しいか」という設問に対し，最終段第

4文（The teachers…）に「教師たちは当時の政府との連携を拒否し，1933年に学校は教師たちの投票によって廃校にされた」とあることから，C「その（学校の）教師たちは政府と協力することを避けるためにその学校を廃校にした」が正解。A「バウハウス運動は政府の介入のせいでコントロールできなくなった」 B「その学校は実験をするのをやめなかったので，政府はその学校を廃校にした」 D「その学校が廃校になったあと，バウハウス運動の世界的な影響力は次第に衰えていった」

III　解答　11—A　12—B　13—C　14—A　15—C

◆全　訳◆

≪食品廃棄物の問題≫

世界の食品廃棄物は，10億トン規模の問題に発展する勢いだ。国連環境計画（UNEP）が発表した「2021年食品廃棄物指数」によると，毎年推定9億3100万トンの食品がゴミ箱行きになっていることが判明している。その大部分である5億6900万トンが家庭廃棄物カテゴリーに該当し，さらに，外食産業と小売業がそれぞれ2億4400万トンと1億1800万トンを占めている。1人当たりに換算すると，世界の平均的な家庭で年間74キログラムの食料が廃棄されていることになる。この数値は，富裕国でも貧困国でもおおむね似ており，それゆえ広範にわたる改善が必要である。UNEPが記録した最新の数値は，問題の規模が大幅に過小評価されてきたことを示している。つまり，たとえば，家庭やレストランなどの消費者レベルでの世界の廃棄物は，以前の推定より2倍以上多いのだ。

UNEPが発表した「2021年食品廃棄物指数」では，もし，食品のロスと廃棄が国であれば，地球上で3番目に大きな温室効果ガス排出源になるであろうと指摘されている。では，各国は年間どれくらいの食品を廃棄しているのか。たぶん当然のことながら，UNEPによれば，人口が最も多い2カ国が食品廃棄物の総量が最も多い。

◀解　説▶

11.「下線部(11)と意味上最も近いのは次のどの記述か」という設問に対し，下線部では「もし，食品のロスと廃棄が国であれば，地球上で3番目に大きな温室効果ガス排出源になるであろう」と，食品のロスと廃棄を国にたとえた表現になっている。したがって，A「食品のロスと廃棄は温室効果ガス排出の大きな原因となっている」が正解。下線部は現実の国の話をしているのではないので，現実の国の話をしているB「食品のロスと廃棄は世界で3番目に大きい国だった」，C「人口が最大の国が温室効果ガス排出の最大の原因である」は不適。また，下線部後半に「3番目に大きな排出源になるであろう」とあることから，D「食品のロスと廃棄がなければ，温室効果ガス排出は消滅するだろう」も不適。

12. 「下線部⑿が言及しているのはどの2国か」という設問に対し，下線部の後に「食品廃棄物の総量が最も多い」とあるので，年間食品廃棄物総量のグラフ1から，B「中国とインド」が正解。

13. 「本文によれば，次のどれが最大の食品廃棄の原因か」という設問に対し，第1段第3文（Most of …）に「その大部分である5億6900万トンが家庭廃棄物カテゴリーに該当し」とあるので，C「家庭」が正解。

14. 「次のどれが本文で触れられているか」という設問に対し，第1段第5文（This figure …）に「この数値（国民1人当たりの食品廃棄物の量）は，富裕国でも貧困国でもおおむね似ている」とあるので，A「各国の1人当たりの食品廃棄物の量は，国の豊かさに関係なく類似している」が正解。B「食料が生産されればされるほど，消費が必要となる」 C「消費者レベルの国の廃棄物は，従来の推定値の2倍未満である」 D「温室効果ガスの問題は大幅に過小評価されてきた」

15. 「グラフ1と表1によれば，次の記述のどれが正しいか」という設問に対し，グラフと表から，C「ほかの国々と比べて，オーストラリアの食品廃棄物総量は少ないのに対し，その国民1人当たりの食品廃棄量は多い」が正しい。A「中国の食品廃棄物総量と1人当たりの食品廃棄量は，他のどの国よりも多い」 B「フランスとイギリスの1人当たりの食品廃棄量は，ほとんど区別がつかない」 D「ロシアの食品廃棄物総量と1人当たりの食品廃棄量は，他のどの国よりも少ない」

Ⅳ　解答　16—D　17—B　18—C　19—D　20—B

◆全　訳◆

≪息子の誕生日プレゼントを探す男性と書店員の会話≫

ユミ　　：あら，ピーター。どうしたの！　いつもは私の店で見かけないのに。

ピーター：息子の誕生日プレゼントを探しているんだ。息子は本を読むのが好きなんだよ。

ユミ　　：あなたと違うのね。あなたが本を持っている姿を最後に見たのは5年前だものね。

ピーター：そうだね。でも，ジミーは来週12歳になるし，なにか特別なものを贈りたいんだ。

ユミ　　：うーん，12歳ねえ。息子さんは探偵小説は好きだと思う？

ピーター：それはいい考えだと思うよ。お薦めのものはある？

ユミ　　：そうね，これが人気があって，25ドルよ。本屋に勤めている友だちがいてラッキーね。20ドルにしておいてあげるわ。

ピーター：ありがとう。包装もして袋に入れてくれるかな？　誕生日パーティーより前にジミーに見つけられたくないんだ。

ユミ　　：パーティーですって？　どうして私は招待されていないの？

ピーター：よしてくれよ，ユミ，君は僕の友だちで，ジミーの友だちじゃないよ。

ユミ　　：冗談よ。でも，あなたの誕生日パーティーに呼ぶのは忘れないでよ！

ピーター：必ず呼ぶよ。ただし，本だけは持ってこないでね。でないと，すぐに家に追い返すよ。

◀解　説▶

16.「ピーターがDo you have any you could recommend? と言うとき，彼は何を意味しているか」という設問に対し，ピーターの第1発言「息子の誕生日プレゼントを探しているんだ」に続くやりとりの中での発言なので，D「彼はジミーに贈る本をユミに提案してもらいたがっている」が正解。

17.「なぜ，ユミはピーターがLuckyだと言っているのか」という設問に対し，下線部を含む文の次の文で，ユミは「20ドルにしておいてあげるわ」と本の値引きをしてくれているので，B「なぜなら，ピーターはより安い値段で友だちから本を買うことができるから」が正解。

18.「空所を埋めるのに最も適した選択肢を選びなさい」という設問に対し，空所を含む文の次の文でピーターは「誕生日パーティーより前にジミーに見つけられたくないんだ」と言っており，袋が本を見られないようにするためのものだとわかるので，C「～の中に入れる」が正解。

19.「本文によれば，次のどれが正しくないか」という設問に対し，D「ユミはきっと本を家に送り返すだろう」という内容は本文にないので，これが正解。Aはユミの第2発言から，Bはユミの第1発言からそれぞれ正しい。Cは明確には言われていないが，ユミの第5発言「どうして私は招待されていないの？」に対して，ピーターが「君は僕の友だちで，ジミーの友だちじゃないよ」と言っていることから，これまでも招待されていないと推測できるので正しい。

20.「この会話から，ピーターに関してどんなことが推測できるか」という設問に対し，ピーターの第1発言から，ピーターが読書好きの息子に本を誕生日プレゼントにしようとしていることがわかるので，B「彼は息子が彼の誕生日プレゼントを気に入ってくれるといいと思っている」が正解。

V　**解答**　21－B　22－A　23－A　24－A　25－B

◀解　説▶

21.「他の人から観察されたり邪魔されたりしない状態または状況」 B「プライバシー，他人から干渉されないこと」が正解。

22.「空っぽの，何も書かれていない，印刷されていない，記録されていない状態」 A「白紙の，何も書いていない」が正解。

23.「起こることや存在することをやめること」 A「～を中止する，死ぬ」が正解。

24.「下に行くまたは移動すること」 A「下る，降りる」が正解。

25.「肌や服につけるいい匂いの液体」 B「香水」が正解。

Ⅵ　解答　26―B　27―D　28―C　29―B　30―A

◀解　説▶

26. make *one's* day「(人) を幸せにする」= make someone happy

27. be not on speaking terms「言葉を交わす仲でない」= refuse to talk to each other「互いに話をするのを拒否する」

28. make a great contribution to ～「～に大きな貢献をする」 = play a significant role in ～「～において重要な役割を果たす」

29. go blind「目が見えなくなる，失明する」= lose my vision「視力を失う」 become invisible は主語自体が周囲から「見えなくなる」の意味。

30. (Please) be advised that ～「～にご注意ください，～をご承知おきください」= be aware that ～

Ⅶ　解答　31―B　32―C　33―C　34―A　35―A

◀解　説▶

31. 「中東の現在の状況は，世界のエネルギー産業に影響を与える可能性があるので，世界中で注目されている」 situation は watch されるもの，という受動関係が成立する。

32. 「ウイルス対策ソフトを常に最新の状態に保つことで，パソコンの安全性を維持することができる」 can maintain の主語が必要なので，動名詞の Keeping が適切。

33. 「その有名な歌手がコンサートをキャンセルしたというニュースは，彼のファンたちには残念な (がっかりさせる) ものだった」 S is disappointing「S (物事) はがっかりさせる (残念な，期待外れの) ものである」 S is disappointed「S (人) はがっかり (失望) している」

34. 「車の事故のことを考えるだけで不安に感じる」 make *A do*「*A* に～させる」 the mere thought of … makes *A do* で「…を考えるだけで *A* (人) は～する」の意味。

35. 「地球の気温が上昇している速度に関してはいくつかの心配事がある」 選択肢から関係詞が入ると予想したら，その後の節に先行詞を入れてみる。本問では，the global temperatures are rising at the speed と at を入れる必要があることがわかる。「速度」「温度」「角度」など「度」のつく変化する値を示す語には，共通して，変化の一点を示す前置詞 at がつく。

Ⅷ　解答　36—A　37—B　38—D　39—B　40—A

◀解　説▶

36. A：「上着からボタンがとれたわよ！」

B：「あらら，ちゃんと縫い付けられてないのよ」

come off *A*「(ボタンなどが) *A*（服など）から取れる」

37.「両親とはほとんど毎日けんかしていたものですが，今は申し分なく仲良くやっています」 get along with *A*「*A*（人）と仲良くやる」

38.「ブロードウェイ劇場では今日何をやっているか教えてもらえませんか？」 S is on「S（映画・劇など）が上映・上演されている」

39.「当社の電子製品の品質または性能に何らかの不満がある場合，２週間以内であれば返品を受け付けます」 in some way「何らかの形で，点で」 条件文の中では in any way としてもよい。

40.「その警察官は，近所の子どもたちが安全にその道路を横断できるようにするために，パトロールの任務に就いている」 ensure that S V「確実に S が V するようにする」

Ⅸ　解答　41—C　42—B　43—B　44—B　45—A

◀解　説▶

41.　C の damage のみ第１音節に第１強勢がある。他は第２音節にある。

42.　B の interpret のみ第２音節に第１強勢がある。他は第１音節にある。

43.　B の entertain のみ第３音節に第１強勢がある。他は第１音節にある。

44.　B の helicopter のみ第１音節に第１強勢がある。他は第３音節にある。

45.　A の disagreement のみ第３音節に第１強勢がある。他は第２音節にある。

X　解答　46―B　47―C　48―C　49―B　50―D

◀解　説▶

46. (The air conditioner) cost around (three times) as much (as I) expected (, so I decided not to buy it.)

… times as ～ as *A*「*A* の…倍～で」 cost much「価格が高い，費用がかかる」

47. (If I) had (had more time, I) could have visited (more temples and shrines.)

条件節，帰結節ともに仮定法過去完了の文。

48. (The development of new communication technology) has the potential to enable (more people) to work (from home.)

have the potential to *do*「～する可能性を秘めている」 enable *A* to *do*「*A* が～することを可能にする」

49. (I) found it impossible (to continue the research) without (more money.)

find it … to *do*「～するのが…だとわかる」

50. (Taro is) only the second Japanese driver to make it (to the top three in an F1 Grand Prix race.)

only the second *A*「わずか２人目の *A*」 make it to *A*「*A* までたどり着く」

日本史

I　解答

1―ツ　2―ヌ　3―ス　4―ノ　5―コ　6―タ　7―フ　8―キ　9―ク　10―テ

◀解　説▶

≪江戸時代の政治・経済≫

2．3代将軍徳川家光は，1635年に武家諸法度（寛永令）を発布し，大名に，国元と江戸とを原則1年交代で往復させる参勤交代を義務づけた。

3．参勤交代は，享保の改革のときに，上げ米を実施していた間，江戸在府期間は半年に短縮され，文久の改革のときには，3年1勤制と緩和された。

4．丁銀や豆板銀などの銀貨は秤量貨幣で，取引の都度，目方をはかり，品位が鑑定された。

5．江戸時代初期，銭貨の寛永通宝が大量に鋳造され，永楽通宝などの中国貨幣は使われなくなった。

6・7．江戸時代，東日本ではおもに金遣い，西日本ではおもに銀遣いで，三貨の交換比率は相場によってつねに変動したため，両替商が重要な役割を果たしていた。

8．勘定吟味役の荻原重秀は，慶長小判よりも金の含有率を減らした元禄小判を鋳造して，その差額（出目）を収益とし，幕府の歳入を増やした。

10．新井白石は，自伝の『折たく柴の記』だけでなく，歴史書の『読史余論』や世界地理書の『采覧異言』などを著している。

II　解答

1―ク　2―ニ　3―ウ　4―ヌ　5―ケ　6―コ　7―ナ　8―ホ　9―キ　10―ハ

◀解　説▶

≪近代日本の東アジアへの進出≫

1・2．1882年，日本への接近を進める閔氏一族に反対する大院君が朝鮮の漢城で反乱を起こしたが，失敗に終わった（壬午軍乱）。

3．1884年，日本と組んで朝鮮の近代化をはかろうとした金玉均らの親日改革派（独立党）は，日本公使館の援助を得てクーデターを起こしたが，清国軍の来援で失敗した（甲申事変）。

4・5．第1次桂太郎内閣は，外相小村寿太郎などの意見を入れ，イギリスと同盟して韓国での権益を守る方針をとり，1902年に日英同盟を成立させた。

6．日露戦争中の1904年に結んだ第1次日韓協約では，日本が推薦する財政と外交の顧問を韓国政府に置き，重要な外交案件は事前に日本政府と協議することを認めさせた。

7．1905年，日本は第2次日韓協約を結んで韓国の外交権を奪い，漢城に統監府を置いて伊藤博文が初代の統監となった。

9．日露協約は，極東におけるそれぞれの権益の維持，拡大のため，1916年まで第4次にわたって締結された。

Ⅲ　解答

1－オ　2－ス　3－ソ　4－ウ　5－サ

問1．イ　問2．ア　問3．ア　問4．ア　問5．オ

◀解　説▶

≪平安時代の地方政治の転換と受領≫

1・2．史料は「尾張国郡司百姓等解」で，尾張国守藤原元命の悪政非行について，同国の郡司や有力農民が政府に訴え，その罷免を嘆願したものである。

3・5．平安時代中期頃になると，国司は，有力農民である田堵に耕作を請け負わせ，租・庸・調や公出挙の利稲に由来する官物と，雑徭に由来する臨時雑役を課すようになった。

問1．イ．正文。ア．誤文。留守所で下級役人を監督したのは，目代。ウ．誤文。「受領」が誤り。官省符荘は，太政官符や民部省符によって不輸が認められた荘園。エ．誤文。受領の多くは，中・下級貴族出身であった。

問2．ア．誤文。百万町歩開墾計画は，722年の長屋王政権時に出された。

問3．a・c．正文。b．誤文。格式を分類・編纂したのは嵯峨朝の政策で，『弘仁格式』が編纂された。d．誤文。蝦夷制圧と平安京造営の継続を主張する菅野真道に対し，桓武天皇は藤原緒嗣の意見を採用し，これらの二大事業を打ち切ることにした。

問5．Ⅲ．平将門の乱（939～40年）→Ⅰ．平忠常の乱（1028～31年）→Ⅱ．

前九年の合戦（1051〜62年）の順。

Ⅳ　解答

1ーセ　2ーカ　3ーケ　4ーオ　5ーウ
問1．ア　問2．ア　問3．イ　問4．ア　問5．エ

◀解　説▶

≪日明貿易・日朝貿易≫

2．やや難。1443年に対馬の宗氏と朝鮮との間に結ばれた癸亥約条は，嘉吉条約ともいわれる。この条約により，宗氏からの派遣船は年間50隻に制限された。

3・5．博多商人と組んだ大内氏と堺商人と組んだ細川氏が，勘合貿易の主導権を争い，1523年に寧波で衝突を引き起こした（寧波の乱）。

問1．ア．正文。夢窓疎石の勧めで，足利尊氏らが後醍醐天皇の冥福を祈るため天龍寺を建立しようとし，その建立費調達のために，1342年に天龍寺船を元に派遣した。

問2．ア．誤文。第1回遣明船の正使である祖阿は，足利義満が命じて派遣した使者であった。

問3．イが正解。勘合貿易における日本のおもな輸入品は，銅銭・生糸・陶磁器などで，輸出品は銅・硫黄・刀剣などであった。蘇木は，日朝貿易における日本のおもな輸出品。

問5．Ⅱ．応永の乱（1399年）→Ⅲ．雪舟の帰国（応仁の乱勃発の2年後は1469年）→Ⅰ．大内義隆の自害（1551年）の順。

世界史

I 解答

1―う　2―た　3―き　4―は　5―す　6―ま
7―に　8―ぬ　9―そ　10―の　11―つ　12―ち
13―へ　14―け　15―ふ

◀解　説▶

≪古代メソポタミア史≫

1．やや難。シュメール人が建設した都市国家には，ウルやウルク，ラガシュなどがある。リード文中2つ目の空欄1で，ギルガメシュが王であった都市という指定がされているため，ウルクとなる。

3．『ギルガメシュ叙事詩』は，ウルクの王ギルガメシュの冒険を描いた叙事詩である。この中に出てくる洪水の神話が『旧約聖書』のノアの洪水伝説に影響を与えたとされている。

5．1週7日制は，シュメール人が始め，バビロニアで確立した。『旧約聖書』で，神は天地創造の7日目に休息をとったとされているように，1週7日制はユダヤ教やキリスト教にも継承された。

9・11．ヒッタイトは，鉄器を使用し，馬と戦車を使用して勢力を伸ばした。前14世紀に全盛期を迎え，シリアをめぐって新王国時代のエジプトと抗争するなどしたが，前12世紀に「海の民」の侵入などで滅亡した。

12．カッシート人は，ヒッタイトにかわって前16～前12世紀にバビロン第3王朝を建て，メソポタミア南部を支配した。

II 解答

1―ぬ　2―く　3―け　4―つ　5―さ　6―こ
7―の　8―と　9―か　10―な　11―て　12―い
13―ひ　14―ほ　15―あ

◀解　説▶

≪イタリアの近代史≫

4・11．サヴォイア家はサルデーニャ王国の王家で，イタリア統一後はイタリア王国の王家となった。発祥の地のサヴォイアは，1860年に中部イタリア併合の代償としてフランスに割譲された。1860年にフランスに割譲されたのはサヴォイアとニースなので，空欄 11 の解答は，ニースとなる。

6．カルボナリは 19 世紀前半のイタリアの秘密結社である。1831 年の蜂起に失敗した後は，「青年イタリア」に運動の主導権を譲った。

7．1848 年にウィーンで起こったのは，三月革命である。二月革命は，1848 年にフランスで起こった革命である。

9．やや難。解答として考えられるのは，鉄道か電話だが，電話が発明されたのは，イタリア王国が成立した 1861 年より後の 1870 年代なので，鉄道が答えとなる。

10．プロンビエール密約は，ナポレオン 3 世とカヴールの間で結ばれた密約である。イタリア統一戦争で，フランスがサルデーニャ王国を支援する代わりに，ニースとサヴォイアをフランスに割譲することが約束されていた。

13．教皇領には，1849 年にローマ共和国が樹立されたが，カトリックの擁護者を自任するナポレオン 3 世によって鎮圧された。その後，フランス軍が駐留していたが，普仏（プロイセン＝フランス）戦争に乗じてイタリア王国が占領した。

14．やや難。トリエステは「未回収のイタリア」の一つで，第一次世界大戦後までオーストリア領であった。同じく「未回収のイタリア」の南チロルは内陸にあり，海に面していないので注意。

15．イタリアは第一次世界大戦当初，三国同盟の一員で中立の立場だったが，協商国側に「未回収のイタリア」の返還を約束させたのを機に協商国側で参戦した。

III　解答

問 1．1－え　2－ほ　3－こ　4－あ　5－か
6－そ　7－ぬ　8－た　9－の　10－ち

問 2．A－あ　B－う　C－え　D－う　E－お

◀解　説▶

≪北京の歴史≫

問 1．1．燕は，戦国の七雄の一つで現在の北京周辺を支配した。北京周辺の地域は，歴史的に燕の名称でよばれ，五代十国時代には燕州や雲州など十六州が契丹に割譲された。

7．南京は，明の最初の都である。1911 年に建国された中華民国も，当初南京を首都とした。

8．燕王朱棣は，靖難の役で建文帝を破って帝位に就き，永楽帝となった。

問2．A．あ．誤文。ゾロアスター教は，唐代の中国では祆教とよばれた。景教とよばれたのは，ネストリウス派キリスト教である。

B．う．誤文。神宗によって宰相に任命され，新法を実施したのは，王安石である。司馬光は旧法党の官僚で，王安石と対立した。

C．え．誤文。洪武帝は，農民・商人・手工業者など一般の人々を民戸とし，衛所制のもとで兵役を負担する軍戸と区別した。民戸は里甲制で管理された。

D．う．誤文。坤輿万国全図を作製したのは，マテオ=リッチである。ブーヴェは，皇輿全覧図の作製に関わった。

E．お．誤文。淮軍を組織したのは，李鴻章である。曾国藩は，湘軍を組織した。

地理

Ⅰ 解答

問1．a―②　b―③　c―④　d―①
問2．e―④　f―③　g―①　h―②
問3．ア―⑧　イ―⑦　ウ―④　エ―①　オ―⑤　カ―⑥　キ―⑩

◀解　説▶

≪地球温暖化問題≫

問1．自動車保有台数は所得水準と総人口に比例する傾向があるため，早い時期から多いｂは選択肢のなかで最も経済発展が早かった日本だとわかる。残りはいずれも2000年以降に増加基調となっているが，ａは2017年時点で2億台を突破し，増加の幅が特に大きいことから中国である。中国では急速な経済発展を背景に所得が増加しているうえ，総人口も14億人以上と多いため，保有台数が特に多い。ｃは所得水準が比較的高いため保有台数がインドよりも多いロシアである。ｄは2010年代になって経済発展が進み，保有台数が急増したインドである。

問2．アジアを除く発展途上地域では，森林の伐採などの影響で森林面積が減少傾向にあるのに対し，先進地域では，植林が行われ，森林面積が維持，あるいは増加傾向にある。これを踏まえると，まず1990年比で森林面積の減少幅が大きいｅとｇは発展途上地域であるアフリカか南アメリカ，減少幅が小さいｆとｈは先進地域であるオセアニアか北アメリカと区別できる。森林面積が広いｅはアマゾン川流域に広大な熱帯雨林（セルバ）が広がる南アメリカで，ｇは砂漠化の進むアフリカとなる。森林面積の広いｆは高緯度地方に針葉樹林が広がる北アメリカで，ｈは乾燥気候が卓越するオーストラリアが大部分を占めるオセアニアとなる。

Ⅱ 解答

問1．ア―①　イ―③　ウ―③　エ―①　オ―④
カ―③　キ―③　ク―②
問2．①　問3．③　問4．①　問5．④　問6．③　問7．③
問8．④

◀解　説▶

≪大都市圏とその周辺地域≫

問2．大都市のCBD（中心業務地区）には政治や経済の中枢機能が集積する一方，CBDは居住機能が弱いため，昼間人口は極端に多いが「常住人口」は極端に少ない。したがって，昼夜間の人口差は「大きい」。

問3．③不適。先進国では都市の形成，拡大の過程で特に早くから市街化してきたインナーシティ（都心周辺部）でインフラや建物の老朽化が進み，高所得者を中心に人口が郊外へ流出するようになり，移民や貧困層などが滞留し，生活環境や治安が悪化したスラムが形成されていった。そこでは，地価の下落が進み，さらに問題が深刻化していくという悪循環が見られる。

問4．①が正解。仙台以外の横浜，神戸，長崎には三大中華街とされる有名なチャイナタウンが見られる。これらはいずれも歴史的に外国との交易が盛んであった港町であり，こうした場所では外国人街が形成されやすいことを理解しておこう。

問5．④不適。単一品種の大量生産は，プランテーション農業を行う大農園や大規模農業を行う新大陸など，広大な耕地を生かして行われるもので，耕地の狭い日本の都市近郊には不向きである。

問8．④不適。日本各地の村落では，農林業や漁業以外の就業機会が少ないため，1960年代から70年代にかけて都市へ移住する人々が増え，農村人口が著しく減少し，過疎化が進んだところが多い。

III **解答**　問1．ア―③　イ―①　ウ―③　エ―④　オ―④
カ―③

問2．A―①　B―⑧　C―④　D―⑨

問3．E―④　F―③

問4．チベット族―④　ウイグル族―①　モンゴル族―④

問5．①　問6．③

問7．ウルムチ―①　シャンハイ―③　ペキン―②

◀解　説▶

≪中国の地誌≫

問1．エ．伝統的にチベット族はヤクや羊，ヤギなどの遊牧を行ってきた。

オ．中国では1970年代から防護林を砂嵐の多い地域に植える，緑の長城計画（プロジェクト）を進めている。

カ．南水北調事業とは，中国北部の水不足を解消するため長江流域から水を引く事業のことであり，３ルートあるうち２ルートは完成している。

問４．チベット族とモンゴル族が主に信仰している宗教は，仏教とチベットの民間信仰が結びついて成立したとされるチベット仏教であり，チベットを中心にモンゴルやネパールなどに広まった。一方，中国西部に居住するウイグル族は隣接する中央アジアと同じイスラム教（イスラーム）を信仰している。

問５．①不適。シルクロードは，多くの荷物を長距離運ぶため，できるだけ平坦で水を得やすい山麓を通る経路になっており，「山の稜線上（山の頂上を結ぶ尾根のこと）」を通る経路ではない。

問６．③不適。西部大開発とは，中国で開発の遅れた内陸部を発展させ，沿海部との格差是正を目指す計画であり，その開発対象は内陸部である。チューハイ経済特区は沿岸部に位置し，開発の対象地域にはあたらない。

問７．ウルムチは内陸部に位置するため，海からの水蒸気供給が少なく，一年を通じて降水量が少ない。よって，年中少雨の①と一致する。緯度が高いため冬季の気温が低く，気温の年較差が大きいことも判断根拠となる。シャンハイは沿岸部にあるため，モンスーン（季節風）の影響を強く受け一年を通じて湿潤であるうえ，中緯度にあり比較的温暖である。よって，温暖湿潤の③と一致する。ペキンは，夏季は海からの湿った南東モンスーンの影響で多雨となるが，冬季はシベリアから吹く乾燥した北西モンスーンの影響で少雨となる。また，高緯度に位置し，標高が高いラサと比べると夏季に高温となり，気温の年較差が大きい。よって，夏季は多雨，冬季は少雨となり，気温の年較差が大きい②と一致する。残る④はラサとなる。

政治・経済

I　解答

問1．1―(ケ)　2―(カ)　3―(ウ)　4―(ア)　5―(セ)
問2．(カ)　問3．(エ)　問4．(ウ)　問5．(オ)　問6．(イ)

◀解　説▶

≪日本の裁判制度≫

問1．5．(セ)が正解。刑罰として受刑者を収容するのが刑務所，被疑者・被告人を勾留するのが，留置場と拘置所である。

問2．(カ)が正解。A．誤文。日本国憲法第 79 条および第 80 条において，裁判官の定年について規定されている。BとCは第 82 条に規定されている。

問3．(エ)が誤文。日本では，憲法違反を問う訴訟の審理について，まず最高裁判所から行われるという規定は存在しない。

問4．(ウ)が正文。(ア)・(イ)誤文。(ア)は控訴，(イ)は上告の説明である。(エ)誤文。第一審判決について，憲法違反などを理由に控訴審を飛び越えて上告することは，跳躍上告として認められている。

問5．(オ)が正解。Bの松山事件は刑事訴訟である。強盗殺人犯とされた被告にいったんは死刑判決が下されたが，再審によって無罪判決が下された冤罪事件である。Aは政教分離，Cは外国人の人権が問題とされた行政訴訟である。

問6．(イ)が誤文。通常逮捕においては裁判所の発行した令状が必要となるが，緊急逮捕や現行犯逮捕においては，令状は必要でない。(ア)正文。遡及処罰禁止の原則という。(ウ)正文。一事不再理の原則という。ただし，有罪確定後に被告人の無実を証明する証拠が見つかった場合は，再審が認められることがある。(エ)正文。日本国憲法第 37 条に規定されている。

Ⅱ **解答**

問1．1－(カ)　2－(ウ)　3－(イ)　4－(キ)　5－(ク)

問2．(エ)　問3．(イ)　問4．(ア)　問5．(ア)　問6．(エ)

◀解　説▶

≪戦後の国際情勢≫

問1．2．(ウ)が正解。デタントは緊張緩和と訳される。

3．(イ)が正解。かつて南アフリカの白人政権はアパルトヘイトとよばれる人種差別政策を行っていた。

問3．(イ)が誤文。フセイン政権はイランではなく，イラクで長きにわたり権力を保持していた。

問4．(ア)が正文。(イ)誤文。エジプトは社会主義国ではなく，また，「外国の軍の介入」ではなく，自国の軍のクーデターによって民主化運動は挫折した。(ウ)誤文。ソマリアではなく，スーダンについての説明である。(エ)誤文。ヨルダンではなく，シリアについての説明である。

問5．(ア)が誤文。全国人民代表大会（全人代）は毎年開催されており，それに出席する代議員の任期が5年である。

問6．(エ)が誤文。環太平洋パートナーシップ協定（TPP）は当初，シンガポールやニュージーランドなど4カ国で締結され，2006年に発効し，その後，オーストラリアや日本なども参加した。中国がTPPへの加入申請を行ったのは2021年のことである。

Ⅲ **解答**

問1．1－(コ)　2－(オ)　3－(ア)　4－(サ)　5－(ケ)

問2．(エ)　問3．(エ)　問4．(イ)　問5．(ウ)　問6．(オ)

◀解　説▶

≪現代の企業≫

問1．5．(ケ)が正解。SRIはSocially Responsible Investmentの略で，社会的責任投資と訳される。

問2．(エ)が正解。C．誤文。株式の発行による資金調達は，直接金融に分類される。

問3．(エ)が正解。2006年の会社法施行に伴い，新たに，合同会社の形態が規定された一方，有限会社の新規設立はできなくなった。

問4．(イ)が誤文。1997年の独占禁止法改正により，それまで禁止されていた持株会社制度が解禁された。(ア)・(ウ) 2022年4月より，東京証券取引所の市場区分が変更され，JASDAQや東証一部などの市場区分は消滅しており，現時点では正文とはいえない。

問5．(ウ)が正文。(ア)誤文。株式売買などによって得られる利益は，キャピタルゲインとよばれる。(イ)誤文。外部から招かれる社外取締役は，企業経営に対して，チェック機能を果たすことが期待される。(エ)誤文。株主代表訴訟は，株主が役員らの経営責任を追及する訴訟制度のことをいう。

問6．(オ)が正解。B．誤文。特定秘密保護法は，国家の安全保障に関わる機密情報を保護することで，国の安全に資することが目的とされており，公務員がその情報を漏らした場合，処罰の対象となる。

Ⅳ 解答

問1．1―(サ) 2―(セ) 3―(イ) 4―(ケ) 5―(ス)
問2．(イ) 問3．(カ) 問4．(イ) 問5．(ア) 問6．(イ)

◀解 説▶

≪エネルギー問題≫

問1．4．(ケ)が正解。COPはConference of the Partiesの略で，1997年に京都で開催された気候変動枠組み条約第3回締約国会議はCOP3，2015年にパリで開催された気候変動枠組み条約第21回締約国会議はCOP21とよばれる。

問2．(イ)が誤文。プルサーマルは日本国内では2009年から，国外では1960年代から実施されている。

問3．(カ)が正解。C（1979年）→B（1986年）→A（1999年）の順。

問4．(イ)が誤文。2011年に原子力発電に関する国民投票を実施したのはイタリアである。

問5．(ア)が正解。日本では2012年より環境税が導入され，石油・石炭などの化石燃料により排出される二酸化炭素（CO_2）に対して課税される。(イ)不適。クリーン開発メカニズムは，共同実施，国際排出量取引とともに京都議定書で規定された京都メカニズムの一つ。先進国が発展途上国の温室効果ガス削減事業に参加することによって達成した削減量の一部を，自国の削減分に組み入れる仕組みである。(ウ)不適。ゼロ・エミッションとは，ある産業の廃棄物を他の産業で有効活用することなどにより，経済全体で廃棄物をゼロにしようとする取り組みである。(エ)不適。家電リサイクル法は，冷蔵庫・洗濯機など8品目の家庭電化製品のリサイクルをメーカーなどに義務づけた法律で，1998 年に制定された。

問 6．(イ)があてはまらない。シェールガスは地中の頁岩《けつがん》中に存在する天然ガスの一種であり，再生可能エネルギーではなく化石燃料である。

数学

I 解答

(1)ア．2　イ．3　ウ．9　エオ．15　カキ．16
クケ．27
(2)コ．5　サ．2　シ．2
(3)ス．4　セソ．21　タチ．32　ツテ．21

◀解　説▶

≪小問3問≫

(1)　$12x-7y=3$　……①

について，$x=2$，$y=3$ が1つの解である。

$$12\times2-7\times3=3 \quad \cdots\cdots ②$$

とし，①から②を引くと

$$12(x-2)-7(y-3)=0$$

$$12(x-2)=7(y-3)$$

と書ける。12と7は互いに素であるから，$x-2$ は7の倍数であり，$y-3$ は12の倍数である。

よって，k を整数とすると

$$x-2=7k,\ y-3=12k$$

と表せ

$$x=7k+2,\ y=12k+3$$

と書ける。

$0\leqq x+y\leqq50$ であるとき，$0\leqq(7k+2)+(12k+3)\leqq50$ より

$$0\leqq19k+5\leqq50 \qquad -5\leqq19k\leqq45$$

$$-\frac{5}{19}\leqq k\leqq\frac{45}{19}$$

が成り立ち，これを満たす整数 k は，$k=0,\ 1,\ 2$ である。

よって，これを $x=7k+2$，$y=12k+3$ に代入して，求める整数解 $(x,\ y)$ は

$(2,\ 3)$，$(9,\ 15)$，$(16,\ 27)$　→ア～ケ

(2)　$a+b=1$ より　　$b=1-a$

$b>0$ より　　$1-a>0$　　$a<1$

$b=1-a$ を代入すると

$$a+\frac{1}{a}+b+\frac{1}{b}=a+\frac{1}{a}+1-a+\frac{1}{1-a}$$

$$=1+\frac{1}{a}+\frac{1}{1-a}$$

と書ける。そこで，この a の関数の $0<a<1$ における最小値を求める。

$$1+\frac{1}{a}+\frac{1}{1-a}=1+\frac{1-a+a}{a(1-a)}=1+\frac{1}{a(1-a)}$$

$$=1+\frac{1}{-a^2+a}=1+\frac{1}{-\left(a-\frac{1}{2}\right)^2+\frac{1}{4}}$$

と変形できるので，$-\left(a-\frac{1}{2}\right)^2+\frac{1}{4}$ が最大値をとるとき，$1+\frac{1}{a}+\frac{1}{1-a}$ は最小値をとる。

$-\left(a-\frac{1}{2}\right)^2+\frac{1}{4}$ は，$0<a<1$ において，$a=\frac{1}{2}$ のとき最大値 $\frac{1}{4}$ をとるので，

$1+\frac{1}{a}+\frac{1}{1-a}$ は，$a=\frac{1}{2}$ のとき最小値 $1+\frac{1}{\frac{1}{4}}=5$ をとる。

よって，求める最小値は　　5　→コ

このとき，$a=\frac{1}{2}$ より，$b=1-\frac{1}{2}=\frac{1}{2}$ なので

$$\frac{1}{a}=2,\ \frac{1}{b}=2\quad →サ，シ$$

(3)　$0\leqq\theta<2\pi$ より　　$\frac{\pi}{7}\leqq\theta+\frac{\pi}{7}<\frac{15}{7}\pi$

この範囲において，$\cos\left(\theta+\frac{\pi}{7}\right)=\frac{1}{2}$ のとき

$$\theta+\frac{\pi}{7}=\frac{\pi}{3},\ \frac{5}{3}\pi$$

であるから

$$\theta=\frac{4}{21}\pi,\ \frac{32}{21}\pi\quad →ス〜テ$$

II 解答

(1)(a)ア．1　イウ．45　(b)エオ．16　カキ．45
(c)ク．2　ケ．5
(2)(a)コ．1　サ．3　(b)シ．3　スセ．10　(c)ソ．1　タチ．24

◀解　説▶

≪取り出した玉に書かれた数字の合計が指定された数になる確率≫

(1)(a)　取り出した玉の数字の合計が4となるのは，2の玉を2つ取り出すときのみなので，求める確率は

$$\frac{{}_2C_2}{{}_{10}C_2}=\frac{1}{\frac{10\cdot 9}{2\cdot 1}}=\frac{1}{45}\quad \text{→ア〜ウ}$$

(b)　取り出した玉の数字の合計が10となるのは，5の玉を2つ取り出すときと，2の玉と8の玉を1つずつ取り出すときの2通りが考えられる。求める確率は

$$\frac{{}_5C_2+{}_2C_1\cdot{}_3C_1}{{}_{10}C_2}=\frac{\frac{5\cdot 4}{2\cdot 1}+2\cdot 3}{\frac{10\cdot 9}{2\cdot 1}}=\frac{16}{45}\quad \text{→エ〜キ}$$

(c)　取り出した玉の数字の合計が13以上となるのは，8の玉を2つ取り出すときと，5の玉と8の玉を1つずつ取り出すときの2通りが考えられる。求める確率は

$$\frac{{}_3C_2+{}_5C_1\cdot{}_3C_1}{{}_{10}C_2}=\frac{\frac{3\cdot 2}{2\cdot 1}+5\cdot 3}{\frac{10\cdot 9}{2\cdot 1}}=\frac{2}{5}\quad \text{→ク，ケ}$$

(2)(a)　取り出した玉の数字の合計が15となるのは，5の玉を3つ取り出すときと，2の玉，5の玉，8の玉を1つずつ取り出すときの2通りが考えられる。求める確率は

$$\frac{{}_5C_3+{}_2C_1\cdot{}_5C_1\cdot{}_3C_1}{{}_{10}C_3}=\frac{\frac{5\cdot 4\cdot 3}{3\cdot 2\cdot 1}+2\cdot 5\cdot 3}{\frac{10\cdot 9\cdot 8}{3\cdot 2\cdot 1}}=\frac{1}{3}\quad \text{→コ，サ}$$

(b)　取り出した玉の数字の合計が18となるのは，5の玉を2つ，8の玉を1つ取り出すときと，2の玉を1つ，8の玉を2つ取り出すときの2通りが考えられる。求める確率は

$$\frac{{}_5C_2\cdot{}_3C_1+{}_2C_1\cdot{}_3C_2}{{}_{10}C_3}=\frac{\frac{5\cdot4}{2\cdot1}\cdot3+2\cdot\frac{3\cdot2}{2\cdot1}}{\frac{10\cdot9\cdot8}{3\cdot2\cdot1}}=\frac{3}{10}\quad\toシ〜セ$$

(c)　取り出した玉の数字の合計が10以下となるのは，２の玉を２つ，５の玉を１つ取り出すときのみが考えられる。求める確率は

$$\frac{{}_2C_2\cdot{}_5C_1}{{}_{10}C_3}=\frac{1\cdot5}{\frac{10\cdot9\cdot8}{3\cdot2\cdot1}}=\frac{1}{24}\quad\toソ〜チ$$

Ⅲ　解答

(1)ア．6　イ．3　ウ．2　エ．3　オ．4　カ．1
キ．6　ク．3　ケ．2　コ．7　サシ．12
(2)ス．3　セ．2　ソ．7　タチ．12　ツ．2　テ．1　トナ．36
(3)ニ．1　ヌ．3　ネ．2　ノ．3
(4)ハ．0　ヒ．2　フ．3　ヘ．2　ホ．3

◀解　説▶

≪放物線の接線，円と放物線の共有点≫

(1)　$y=3x^2-\frac{3}{4}$ を x で微分すると，$y'=6x$ であるから，$x=p$ における接線の傾きは $6p$ である。

よって，直線 l の方程式は

$$y=6p(x-p)+3p^2-\frac{3}{4}\qquad y=6px-3p^2-\frac{3}{4}\quad\toア〜オ$$

また，p は正の実数であり，0ではないので，l に垂直な直線の傾きは $-\frac{1}{6p}$ である。

よって，直線 m の方程式は

$$y=-\frac{1}{6p}(x-p)+3p^2-\frac{3}{4}=-\frac{1}{6p}x+\frac{1}{6}+3p^2-\frac{3}{4}$$

$$y=-\frac{1}{6p}x+3p^2-\frac{7}{12}\quad\toカ〜シ$$

(2)　$\mathrm{Q}\left(0,\ 3p^2-\frac{7}{12}\right)$ であるから，$\mathrm{O}(0,\ 0)$ との距離は

$$\left|3p^2-\frac{7}{12}-0\right|=\left|3p^2-\frac{7}{12}\right| \quad \to ス〜チ$$

また，$\mathrm{P}\left(p,\ 3p^2-\frac{3}{4}\right)$ とQとの距離は

$$\mathrm{PQ}^2=(p-0)^2+\left\{\left(3p^2-\frac{3}{4}\right)-\left(3p^2-\frac{7}{12}\right)\right\}^2$$

$$=p^2+\left(-\frac{1}{6}\right)^2=p^2+\frac{1}{36}$$

より，$\mathrm{PQ}>0$ であるから　　$\mathrm{PQ}=\sqrt{p^2+\frac{1}{36}}$ 　→ツ〜ナ

(3)　円 S の中心をSとすると，Sの座標は $(0,\ -r)$ である。直線 l と円 S が点Pにおいて接するとき，直線SPはPを通り l に垂直となるので，直線 m と一致する。よって，Sは直線 m と y 軸の交点となるので，Qと一致する。

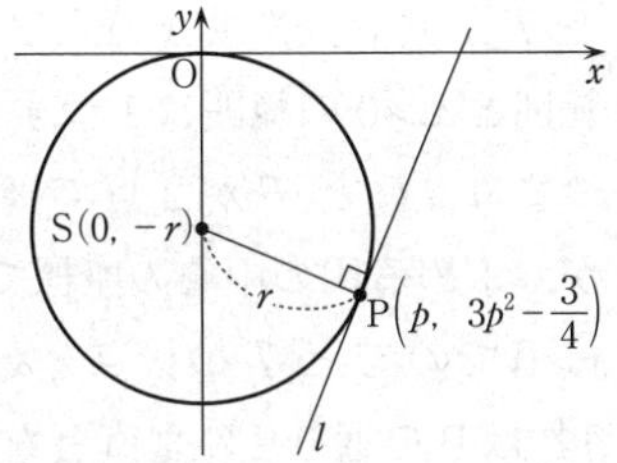

その y 座標に着目することにより　　$-r=3p^2-\frac{7}{12}$ 　……①

が成立し，また半径はQPとなるので

$$r=\sqrt{p^2+\frac{1}{36}} \quad ……②$$

が成立する。

②から，$p^2=r^2-\frac{1}{36}$ を①に代入して

$$-r=3\left(r^2-\frac{1}{36}\right)-\frac{7}{12} \qquad 0=3r^2+r-\frac{2}{3}$$

$$0=9r^2+3r-2 \qquad 0=(3r-1)(3r+2)$$

$r>0$ より　　$r=\frac{1}{3}$ 　→ニ，ヌ

このとき　　$p^2=\frac{1}{9}-\frac{1}{36}=\frac{1}{12}$

であるが，$p>0$ なので　　$p=\frac{1}{2\sqrt{3}}$ 　→ネ，ノ

(4)　求める円を T とし，その中心をTとする。

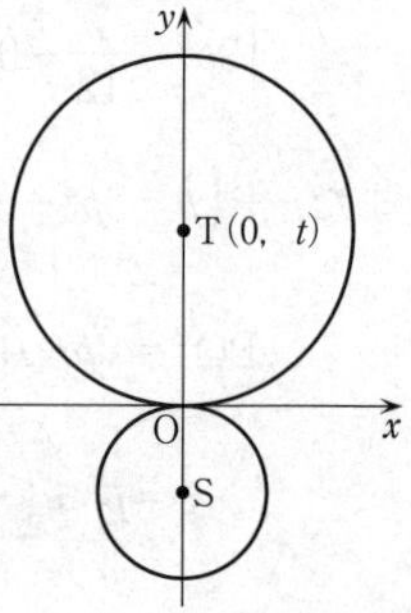

円 S の中心Sは $(0,\ -r)$ であり，r は正の実数であるから，円 S と原点で外接する円の中心Tの y 座標は正である。

また，2円の接点である原点OとSはどちらも y 軸上にあるので，Tも y 軸上にある。

よって，t を正の実数としてT$(0,\ t)$ とすると，円 T の方程式は，$x^2+(y-t)^2=t^2$ と書ける。

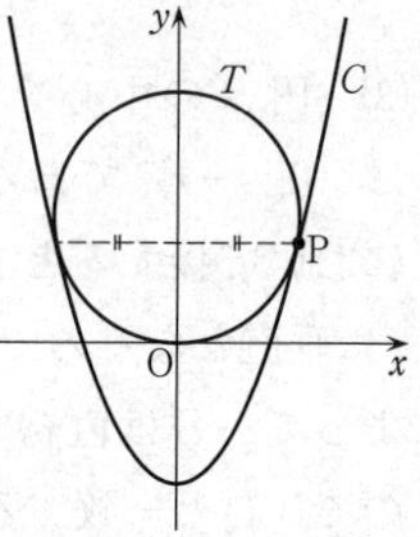

C と T はどちらも y 軸に関して対称なので，C と T が共有点をちょうど2つもつとき，$x<0$ の範囲と $x>0$ の範囲に1つずつ共有点をもつ。

つまり，C と T が2点で接するようなTの座標が，求める円の中心の座標である。

$x>0$ での C と T の接点をあらためてPとすると，TPはPを通り l に垂直となるので，m と一致する。

よって，Tは直線 m と y 軸の交点となるので，Qと一致する。TとQの y 座標に着目することにより

$$t=3p^2-\frac{7}{12}\quad\cdots\cdots③$$

が成立し，半径はQPであるから　$t=\sqrt{p^2+\dfrac{1}{36}}$　……④

が成立する。

④から，$p^2=t^2-\dfrac{1}{36}$ を③に代入して

$$t=3\left(t^2-\frac{1}{36}\right)-\frac{7}{12}\qquad 0=3t^2-t-\frac{2}{3}$$

$$0=9t^2-3t-2\qquad 0=(3t+1)(3t-2)$$

$t>0$ より　$t=\dfrac{2}{3}$

よって，求める円 T の中心Tの座標は　$\left(0,\ \dfrac{2}{3}\right)$　→ハ～フ

円 T の半径は　$\dfrac{2}{3}$　→へ，ホ

あることから下二段活用の「たまふ」であるとわかる。下二段活用の「たまふ」は謙譲語である。尊敬語の「たまふ」は四段活用。

問五　〈え～打消〉の形で、〝～できない〟という意味を成すことから、イが適当。他の選択肢も呼応する副詞としての用法を覚えておきたい。〈な～そ〉で禁止を表し〝～するな〟、〈あに～んや〉で反語を表し〝どうして～だろうか、いや～でない〟、〈いかで～希望〉で〝なんとかして～たい〟、〈いかで～推量〉で〝どうして～／どのようにして～〟、〈さだめて～推量〉で〝きっと／必ず～だろう〟という意味を成す。

問六　「まめなり」は〝実用的だ／真面目だ／熱心だ〟という意味があるが、ここでは、聖が出産に際して「まめなるもの」を車に積んだ、ということであるから、〝実用的なもの〟と捉え、アが適当。イ・エは実用的とはいえず、オは出産と無関係。ウと迷うが、あくまでも「まめなるもの」であり、食べ物と断定するのは無理がある。

問七　「やは」が反語になるということに注目する。すると、「仏にやはなるべき」は〝仏になるだろうか。いや、ならない〟といったような意味と考えられるため、まずア・イ・ウは不適当。さらに、聖はこの発言をして「恥ぢしめ」たということなので、統理を称賛するような内容になっているエは不適当。「恥ぢしむ」は〝恥をかかせる、辱める〟という意味である。

問八　イ、最初の会話文の後の「頭洗ひ……泣き居りけれど」に合うため、これが適当。ア、傍線（1）直前の「年頃」は〝数年間〟。数年間出家しようと考えていたということなので、「月に……見て」が誤り。ウ、藤原道長の行為には尊敬語が用いられているが、「御数珠賜びて」と〝数珠をお与えになって〟とあり、数珠は道長から統理に与えたものであるため、誤り。エ、傍線（3）の後に、統理は「勤め行なふこともなくて」とあり、真面目に修行生活に励んでいないため、誤り。オ、東宮は統理に思いをはせる和歌を詠んでおり、増賀聖への言及は読み取れないため、誤り。

すると、第十九段落に「恩＝負債は……相互性の原理」とあるので、ここがあてはまる。贈り物を受け取った者は、この原理によって、時間をかけて「〈贈与の運動〉」に参入する。

三

出典　『今鏡』〈昔語　第九　真の道　三四九　藤原統理出家の事〉

解答

問一　イ

問二　オ

問三　カ

問四　エ

問五　イ

問六　ア

問七　オ

問八　イ

問九　エ

◀解　説▶

問三　「後の世」は〝将来／死後〟の意であるため、この時点でアは除外できる。また、統理は出家しようとしているため、俗世に関わることになるエも除外できる。傍線部は「御数珠賜びて」発言した内容であるため、尊敬語が用いられている藤原道長による発言である。道長の子については本文中に言及がないため、カが適当。

問四　「いぶせし」は〝うっとうしい／気がかりだ〟などの意であるため、この時点でエ・オに絞られる。そのうえで、この発言を聞いた増賀聖が、都に急いで赴いたということなので、エが適当。「たまへて」と連用形が「たまへ」で原初の交換について明確に近代資本制社会とは異なるということを述べていることから、ここは、エがあてはまる。原初の人々は物と物とを等価的に交換しようと考えていたわけではなく、第十九段落以降に述べられているように〈負債の感情に起因する贈与の運動〉を行っていただけであり、「物々交換」というのは近代人が後付けでそう解釈しているにすぎない、ということである。

問二　第九段落において、原初社会における贈与について「なにかに役立つというよりも、……消費されるのとは違う」と説明されていることから、「役立つ」「利益があ（る）」の言い換えとして成立するイが適当。

問三　第九～十一段落をもとに解答する。ア、「正しい信仰心が芽生えた」が誤り。本文中では、原初の信仰に誤りや不足があったとは述べられていない。イ・ウ、再生産の維持や促進を目的としている、という内容になっているが、第十段落の内容と矛盾するため、誤り。エ、すべての〈富〉を祭りで消費したとする根拠は本文中にないため、誤り。

問四　X、説明文の「自らの生存を……富の交換」は第十段落「通常の意味での〈消費〉」と言い換えられるため、それに対比するものである「〈濫費〉とか〈消尽〉」が意味としてはあてはまる。同様の意味で、空欄後の「ように見える」に続く言葉を選ぶと「むしろ〈消失〉である」が適当。Y、説明文の「両義性」に注目すると、第十三段落「贈与でもあり、また同時に交換でもある」が両義としてあてはまる。また、「私たち」も第十三段落「現代人」と言い換えられる。

問五　空欄d直後の「〈貴重な固有のもの〉は……自己所有される」、また、それについて「一種の『利子付きの信用貸し』」としていることから、「利子」つまり、付加価値を伴って自分のもとに戻るということと考えられる。よって、イが適当。自分のものが戻るという点ではアと迷うが、「手つかず」では「利子付き」と言えないため、不適当。

問六　(1)近代資本制社会では、金銭が万人の間で共通の価値をもち、等価的な交換に用いられているという前提をまず押さえておく。すると、第十四段落に「貨幣を前提にした」とあるので、ここがあてはまる。

(2)説明文の「に従って」という表現から、何かしらの決まりや法則のようなものが空欄にあてはまると考えられる。

国語

一

解答

（1）―①　（2）―③　（3）―⑤　（4）―③　（5）―③　（6）―⑤

二

出典　湯浅博雄『贈与の系譜学』（講談社選書メチエ）
近内悠太『世界は贈与でできている――資本主義の「すきま」を埋める倫理学』〈第2章　ギブ&テイクの限界点〉（ニューズピックス）

解答

問一　エ
問二　イ
問三　オ
問四　X―10　Y―13
問五　イ
問六　（1）―14　（2）―19
問七　エ

▲解　説▼

問一　空欄周辺だけでなく、本文全体の内容を踏まえて解答するとよい。空欄周辺で、近代資本制社会の視点で「物々交換」に見えても、原初の人間はその観念をもたないと述べていることを押さえて全体を確認する。特に第十四段落で、

2021年度

問題と解答

■全学部統一日程選抜

問題編

▶試験科目・配点

教 科	科 目	配 点
外国語	コミュニケーション英語Ⅰ・Ⅱ，英語表現Ⅰ	100 点
選 択	日本史Ｂ，世界史Ｂ，地理Ｂ，政治・経済，「数学Ⅰ・Ⅱ・Ａ・Ｂ（数列，ベクトル）」，情報の科学〈省略〉から１科目選択	100 点
国 語	国語総合（漢文を除く）	100 点

▶備 考

- 医療健康科学部では実施されていない。
- 経済学部，法学部では，各試験科目の得点を偏差値換算し，各科目の偏差値を合計した総偏差値によって合否判定する。その他の学部は素点によって合否判定する。
- 英語外部試験において一定のスコアを取得している場合は，書類を提出することで外国語を 75 点に換算する。その場合，外国語を受験しなくても構わない。受験して 76 点以上の場合は，その点数を採用する。
- 新型コロナウイルス感染症の感染拡大に伴う，一般選抜における対応について

  日本史を除く各科目については，教科書において「発展的な学習内容」として記載されている内容は出題しない，または「発展的な学習内容」を出題する場合には補足事項等を記載するなどの措置を取り，特定の受験者が不利にならないよう配慮する。

  日本史Ｂにおいては，太平洋戦争終結以後の時期に関する事項については出題しない。

英語

(60 分)

問題Ⅰ 次の英文を読み，設問（1－5）に答えなさい。

"Even adult brains are amazingly flexible. Learning to read in your 30s profoundly transforms brain networks that support the act of reading," said Falk Huettig, senior investigator at the Max Planck Institute for Psycholinguistics* in the Netherlands, and coauthor on the study. He continued, "This is good news. If you haven't learned to read in your childhood or haven't learned to read well, it is not too late to start to acquire a complex challenging skill like reading."

Prior studies had shown that the outer layer of the brain, the cortex**, changes when adults learn to read. This was expected, as the cortex is the region of the brain dedicated to adaptation. But in the case of children, that was only half the story. They experienced long-term restructuring in the thalamus*** and the brain stem****. Before this latest study, there wasn't much reason, from a brain science perspective, to compare how children and adults learn to read.

But this recent research, which took place in India, where illiteracy remains roughly 39 percent, challenges that assumption. For the study, Huettig and colleagues recruited 30 illiterate Hindi-speaking adults from two small villages in North India. They then scanned their brains with a machine, which detects blood flow to specific brain regions. After that, they taught 21 of these participants how to read Hindi over the course of six months, and scanned their brains once again. They found that, comparing both the earlier and the later scans of these 21 participants to those of the nine participants who did not learn how to read, the 21 participants experienced fundamental changes, even within their deepest brain structures.

"We observed that these deep structures in the thalamus and brain stem work together with the visual cortex," said Michael Skeide of the Max Planck Institute. "These deep structures help our visual cortex to filter important information."

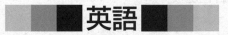

These results suggest that, whether you are teaching your child to read for the first time, or brushing up on your own reading skills, practice makes perfect—and, in this case, practice fundamentally changes your brain.

"Our study shows that reading experience is really important, and that reading should be encouraged and practiced as much as possible in both children and adults," said Huettig. "In other words, the more both children and adults read, the better."

(adapted from the website of *Fatherly*)

*psycholinguistics: 心理言語学

**cortex: 脳の皮質

***thalamus: 視床（脳の一部）

****brain stem: 脳幹（脳の一部）

問1－5　Read the passage above and on the previous page, and select the best option for questions 1-5.

1．According to the passage, which statement is correct?

A．Falk Huettig conducted this reading research and published it by himself.

B．Only 39 percent of adults can speak Hindi throughout North India.

C．Previous studies offered many reasons why children and adults learn how to read.

D．There are about 39 percent of people in India who cannot read or write.

2．What did Huettig and his colleagues find in this research?

A．All 30 participants in their study received positive benefits from learning how to read.

B．A six-month English course can improve the reading skills of all illiterate people.

C．Illiterate people's brain networks can be changed by learning to read.

D．Six months of reading training helped less than half of the people in the study to learn to read.

出典追記：Learning To Read Transforms All Human Brains, Fatherly on May 24, 2017 by Joshua A. Krisch

3．According to the passage, which is true about the visual cortex?

A．It alone can completely filter important brain formation.

B．It cooperates with the thalamus and brain stem to filter information.

C．It formed a challenge in the patterns of Michael Skeide's former research.

D．It is located primarily in the brain stem of Hindi speakers in India.

4．What is a recommendation from this passage?

A．All people should learn to read Hindi using their visual cortex.

B．If children start to read at an early age, they can turn into perfect learners.

C．Learning to read in your 30s is the best time to learn to read.

D．Reading should be encouraged because it can change your brain.

5．Which of the following is the most appropriate title for this passage?

A．A Questionable Reading Habit for Children

B．Changes in the Brain through Learning to Read

C．Psycholinguistics against Reading Skills

D．Reading Skill Drills and Practice

問題Ⅱ　次の英文を読み，設問（6－10）に答えなさい。

Some partnerships embody America: peanut butter and jelly; apple pie and vanilla ice cream; pumpkin spice and just about anything. Macaroni and cheese is another such combination. It represents two striking trends in American cuisine: the joyful addition of dishes from other countries and the (6)industrialization of food to maximize convenience and profit.

Some attribute hungry and resourceful 19th-century Swiss shepherds with the invention of macaroni and cheese. Dry pasta is both light and long-lasting—ideal to carry around the Alps* in Switzerland—and shepherds could make their own cheese. Macaroni and cheese almost certainly came to America via France. Thomas Jefferson developed (　7　) for the dish while living there in the 1780s. So impressed was the future president that he imported the necessary tools to recreate it, including a pasta machine, and served mac 'n' cheese** at a state dinner in 1802. Some fellow diners were skeptical. Manasseh Cutler, a congressman who attended, dismissed it as tasting excessively strong and "not agreeable". Despite such reservations, the dish's (　8　) spread.

It was Kraft that baked macaroni and cheese into American culture. The company first produced its boxed version in 1937, as America was still feeling the agonies of the Great Depression. Cheap, easy, and quick to make, it became an American staple. Two million boxes are now sold every day. For many, the bright yellow of the processed sauce, made with powdered cheese, is a defining—even comforting—feature.

(adapted from the website of *The Economist*)

*the Alps: アルプス山脈

**mac 'n' cheese: macaroni and cheeseの略称

問6－10　Read the passage and select the best option for questions 6-10.

6．What does the (6)industrialization of food mean?

A．using more seasoning to make macaroni and cheese a joyful combination

B．increasing the production of food by processing it on a larger scale

C．mixing apple pie and vanilla for a good combination with cheese

D．making Swiss shepherds work harder for getting cheese from milk

7．Select the best option to fill in（　7　）.

A．a taste　　B．a dislike　　C．an excess　　D．a state

8．Select the best option to fill in（　8　）.

A．productivity　　B．automation

C．unavailability　　D．popularity

9．According to the passage, which of the following is correct?

A．Thomas Jefferson ordered Kraft to import cheese from France.

B．Pasta was much more widely used in America than cheese because of pasta machines.

C．Mac 'n' cheese has become one of the typical American dishes.

D．Manasseh Cutler was impressed with mac 'n' cheese, and enjoyed the state dinner.

10. According to the passage, where do people think macaroni and cheese originated?

A．France　　B．Switzerland　　C．America　　D．Italy

問題Ⅲ　次の英文を読み，設問（11－15）に答えなさい。

Flying Green With KomaAir!!

• Despite being famous for being a low-cost airline, KomaAir has just “gone green” by becoming the world’s first major eco-friendly airline!

• John White, KomaAir’s president, said:
“We believe that flying is a fantastic thing. But we have to balance this with the effect it is having on the environment. For every flight we operate, we’re going to start to replace some of the carbon dioxide (CO_2) we add to the atmosphere from the fuel emission in our flights with oxygen. We’re going to do this by investing in projects such as planting trees. We know this is only a temporary solution while new technologies are being developed. However, at the moment, we believe it’s the best way to remove CO_2 from the atmosphere.”

Valuable Holiday Residences For Rent @ EuropeTravel!

• EuropeTravel is the leading travel agency for Swedish people travelling to Portugal and Spain with 25 offices in Sweden. In collaboration with KomaAir, it offers you an ideal holiday residence with a positive impact on the environment and society!

• Karin Davis, president of EuropeTravel said:
“The tourism sector in our area is slower than other sectors on these issues and we must begin to assume greater responsibility.”

www.europetravel.com/holidayvilla1/

EUROPETRAVEL OASIS HOLIDAY VILLA 1

What's Included?

- Two Bedroom Villa
  (electricity obtained from solar panels)
- Smart Private Pool
- Free Electric Car Rental (weekend only)
- Weekly Delivery of Locally Grown Vegetables and Fruits (optional with charge)

What's Special?

- Compensation for the CO_2 from Flights: Donation to World Tree Planting Organization (in collaboration with KomaAir)

VILLA の写真
〈省略〉

Weekly Rental:
€*2,000

For further information on our other holiday villas, visit the EuropeTravel homepage.

(adapted from the websites of *InsideFlyer UK* and *The Portugal News*)

*€: 貨幣単位ユーロ

問11－15 Read the advertisements and website, and select the best option for questions 11-15.

11. According to the KomaAir advertisement, which of the following statements is true about KomaAir?

    A. It has a long history of donating to the project called World Tree Planting Organization.

    B. It is starting to contribute to tree plantation projects to compensate for the CO_2 emitted by their flights.

    C. Its president believes that they began a permanent way to compensate for the environmental impact of their flights.

    D. Its customers live mostly in Spain and Portugal, while its main office is in Sweden.

12. Which of the following statements is true about the advertisement from EuropeTravel?

A. It mentions that EuropeTravel objects to projects which have a positive impact on the environment.

B. It suggests that other sectors are more advanced than the tourism sector in trying to improve the environment.

C. It tells us that EuropeTravel's offices in Sweden installed 25 new green electric cars two years ago.

D. It explains that EuropeTravel offers low-cost holiday residences located in Sweden for eco-friendly people.

13. Which of the following statements is true about the customers who use EuropeTravel's villa?

A. They can invest in a project that installs solar panel systems on their holiday residences in Sweden.

B. They can receive free locally grown vegetables and fruits due to the introduction of new technologies.

C. They can remove CO_2 emitted from the flight they took with the introduction of new technologies.

D. They can support a tree planting project when they rent Oasis Holiday Villa 1.

14. According to EuropeTravel's website, what is provided if you rent Oasis Holiday Villa 1?

A. a public pool with a rainwater filtering system

B. a tree planting tour on the weekends

C. electricity from natural sources

D. free eco-friendly electric car rental from Monday to Thursday

15. According to the advertisements and website, what should customers do if they would like to find information on other EuropeTravel holiday residences?

A. call the local EuropeTravel office or send them an email

B．check EuropeTravel's main homepage

C．click the link at the top of the Oasis Holiday Villa 1 information page

D．visit KomaAir's agency in Sweden

問題Ⅳ　次の二人の会話を読み，設問（16－20）に答えなさい。

Amy: Did you see the colorful fish?

Beatrice: Not yet, I went to the bathroom and then couldn't find our class tour group.

Amy: That's too bad. Let's go back and look at them at lunch time.

Beatrice: I'd (　16　) that. But I haven't had breakfast yet. I'm starving.

Amy: I heard that Sea Land's cafeteria has great burgers. Let's eat first and then see the fish after that.

Beatrice: Good plan. So, what else did I miss during my toilet break?

Amy: Oh! There were some amazing eels! But then I slipped while I was walking past the shark tank.

Beatrice: You (　17　) thing. You do have a lot of bad luck, don't you?

Amy: Yeah. Like when I couldn't attend the party last month.

Beatrice: And when you were absent from our volleyball match with a sore shoulder.

Amy: And then I almost missed this Sea Land trip because I was half an hour late.

Beatrice: Luckily the bus driver agreed to wait before we left this morning. We should have left at 7:30 but we left 40 minutes later.

Amy: Yeah. If we had left on time, we would have arrived here at 9:05.

Beatrice: And we would have had more time to see the colorful fish. Oh well. Let's go to Sea Land's cafeteria and try those famous burgers. It will cheer you up!

問16－20　Read the conversation above and select the best option for questions 16-20.

16. Select the best option to fill in (　16　).

A．eat　　B．fill　　C．find　　D．like

17. Select the best option to fill in (　17　).

A．poor　　B．private　　C．rich　　D．unhappy

18. Why does Beatrice want to cheer Amy up?

A. Sea Land doesn’t have great burgers.

B. Amy has experienced unfortunate events recently.

C. Amy is always late for the bus.

D. Amy saw many rainbow-colored fish.

19. What time did the girls leave for Sea Land?

A. 7:40　B. 8:10　C. 9:05　D. 9:45

20. What was <u>NOT</u> mentioned in the conversation?

A. breaking a toilet　B. missing a party

C. missing a sports event　D. slipping on the floor

問題Ⅴ 次の設問（21－25）に答えなさい。

問21－25 次の定義が表す最も適切な語をA～Dより一つ選び，その記号をマークしなさい。

21. behaviors or practices based upon general consent, or accepted by society at large

A. congratulations　B. conventions

C. explanations　D. populations

22. a large amount of water which overflows its normal limits

A. earthquake　B. flood　C. landscape　D. magnitude

23. to give a lot of time and effort to a certain activity or purpose

A. dedicate　B. defect　C. indicate　D. infect

24. the same, or similar in every detail

A. identical　B. statistical　C. vertical　D. political

25. an amount of money

A．factor B．fame C．sum D．summit

問題Ⅵ 次の設問（26－30）に答えなさい。

問26－30 各文の下線部の意味に最も近い語（句）をA～Dより一つ選び，その記号をマークしなさい。

26. His apologies added fuel to the fire.

A．made someone calm down B．made the situation worse

C．resolved the mystery D．solved the problem

27. This picture makes your mouth water.

A．makes you decide to go swimming

B．makes you pour water on yourself

C．makes you stop moving your mouth

D．makes you want to eat something

28. We have been putting our heads together since last month.

A．disagreeing with a member in our group

B．discouraging the new leader in our group

C．discussing something as a group

D．displaying no curiosity as a group

29. Could you pick me up at the airport on Friday?

A．come and get me B．drive and leave me

C．talk with me D．walk with me

30. She always stands up for her friends.

A．defends B．offends C．slides D．raises

問題Ⅶ　次の設問（31－35）に答えなさい。

問31－35　各文の空所に入る最も適切な語（句）をA～Dより一つ選び，その記号をマークしなさい。

31. I saw him (　　　) out of the gym.

A．carried　　B．carry　　C．of carrying　　D．to carry

32. We finally reached a hill, at the foot (　　　) stood a deserted amusement park.

A．in which　　B．of which　　C．where　　D．which

33. The board members are discussing if further (　　　) to the agreement should be made.

A．modifications　　B．modified

C．modifier　　D．modifies

34. Supposing you (　　　) a lottery, what would you do?

A．to win　　B．having won　　C．were to win　　D．winning

35. Technology has enabled (　　　) from home.

A．more people to work　　B．more people work

C．to more people to work　　D．to more people work

問題Ⅷ　次の設問（36－40）に答えなさい。

問36－40　各文の空所に入る最も適切な語（句）をA～Dより一つ選び，その記号をマークしなさい。

36. Please feel free to drop in (　　　) us if you happen to come this way on your walk.

A．of　　B．off　　C．on　　D．to

37. Jonathan (　　　) that he couldn't get a new job.

A．said　　B．said me　　C．told　　D．told about

38. Jim came late to the meeting, so he tried to (　　　) up an excuse before entering the meeting room.

A．break　　B．carry　　C．catch　　D．make

39. We should (　　　) awareness of ecology.

A．close　　B．raise　　C．swing　　D．sink

40. You should give (　　　) to your family if your business is successful.

A．a kind of tame　　B．a piece of plan

C．a slice of the profits　　D．a part of set

問題Ⅸ 次の設問（41－45）に答えなさい。

問41－45 各組の中で最も強いアクセント（第一強勢）の位置が一つだけ異なるものがあります。A～Dより選び，その記号をマークしなさい。

41. A．as-pect　B．e-qual　C．i-ron　D．suc-cess

42. A．at-tend-ance　B．at-ti-tude　C．de-ter-mine　D．di-sas-ter

43. A．cal-en-dar　B．def-i-nite　C．dis-ci-pline　D．in-ter-fere

44. A．ac-ces-so-ry　B．am-bas-sa-dor
C．en-vi-ron-ment　D．lit-er-a-ture

45. A．com-pli-cat-ed　B．e-lim-i-nate
C．hos-pi-tal-ize　D．ter-ri-to-ry

問題X　次の設問（46－50）に答えなさい。

問46－50　日本文とほぼ同じ意味になるように，A～Dの語（句）を並べ替えて英文を完成させなさい。解答は空所の3番目にくる語（句）の記号をマークしなさい。文頭にくる語も小文字にしてあります。

46. トミオは先月新しい部門の長に指名された。

Last month Tomio was ______ ______ （46） the ______.

A．manager　　B．named

C．of　　D．new department

47. たった今あなたがテレビで演奏されるのを聞いたラブソングの作曲家は彼なのです。

He is the one who ______ the love song ______ you have just （47） ______ on the TV.

A．composed　　B．heard　　C．performed　　D．which

48. もし昨晩スマホが突然壊れなければ，友達に今日の予定を取りやめてくれるかどうか今聞くことができるのに。

______ my smartphone not broken suddenly last night, I ______ now （48） ______ my friend could cancel our plans for today.

A．be able to ask　　B．had

C．if　　D．would

49. 教授は，すべての学生が講義をよく理解できることを目的として，配布資料を入手できるようにしている。

The professor ______ ______ （49） every student has ______ they can understand his lecture clearly.

A．a handout so　　B．it that　　C．sees　　D．to

50. ジェリーは販売員としてキースの足元にも及びません。

Jerry ______ ______ near （50） ______ a salesperson as Keith.

A. good　　B．as　　C．nowhere　　D．is

日本史

（60分）

問題Ⅰ　次の文を読んで，空欄 [1] ～ [10] に最も適する語句を次ページの語群から選び，その記号を解答欄にマークせよ。同一番号の空欄は同一語句である。

摂関家の内部では，摂政・関白の地位をめぐって争いが続いたが，藤原 [1] の子である道長の時におさまった。その後，道長は，藤原 [2] 一族内の争いにも勝利し，4人の娘， [3] を一条天皇に，妍子を三条天皇に，威子を [4] 天皇に，嬉子を後朱雀天皇に，それぞれ嫁がせることで，約30年にわたり権勢をふるった。道長のあとを継いだ頼通も半世紀間，3代の天皇の摂政や関白として大きな権力を維持した。このように摂政・関白を中心に国政が運営され，その一族が主要な官職を独占した10世紀後半から11世紀頃までを摂関時代という。

摂関時代でも，国政は従来どおり太政官を中心におこなわれていたが，政務は先例や儀式を重視した。そこで先例を記録しそれを子孫に伝えるために，貴族は盛んに日記を書き記した。著名なものとしては，藤原実資の [5] がある。儀式の作法や次第を記し，先例も収めた儀式書もさかんにのこされた。たとえば，源高明の『西宮記』や [6] の『北山抄』などがある。 [6] は『和漢朗詠集』を撰したことでも有名である。また， [3] に仕えた紫式部が書いた『源氏物語』も，当時の貴族社会を描写した作品として重要である。

高まる社会不安を背景に加持祈禱や御霊会などと並んで，現世の不安から逃れようとする浄土教も流行してきた。浄土教は，阿弥陀仏を信仰し，来世において極楽浄土に往生することを願う教えである。985年には [7] によって極楽往生の方法を論じた『往生要集』が著され，また，慶滋保胤の『日本往生極楽記』をはじめ，多くの往生伝がつくられた。藤原頼通が建立した宇治の平等院鳳凰堂の内陣には，仏師 [8] がつくった阿弥陀如来像が安置され，壁や扉には来迎図が描かれ，「極楽いぶかしくば，宇治の御寺をうやまうべし」といわれた。 [8] は，従来の [9] の手法を完成し，末法思想を背景とする仏像の大量需要にこたえた。

また，神仏習合も進み，仏と日本固有の神々を結びつける本地垂迹説も生まれた。本地垂迹説とは，神の本体は仏で，仏は神の姿を借りて地上に出現するという考えであり，のちには 10 を大日如来の化身と考えるなど，それぞれの神について特定の仏をその本地と考えた。

〔語群〕

ア．道隆　　イ．大国主神　　ウ．八幡神　　エ．康勝
オ．源信　　カ．定朝　　キ．空也　　ク．南家
ケ．薬子　　コ．定子　　サ．式家　　シ．兼家
ス．後一条　　セ．『小右記』　　ソ．文屋康秀　　タ．彰子
チ．宇多　　ツ．在原業平　　テ．藤原公任　　ト．『御堂関白記』
ナ．時平　　ニ．天照大神　　ヌ．三善為康　　ネ．『中右記』
ノ．後冷泉　　ハ．湛慶　　ヒ．北家
フ．寄木造にかわる一木造　　ヘ．一木造にかわる乾漆像
ホ．一木造にかわる寄木造

問題Ⅱ　次の文を読んで，空欄 1 ～ 10 に最も適する語句を次ページの語群から選び，その記号を解答欄にマークせよ。

鎌倉幕府がいつできたかというと，以前は1192年というのが一般的であった。源頼朝が征夷大将軍に任じられた年である。しかし，近年は 1 年をもって武家政権として鎌倉幕府の確立といわれるようになってきている。この年は， 2 国の壇の浦で平氏が亡んだ年であり，頼朝が 3 法皇から国ごとに守護，荘園・公領に地頭を設置する権利を得た年である。守護・地頭の設置によって頼朝の支配権が東国のみならず西国にまで及ぶようになったことを重視するのである。

守護も地頭も公文所初代別当となった 4 の案とされ，源義経の追討を理由に設置された。守護の任務は軍事・警察権を掌握するためであった。具体的には，謀叛人の逮捕・殺害人の逮捕・大番催促の３つが重要で大犯三カ条と総称される。大犯三カ条のうち，大番催促とは，天皇や院の御所を警備する京都大番役の催促のことをいう。

一方，地頭の設置は当初，平家没官領と謀叛人跡地に限られており，治安維持や年貢の徴収・土地の管理などが任務であった。地頭には田畑１段について５升の 5 の徴収が認められたが，朝廷側の反対が強く1186年に廃止となった。

守護は国司，地頭は荘園領主と対立関係の構図をとることになるが，設置当初は朝廷側の勢力もまだまだ強く，幕府側の思い通りにはなかなかいかなかった。そうした状況が一変したのが，1221年の承久の乱である。後鳥羽上皇は西面の武士を設置するなどして幕府と対立姿勢を強めていたが，３代将軍であった源実朝の暗殺を契機に， 6 上皇らと挙兵に及んだ。しかし，乱は幕府側の勝利に終わり，朝廷側は3000カ所余りの所領を失った。これらの所領に置かれたのが新補地頭で，それまでの本補地頭と区別される。新補地頭は，新補率法によって得分が保障されていた。たとえば，11町に１町の免田，段別５升の 7 が認められていた。

承久の乱後，朝廷側の荘園が多くみられた西日本にも地頭が多数おかれるようになり，これらの地頭は幕府の権力を背景にして，荘園領主に圧力をかけるようになった。これに対して，荘園領主は妥協の道を探るようになった。たとえば，地頭請や下地中分といわれるものであり， 8 領であった伯耆国の東郷荘などは下地中分の代表的な例といえよう。

鎌倉幕府から室町幕府へと時代が移ると，かつて地頭がおこなっていた地頭請を守護がおこなう守護請や守護の家臣である 9 などによる代官請がみられるようになってくる。守護は本来，幕府から任命されるものであるが，その国の地域的支配権を得て，守護の地位も世襲するようになった。こうした守護は鎌倉時代の守護とはまったく異なっており，守護大名とも称され，その支配体制は守護領国制といわれる。具体的には， 10 使節遵行や刈田狼藉を取締まる権限などがあげられる。

〔語群〕

ア．大江広元	イ．兵粮米	ウ．長門	エ．加徴米
オ．1185	カ．国人	キ．周防	ク．白河
ケ．年貢	コ．三善康信	サ．雑穀	シ．1183
ス．仲恭	セ．御内人	ソ．後堀河	タ．松尾神社
チ．順徳	ツ．内管領	テ．安芸	ト．中原親能
ナ．醍醐寺	ニ．公事	ヌ．山科本願寺	ネ．1189
ノ．堀河	ハ．加地子	ヒ．後白河	

フ．債権の破棄を命じる権限である

ヘ．土地争論を幕府の判決に従わせる権限である

ホ．半済令を発布する権限である

問題Ⅲ　次の史料と文を読んで，空欄 [1] ～ [10] に最も適する語句を次ページの語群から選び，その記号を解答欄にマークせよ。同一番号の空欄は同一語句である。

【史料】

（1）

一，天子諸芸能の事，第一御学問也。

〔中略〕

一，①[1] の寺，住持職《じゅうじしき》，先規希有《けう》の事也。近年猥《みだ》りに勅許の事，且《かつ》は臈次《ろうじ》を乱し，且は官寺を汚《けが》し，甚《はなは》だ然るべからず。〔以下略〕

（『大日本史料』原漢文）

（補注）：臈次……僧侶が受戒後，修行の功徳を積んだ年数で決まる席次

（2）

一，②大名小名，在江戸交替，相定ル所也。毎歳《とし》夏四月中参勤致スベシ。従者ノ員数《いんずう》近来甚《はなは》ダ多シ，且《かつ》ハ国郡ノ費《ついえ》，且ハ人民ノ労《つかれ》也。〔中略〕

一，③五百石以上ノ船停止《ちょうじ》ノ事。

（『御触書寛保集成』）

【文】

史料（1）は大坂の陣後，1615年に発令されたもので，朝廷・公家の統制法である。下線部①のように定められたにもかかわらず，遵守されなかったこともあった。[1] 事件をきっかけに，天皇は幕府の同意を求めず突然譲位している。しかし既に [2] は，娘の和子を当時の天皇に入内させており，次の天皇が [2] の孫の明正天皇となることもあり譲位を追認した。その際，幕府は摂家と [3] に厳重な朝廷統制を命じた。[3] には公家から２人選ばれ，彼らは幕府から役料を受け，朝廷に幕府側の指示を与えた。

この後，幕府の対朝廷政策は，[4] が朱子学にもとづく秩序重視の政策を展開するなかで見直された。たとえば [4] は皇子や皇女が経済的理由で出家していた事態に対処するため，新たな親王家（宮家）の創立を建言し，その結果，閑院宮家が創立された。

18世紀半ばになると，朝廷では，復古派の公家たちと [5] が，摂家によって処分される宝暦事件がおこった。[5] は公家たちに尊王論を説いたが，南学派の儒学者・神道家である [6] が創始した垂加神道を学んでいた。

史料（2）は，1635年に発令された「武家諸法度」の一部である。下線部②にあるように，大名には国元と江戸とを往復する参勤交代が義務づけられている。参勤交代制は 7 ものであった。

この頃には幕府の職制も整備が進み，初め年寄と呼ばれて幕府中枢にあった重臣が，老中と呼ばれ政務を統轄するようになった。老中を補佐し旗本を監督する若年寄もおかれた。幕府の役職には，原則として数名の 8 ・旗本らがつき，月番交代で政務を扱った。なお 8 は，古くから徳川氏の家臣であった大名のことである。大名は，初期には領内の有力武士に領地を与え，その領民支配を認める 9 をとる場合もあったが，しだいに領内一円支配を進めていった。

史料（2）の下線部③では，幕府は500石以上の大船の建造を禁止している。この頃，幕府は，貿易に関係している西国の大名が富強になることを恐れていた。それ以前，1633年には 10 以外の日本船の海外渡航を禁止している。このように，幕府の統制がしだいに強化されていくことになった。

〔語群〕

ア．徳川家光	イ．京都所司代	ウ．本山	エ．新井白石
オ．奉書船	カ．親藩	キ．南蛮船	ク．伊藤仁斎
ケ．徳川秀忠	コ．紫衣	サ．朱印船	シ．俸禄制度
ス．場所請負制	セ．譜代大名	ソ．徳川家綱	タ．地方知行制
チ．朱印	ツ．高家	テ．中江藤樹	ト．徳川家康
ナ．武家伝奏	ニ．竹内式部	ヌ．外様大名	ネ．蒲生君平
ノ．山県大弐	ハ．徳川吉宗	ヒ．山崎闇斎	

フ．大名が，妻子と一緒に，江戸と国元を往来する

ヘ．関東の大名を含めて，大名は一年在府，一年在国を原則とする

ホ．大名にとって，多くの家臣をつれて往来するなど，多額の費用をともなう

問題Ⅳ　次の図を参照し，下の文を読んで，空欄 1 ～ 5 に最も適する語句を次ページの語群から選び，その記号を解答欄にマークせよ。同一番号の空欄は同一語句である。また，問 1 ～ 5 のそれぞれに最も適する記号を選び，その記号を解答欄にマークせよ。

【図】

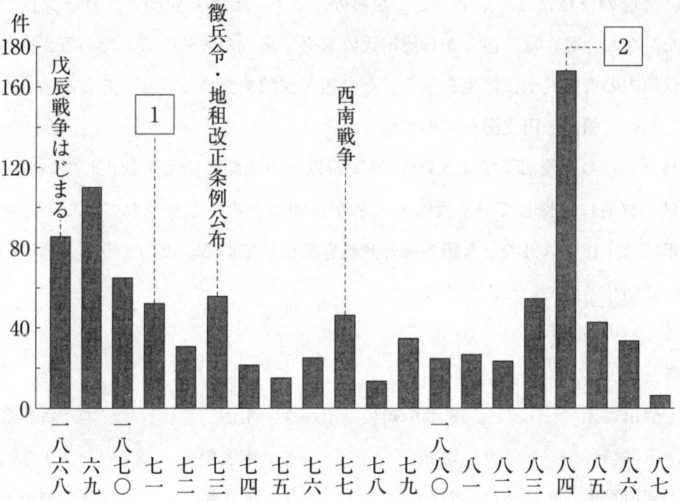

(『山川日本史総合図録』を改編)

【文】

図は，明治前期における農民騒擾（一揆）の発生件数を示したものである。

1868年は戊辰戦争が起きた年であり，内乱による領地支配の弱体化のなかで一揆が多発した。また，新政府は，戦争の過程でさまざまな政策を打ち出しており①，同年 9 月には元号を明治と改元して一世一元の制を採用した。ちなみに，文久を元治に改元するとき，「令徳」が元号候補の一つとなったが，「徳川に令する」と読めること，「令」の字が過去の元号に使用されていなかったことなどを理由に採用されなかった。

1869年に一揆が多いのは，凶作の年だったこと，戊辰戦争の戦費調達に苦慮した新政府・諸藩が，財政難のなかで年貢の徴収をきびしくしたことなどが要因であった。1871年の 1 後，財源の安定をめざす政府は，1872年に 3 を発行し，翌年には地租改正条例を公布して地租改正に着手した②。しかし，地租改正はこれまでの年貢収入を減らさない方針で進められたため，農民は負担の軽減を求めて各地で地租改正反対一揆をおこした。

富国強兵をめざす政府は，地租改正などさまざまな改革や近代化政策を実施するとともに，③いわゆるお雇い外国人の指導のもとで，近代産業の育成をはかった。

政府による諸政策が展開されるなかで，政府内の政治的対立もしだいに顕在化していった。明治六年の政変で西郷隆盛・江藤新平・板垣退助ら征韓派の５参議が下野し，④板垣らは民撰議院設立の建白書を左院に提出，これが新聞に掲載されて世論に大きな影響を与え，自由民権運動が急速に高まっていった。その一方で，士族のなかには旧来の特権を奪われていくことに対する不満から，反政府の暴動をおこすものもあらわれた。江藤新平は不平士族に擁されて佐賀の乱をおこし，西郷隆盛は鹿児島士族を中心とした士族反乱（西南戦争）をおこしたが，いずれも政府軍に鎮圧された。

西南戦争後に激しいインフレーションと財政難をまねいた政府は，1880年に［ 4 ］を決めるなど，財政・紙幣整理に着手した。その後，［ 5 ］が大蔵卿に就任すると，⑤きびしい緊縮財政とデフレ政策をとったため，米・繭などの物価が著しく下落し，深刻な不況は全国におよんだ。

1884年は［ 2 ］がおきた年である。［ 2 ］は，デフレ政策の影響をうけて借金に苦しむ農民が，在地の自由党員の指導で困民党を組織し，急増する負債の減免を求めて蜂起したものであった。この頃，政府の弾圧や不況下の重税に対する反発から，自由党員や農民が各地で騒擾をおこしたのである。

〔語群〕

ア．府県制・郡制の公布	イ．加波山事件	ウ．大隈重信
エ．太政官札	オ．井上馨	カ．地券
キ．廃藩置県	ク．福島事件	ケ．官営事業の払い下げ
コ．版籍奉還	サ．秩父事件	シ．松方正義
ス．第一国立銀行の設立	セ．金禄公債証書	ソ．国立銀行条例の制定

問１　下線部①に関連して，このときの新政府の政策とその内容について述べた文として正しいものを，次のア〜エのうちから一つ選べ。

ア．五榜の掲示を掲げ，開国和親の方針にもとづいてキリスト教を解禁した。

イ．政体書を定めて三権分立制を取り入れ，正院・左院・右院の三院制とした。

ウ．祭政一致の立場から神仏分離令を発し，古代以来の神仏習合を禁止した。

エ．大教宣布の詔を発して，神道を中心とした国民教化の推進を表明した。

問２　下線部②について述べた文として**誤っているもの**を，次のア～エのうちから一つ選べ。

ア．課税対象を，不安定な収穫高から一定した地価に変更した。

イ．それまでの物納を金納にあらためて，税率を地価の2.5％とした。

ウ．地主・自作農の土地所有権が確立し，土地所有者を納税者とした。

エ．入会地のうち所有権を立証できないものは，官有地に編入された。

問３　下線部③に関連して，明治期に来日した外国人に関して述べた次の文ａ～ｄについて，正しいものの組合せを，下のア～エのうちから一つ選べ。

ａ　キヨソネが，大蔵省紙幣寮で銅版画技術を指導した。

ｂ　フェノロサが，工部美術学校の設立に尽力した。

ｃ　モッセが，地方自治制の成立に尽力した。

ｄ　コンドルが，ニコライ堂や東京駅を設計した。

ア．ａ・ｃ　　イ．ａ・ｄ　　ウ．ｂ・ｃ　　エ．ｂ・ｄ

問４　下線部④に関連して，自由民権運動の展開に関して述べた次の文Ⅰ～Ⅲについて，古いものから年代順に正しく配列したものを，下のア～カのうちから一つ選べ。

Ⅰ　板垣退助を総理（党首）とする自由党が結成された。

Ⅱ　三大事件建白運動がおこり，大同団結の動きが活発になった。

Ⅲ　民権派の全国組織をめざして愛国社が結成された。

ア．Ⅰ→Ⅱ→Ⅲ　　イ．Ⅰ→Ⅲ→Ⅱ　　ウ．Ⅱ→Ⅰ→Ⅲ

エ．Ⅱ→Ⅲ→Ⅰ　　オ．Ⅲ→Ⅰ→Ⅱ　　カ．Ⅲ→Ⅱ→Ⅰ

問５　下線部⑤に関連して，この時期の政策と影響に関して述べた次の文Ｘ・Ｙについて，その正誤の組合せとして正しいものを，下のア～エのうちから一つ選べ。

X　不換紙幣の回収と正貨の蓄積を進めるとともに，中央銀行として日本銀行を設立した。

Y　地主が貸金業などを経営して土地を集積する一方，多くの自作農が小作農に没落した。

ア．X　正　Y　正　　イ．X　正　Y　誤

ウ．X　誤　Y　正　　エ．X　誤　Y　誤

世界史

（60分）

問題Ⅰ　次の文章の [　　] に入る最も適当な語句を下記の語群から選び，その記号をマークせよ。

馬は人類にとって重要な家畜の一つであるが，いつごろ，どのように家畜化されたのかについてはいまだ詳細がわかっていない。少なくとも明らかなことは，馬の家畜化は羊や豚にくらべて大きく遅れたこと，そして遺伝的特徴から現在の家畜馬のすべてが単一の種を起源とする可能性が高い，ということである。『種の起源』で知られる博物学者 [1] は早くも19世紀に，イギリスから中国に至る地域のさまざまな品種の家畜馬にみられる縞模様について，共通祖先にあたるウマ科動物の特徴が隔世遺伝したものであると指摘している。

ウクライナ中部ドニエプル川西岸のデレイフカ遺跡では，紀元前4000年ごろのものとされる馬の頭骨埋納が発見されている。カザフスタン北部のボタイ遺跡でも紀元前3500年ごろの年代を示す馬の骨が多数出土している。これらの遺跡から見つかった馬の歯には銜《はみ》による摩耗の痕跡が認められることから，紀元前4000年ごろにはすでに馬は家畜化され，さらには騎乗が行われていたと主張する研究者もいる。これらの主張にはその年代も含めて異論もあるが，おそらく馬は紀元前４千年紀のうちに黒海北岸～中央アジアの草原地帯で家畜化されたのであろう。

出現期の家畜馬は，騎乗馬としてではなく馬車という形で出土資料・文献記録に多く残っている。メソポタミアで最初の都市文明を築いた [2] 人はすでに車輪・荷車を利用していたことが粘土板に記されているが，それを牽引したのは馬ではなくロバだったようだ。オリエント世界で馬に関する記録は紀元前３千年紀末ごろにみられるが，紀元前２千年紀前半になると馬の重要性はにわかに増大した。インド＝ヨーロッパ語系の諸集団の勃興と前後して出現した，馬に牽かれた戦車（戦闘用馬車）の登場である。アナトリアに本拠地を置いた [3] は戦車と鉄器を用いて西アジアを席巻し，アムル人が建てた [4] を滅ぼしている。紀元前２千年紀後半には北メソポタミアに成立していた国家 [5] において，馬の調教に習熟したフルリ人が重要な役割を果たしていた。

5 出身のキックリという人物が馬匹の調教を行っていたことを示す粘土板文書が 3 の都のあったボアズキョイから発見されたことからも，当時のオリエントでは戦車を牽くための馬がひろく重視されていたことがわかる。エジプトでは中王国時代末期にシリア方面から 6 が流入し，馬と戦車をエジプトにもたらした。

同じく紀元前 2 千年紀の中ごろ，北インドのインダス川流域にもインド＝ヨーロッパ語系の 7 人が侵入した。彼らは戦車を駆使して先住集団を征服し，雷や火などの自然現象への崇拝を神々への賛歌『 8 』としてまとめた。この聖典の中で馬は牛に次いで尊重され，戦車の牽引に用いられたことが記されている。南アジアにおいても，やはり馬は戦車とともに重視されたのである。いっぽう，東アジアにおける馬の利用はオリエントよりもやや遅い。古い時代の戦車は殷の中心地であった殷墟遺跡や周の都 9 とされる遺跡でみつかっており，馬や馬車の出現は紀元前 2 千年紀後半になってからだと考えられる。甲骨文にみられる「車」字もまさしく戦車を象ったものであり，馬車の出現時点でほぼ完成した形の戦車がみられることから，東アジアの馬・戦車は西アジアから伝播した可能性が高い。

騎馬の風習がどこで，いつから始まったのかについても不明点が多い。 10 はペルシア戦争を語った著書『歴史』のなかで，古い騎馬遊牧民として南ウクライナ地域のキンメリア人の名をあげているが，より有名なのは紀元前 7 世紀ごろ黒海北方を中心に活動した 11 であろう。 11 と共通性を持つ文化は黒海沿岸のみならず中央ユーラシアからモンゴル・シベリアに至る地域に及んでおり，遅くとも紀元前 1 千年紀には北方ユーラシアに広く騎馬遊牧民が広がっていたことを示唆している。騎馬による機動力は遊牧民に軍事面での圧倒的な優位性を与えた。紀元前 7 世紀に全オリエントを統一した 12 の軍団は戦車隊のほかに騎馬隊をも備えていたが，おそらく 11 との争いや同盟を通じて騎乗法を習得していったのであろう。

中国においても騎馬遊牧民は軍事的脅威として農耕民の目に映ったようである。「戦国の七雄」の一つで，北方に位置し燕や秦とともに騎馬遊牧民の脅威をうけ続けた 13 では，騎馬遊牧民の戦法を取り入れた「胡服騎射」が実施された。東アジアでは紀元前 1 千年紀後半に，騎馬の風習が農耕民にも徐々に知られるようになったと考えられる。東アジアの騎馬遊牧民である匈奴は組織的集団を形成し，やがて 14 と呼ばれる君主をたてる。匈奴は紀元前 3 世紀に強大化し漢を強く圧迫したが，紀元前 2 世紀には漢に押され次第に衰退した。匈奴との争いの中で漢の武帝が西域の 15 で産する汗血馬を強く欲したという逸話は，当時の馬が軍事的に極めて重要な物資であったことを物語っている。

［語群］

あ．月氏	い．ウル第３王朝	う．リグ＝ヴェーダ
え．鎬京	お．突厥	か．シュメール
き．トゥキディデス	く．可汗	け．ドラヴィダ
こ．アッカド	さ．咸陽	し．アッシリア
す．バビロン第１王朝	せ．ヘロドトス	そ．ダーウィン
た．ミタンニ	ち．シャクンタラー	つ．大宛（フェルガナ）
て．リディア	と．クチャ（亀茲）	な．斉
に．スキタイ	ぬ．単于	ね．ヒッタイト
の．リンネ	は．エフタル	ひ．趙
ふ．アケメネス朝	へ．カッシート	ほ．アーリヤ
ま．フェニキア	み．ヒクソス	

問題Ⅱ　次の文章の［　　］に入る最も適当な語句を下記の語群から選び，その記号をマークせよ。

14世紀のイタリアに始まり，15世紀以降西欧各国に広がった文化運動を指してルネサンスと言うことが多い。ルネサンスとは「再生」を意味するフランス語であり，そもそもは19世紀のフランス人の歴史家であるミシュレが，［　1　］治世下のフランスの文化運動を説明するために用いた言葉であるとする説が有力である。具体的に何が「再生」するのかといえば，「古代ギリシア・ローマの文化」と「人間性」である。すなわち，ルネサンスという言葉の背後には，中世におけるキリスト教に根ざした禁欲的な価値観から，「古代ギリシア・ローマの文化」を模範とした「人間性」を尊重しようとする価値観への転換が起こったとするひとつの認識が隠されている。

実際に，ルネサンスを代表する芸術家の作例をみていくと「古代ギリシア・ローマの文化」や「人間性」の再生を見て取ることができる。［　2　］が古代ギリシア・ローマ神話に着想を得た，当時のキリスト教的価値観からすれば「異教的」な絵画であることは間違いないし，［　3　］第２代の若き王の激しい表情を描写した裸体像は，人間の力強さや美しさを象徴している。また，［　4　］は美しい微笑みをたたえた女性の肖像画で，色彩の明暗やぼかしによって遠近感が表現されている。

この３作品の，それぞれの作者がフィレンツェないしその近郊の出身であることは決して偶然ではない。毛織物産業と金融業によって繁栄したフィレンツェにおいて，市民たちは精神的な充足を求めるようになる。この時に，教会や大学での教育や学問が重要な役割を果たした。中世西欧における知識人の共通語であった [5] は，神学やローマ法の理解のために，教会学校や大学で盛んに教授された。実は，こうした中世の教育の仕組みを介して，古代ローマの文化もまた中世に継承されていたのである。代表作の『叙情詩集』で知られる [6] が，古典研究に没頭する一方でキリスト教的な価値観を重視して生涯を全うしたことは中世的な知と，古代ローマの文化の「再生」が矛盾するものではなかったことをよく示している。

また，ルネサンス絵画の先駆者とされる [7] がやはりフィレンツェ近郊の出身と言われるように，フィレンツェが14世紀頃から優れた職人を育む文化的土壌を持っていたことは間違いない。しかし，職人の才能を引き出したのは，彼らのパトロンとなった市民たちの意向によるところが大きい。とりわけ，金融財閥であった [8] が芸術や学問を積極的に保護したことはよく知られている。 [8] の保護のもとにあった人文主義者のサークルでは， [9] 滅亡に前後してイタリアにやってきた知識人たちのもたらした [10] の著作の [5] への翻訳がなされ，とりわけ [10] のイデア論と神学との整合が研究の対象となった。前述の [2] もまた，古典古代の精神文化と中世的キリスト教世界観とを矛盾なく理解しようとする試みのなかから生み出されたのである。

また，ルネサンスの隆盛した約200年間は気候の寒冷化による飢饉や凶作，また黒死病の流行によって社会における不安の高まった時代でもあった。また，フランス王やハプスブルク家が推し進めた中央集権化政策は，やがて両国をイタリア戦争の渦のなかへと誘うこととなる。特に， [1] と [11] は激しく対立した。フランス側に教皇がついたことから [11] が「ローマの劫略」を引き起こすなど，両国の争いは [12] 条約によって終戦を迎えるまで続き，フィレンツェの人々をもまた戦争の恐怖に陥れることともなった。こうした，先の読めない時代のなかで，キリスト教的な終末を人々が強く意識することによってルネサンスの精神文化は育まれたとも言えるのである。

加えて，ルネサンス以前にも古典古代の「再生」と捉えられる文化的現象があったことも見逃せない。 [13] に招かれたアルクインが主導したとされる文芸復興運動や，12世紀に盛んになった文化の復興運動もよく知られている。特に，12世紀にノルマン人が進出した [14] においては，イスラーム世界や [9] に由来する多くの文献が [5] に翻訳され，西欧に文化的革新をもたらしたとされる。

以上のように考えてくると，文化的潮流の大きな転換点をルネサンスに求めることの危うさが見えてくるだろう。さらに「人間性」という点から言えば，人間の理性に根ざした合理的な真理探究がヨーロッパにおいて本格的に志向されるのは，「われ思う，ゆえにわれあり」という言葉で有名な［15］の登場を待たなければならない。

［語群］

あ．カール＝マルテル	い．「モナ＝リザ」	う．ユダ王国
え．カール5世	お．クレタ島	か．ジョット
き．ヘンリ8世	く．アリストテレス	け．ラテン語
こ．メディチ家	さ．カトー＝カンブレジ	し．プラトン
す．ボッティチェリ	せ．ボッカチオ	そ．「ヴィーナスの誕生」
た．「ダヴィデ像」	ち．イスラエル王国	つ．ユトレヒト
て．「最後の晩餐」	と．カルロヴィッツ	な．キプロス島
に．フランソワ1世	ぬ．ペトラルカ	ね．ギリシア語
の．パスカル	は．フッガー家	ひ．デカルト
ふ．カール大帝	へ．シチリア島	ほ．オスマン帝国
ま．スレイマン1世	み．ビザンツ帝国	

問題Ⅲ　次の文章を読み，各問に答えよ。

人間の歴史とともに絶えず戦争が行われてきた。そのため，戦争の遂行やその性質が政治や社会に大きな影響を与えてきた。たとえば，古代ギリシアでは武装を自弁でき，重装歩兵となった比較的裕福な平民に続いて，武装の自弁はできないがペルシア戦争A で［ 1 ］の漕ぎ手として活躍した無産市民の政治的発言力が増した。ここでは国家の防衛義務と政治参加が結びつけられており，この考え方は，フランス革命B の時に始まった［ 2 ］の考えの中に受け継がれ，ヨーロッパ近代の軍役の基本となった。

ヨーロッパの中世では，中小領主層からなる騎士が軍事力の主力を占め，彼らは封建的主従関係にもとづく軍役奉仕義務により，戦争が起こると主君の軍隊に参加した。領主層が参加する中小貴族の軍隊がさらに大貴族の軍隊に参加して，大規模な軍隊による戦争が行われたのである。11世紀末から開始される十字軍C の軍隊はまさに，このような軍役奉仕義務により編成された軍隊であった。そのため中世においては，軍隊は戦時に編成され，平和が訪れると解散した。

だがその後，状況が変化した。15世紀になると王室に直属する常備軍の整備が始まった。たとえば，フランスでは英仏百年戦争に勝利した王［ 3 ］により，1445年に常備軍である勅令隊が編成された。この部隊が軍事力の中心となることはなかったが，これ以降，貴族の軍事力を解体し，国家権力が軍事を独占することが進んでいく。もうひとつが16世紀に生じた戦術の変化である。ルネサンス期以降に火器の使用が一般化すると，軍隊の主力は歩兵へと移行し，騎士層は没落していくことになる。その後は，国家が常備軍を編成し，その兵員数を拡大していくことになるが，［ 4 ］成立以前の軍隊は王朝の利害を支えるものであり，広い社会層に兵役を課すことは不可能であった。そのため，各国はまず傭兵を利用した。傭兵のありかたは地域によってさまざまであったが，三十年戦争D で皇帝側にたって活躍した［ 5 ］の軍隊のように，傭兵隊長が自身で軍隊を編成し，国家と一括して契約する例も認められた。だが，傭兵軍には指揮統制や略奪などの問題があり，各国は官僚制の整備や財政改革を実施して，徐々に国民（臣民）からなる軍隊を編成していった。

この傾向が完成するのが［ 4 ］の成立とそのもとでの［ 2 ］に代表される，国民軍の成立であった。そして，軍隊の規模は増加の一途をたどった。ルイ14世の治世のもとでの陸軍の最大定数が約40万人だったのにたいして，革命期にはほぼ倍の人員が動員された（人口の伸びは約40パーセントだった）。このことは，兵役を通じて，戦争における国民の犠牲が増大したことを意味していた。たとえば，1812年にナポレオンE は60万人余の兵力を率いてロシア遠征を行った。一時はモスクワの占領に成功するが，ロシア軍の抵抗にあい遠征は失敗した。そして，ロシア軍やゲリラの抵抗，冬の寒さのために，ロシアから脱出できた兵員は，５分の１ほどでしかなかった。

だが，ナポレオン戦争が教訓として遺したものは，犠牲の多さではなく，大量動員の有効性であった。そのため，19世紀を通じて，動員が強化されるとともに，兵器の進歩も相まって，犠牲者の数も増えていった。アメリカ南北戦争F で最大の激戦となった［ 6 ］の戦いでは，両軍で約16万人の兵士が戦闘に参加し，約8,000人が死亡，死傷者の合計は４万人を超えた。

この後，二つの世界大戦が勃発するが，それらは規模や犠牲においてかつて人類が経験したことのない戦争であった。第一次世界大戦G では約7,000万人が動員され，900万人以上が死亡した。1899年と1907年にオランダの［ 7 ］で開催された万国平和会議において，陸上戦闘の交戦規定にかんする条約が締結され，非人道的な行為が禁止されたにもかかわらず，第一次世界大戦では毒ガスや航空機などの新兵器が投入され，かつてない犠牲者を出したのだった。

第二次世界大戦では戦争の規模がさらにエスカレートした。期間と規模で先の大戦を上回るこの戦争では，約１億１千万人が軍隊に動員され，そのうちの約2,500万人が死亡したとされる。さらに重要なのが，軍人と民間人の死亡者数が逆転したことである。明確な統計は存在しないが，民間人の死者を4,000万人近くとする説もある。民間人の犠牲者が増大した理由のひとつが，戦線と銃後の区別がなくなり，民間人が攻撃対象となったことである。各地で激しい空襲が繰り返され，日本にたいしては大量殺戮兵器である原子爆弾も投下された。もうひとつの理由が，戦争が世界観の対立と関連していたことである。たとえば，ナチス＝ドイツH は，19世紀に進展した人種理論を背景として，ユダヤ人や［ 8 ］系人種を劣等人種と考え，前者にたいしてはアウシュヴィッツなどで絶滅政策を行った。後者にかんして，1941年に独ソ戦が始まるが，これはある種の人種間戦争の様相を呈し，両軍とも捕虜への非人道な扱いや民間人への暴力行為を行った。

第二次世界大戦の反省もふまえ，国際連合が設立され，国際紛争の法的処理を行う機関として［ 7 ］に国際司法裁判所も設置された。しかし，民族や宗教を対立軸として，多くの民間人の犠牲者をともなう戦争は収まっていない。たとえば，ユーゴスラヴィア解体の過程ではムスリムとセルビア人，クロアティア人が激しく対立し，他民族にたいする激しい弾圧が行われた。さらに，2011年に勃発したシリア内戦では，政府軍と反政府軍の戦闘に外国勢力が介入し，民間人に多大な犠牲が出て，大量の難民が発生した。

問１　文章中の [　　] に入る最も適当な語句を下記の語群から選び，その記号をマークせよ。

［語群］

あ．スラヴ	い．ジャンク船	う．主権国家
え．徴兵制	お．ルイ９世	か．ダウ船
き．シャルル９世	く．グスタフ＝アドルフ	け．ハーグ
こ．ユトレヒト	さ．国民国家	し．ゲティスバーグ
す．フィリップ４世	せ．コンコード	そ．アングロ＝サクソン
た．募兵制	ち．レキシントン	つ．三段櫂船
て．ラテン	と．府兵制	な．ガレオン船
に．クロムウェル	ぬ．ブリュッセル	ね．ゲルマン
の．福祉国家	は．ヨークタウン	ひ．ヴァレンシュタイン
ふ．アラブ	へ．ロッテルダム	ほ．アムステルダム
ま．私拿捕船	み．シャルル７世	

問２　文中の下線部Ａ～Ｈに関連して，下記の設問に答えよ。

Ａ．ペルシア戦争についての記述のうち，正しいものを一つ選びなさい。

あ．ペルシア戦争のきっかけは，ササン朝ペルシアの支配下にあったイオニア地方のギリシア人ポリスの反乱であった。

い．紀元前500年にペルシアの王キュロス２世がギリシアに侵攻し，ペルシア戦争が始まった。

う．紀元前490年のマラトンの戦いで，アテネの重装歩兵軍が中心となってペルシア軍を撃破した。

え．紀元前480年のテルモピレーの戦いで，ギリシアの勝利が確定した。

お．ペルシアの再侵攻に備えて，スパルタを盟主としてデロス同盟が結成された。

Ｂ．フランス革命に関連した記述について，誤っているものを一つ選びなさい。

あ．『第三身分とは何か』というパンフレットを出版して身分制のあり方を批判したシェイエスは，第三身分の代表として三部会議員に選出され，国民議会の設立を主導した。

い．1789年10月に，パンの値上げに苦しむパリの女性らがヴェルサイユに行進し，宮殿に乱入した。この結果，国王一家はパリに移された。

う．1792年に，ジロンド派内閣はオーストリアに宣戦布告した。

え．1792年に20歳以上の全国民による投票で国民公会が設立され，第一共和政が成立した。

お．1793年に山岳派政府は，農民層の支持を得るために封建地代の無償廃止を実施した。

C．十字軍に関連した記述について，誤っているものを一つ選びなさい。

あ．第１回十字軍はイェルサレムを占領し，イェルサレム王国を建国した。

い．アイユーブ朝の創始者サラーフ＝アッディーンは，イェルサレムを奪回し，第３回十字軍と戦った。

う．13世紀初頭の第４回十字軍は，コンスタンティノープルを占領し，ラテン帝国を建国した。

え．13世紀に十字軍を主導したフランス国王ルイ９世は，チュニスで病死した。

お．第３回十字軍の際，イェルサレムで組織されたドイツ騎士団は，13世紀以降エルベ川以東の植民活動を実施した。

D．三十年戦争に関連した記述について，誤っているものを一つ選びなさい。

あ．ハプスブルク家によるカトリックの強制にたいして，ベーメンの新教徒が反乱をおこしたことが三十年戦争の発端となった。

い．カトリック教国であるフランスは，新教徒側にたって三十年戦争に参戦した。

う．戦争を終結させたウェストファリア条約により，スイスとオランダの独立が国際的に承認された。

え．戦争の結果，スウェーデンはアルザスを獲得し，バルト海での制海権を獲得した。

お．和平条約によりカルヴァン派が公認された。

E．ナポレオンに関連した記述について，誤っているものを一つ選びなさい。

あ．総裁政府のもと，ナポレオンはイタリア遠征を行い，第１回対仏大同盟を崩壊させた。

い．ナポレオン軍がエジプトで発見したロゼッタ＝ストーンに刻まれたエジプト文字は，ヴェントリスによって解読された。

う．1805年のトラファルガーの海戦で，ネルソンが指揮するイギリス艦隊に大敗を喫したことで，ナポレオンはイギリス本土侵攻を断念した。

え．1806年にライン同盟が成立したことを機に，神聖ローマ帝国が消滅した。

お．ライプツィヒの戦いに敗北したナポレオンは退位に追い込まれ，エルバ島に流された。

F．アメリカ南北戦争に関連した記述について，誤っているものを一つ選びなさい。

あ．南部諸州では奴隷制プランテーションによる砂糖栽培が主要な産業で，自由貿易と州の自治が要求された。

い．北部諸州は連邦主義を主張した。

う．北部での奴隷解放運動に影響を与えた文学作品に，ストウの『アンクル＝トムの小屋』がある。

え．1854年に奴隷制に反対する人びとによって結成されたのが共和党である。

お．合衆国を脱退した南部諸州は，アメリカ連合国を結成した。

G．第一次世界大戦に関連した記述について，誤っているものを一つ選びなさい。

あ．1914年のサライェヴォ事件を機に，オーストリアがセルビアに宣戦布告をしたことをきっかけに，第一次世界大戦が始まった。

い．1914年のタンネンベルクの戦いにより，ドイツ軍は東部戦線での主導権を握った。

う．1917年にイギリスのインド相モンタギューが，インドの戦争協力を得るために，自治機構を実現する方針を議会で声明した。

え．ロシア革命により成立したソヴィエト政権は，ドイツなどの同盟国とブレスト＝リトフスク条約を締結して単独講和を行った。

お．イタリアは統一時に獲得できなかった「未回収のイタリア」のドイツからの獲得を目指し，1915年に第一次世界大戦に参戦した。

H．ナチス＝ドイツに関連した記述について，誤っているものを一つ選びなさい。

あ．ミュンヘン一揆に失敗して投獄されたヒトラーは，獄中で『わが闘争』を口述筆記した。

い．ナチスがその勢力を拡大すると，トーマス＝マンやアインシュタインなど，ファシズムに反対する文化人の亡命が相次いだ。

う．1933年に政権についたナチスは，同年に全権委任法を成立させて立法権を掌握し，一党独裁への途を開いた。

え．ヴェルサイユ条約に反対するナチスは，1935年に再軍備を宣言し，徴兵制を復活，翌年には不戦条約を破棄してラインラントに進駐した。

お．ナチスは1936年に四カ年計画を開始し，食糧と戦略物資の自給を目指した。

地理

（60分）

問題Ⅰ 次の地図は，福井県南西部の三方五湖地域における3枚の2万5千分の1地形図A～Cの位置を示したものである。これらの地図と以下の文章を読んで，問1～問12に答えよ。

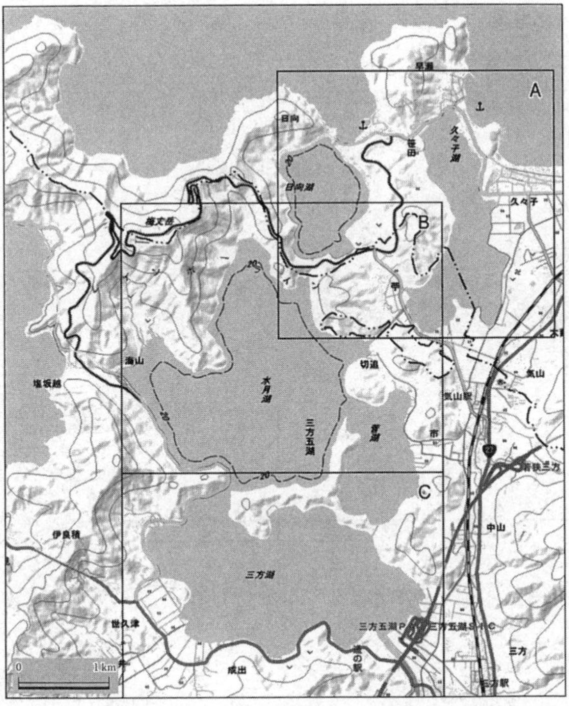

（地理院地図に地形図A～Cの範囲を加筆）

編集部注：編集の都合上，70%に縮小

三方五湖は福井県の若狭湾に面する ア に位置し，三方《みかた》湖，水月《すいげつ》湖，菅《すが》湖，久々《くぐ》子《し》湖，日向《ひるが》湖の5つの湖からなる。2005年11月に，国際的に重要な湿地の保全と適正な利用を目的とする［　イ　］条約の登録湿地となった。現在これらの湖は，自然および人工の水路でつながっているが，面積，水深，塩分濃度は異なる。このうち，水深が最も大きいのは［　ウ　］で，塩分濃度が最も低いのは大きな流入河川がある［　エ　］である。

問１　文章中の［　ア　］～［　エ　］に入る最も適切なものを，以下の地形図**A**～**C**を参考にして，次の①～④からそれぞれ一つずつ選び，それらの番号をマークせよ。

ア　①　リアス海岸　　②　離水海岸
　　③　サンゴ礁　　　④　断層海岸

イ　①　ウィーン　　②　バーゼル　　③　ラムサール　　④　ワシントン

ウ　①　久々子湖　　②　水月湖　　③　日向湖　　④　三方湖

エ　①　水月湖　　②　菅湖　　③　日向湖　　④　三方湖

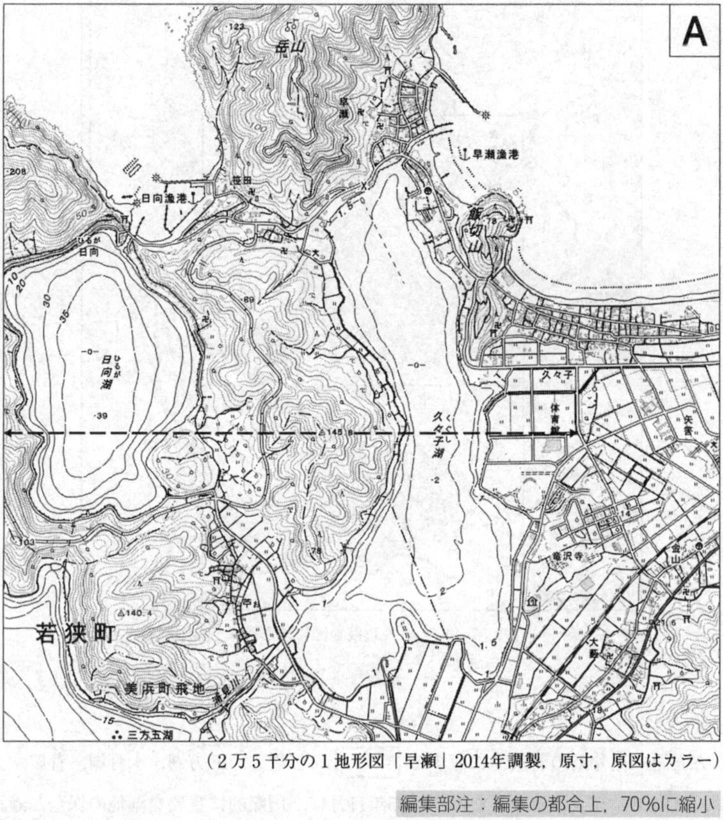

（２万５千分の１地形図「早瀬」2014年調製，原寸，原図はカラー）

編集部注：編集の都合上，70％に縮小

問2　地形図A中の久々子湖は，標高78mの飯切山の北西側に延びる幅300〜400mの低地によって，日本海と隔てられている。湖と海とを隔てるこのような地形を何と呼ぶか，最も適切なものを，次の①〜④から一つ選び，その番号をマークせよ。

①　砂州　　②　自然堤防　　③　段丘　　④　干潟

問3　問2の地形の典型的な例として，最も適切なものを，次の①〜④から一つ選び，その番号をマークせよ。

①　天橋立　　②　九十九里浜　　③　桜島　　④　室戸岬

問4　飯切山の北西および南東の海岸の沖に描かれている「·····」の地図記号は何か，最も適切なものを，次の①〜④から一つ選び，その番号をマークせよ。

①　石段　　②　水制　　③　水門　　④　堰《せき》

問5　日向湖と久々子湖の間に位置する　◬　の地図記号の名称と役割は何か，最も適切なものを，次の①〜④から一つ選び，その番号をマークせよ。

①　位置を決める基準となる三角点　　②　位置を決める基準となる水準点

③　高さを決める基準となる三角点　　④　高さを決める基準となる水準点

問6　問5の地図記号を通る東西の線（地形図A中の ←−−−→ ）に沿った地形断面図として，最も適切なものを，次の①〜④から一つ選び，その番号をマークせよ。

①
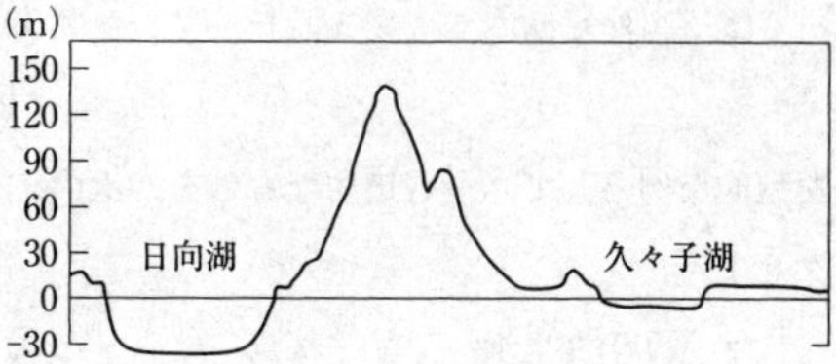

②
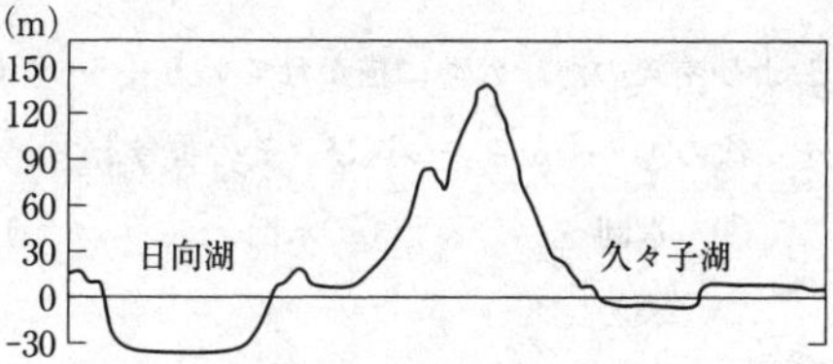

③
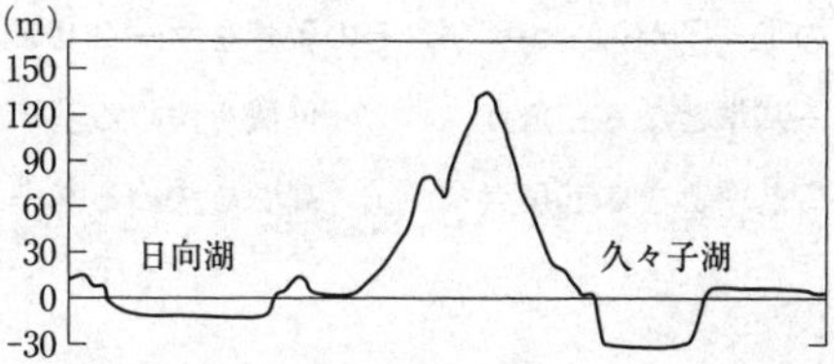

④
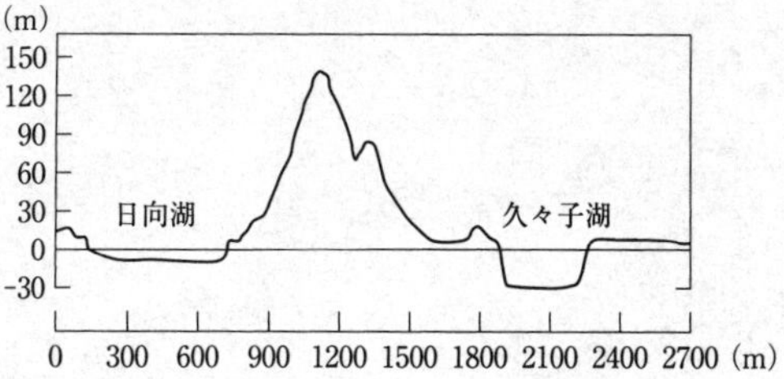

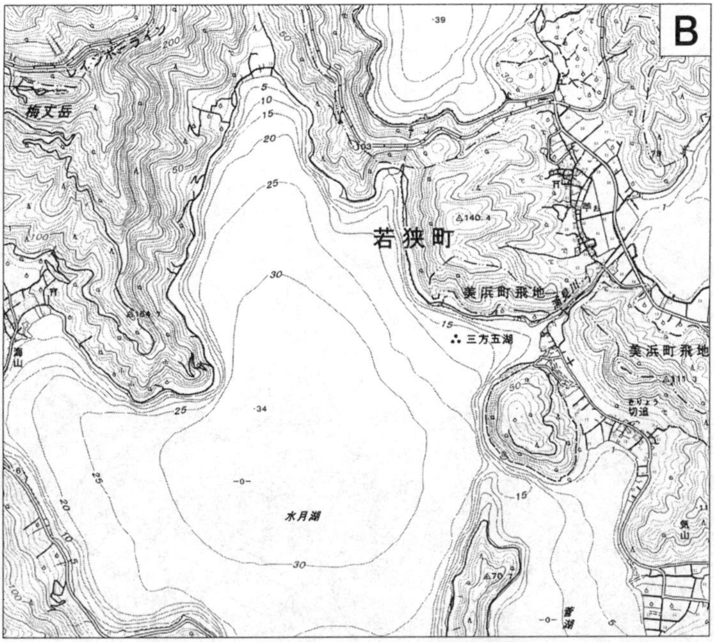

（2万5千分の1地形図「早瀬」「三方」2014年調製，原寸，原図はカラー）

編集部注：編集の都合上，70％に縮小

問7　地形図**B**中の水月湖は，三方五湖の中で最も大きな湖である。その面積として，最も適切なものを，次の①～④から一つ選び，その番号をマークせよ。

①　0.4km²　　②　4.15km²　　③　41.5km²　　④　415km²

問8　水月湖の湖底最深部と，その北西にそびえる梅丈岳山頂部分の標高の差として，最も適切なものを，次の①～④から一つ選び，その番号をマークせよ。

①　34m　　②　335m　　③　435m　　④　535m

問9　水月湖の湖底には，「年縞《ねんこう》」と呼ばれる1年ごとに明暗の縞《しま》模様をなす過去約7万年間の地層が堆積し，地層中には周囲から飛散した花粉が多く残されている。現在，湖底には主にどのような種類の花粉が堆積しているか。地形図の土地利用記号を参考にして，**適切でないもの**を，次の①～④から一つ選び，その番号をマークせよ。

①　広葉樹　　②　針葉樹　　③　イネ　　④　ヤシ科樹木

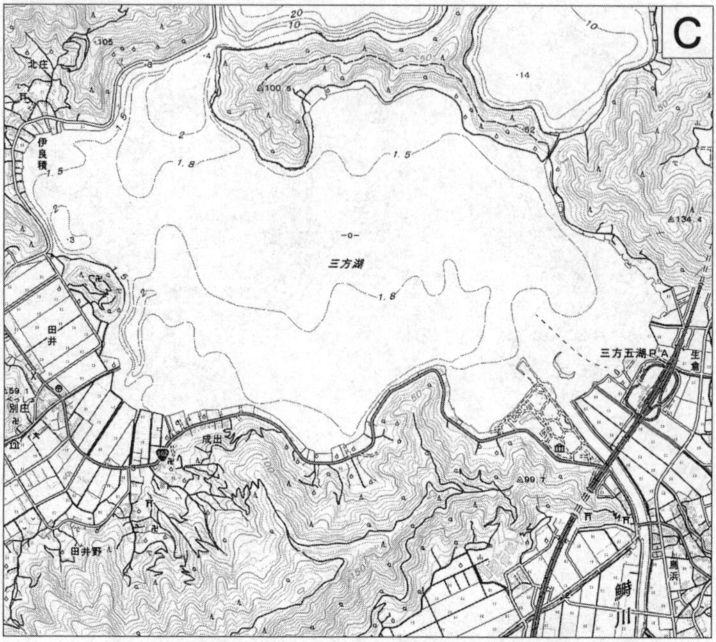

（2万5千分の1地形図「三方」2014年調製，一部加筆，原寸，原図はカラー）

編集部注：編集の都合上，70%に縮小

問10　地形図**C**中の三方湖の湖岸と湖底の地形について，地形図から読み取れることとして，**適切でないものを**，次の①～④から一つ選び，その番号をマークせよ。

①　鰣《はす》川の河口付近には，砂丘が発達している。

②　三方湖の北岸には，護岸が見られる。

③　三方湖の水深はきわめて浅く，湖底はほぼ平坦である。

④　三方湖の最深地点は，水月湖と接する北端部にある。

問11　三方湖の南東部に注ぐ鰣川の河口左岸にある地図記号 🏛 は何を示しているか，最も適切なものを，次の①～④から一つ選び，その番号をマークせよ。

①　図書館　　②　博物館　　③　道の駅　　④　老人ホーム

問12　三方湖の南岸と北岸では，この地方の特産品である農作物が栽培されている。その作物は何と考えられるか，地形図の土地利用を参考にして，最も適切なものを，次の①～④から一つ選び，その番号をマークせよ。

①　イチゴ　　②　ウメ　　③　スイカ　　④　メロン

問題Ⅱ　訪日観光に関する次の文章を読んで，問１～問４に答えよ。

訪日外国人旅行者数は2018年に初めて［　ア　］人を突破した。わずか５年で約３倍にも増加した背景には，政府による［　イ　］キャンペーンなどの観光振興政策があった。この事業では，訪日旅行の認知度の向上と，現地旅行社等を通じた日本への送客支援のための取り組みが行われた。例えば，成田空港から入国して東京を観光し，箱根や，［　ウ　］に登録されている富士山を訪れた後，名古屋を経て関西に至る「ゴールデンルート」が広く紹介されて，訪日する旅行者に人気の高い観光ルートとなった。また，ビジネスや会議のために来日した旅行者も，用務地やその周辺を観光してから帰国することが多くなるなど，(a)都市における観光の多様化も進んだ。

2018年の訪日旅行者の国籍（出身地）別で最も多かったのは［　エ　］で，アジア地域からの訪日旅行者は全体の８割以上にもなる。アジア地域からの旅行者の増加を促した直接的な施策の一つとしては，［　オ　］があげられる。2013年に東南アジア５か国を対象にして，この施策が実施された結果，東南アジアからの訪日旅行者は全体の約１割を占めるまでに増加した。今後もイスラーム教徒の多い［　カ　］などからの訪日旅行者の増加が見込まれるため，礼拝施設の利用や［　キ　］フードの提供などに関する案内の充実が進められている。

日本側の要因ではないが，アジア地域の経済成長も訪日旅行者増加の大きな要因の一つとなった。一般に，国際観光でも距離の近い目的地の方が，時間や費用の面で有利である。近隣のアジア地域で国民の所得水準が向上したことは，訪日観光需要の拡大につながった。それに加えて，［　ク　］とよばれる格安航空会社の台頭で，航空運賃の引き下げや増便，地方空港への就航が実現したことも追い風となった。古都で日本の伝統文化を楽しむ人が多い欧米からの旅行者や，清涼感ある自然豊かな北海道にひかれる人の多い東南アジアの旅行者など，(b)多様な旅行者に対応して地方への誘客を促す環境が整った。

問１　文章中の［　ア　］～［　ク　］に入る最も適切なものを，次の①～④からそれぞれ一つずつ選び，それらの番号をマークせよ。

ア　①　30万　②　300万　③　3000万　④　3億

イ　①　アメイジング・ジャパン　②　クール・ジャパン

③　ディスカバー・ジャパン　④　ビジット・ジャパン

ウ　①　世界ジオパーク　②　世界自然遺産

③　世界複合遺産　④　世界文化遺産

エ　①　韓国　②　台湾　③　中国　④　香港

オ　①　円高の誘導　②　外国人登録の廃止

③　在外公館の増設　④　ビザ発給要件の緩和

カ　①　タイ　②　マレーシア　③　フィリピン　④　ベトナム

キ　①　ヴィーガン　②　ハラーム　③　ハラール　④　ラマダーン

ク　①　エアカーゴ　②　LCC

③　LRT　④　コミューターエア

問2　文章中の下線部(a)を表す用語として最も適切なものを，次の①～④から一つ選び，その番号をマークせよ。

①　アーバンツーリズム　②　エコツーリズム

③　バカンス　④　リゾート滞在

問3　文章中の下線部(b)に関連し，地方でさかんなグリーンツーリズムの具体的な例として**適切でないもの**を，次の①～⑥から**二つ**選び，それらの番号をマークせよ。

①　観光農園での果実狩り　②　災害復興ボランティア

③　伝統食の調理・試食会　④　棚田での農作業体験

⑤　工場夜景ツアー　⑥　雪国での冬の農家民泊

問4　次の表は，2018年における外国人のべ宿泊者数が多かった10都道府県の，のべ宿泊者総数，そのうちの外国人の割合と国籍（出身地）別構成比（上位3地域とその合計）を示した表である。前の訪日観光に関する文章を参考にして，表中の**A**～**D**に相当するものを，下の①～⑥からそれぞれ一つずつ選び，それらの番号をマークせよ。

都道府県別のべ宿泊者数および国籍（出身地）別外国人のべ宿泊者数と構成（2018年）

単位：千人泊

都道府県	のべ宿泊者数		外国人のべ宿泊者数の構成比上位 3 地域とその合計			
	総数	うち外国人（%）	1 位（%）	2 位（%）	3 位（%）	1 ～ 3 位計
A	66,109	23,195（35）	中国（25）	米国（12）	欧州（10）	47%
大阪府	39,898	15,124（38）	中国（32）	韓国（20）	台湾（11）	63%
北海道	35,309	8,335（24）	中国（24）	台湾（20）	韓国（18）	62%
B	20,451	6,268（31）	中国（25）	欧州（16）	米国（12）	53%
C	26,791	6,201（23）	台湾（29）	韓国（25）	中国（20）	74%
千葉県	25,586	4,116（16）	中国（38）	台湾（14）	米国（8）	60%
D	16,732	3,367（20）	韓国（49）	台湾（14）	中国（12）	75%
愛知県	17,010	2,850（17）	中国（49）	台湾（10）	香港（6）	65%
神奈川県	23,022	2,754（12）	中国（30）	米国（14）	欧州（9）	53%
山梨県	8,613	1,961（23）	中国（42）	台湾（15）	タイ（9）	66%

注：「米国」はアメリカ合衆国，「欧州」はドイツ・イギリス・フランス・ロシア・イタリア・スペインの計

（観光庁『宿泊旅行統計調査　平成30年・年間確定値』より作成）

① 東京都　② 福井県　③ 京都府　④ 島根県
⑤ 福岡県　⑥ 沖縄県

問題Ⅲ　アフリカに関する次の文章を読んで，問１～問12に答えよ。

アフリカ大陸は大部分がアフリカプレート(a)上の［ア］で，平均標高が約［イ］mの台地状の大陸である。北部にはアトラス山脈(b)，南部には［ウ］山脈がみられ，大陸東部を北から南にかけて全長［エ］kmにおよぶ大地溝帯(c)がはしる。北アフリカとサハラ以南のアフリカでは，自然環境や人々の暮らし方の特徴に大きな違いがみられる(d)。北アフリカにはサハラ砂漠(e)が広がり，その東部にはナイル川が南から北へ流れている(f)。サハラ砂漠には，交通路として利用されることもある［オ］がみられ，人の居住できるオアシスが点在する。サハラ以南のアフリカでは，赤道付近のコンゴ盆地やギニア湾周辺に［カ］が広がり，赤道から離れるにつれてサバナが分布する。大陸南部の西岸にはナミブ砂漠(g)が形成されている。

アフリカは19世紀末までには，ほぼ全域がヨーロッパ諸国の植民地となり，第２次世界大戦終了時のアフリカの独立国は４か国(h)にすぎなかった。その後，宗主国(i)で教育を受けたエリート層を中心に独立運動が高まり，独立を果たす国々が現れた。アフリカは金属資源等に恵まれているが，資源の分布には偏りがあり，資源を輸出できる国とできない国の間に経済格差が生まれ，［キ］問題の原因になっている。ナイジェリアはアフリカ最大の産油国で，その大半を［ク］に輸出している。また，コンゴ民主共和国と［ケ］の国境には，カッパーベルトと呼ばれる銅鉱の産出地帯があり，タンザン鉄道を使って輸出されてきた。

アフリカでは，特定の１次産品に依存するモノカルチャー経済の傾向が現在も残っており(j)，貧富の差の拡大要因となっている。一方，政治的には北アフリカの国々において，変革(k)が生じている。

問１　文章中の［ア］～［ケ］に入る最も適切なものを，次の①～④からそれぞれ一つずつ選び，それらの番号をマークせよ。

ア　①　安定陸塊　　②　弧状列島
　　③　大洋底　　④　ホットスポット

イ　①　50　　②　200　　③　750　　④　1500

ウ　①　カルパティア　　②　グレートディヴァイディング
　　③　サザンアルプス　　④　ドラケンスバーグ

エ　①　70　　②　700　　③　7000　　④　70000

オ　①　カルデラ　　②　ドリーネ　　③　モレーン　　④　ワジ

カ ① 温帯林 ② ステップ ③ ツンドラ ④ 熱帯雨林

キ ① 東西 ② 南北 ③ 南南 ④ 北北

ク ① アメリカ合衆国 ② 中国

③ 日本 ④ フランス

ケ ① ウガンダ ② 中央アフリカ共和国

③ ザンビア ④ 南スーダン

問2 文章中の下線部(a)に関して，アフリカプレートと**接していない**プレートとして最も適切なものを，次の①～④から一つ選び，その番号をマークせよ。

① 北アメリカプレート ② 太平洋プレート

③ 南極プレート ④ ユーラシアプレート

問3 文章中の下線部(b)に関して，アトラス山脈にあてはまるものとして最も適切なものを，次の①～④から一つ選び，その番号をマークせよ。

① 古期造山帯 ② 新期造山帯 ③ 卓状地 ④ 楯状地

問4 文章中の下線部(c)に関して，アフリカ大地溝帯の断層湖として形成され，最大水深が1400mを超える湖として最も適切なものを，次の①～④から一つ選び，その番号をマークせよ。

① ナセル湖 ② タンガニーカ湖

③ チャド湖 ④ マラカイボ湖

問5 文章中の下線部(d)に関して，地中海性気候のもとで，ぶどう栽培が盛んに行われている国として最も適切なものを，次の①～④から一つ選び，その番号をマークせよ。

① エチオピア ② コートジボワール

③ タンザニア ④ 南アフリカ共和国

問6 文章中の下線部(e)に関して，サハラ砂漠に沿って広がるサヘルについて述べた文として**適切でないもの**を，次の①～④から一つ選び，その番号をマークせよ。

① サヘルでは人口増加にともない，過放牧や過伐採が広範囲でみられる。

② サヘルとは，サハラ砂漠の南縁に沿って帯状に広がる地域を示す。

③　サヘルは，典型的なステップである。

④　サヘルの年降水量は，100mmを下回ることが大半である。

問7　文章中の下線部(f)に関して，1970年にアスワンハイダムが完成したことにより，その下流域の生活環境に変化が生じた。その変化として**適切でないもの**を，次の①～④から一つ選び，その番号をマークせよ。

①　河口付近でのプランクトンの減少による漁業不振

②　乾燥による灌漑農地の塩害の進行

③　ナイル三角州での海岸線の後退

④　農地における化学肥料の使用量の減少

問8　文章中の下線部(g)に関して，ナミブ砂漠の形成要因である海流として最も適切なものを，次の①～④から一つ選び，その番号をマークせよ。

①　アガラス海流　　②　カナリア海流

③　ベンゲラ海流　　④　モザンビーク海流

問9　文章中の下線部(h)に関して，この4か国に含まれる国名として最も適切なものを，次の①～④から一つ選び，その番号をマークせよ。

①　アルジェリア　　②　エチオピア

③　ナイジェリア　　④　モロッコ

問10　文章中の下線部(i)に関して，旧宗主国と現在の国名との組み合わせとして最も適切なものを，次の①～④から一つ選び，その番号をマークせよ。

①　イギリスとエジプト　　②　ドイツとモザンビーク

③　フランスとリビア　　④　ポルトガルとウガンダ

問11　文章中の下線部(j)に関して，かつてモノカルチャー経済の体質をもっていた国とその産品の組み合わせとして適切なものを，次の①～④から一つ選び，その番号をマークせよ。

①　アルジェリアのナツメヤシ　　②　ガーナのカカオ

③　ボツワナのバナナ　　④　リビアの茶

問12　文章中の下線部(k)に関して，2010年以降に「アラブの春」と呼ばれる民主化運動の発端とされる「ジャスミン革命」のおこった国として最も適切なものを，次の①～④から一つ選び，その番号をマークせよ。

①　南スーダン　　②　ケニア　　③　チュニジア　　④　モロッコ

政治・経済

（60 分）

問題Ⅰ　次の文章を読んで，下記の問いに答えなさい。

第２次世界大戦前の日本では，政治批判などを理由に，しばしば不当逮捕や拷問などの人権侵害が行われていた。こうした過去の反省から，日本国憲法は，人身の自由について詳細な規定を設けている。

第18条は，奴隷的拘束および苦役からの自由を保障しているが，犯罪の容疑に基づく身体の拘束や<u>有罪判決に基づく処罰</u>(a)は認めている。逮捕や取り調べなどの過程で国家権力による人権侵害が起こりやすいことから，第31条は，<u>刑事手続</u>(b)が法の定める適正な手続きによって進められなければならないと規定する。そして，第33条以下が，その手続きの詳細および<u>被疑者や被告人の権利</u>(c)を定めている。第33条・第35条は，令状主義を定め，また，自白偏重による人権侵害の危険をのぞくため，第36条は，拷問を禁止し，第38条は，自白のみによる処罰を禁止して，黙秘権を認めている。さらに，第34条・第37条は，被疑者や被告人の権利を十分に守るための弁護人依頼権を保障している。こうした憲法上の規定は，<u>冤罪《えんざい》</u>(d)の防止を目的としているが，いまだに無実の人が罪に問われる例はなくなっていない。身体の拘束を受けた人が，後に裁判で無罪となった場合について，第40条は，「国にその [1] を求めることができる」と規定している。

警察は，逮捕した被疑者の取り調べを行い，その身柄を検察に送るか否かの判断を [2] 時間以内に下さなければならない。送検された被疑者の身柄は，その勾留が決定された場合，本来， [3] が管轄する拘置所に収監されることとなっているが，実際には [4] 内の留置場に留め置かれることが多く，その問題点が指摘されている。 [5] は，勾留期限までに被疑者を起訴するか否かの判断を下さなければならず，起訴された被告人は<u>刑事裁判</u>(e)にかけられる。

問１　文中の [1] ～ [5] にあてはまる最も適切な語句を下記からそれぞれ１つ選び，その記号を解答欄にマークしなさい。

(ア) 検察官	(イ) 警察署	(ウ) 賠償
(エ) 72	(オ) 内閣府	(カ) 裁判官
(キ) 補償	(ク) 警察官	(ケ) 48
(コ) 法務省	(サ) 補塡	(シ) 24
(ス) 裁判所	(セ) 総務省	

問２　文中の下線部 (a) に関連して，死刑を廃止すべきとする見解の論拠にあてはまらないものを下記から１つ選び，その記号を解答欄にマークしなさい。

(ア)　死刑があるから犯罪が減るということが，学問的には証明されていない。

(イ)　裁判で誤判は完全には避けられないので，誤判で死刑にすると取り返しがつかない。

(ウ)　人を殺すことは，たとえ刑罰であっても，人道に反し残虐である。

(エ)　死刑には犯罪抑止力があるので，死刑がなくなれば凶悪な犯罪が増える。

問３　文中の下線部 (b) に関連して，日本の刑事手続に関する次のＡ～Ｃの記述のうち誤っているものはどれか。その組み合わせとして最も適当なものを下記から１つ選び，その記号を解答欄にマークしなさい。

Ａ　捜査機関が被疑者を逮捕する際には，常に裁判官が発する令状が必要である。

Ｂ　違法な取り調べを根絶するために，すべての取り調べが録音・録画の対象となっている。

Ｃ　被告人が自らの罪を認める供述をした場合に，捜査機関は被告人の刑を軽くしなければならない。

(ア)　Ａ	(イ)　Ｂ	(ウ)　Ｃ	(エ)　ＡとＢ
(オ)　ＡとＣ	(カ)　ＢとＣ	(キ)　ＡとＢとＣ	

問４　文中の下線部 (c) に関して，次の記述のうち正しいものを１つ選び，その記号を解答欄にマークしなさい。

(ア)　自己に不利益な唯一の証拠が自白である場合，それが捜査機関の強要によらず，任意に基づくものであったとしても，被告人を有罪とすることはできない。

(イ)　推定無罪の原則によれば，被疑者は，起訴されることが確定するまで，無罪として扱われる。

(ウ)　刑事被告人に対しては，国費で弁護人をつけることができるが，この国選弁護人を起訴前の被疑者につけることはできない。

(エ)　同一の事件について，同じ罪状で再び裁判を行ってはならないので（一事不再理の原則)，被告人に有利となる裁判であっても改めて行うことはできない。

問5　文中の下線部 (d) に関連して，死刑判決後に再審で無罪となった事件に該当しないものを下記から1つ選び，その記号を解答欄にマークしなさい。

(ア)　免田事件　　(イ)　大津事件　　(ウ)　財田川事件　　(エ)　松山事件

問6　文中の下線部 (e) に関連して，裁判員制度に関する次の記述の A と B にあてはまる最も適切な語句を下記からそれぞれ1つ選び，その記号を解答欄にマークしなさい。

日本では，2009年から重大な刑事事件の A において裁判員制度が導入されている。裁判員制度は，原則として3人の B と6人の裁判員で，被告人の有罪・無罪を判断し，有罪であればその量刑を決定する仕組みである。

(ア)　第一審　　(イ)　控訴審　　(ウ)　上告審
(エ)　検察官　　(オ)　書記官　　(カ)　裁判官

問題Ⅱ　次の文章を読んで，下記の問いに答えなさい。

選挙は主権者である国民の意思を政治に反映させる機会であり，民主政治の土台をつくるものといってもよい。自由で公正な選挙が行われ，政治を担う人々が国民の選択によって選ばれることは，議会制民主主義を機能させるために不可欠の条件である。

しかし，(a)<u>実際に採用されている選挙制度は，国ごとに多種多様である</u>。それぞれの選挙区から1人の議員が選出される小選挙区制を用いる国もあれば，国全体を1つの大きな選挙区として比例代表制の選挙を実施する国もある。小選挙区制や比例代表制などの選挙制度の違いは，有権者の投じた票をどのように議席に変換するかという方法の違いであるが，(b)<u>選挙制度を手直ししただけで，議会の党派構成は大きく変化する可能性がある</u>。選挙には民意をかたちにする力があるといえるであろう。

(c)<u>日本の国会の選挙制度は，衆議院と参議院でそれぞれ異なっている</u>。

衆議院では，帝国議会の時代から長い間，(d)<u>中選挙区制</u>が使われてきた。しかし，1994年に公職選挙法が改正され，小選挙区制と比例代表制の選挙を同時に行う仕組み（小選挙区比例代表 [A] 制）が導入された。現在は，小選挙区から合計 [1] 人，比例代表で [2] 人の議員が選出されることになっている。

参議院も，選挙区選挙と比例代表を組み合わせた選挙制度を採用している。2018年の公職選挙法改正によって定められた議員定数は [3] 人で，うち [4] 人が比例代表選出議員である。ただし，選挙区は原則として都道府県を単位として設けられており，選挙区ごとの定数は人口に応じて決定されている。2019年の参議院議員通常選挙においては，最も人口の少ない選挙区からは [5] 人，最も人口の多い選挙区からは [6] 人の議員が選出された。

問1　文中の [1] ～ [6] にあてはまる正しい数字を下記からそれぞれ1つ選び，その記号を解答欄にマークしなさい。

(ア)　1	(イ)　2	(ウ)　3
(エ)　4	(オ)　6	(カ)　8
(キ)　12	(ク)　50	(ケ)　100
(コ)　148	(サ)　150	(シ)　176
(ス)　248	(セ)　250	(ソ)　289
(タ)　300		

問2　文中の A にあてはまる最も適切な語句を下記から1つ選び，その記号を解答欄にマークしなさい。

(ア)　併用　(イ)　同時　(ウ)　並立
(エ)　両立　(オ)　並行　(カ)　連用

問3　文中の下線部 (a) に関連して，国名とその国の議会（二院制の場合は下院）の選挙制度の組み合わせとして正しいものを下記から1つ選び，その記号を解答欄にマークしなさい。

(ア)　イギリス－小選挙区制　スウェーデン－比例代表制　アメリカ－比例代表制
(イ)　イギリス－小選挙区制　スウェーデン－比例代表制　アメリカ－小選挙区制
(ウ)　イギリス－小選挙区制　スウェーデン－小選挙区制　アメリカ－比例代表制
(エ)　イギリス－比例代表制　スウェーデン－小選挙区制　アメリカ－小選挙区制
(オ)　イギリス－比例代表制　スウェーデン－比例代表制　アメリカ－小選挙区制
(カ)　イギリス－比例代表制　スウェーデン－小選挙区制　アメリカ－比例代表制

問4　文中の下線部 (b) に関連して，次のA～Cの記述のうち誤っているものはどれか。その組み合わせとして最も適当なものを下記から1つ選び，その記号を解答欄にマークしなさい。

A　小選挙区制では選挙区の規模が小さいため，小政党の候補者にも当選の機会がある。
B　比例代表制とは，各政党の得票数に比例して議席を配分する仕組みをいう。
C　比例代表制のなかには，全国を1つの選挙区として実施するものといくつかの選挙区に分けて行うものがあるが，選挙区に分けたほうが小さな政党に有利になる。

(ア)　A　(イ)　B　(ウ)　C
(エ)　AとB　(オ)　AとC　(カ)　BとC
(キ)　AとBとC

問5　文中の下線部(c)に関連して，衆議院および参議院の比例代表制に関する次のA～Cの記述のうち正しいものはどれか。その組み合わせとして最も適当なものを下記から1つ選び，その記号を解答欄にマークしなさい。

A　衆議院の比例代表制では，名簿に記載されている候補者にあらかじめ順位がつけられている。

B　参議院の比例代表制では，政党名でなく個人名でも投票することができるが，各政党への議席配分は政党名での得票数を基礎として行う。

C　参議院の比例代表制の選挙は全国を1つの選挙区として実施されるが，衆議院の比例代表制の選挙は全国を6つの選挙区に分けて行われる。

(ア)　A　　(イ)　B　　(ウ)　C

(エ)　AとB　　(オ)　AとC　　(カ)　BとC

(キ)　AとBとC

問6　文中の下線部(d)に関して，次のA～Cの記述のうち誤っているものはどれか。その組み合わせとして最も適当なものを下記から1つ選び，その記号を解答欄にマークしなさい。

A　中選挙区制では，1つの選挙区から3～5人程度の議員が選出されていたが，有権者が選べるのは1人だけであった。

B　中選挙区制では，1つの選挙区から複数の候補者が当選するので，小選挙区制よりも大きな政党に有利であった。

C　中選挙区制では，同じ政党から複数の候補者が立候補する場合があるため，個人よりも政党を選ぶ選挙になりがちであった。

(ア)　A　　(イ)　B　　(ウ)　C

(エ)　AとB　　(オ)　AとC　　(カ)　BとC

(キ)　AとBとC

問題Ⅲ　次の文章を読んで，下記の問いに答えなさい。

世界には多くの国々があり，労働人口や機械設備の保有量などで違いがある。このような各国の違いは，生産条件の違いとなってあらわれる。イギリスの経済学者である [1] は，比較優位が存在する場合，生産の特化と貿易から各国に利益がもたらされることを説明した。たとえば，近年の先進国間では，一般的に工業製品を輸出しあう [2] 分業がみられる。

貿易の決済には外国為替が用いられる。自国通貨と外国通貨を交換する取引を外国為替取引と呼び，(a)外国為替取引における自国通貨と外国通貨との交換比率が為替相場である。

1929年に起きた世界恐慌の影響を受けて，1930年代に，資本主義列強はあいついで金本位制を離脱し，銀行券を金保有量にかかわりなく発行できる [3] 制度を採用するに至った。また，主要国は，植民地や関連諸国を集めて形成した閉鎖的で排他的な経済圏である [4] 経済を形成した。これに対して，資源と領土にとぼしい国々が植民地の再分割を要求したことが，第2次世界大戦を招く一因となった。そのため，国家間の効率的な取引を実現するためには，世界経済を安定化させる国際経済体制が必要となる。

1944年7月，アメリカのブレトン・ウッズで，国際通貨制度の再構築や，安定した為替相場に基づいた自由貿易に関する取り決めが行われた。この体制をブレトン・ウッズ体制という。この体制では，戦後復興と経済開発を援助する目的で，1946年から業務を開始した [5] の設立などが決定された。この体制のもとで，金とドルの交換比率が1オンス（約31g）= [6] ドルに保証され，他の国々はドルとの間で固定為替相場を採用した。

1971年8月，金とドルの交換が停止された。同年12月には [7] 協定が結ばれ，金価格に対するドルの切り下げ，主要国通貨のドルに対する切り上げなどの調整が行われた。しかし，ドル危機はその後も続いたため，1973年には(b)先進国は全面的に変動為替相場制に移行し，1976年にはそれが正式に承認された。

貿易に関しては，1948年に生まれた [8] は，「自由・無差別・多角」を3原則として，(c)多角的貿易交渉（ラウンド）を通じて自由貿易を推進し，1995年には国際的な貿易機関である世界貿易機関（WTO）が発足した。近年では，多国間の貿易自由化が進まないなか，各国は特定の国や地域間で協定を結び，自由貿易を促進しようとする動きがみられている。

問1　文中の 1 ～ 8 にあてはまる最も適切な語句を下記からそれぞれ1つ選び，その記号を解答欄にマークしなさい。

(ア) 市場	(イ) 垂直的	(ウ) キングストン
(エ) 計画	(オ) 33	(カ) リカード
(キ) スミソニアン	(ク) 35	(ケ) ＩＭＦ
(コ) ＩＢＲＤ	(サ) ＥＰＡ	(シ) リスト
(ス) ブロック	(セ) 38	(ソ) 管理通貨
(タ) ＧＡＴＴ	(チ) ＯＥＣＤ	(ツ) 水平的
(テ) スティグリッツ	(ト) 硬直的	

問2　文中の下線部 (a) に関連して，次の記述のうち正しいものを1つ選び，その記号を解答欄にマークしなさい。

(ア)　1ドルが100円であった場合，1ドルが80円になることを円安・ドル高という。

(イ)　外国為替相場の決定要因について，各国通貨の購買力で為替相場が決まるという考え方がある。

(ウ)　日本の金利が他国に比べて高いとき，為替相場は円安になる傾向にある。

(エ)　ファンダメンタルズが安定した国では，通貨が安くなり，貿易黒字が生じる傾向にある。

問3　文中の下線部 (b) に関連して，次の記述のうち誤っているものを1つ選び，その記号を解答欄にマークしなさい。

(ア)　1985年のルーブル合意では，先進諸国が協調介入し，ドル高是正を行うことが取り決められた。

(イ)　1976年に，金公定価格が廃止され，ＳＤＲ（特別引き出し権）を中心的準備資産とすることが取り決められた。

(ウ)　基軸通貨とは，国際間の取引に用いられ，かつ各国の通貨の基準になる通貨である。

(エ)　変動相場制では，理論上，経常収支の赤字は，為替相場の調整により改善される。

問 4　文中の下線部 (c) に関連して，次の記述のうち正しいものを１つ選び，その記号を解答欄にマークしなさい。

(ア) 1986年の東京ラウンドでは，農産物の自由化促進，サービス貿易・知的所有権の保護などが最終的に合意された。

(イ) セーフガードとは，ある商品の輸入が急増したことで国内産業に被害が生じるような場合，政府がその品目の輸入を恒久的に制限する措置のことである。

(ウ) 2001年のドーハ・ラウンドでは，農業自由化や投資・競争・政府調整の透明性・貿易円滑化のルールづくりがめざされ，完全合意に至った。

(エ) ＷＴＯの貿易紛争の処理では，パネルが設置され，全員が反対しない限り否決できないネガティブ・コンセンサス方式が採用されている。

問題Ⅳ　次の文章を読んで，下記の問いに答えなさい。

貧困の撲滅は人類の課題である。世界銀行によれば，１日1.9ドル未満の収入で暮らす絶対的貧困層の数は，2015年に約８億人に達した。2015年９月に国際連合（国連）は，「持続可能な開発サミット」において，「持続可能な開発のための2030アジェンダ」を採択した。この文書に基づく具体的な行動計画を [1] と呼ぶ。これは，2000年の「国連ミレニアム宣言」をもとにした行動計画である [2] において，未達成とされた課題を克服するために策定され，貧困・飢餓・保健・教育・ジェンダーなどからなる17の分野別目標を定めて，2030年までに達成しようとするものである。

貧困率の高い国々の多くは，かつては先進諸国の植民地であり，独立後も植民地時代に強いられた経済構造(a)が成長の足かせとなった。1960年代には，先進国と発展途上国との経済格差が [3] 問題として表面化する。その解決のため，国連は，1961年に「国連開発の10年」を採択し，翌62年に国連貿易開発会議（ＵＮＣＴＡＤ）の開催を決定した。ＵＮＣＴＡＤの第１回会議(b)は1964年に開催され，初代事務局長の [4] が発展途上国の立場から，先進国に対し，１次産品の価格安定化や一般特恵関税，経済援助などを要求した。そして，1974年の国連資源特別総会においては，国際経済への発展途上国の平等な参加を要求する [5] 樹立宣言が採択された。

しかし，石油価格の上昇(c)や輸出志向工業化政策(d)の成功によって，大幅な経済成長を達成した諸国があらわれる一方で，資源に恵まれなかったり，工業化に失敗したりした諸国との格差は著しく拡大した。これが［6］問題である。ここに至り，国家間の経済格差は，単に所得面にとどまらず，社会全般の問題としてもとらえられるようになった。1990年代に入ると，国連開発計画（ＵＮＤＰ）によって［7］が作成され，所得だけでなく保健や教育という観点からも格差の存在が明らかにされた。貧困撲滅と格差是正をめざしたこれらの努力が，現在の［1］に継承されているのである。

問１　文中の［1］～［7］にあてはまる最も適切な語句を下記からそれぞれ１つ選び，その記号を解答欄にマークしなさい。

(ア)　ＴＲＩＰｓ　　(イ)　ＧＮＨ　　(ウ)　東西
(エ)　南北　　(オ)　南南　　(カ)　ＳＤＧｓ
(キ)　ＮＮＷ　　(ク)　パグウォッシュ　　(ケ)　ＭＤＧｓ
(コ)　ワルトハイム　　(サ)　ＮＥＰ　　(シ)　ＨＤＩ
(ス)　プレビッシュ　　(セ)　ＨＩＰＣｓ　　(ソ)　ＮＩＥＯ

問２　文中の下線部 (a) に該当するものを下記から１つ選び，その記号を解答欄にマークしなさい。

(ア)　モノカルチャー経済　　(イ)　オフショアリング経済
(ウ)　マイクロファイナンス経済　　(エ)　フェアトレード経済

問３　文中の下線部 (b) に関して，基調報告でかかげられたスローガンに該当するものを下記から１つ選び，その記号を解答欄にマークしなさい。

(ア)　援助よりも開発を　　(イ)　開発よりも援助を
(ウ)　援助よりも貿易を　　(エ)　貿易よりも援助を

問４　文中の下線部 (c) に関連して，1970年代の石油価格上昇と関連しないものを下記から１つ選び，その記号を解答欄にマークしなさい。

⑺　資源ナショナリズムの動きが高まった。

⑴　スエズ運河が封鎖された。

⑼　イラクがクウェートに侵攻し，同国を占領した。

㈤　エジプトなどのアラブ諸国とイスラエルとの間で戦争が勃発した。

問５　文中の下線部 (d) の説明として誤っているものを下記から１つ選び，その記号を解答欄にマークしなさい。

⑺　安価で豊富な労働力を生かして，労働集約的な工業製品の生産に特化した。

⑴　自国通貨を低めに誘導した。

⑼　外国資本を積極的に導入した。

㈤　輸入に頼っていた工業製品の国産化をめざした。

数学

（60 分）

解答上の注意

1．問題の文中の $\boxed{\text{ア}}$，$\boxed{\text{イウ}}$ などには，特に指示がないかぎり，解答用紙の解答欄に指定された数字（0～9），または符号（－）などが入ります。ア，イ，ウ，…の一つ一つは，これらのいずれか一つに対応します。それらを解答用紙の対応する問題番号のア，イ，ウ，… で示された解答欄にマークしなさい。

2．解答欄の個数が解答の桁数より多い場合は，解答を右づめにし，余った欄には0をマークしなさい。また，解答に負の符号が必要な場合は，一番左の欄に－をマークしなさい。

例えば，$\boxed{\text{エオカ}}$ に－5と答えたいときは，$\boxed{\text{エ}}$ に－を，$\boxed{\text{オ}}$ に0を，$\boxed{\text{カ}}$ に5をマークしなさい。また，$\boxed{\text{キク}}$ に5と答えたいときは，$\boxed{\text{キ}}$ に0を，$\boxed{\text{ク}}$ に5をマークしなさい。

3．分数形で解答する場合は，既約分数（それ以上約分できない分数）で答えなさい。符号は分子につけ，分母につけてはいけません。

例えば，$\dfrac{\boxed{\text{ケコ}}}{\boxed{\text{サ}}}$ に $-\dfrac{4}{5}$ と答えたいときは，$\dfrac{-4}{5}$ として，$\boxed{\text{ケ}}$ に－を，$\boxed{\text{コ}}$ に4を，$\boxed{\text{サ}}$ に5をマークしなさい。

4．小数の形で解答する場合，指定された桁数の一つ下の桁を四捨五入して答えなさい。また，必要に応じて，指定された桁まで0をマークしなさい。

例えば，$\boxed{\text{シ}}.\boxed{\text{スセ}}$ に2.5と答えたいときは，2.50として答えなさい。

5．根号を含む形で解答する場合は，根号の中に現れる整数の絶対値が最小となる形で答えなさい。

例えば，$\boxed{\text{ソ}}\sqrt{\boxed{\text{タ}}}$，$\dfrac{\sqrt{\boxed{\text{チツ}}}}{\boxed{\text{テ}}}$ に $4\sqrt{2}$，$\dfrac{\sqrt{13}}{2}$ と答えるところを，$2\sqrt{8}$，$\dfrac{\sqrt{52}}{4}$ のように答えてはいけません。

問題 I

(1)　x の整式 ax^3+3x^2+bx+3 を x^2+x+1 で割ると，商が $cx+2$，余りが $2x+d$ である．ただし，a，b，c，d は実数の定数とする．このとき，$a=\boxed{\text{ア}}$，$b=\boxed{\text{イ}}$，$c=\boxed{\text{ウ}}$，$d=\boxed{\text{エ}}$ である．

(2)　a を実数の定数とする．x の不等式

$$a(x-7)>2x+6a^3-21a^2+11a$$

を解くと，

$a>\boxed{\text{オ}}$ のとき，$x>\boxed{\text{カ}}\,a^2-\boxed{\text{キ}}\,a$

$a=\boxed{\text{オ}}$ のとき，解なし

$a<\boxed{\text{オ}}$ のとき，$x<\boxed{\text{ク}}\,a^2-\boxed{\text{ケ}}\,a$

である．

(3)　$a_1=7$，$a_{n+1}=3a_n-5$　$(n=1,\ 2,\ 3,\ \cdots)$ によって定められる数列 $\{a_n\}$ の一般項は，

$$a_n=\frac{\boxed{\text{コ}}}{\boxed{\text{サ}}}\cdot\boxed{\text{シ}}^{\,n-1}+\frac{\boxed{\text{ス}}}{\boxed{\text{セ}}}$$

である．

(4)　a を実数の定数とする．座標空間において，4 点 $\mathrm{A}(1,\ 4,\ -1)$，$\mathrm{B}(2,\ 2,\ 4)$，$\mathrm{C}(1,\ 2,\ 1)$，$\mathrm{D}(3,\ 4,\ a)$ が同一平面上にあるとき，a の値は $\boxed{\text{ソ}}$ である．

このとき，$\triangle\mathrm{BCD}$ を考え，$\theta=\angle\mathrm{BDC}$ とおくと，$\cos\theta=\dfrac{\boxed{\text{タ}}}{\boxed{\text{チ}}}$ であり，$\triangle\mathrm{BCD}$ の面積は $\sqrt{\boxed{\text{ツテ}}}$ である．

問題Ⅱ　点Oを原点とする座標平面上において，原点Oを中心とする半径1の円 C がある．x 軸の正の部分を始線にとり，一般角 θ に対して，角 θ，2θ，$\theta+\dfrac{\pi}{2}$ の動径と円 C の交点をそれぞれP，Q，Rとする．ただし，$0<\theta<\dfrac{\pi}{2}$ とする．

(1)　△OPRの面積は $\dfrac{\boxed{\text{ア}}}{\boxed{\text{イ}}}$ であり，△OPQの面積は $\dfrac{\sin\theta}{\boxed{\text{ウ}}}$ であり，

△OQRの面積は $\dfrac{\cos\theta}{\boxed{\text{エ}}}$ である．よって，△PQRの面積は

$$\frac{\boxed{\text{オ}}}{\boxed{\text{カ}}}\left(\sin\theta+\cos\theta-\boxed{\text{キ}}\right)$$

と表される．ところで，三角関数の合成により，

$$\sin\theta+\cos\theta=\sqrt{\boxed{\text{ク}}}\,\sin\left(\theta+\frac{\pi}{\boxed{\text{ケ}}}\right)$$

である．よって，△PQRの面積は，$\theta=\dfrac{\pi}{\boxed{\text{コ}}}$ のとき，最大値

$$\frac{-\boxed{\text{サ}}+\sqrt{\boxed{\text{シ}}}}{2}$$

をとる．

(2)　点Q，Rから x 軸へ下ろした垂線と x 軸との交点をそれぞれQ′，R′とし，点Pから y 軸へ下ろした垂線と y 軸との交点をHとする．線分OHの長さを t とおくと，$0<t<1$ であり，線分Q′R′の長さを u とおくと，$u=\boxed{\text{スセ}}\,t^{\boxed{\text{ソ}}}+t+\boxed{\text{タ}}$ である．そして，$S=tu$ とおくと，S は t の関数であり，$0<t<1$ の範囲において，

$$t=\frac{\boxed{\text{チ}}+\sqrt{\boxed{\text{ツ}}}}{6}$$ のとき，S は最大値

$$\frac{\boxed{\text{テト}}+\boxed{\text{ナ}}\sqrt{\boxed{\text{ニ}}}}{54}$$

をとる．

問題Ⅲ　点Oを原点とする座標平面上において，原点を中心とする半径 $\sqrt{3}$ の円を C_1，点 $\mathrm{A}\left(\sqrt{3},\ 3\right)$ を中心とする半径 $2\sqrt{7}$ の円を C_2 とする．円 C_1 は円 C_2 の内部にある．点Pは円 C_1 上を動く．そして，円 C_1 上の点Pにおける接線を l とする．直線 l と円 C_2 との共有点は2個あり，l が C_2 によって切り取られてできる線分の長さを q とする．

(1)　直線 l が点 $\mathrm{B}\left(2\sqrt{3},\ 0\right)$ を通るときの点Pの座標は $\left(\dfrac{\sqrt{\boxed{\text{ア}}}}{\boxed{\text{イ}}},\ -\dfrac{\boxed{\text{ウ}}}{\boxed{\text{エ}}}\right)$

と $\left(\dfrac{\sqrt{\boxed{\text{ア}}}}{\boxed{\text{イ}}},\ \dfrac{\boxed{\text{ウ}}}{\boxed{\text{エ}}}\right)$ であり，どちらの座標の場合も線分BPの長さは

$\boxed{\text{オ}}$ である．

(2)　点Pの座標が $\left(\dfrac{\sqrt{\boxed{\text{ア}}}}{\boxed{\text{イ}}},\ -\dfrac{\boxed{\text{ウ}}}{\boxed{\text{エ}}}\right)$ であるとき，点Aと直線 l の距離は

$\boxed{\text{カ}}\sqrt{\boxed{\text{キ}}}$ である．このとき，$q=\boxed{\text{ク}}$ である．

(3)　$q=10$ のとき，点Aと直線 l の距離は $\sqrt{\boxed{\text{ケ}}}$ である．

点Aと直線 l の距離が $\sqrt{\boxed{\text{ケ}}}$ となる点Pの座標は，x 座標の小さい順に

$\left(-\dfrac{\boxed{\text{コ}}}{\boxed{\text{サ}}},\ \dfrac{\sqrt{\boxed{\text{シ}}}}{\boxed{\text{ス}}}\right)$ と $\left(\dfrac{\sqrt{\boxed{\text{セ}}}}{\boxed{\text{ソ}}},\ \dfrac{\boxed{\text{タ}}}{\boxed{\text{チ}}}\right)$，そして，

$\left(\dfrac{\boxed{\text{ツ}}}{\boxed{\text{テ}}},\ -\dfrac{\sqrt{\boxed{\text{ト}}}}{\boxed{\text{ナ}}}\right)$ である．

(4)　q が最大となるときの点Pの座標は，x 座標の小さい順に

$\left(-\dfrac{\sqrt{\boxed{\text{ニ}}}}{\boxed{\text{ヌ}}},\ \dfrac{\boxed{\text{ネ}}}{\boxed{\text{ノ}}}\right)$ と $\left(\sqrt{\boxed{\text{ハ}}},\ \boxed{\text{ヒ}}\right)$ であり，q の最大値は

$\boxed{\text{フ}}\sqrt{\boxed{\text{ヘ}}}$ である．

(5)　q が最小となるときの点Pの座標は $\left(-\dfrac{\sqrt{\boxed{\text{ホ}}}}{\boxed{\text{マ}}},\ -\dfrac{\boxed{\text{ミ}}}{\boxed{\text{ム}}}\right)$ であり，

q の最小値は $\boxed{\text{メ}}$ である．

オ　自然そのものとしての富士山とは関係なく、実際とは異なる想像上のイメージで恋の歌などを作っていた。やがて実際に富士山を見た人が増えてくると、和歌の伝統によって育まれた教養から離れ、雄大な自然と自分の気持ちを重ね合わせる文学を生み出してきた

ウ　自然が文化を生み出すと考えることに抵抗がない日本人と、芸術とは人間が作り出したもの、文化とは人間の手が入っていないもの、という区分を厳密にする西欧人
エ　自然が芸術を生み出すと考えることに抵抗がない日本人と、文化とは人間が作り出したもの、自然とは人間の手が入っていないもの、という区分を厳密にする西欧人
オ　文化が芸術を生み出すと考えることに抵抗がない日本人と、文化とは人間が作り出したもの、自然とは人間の手が入っていないもの、という区分を厳密にする西欧人

空欄Z

ア　自然そのものとしての富士山を想像し、そこに自分の気持ちを重ね合わせてきた。やがて実際に富士山を見た人が増えてからは、和歌の伝統によって育まれた教養をもとにした、言葉遊びではない写実的な表現による文学を生み出してきた
イ　想像上のイメージを先行させて、そこから恋の歌などを作っていた。やがて実際に富士山を見た人が増えてからも、和歌の伝統によって育まれた教養をもとにして富士山を眺め、その姿を自分の気持ちと重ね合わせるなどして文学を生み出してきた
ウ　想像上のイメージをもとに、言葉遊びの対象としていた。やがて実際に富士山を見た人が増えてからも、自然そのものとしての富士山の姿を描写するのではなく、和歌の伝統によって育まれた教養をもとに想像上の富士山を描く文学を生み出してきた
エ　自然そのものとしての富士山を畏敬し、言葉遊びの対象とすることで恐怖から逃れようとした。やがて実際に富士山を見た人が増えてからは、和歌の伝統によって育まれた教養をもとにした写実的な描写により、自分の気持ちを表現する文学を生み出してきた

月に世界文化遺産として登録された。

空欄X

ア　まず大規模な署名運動が始まり、それを受けて政府による取り組みが始まったが、海外の専門家から文化遺産としての登録を進言されたため、自然遺産としての登録は難しいとわかった

イ　政府の主導により自然遺産としての検討が始まった。しかし学識経験者を中心に自然遺産としては不適切との意見が出て、しばらく検討が遅れた

ウ　まず自然遺産として検討が始まった。まもなく文化遺産としての検討も始まったが、やがて自然遺産としての登録は難しいことがわかった

エ　静岡県民の働きかけが政府を動かす形で検討が進み、自然遺産と文化遺産の両方での登録が検討されたが、文化遺産としての登録の方が容易だということがわかった

オ　世界遺産条約ができてから二十年たったのを機に自然遺産としての検討が始まったが、文化財としての価値が低いため、それは難しいとわかった

空欄Y

ア　人間が文化を生み出すと考えることに抵抗がある日本人と、芸術とは人間が作り出したもの、自然とは人間の手が入っていないもの、という区分を厳密にする西欧人

イ　自然が文化を生み出すと考えることに抵抗がある日本人と、芸術とは人間が作り出したもの、文化とは人間の手が入っていないもの、という区分を厳密にする西欧人

ア　生徒A—①　生徒B—③　生徒C—⑥　生徒D—④　生徒E—②　生徒F—⑤
イ　生徒A—①　生徒B—⑤　生徒C—④　生徒D—③　生徒E—⑥　生徒F—②
ウ　生徒A—②　生徒B—①　生徒C—③　生徒D—⑥　生徒E—④　生徒F—⑤
エ　生徒A—②　生徒B—⑤　生徒C—③　生徒D—④　生徒E—①　生徒F—⑥
オ　生徒A—⑤　生徒B—①　生徒C—③　生徒D—④　生徒E—⑥　生徒F—②
カ　生徒A—⑤　生徒B—①　生徒C—④　生徒D—③　生徒E—②　生徒F—⑥

問十六　次の文章は、**【会話文】**の検討を終えた生徒たちが、グループ発表に際して配布した**【発表の要旨】**である。この文中の空欄X、Y、Zに入る最も適当な表現を、それぞれ後のア～オの中から選び、その記号をマークせよ。

【発表の要旨】

世界遺産条約ができたのは一九七二年であるが、日本は一九九二年にこの条約に加盟した。日本の象徴である富士山を世界遺産に登録しようと、［　X　］。そこでようやく文化遺産として登録しようという機運が高まった。

しかし、本来は自然であって人間が作ったものではない富士山を、文化遺産として登録するのは容易ではなかった。［　Y　］との考え方の違いが影響していたのかもしれない。

日本人にとって富士山は、単なる自然の造形物ではなく、信仰の対象であり、また芸術的インスピレーションの源として日本文化の伝統に深く根差した存在である。『万葉集』の時代から和歌の題材となり、富士山を見る機会がほとんどなかった時代から京都の人々は、［　Z　］。

こうした富士山の文化的価値を、「信仰の対象と芸術の源泉」という表現でアピールした結果、富士山は二〇一三年六

エ　藤原俊成女
オ　藤原道綱母

問十四　空欄kに入る作家名を、次のア～オの中から一つ選び、その記号をマークせよ。
ア　太宰治
イ　森鷗外
ウ　志賀直哉
エ　谷崎潤一郎
オ　芥川龍之介

問十五　次の①～⑥は、**【会話文】**の中で**生徒A～F**がグループの中で果たした役割について評価したものである。これらはそれぞれ、どの生徒について述べたものか。その組み合わせとして最も適当なものを、後のア～カの中から選び、その記号をマークせよ。
①　議論の中から問題点をはっきりさせて、議論を積極的に先に進めている。
②　自分で調べてきたことについては、しっかり責任を持って発言している。
③　その場で感じたことを率直に口にして、問題となる事項を確認している。
④　率直な疑問を積極的に出して、新たな問題点を見つけるのに貢献している。
⑤　必要な資料を示し、前提となる事項を確認して、議論の進行に貢献している。
⑥　しっかり資料を読んだ上で、提起された問題について的確な判断を示している。

問十一　【会話文】の78ページと77ページにある二箇所の空欄Jには、同じ表現が入る。最も適当なものを、次のア～オの中から選び、その記号をマークせよ。

ア　実際に目にした富士山の描写よりも、文学的知識をより重視する気持ち
イ　実際に目にした富士山の魅力によって、傷ついた心を癒やそうとする気持ち
ウ　実際に目にした富士山の威容に、神々しさを感じてひれ伏したくなる気持ち
エ　実際に目にした富士山の力強さから、自然の偉大さを恐れ不安になる気持ち
オ　実際に目にした富士山の印象から、自然災害の危険を予測しておびえる気持ち

問十二　傍線（6）「なる」の文法的説明として正しいものを、次のア～オの中から一つ選び、その記号をマークせよ。

ア　四段活用の動詞
イ　下二段活用の動詞
ウ　伝聞の助動詞
エ　断定の助動詞
オ　形容動詞の活用語尾

問十三　【資料】Ⅵ『十六夜日記』の作者として正しいものを、次のア～オの中から一つ選び、その記号をマークせよ。

ア　阿仏尼
イ　和泉式部
ウ　菅原孝標女

ウ　世間で言われるほどでもない姿である
エ　まことに世間に類を見ない姿である
オ　大変に世間でも評判の高い姿である

問九　傍線（4）「すごくおろかなる」の意味内容として、最も適当なものを、次のア〜オの中から選び、その記号をマークせよ。

ア　素晴らしく広々とした
イ　ひどく雑然とした
ウ　もの寂しく粗末な
エ　わずかに傾いた
オ　とても趣のある

問十　傍線（5）「荒磯の波の音も、枕の下に落ち来る響きには、心ならずも夢の通ひ路絶え果てぬべし」とあるが、これはどのようなことを言っているのか。最も適当なものを、次のア〜オの中から選び、その記号をマークせよ。

ア　激しい波の音で眠れないと覚悟していたにもかかわらず、夢は絶えることなく続くようだ
イ　激しい波の音のせいで、夢など見ずにぐっすり眠りたいのにすぐに目覚めてしまう
ウ　激しい波の音のせいで眠れず、この地で始まる生活の夢もまったく見ることがない
エ　激しい波の音が眠りを邪魔して、美しい夢が恐ろしい悪夢へと変わってしまった
オ　激しい波の音で寝覚めがちになり、懐かしい都を思う夢も途絶えてしまいそうだ

問六　傍線（1）「おそろしげなること、言はむかたなし」の意味内容として、最も適当なものを、次のア～オの中から選び、その記号をマークせよ。

ア　恐ろしかったことは、二度と口にしたくない
イ　恐ろしさといったら、これ以上のものはない
ウ　恐ろしさなんて、たいしたことはない
エ　恐ろしくても、なんとかなるだろう
オ　恐ろしいのは、当たり前のことだ

問七　傍線（2）「からうじて」の意味として、最も適当なものを、次のア～オの中から選び、その記号をマークせよ。

ア　やっとのことで
イ　ゆっくりと
ウ　なんとなく
エ　軽々と
オ　急いで

問八　傍線（3）「いと世に見えぬさまなり」の意味内容として、最も適当なものを、次のア～オの中から選び、その記号をマークせよ。

ア　都ではこれほどには見えなかった姿である
イ　本当に都の人に見せるには惜しい姿である

カ　c—vi　d—iii　e—vii　f—x
キ　c—vi　d—iv　e—vii　f—ix
ク　c—vi　d—v　e—viii　f—ix
ケ　c—vii　d—iii　e—vi　f—x
コ　c—vii　d—vi　e—vii　f—x

問四　空欄g・hに入る表現の組み合わせとして、最も適当なものを、次のア〜オの中から選び、その記号をマークせよ。

ア　g—神そのもの　h—芸術作品
イ　g—自然そのもの　h—物質そのもの
ウ　g—命あるもの　h—自然そのもの
エ　g—普遍的景観　h—神そのもの
オ　g—芸術作品　h—普遍的景観

問五　空欄iに入る最も適当な表現を、次のア〜カの中から選び、その記号をマークせよ。

ア　山に意志があることになる
イ　山が作者だということになる
ウ　山が作品だということになる
エ　山に霊性を感じたことになる
オ　山を源泉とみなしたことになる
カ　山を文化財とみなしたことになる

イ　どうにか収斂の方向に向かえるようになったこと

ウ　少なくとも収斂の方向に向かいつつあったこと

エ　必ずしも収斂の方向に向かっていなかったこと

問二　空欄bに入る最も適当な表現を、次のア〜カの中から選び、その記号をマークせよ。

ア　開発と保全の矛盾を解決する必要があって、富士山ではそれが難しい

イ　自然遺産と文化遺産の区別があって、富士山はそのどちらになるか

ウ　政府機関の主導的な役割が重要で、日本はその点が不慣れだった

エ　文化財としての価値が優先され、富士山はそれを明確にできない

オ　国民の総意が前提で、日本ではそこまでの盛り上がりに欠けた

カ　自然の保護が不可欠なのに、富士山ではそこに無理があった

問三　空欄c〜fには、【資料】Ⅱの登録基準の番号ⅰ〜ⅹのいずれかが入る。最も適当な番号の組み合わせを、次のア〜コの中から選び、その記号をマークせよ。ただし二箇所ある空欄cには、同じ番号が入る。

ア　c—iii　d—v　e—vi　f—x

イ　c—iii　d—vi　e—vi　f—x

ウ　c—iii　d—vii　e—vii　f—ix

エ　c—iv　d—iii　e—vi　f—x

オ　c—iv　d—vi　e—vii　f—x

【会話文】

生徒C　ここでは、昔は出ていたはずの煙が、今は出ていないと嘆いているよ。

生徒D　これもまた、恋の気配を忍ばせた歌になっているんじゃないかな?　噴火していない富士山の姿を目にしているのに、やっぱり「煙」が気になって、「誰が方になびき果ててか」なんて詠みたくなるんだね。

生徒E　富士山という存在は、和歌で育まれた教養と切り離せない存在になっていて、まさに「芸術的インスピレーションの源」という表現がぴったりだね。

生徒A　それは古典の世界だけじゃなくて、近代文学にも受け継がれていると思うよ。修学旅行に行く前に国語の授業で、［　k　］の『富嶽百景』を読んだよね。「三七七八メートルの富士の山と、立派に相対峙《あいたいじ》し、みじんもゆるがず、なんと言うのか、金剛力草とでも言いたいくらい、けなげにすっくと立っていたあの月見草は、よかった。富士には、月見草がよく似合う。」という部分が有名なんだけど、修学旅行で実際にバスの中から突然大きな富士山が見えた時、急にそのイメージがはっきり理解できた気がしたんだ。

生徒B　たしかにあの時、みんなからすごい歓声が上がったよね。単に大きな山が見えたということじゃなくて、さっきの古典の話の中に出てきた、［　j　］に近いものが、みんなの心の中にもあったのかもしれないね。

生徒E　「芸術的インスピレーションの源」としての富士山の価値は、今でもちゃんと受け継がれているっていうことかな。

（以上、**【会話文】**終わり）

問一　空欄aに入る最も適当な表現を、次のア〜エの中から選び、その記号をマークせよ。

ア　しっかりと収斂《しゅうれん》の方向が見えてきていたこと

生徒D　景観のことだけじゃなくて、「恋」とも関係ありそうな気がするけど、それが富士山とどうつながるのかな？

生徒F　これを読んだだけじゃわからないのは、仕方ないよ。というのは、「風になびく煙」には、「富士山から立ち上る煙のたよりなさに、自分の心のあてどなさをなぞらえる」という内容の歌がもとにあって、そこに自分の気持ちを重ねているんだ。

生徒A　もうひとつ、「上なきものは」も、「富士山の頂より高く上る煙、それよりもさらにこの上なく高く上るのは、自分の恋の思い」という内容の歌がもとにあって、そこに自分の気持ちを重ねているんだけど、『うたたね』の作者はさらに、富士山を「思ひ消つ」、つまり富士山なんか問題にならないと考えるなんて、自分の心の思い上がりだと気づいているんだ。

生徒C　実際に富士山を目にしているのに、以前に詠まれた歌のイメージと重ねて、自分の気持ちを表現しているんだね。

生徒E　ただイメージを重ねるだけじゃなくて、そこから自分の心根を見つめ直しているのか。そうした自分の心を「ものおそろしかりける」と表現するなんて、［　j　］がないと出てこないんじゃないかな。

生徒A　ところで、同じ人が年を取ってから、今度は息子の訴訟のために鎌倉まで行ったんだけど、その時のことを書いた作品が残っているよ。【資料】Ⅵを見てもらえるかな。

【資料】 Ⅵ

富士の山を見れば、煙も立たず。昔、父の朝臣《あそん》に誘はれて、「いかに鳴海《なるみ》の浦なれば」など詠みしころ、遠江国までは見しかば、富士の煙の末も朝夕確かに見えしものを、「いつの年よりか絶えし」と問へば、さだかに答ふる人だになし。

誰《た》が方になびき果ててか富士の嶺《ね》の煙の末の見えず（6）なるらん

（『十六夜日記』による）

【資料】Ⅴ

都出《い》でて遥《はる》かになりぬれば、かの国の中にもなりぬ。浜名の浦ぞおもしろき所なりける。波荒き潮の海路、のどかなる湖の落ち居たるけぢめに、はるばると生ひ続きたる松の木立など、絵にかかまほしくぞ見ゆる。

落ち着き所のさまを見れば、ここかしこに(4)すごくおろかなる家居《いへゐ》どもの中には、同じ茅屋《かやや》どもなど、さすがに狭からねど、はかなげなる葦《あし》ばかりにて結び置ける隔てどもも、*かけとまるべくもあらずかりそめなれど、げに「*宮も藁屋《わらや》も」と思ふには、かくてしもなかなかにしもあらぬさまなり。後ろは松原にて、前には大きなる川のどかに流れたり。海いと近ければ、湊《みなと》の波、ここもとに聞こえて、潮のさす時は、この川の水、さかさまに流るるやうに見ゆるなど、さま変はりていとをかしきさまなれど、いかなるにか、心留《とど》まらず、日数経るままに都の方《かた》のみ恋しく、昼はひねもすに眺め、夜は夜すがら物をのみ思ひ続くる。(5)荒磯《あらいそ》の波の音も、枕の下に落ち来る響きには、心ならずも夢の通ひ路絶え果てぬべし。

心からかかる旅寝に嘆くとも夢だに許せ沖つ白波

富士の山は、ただここもとにとぞ見ゆる。雪いと白くて、風になびく煙の末も夢の前にあはれなれど、「上なきものは」と思ひ消《け》つ心のたけぞ、ものおそろしかりける。甲斐の白根も、いと白く見渡されたり。

（『うたたね』による）

*かけとまる＝長く滞在する、の意。

*宮も藁屋も＝豪華な宮殿も粗末な藁葺《わらぶ》きの家も同じことだ、ということ。

【会話文】

生徒B　「浜名の浦」とあるから、浜名湖から見た富士山だね。それならそんなに大きくないはずだけど、それでも富士山の存在感には一言触れたくなるんだね。積もっている雪の白さも印象的だったことがわかるよ。

【資料】Ⅳ

まだ暁より足柄を越ゆ。まいて山の中の(1)おそろしげなること、言はむかたなし。雲は足の下に踏まる。山のなからばかりの、木の下のわづかなるに、葵《あふひ》のただ三筋ばかりあるを、「世ばなれてかかる山中にしも生ひけむよ」と、人々あはれがる。水はその山に三所《みところ》ぞ流れたる。(2)からうじて越え出《い》でて、関山にとどまりぬ。これよりは駿河なり。

富士の山はこの国なり。わが生ひ出でし国にては西面《にしおもて》に見えし山なり。その山のさま、(3)いと世に見えぬさまなり。さまことなる山の姿の、紺青《こんじやう》を塗りたるやうなるに、雪の消ゆる世もなく積もりたれば、色濃き衣《きぬ》に、*白き袙《あこめ》着たらむやうに見えて、山のいただきの少し平らぎたるより、煙は立ち上る。夕暮れは火の燃え立つも見ゆ。

（『更級日記』による）

*白き袙＝ここでは、童女が着ている短めの白い衣服のこと。

【会話文】

生徒C　これはたしかに実際の富士山を見て書いた文章だね。この時も煙が出ていたようだから、その姿を実際に見たら、今よりももっと、その威容に圧倒されただろうな。

生徒E　自然そのものとしての富士山の姿を描写して、その高さや形の美しさという美的な景観に感動しているね。

生徒D　ここでは特に恋とは関係なさそうだね。実際の富士山を見たら、もう恋との関連はなくなったの？

生徒F　ところがそうでもないんだよ。京都を出ることが難しかった平安時代に比べて、鎌倉時代になると、実際に富士山を見る機会があった人が増えてきたんだけど、例えばこの【資料】Ⅴを見てもらえるかな。これは女性の作者が十代で失恋して、京を離れて遠江《とおとうみ》の親しい人のもとに数か月身を寄せた時のことを書いているんだけど、そこに富士山のことが出ているんだ。

生徒B　具体的にはどういうことなのかな？

生徒F　誰かこのあたりを調べてくれたんだったよね？
【資料】Ⅲに「万葉集の和歌」とあったから、文学の関係で調べてみたよ。図書室で司書の先生に相談したんだけど、『万葉集』以降も、古典文学には富士山が出てくるものがたくさんあって、やっぱり日本人は昔から富士山が好きだったっていうことが、よくわかったよ。いくつか代表的なものを紹介してもらったんだけど、平安時代になると、京都の貴族たちはたくさん富士山を題材として歌を作っているんだって。こんな和歌を教えてもらったよ。

人しれぬ思ひをつねにするがなるふじの山こそわが身なりけれ　（『古今和歌集』）

ふじのねをよそにぞききし今はわが思ひにもゆる煙なりけり　（『後撰和歌集』）

どちらも恋の歌なんだ。「思ひ」の「ひ」には「火」がかけられて、二首目の歌は、「火」と「煙」が縁語になっているんだって。それから、一首目の歌の「つねにするがなる」の「する」は、「常にする」と「駿河なる」との掛詞《かけことば》になっている。富士山を詠んだ歌は、煙と火と恋を組み合わせて詠むパターンが多いらしいよ。

生徒C　そうか、富士山は活火山で、歴史上何度も噴火しているから、「火」と「煙」のイメージなんだ。

生徒D　噴火は怖くないのかな？　それを「恋」と組み合わせて歌にするとはね。

生徒F　それは京都の人たちが、実際の富士山を見る機会がほとんどなかったからじゃないかな？　だからこんな言葉遊びみたいにして、富士山をとらえて想像していたんじゃない？

生徒B　実際に富士山を見た人が書いたものはないの？

生徒A　【資料】Ⅳがそうだよ。平安時代に、京都から上総に赴任した父親について行った女性が書いた作品なんだけど、父親の任期が終わって京都に戻ることになって、東海道を上る道々のことを綴《つづ》っている部分なんだ。

だから富士山を優れた芸術作品そのものとして登録することにも何の抵抗も感じなかっただろう。しかし西欧の発想は、モノは単なるモノであって、それ自体に価値があるとすれば「物質としての価値」だけである。芸術作品とはあくまで自然より「偉い」人間がつくったものだけなのだ。だからさきほど述べた登録基準には「人間の」とか「人類と」という言葉が使われている。文化や芸術を人間の所作の結果と極めて厳格に定義したがゆえに、富士山の文化的価値を芸術的インスピレーションの「源」になったという表現にするのが精一杯だった。日本人にインスピレーションを「与えた」というと、［ i ］。だからあくまで日本人がそこから勝手に特別のインスピレーションを感じたという論法をとらざるを得なかった。

　つまり日本人の持つ感性が富士山を材料にして、世界に広まる芸術作品をつくった。しかもおびただしい数の芸術作品に加え、無数の素人の作品もある。日本人で富士山を描いたことがないひとはいるだろうか？

　そして、もし日本人が鈍感な民族で、そのような感性がなかったなら、富士山を見ても何の芸術的・美的な感動も感じなかったであろう。そうしたら、あれほどのおびただしい芸術作品は生まれなかった。富士山を見たこともないゴッホが富士山の絵を描くこともなかった。そして富士山は世界遺産にならなかったであろう。

【会話文】

生徒C　そうか、**【資料】**Ⅱの基準にあてはめて考えると、富士山を文化遺産として登録するのは、意外と難しいことだったんだ。

生徒E　**【資料】**Ⅲにある「**信仰の対象と芸術の源泉**」として富士山の文化的価値をアピールするという方針にまとまるまでに、きっと時間がかかったんだね。

生徒D　それは**【資料】**Ⅲの「**芸術的インスピレーションの「源」になった**」ということとかかわってくるんだろうけど、

これに対し富士山は自然の一部であって人間がつくったものではない。だから文化財ではない。それが文化遺産になった。それは山自体に、レオナルド・ダ・ヴィンチの壁画「最後の晩餐《ばんさん》」のような芸術的価値があるからではない。浮世絵『富嶽《ふがく》三十六景』で知られる葛飾北斎など多数の芸術家にインスピレーションを与えて、卓越した芸術作品を生ませたからである。

ある優れた芸術作品が生まれたとき、普通はその作品自体を「傑作」として登録する。「最後の晩餐」がそうであり、毛越寺庭園がそうだ。しかし富士山のケースは、優れた芸術作品たる北斎の浮世絵ではなく、それにインスピレーションを与えた山が登録された。文化財としての作品ではなく、それと「直接又は実質的関連がある」富士山が登録されたのだ。

なぜだろうか？　富士山を描いたものは**万葉集の和歌**や写真をはじめ限りなくあるから、それをすべて洗い出して審査などできないからだろうか。

では富士山を描いた「浮世絵」だけに絞ったらどうだったか。いや富士山に限らず、印象派をはじめ世界に大きな影響を与えた「浮世絵」を全体で登録できただろうか。

否である。世界遺産は不動産に限られている。北斎の浮世絵も動産だから対象にならない。「最後の晩餐」はそれがかかっている教会と一体をなすものとして登録されている。そもそも日本がこうした作品でなく富士山をそのものを主役にして推薦した。

このように自由に考え始めると面白くなってくる。富士山はその自然に着目した自然遺産としては登録に値しない。浮世絵など富士山を描いた芸術作品も対象にならない。ただそれらを生んだものとして山が登録された。芸術的インスピレーションを与えた山として。しかもそれは基準　c　というあいまいな「その他」条項みたいなものがあったお陰である。こう考えると、富士山の世界遺産登録は、一見当然なようで極めて「狭き門」だったことが分かる。

そこで改めて山が芸術的インスピレーションの源となり、「顕著な普遍的価値を有する…芸術的作品」を生んだという論法を考えてみる。日本人はモノにも魂があるという発想にはあまり抵抗感がない。山が　g　であっても構わないし、　h　だといわれれば納得する。

生徒C　こんなにいろんな基準があるんだね。富士山の場合は、この中のどれが使われたのかな？

生徒A　それは【資料】Ⅲの文章に書いてあるよ。

【資料】Ⅲ

富士山の価値は、一九九五年の「富士山国際フォーラム」で外国人専門家が指摘したように、美しさや信仰の山であったということ以上に「詩歌、絵画、映像など多彩な芸術活動の対象とされてきた」ことにある。美しい自然景観を持つ、あるいは信仰の対象となった山は世界にかなりあるだろう。しかし富士山ほどさまざまな芸術家にインスピレーションを与えた山はあるまい。そのことを前面に出すとしたら、この基準 c を使うしかない。

結果として基準 d と c を使い、かつ「**信仰の対象と芸術の源泉**」というサブタイトルをつけた上での登録となった。

私はこのタイトル、とりわけ「芸術の源泉」の部分が気に入った。富士山の真の魅力を表しているからである。

これはすなわち、自然の造形物である富士山に、自然遺産（その登録基準は【資料】Ⅱの e ～ f ）がそうであるように地質学や生態系などその自然としての価値（自然科学的価値）ではなく、それが芸術的インスピレーションを与えて偉大な芸術作品を生んだという、文化的価値を与えることを意味するからである。

このことの意味を、ともに富士山の二年前に登録された平泉と小笠原諸島と比較して考えてみたい。

平泉の毛越寺庭園は、一見自然のようにみえるが人間の手になる作品である。つまり文化財である。その点で中尊寺金色堂と同じである。そしてそれが浄土の世界を体現したものとしての「顕著な普遍的価値」を有するから世界文化遺産となった。他方小笠原は、自然そのものに貴重な生態系を持つなどの重要な価値があるから世界自然遺産になった。そこに人間の手は入っていない。むしろだからこそ自然のままの価値が残ったとさえいえる。

【資料】Ⅱ

世界遺産一覧表への登録基準

世界遺産委員会の定める「世界遺産条約履行のための作業指針」に次のとおり規定されている。

段落77　本委員会は、ある資産が以下の基準（の一以上）を満たすとき、当該資産が顕著な普遍的価値を有するものとみなす。

i　人間の創造的才能を表す傑作である。

ii　建築、科学技術、記念碑、都市計画、景観設計の発展に重要な影響を与えた、ある期間にわたる価値観の交流又はある文化圏内での価値観の交流を示すものである。

iii　現存するか消滅しているかにかかわらず、ある文化的伝統又は文明の存在を伝承する物証として無二の存在（少なくとも希有な存在）である。

iv　歴史上の重要な段階を物語る建築物、その集合体、科学技術の集合体、あるいは景観を代表する顕著な見本である。

v　あるひとつの文化（又は複数の文化）を特徴づけるような伝統的居住形態もしくは陸上・海上の土地利用形態を代表する顕著な見本である。又は、人類と環境とのふれあいを代表する顕著な見本である。(特に不可逆的な変化によりその存続が危ぶまれているもの)

vi　顕著な普遍的価値を有する出来事（行事）、生きた伝統、思想、信仰、芸術的作品、あるいは文学的作品と直接又は実質的関連がある(この基準は他の基準とあわせて用いられることが望ましい)。

vii　最上級の自然現象、又は、類いまれな自然美・美的価値を有する地域を包含する。

viii　生命進化の記録や、地形形成における重要な進行中の地質学的過程、あるいは重要な地形学的又は自然地理学的特徴といった、地球の歴史の主要な段階を代表する顕著な見本である。

ix　陸上・淡水域・沿岸・海洋の生態系や動植物群衆の進化、発展において、重要な進行中の生態学的過程又は生物学的過程を代表する顕著な見本である。

x　学術上又は保全上顕著な普遍的価値を有する絶滅のおそれのある種の生息地など、生物多様性の生息域内保全にとって最も重要な自然の生息地を包含する。

――であった。他方この検討会は、候補地として知床（二〇〇五年登録）、小笠原諸島（二〇一一年登録）、トカラ・奄美・琉球列島を挙げた。

このような厳しい状況の中で、二〇〇五年、「富士山を世界遺産にする国民会議」というＮＰＯが発足した。中曽根康弘元総理を会長とし、成田豊電通最高顧問を理事長、山梨・静岡両県知事を特別顧問とする強力なＮＰＯであった。文化遺産として登録を目指す機運がようやく高まり、文化審議会は二〇〇七年に富士山を文化遺産として暫定一覧表に記載することを決定し、政府はユネスコに提出した。

国内のさまざまなプロセスを経て、政府推薦書が正式にユネスコ世界遺産センターに提出されたのは二〇一二年一月である。富士山の世界遺産登録を検討し始めてから実に二十年の月日がたっていた。

【会話文】

生徒Ａ　そしてこの政府推薦書をもとに、ユネスコ世界遺産委員会が審議して、富士山は二〇一三年六月にようやく世界遺産に登録されることが決定したんだ。

生徒Ｃ　日本といえばまず富士山、だと思うけど、紀伊山地とか、石見銀山、平泉、小笠原諸島などより遅かったとはね。

生徒Ｄ　富士山の登録には、どうしてそんなに時間がかかったんだろう？

生徒Ｂ　まず、その理由を考えてみようか。今回の発表では、これをテーマにするといいかもしれないよ。

生徒Ｅ　**【資料】**［Ⅰ］にはいろいろな経緯が書いてあるけど、その中で、世界遺産として登録するには［　b　］という問題が一番重要だったんじゃないかな？

生徒Ｄ　そうか、だとすれば、世界遺産登録の基準を確認しておく必要があるんじゃない？

生徒Ａ　それなら、**【資料】**［Ⅰ］と同じ本に出ている**【資料】**［Ⅱ］の表を見ると、はっきりするよ。

観の発想ときわめて近い存在といえる」
——からである。これにより文化遺産としての検討が始まった。

しかし検討は長引いたようだ。記録がないのでその経緯は詳《つまび》らかでないが、二〇〇〇年の十一月に、今の「文化審議会」の前身に当たる「文化財保護審議会世界遺産条約特別委員会」が出した報告書に以下のような記述があることは、当時の国内の議論の状況が登録を目指すことの是非、その戦略につき[a]を示唆している。

> 例えば、富士山は、顕著な価値を有する文化的景観として評価できると考えられるので、今後、多角的・総合的な調査研究の一層の深化とともに、その価値を守るための国民の理解と協力が高まることを期待し、できるだけ早期に世界遺産に推薦できるよう強く希望する。

こうした検討の遅れの原因が、日本政府や専門家の「不慣れ」だけでなかったことは、このときまでにすでに法隆寺、姫路城をはじめ文化遺産だけで七年間で九件が登録され、またこの年には平泉（二〇一一年登録）、紀伊山地（二〇〇四年登録）、石見銀山（二〇〇七年登録）が「暫定リスト」（正式に推薦するのに先立ってユネスコに提示する候補案件のリスト）に記載されていることからも明らかである。

それから二年半がたった二〇〇三年五月、富士山は自然遺産としての登録は難しいということが明らかになった。環境省と林野庁が共同で設置した学識経験者の集まりである「世界自然遺産候補地に関する検討会」が、富士山は候補地として適切でないと判断したからだ。その理由は、

①利用されすぎていて改変が進んでいること
②多様な火山タイプを含んでおらず完全性の条件に欠けること
③ごみ、し尿処理対策等管理体制が未確立であること
④既に世界遺産に登録されているキリマンジャロ、ハワイ火山と比較すると見劣りがすること

料だね。まず【資料】Ⅰを確認するところから始めようか。

【資料】Ⅰ

世界遺産条約ができたのは一九七二年である。しかし日本の加盟は二十年後の一九九二年であった（九月に発効）。この遅れの理由は必ずしも定かでない。

日本の最初の世界遺産としてどこがふさわしいか？　加盟とともに誰もの頭に浮かんだのは富士山だったであろう。日本の象徴であり、世界での知名度も高い。現にこのときできた「世界の文化資産及び自然資産の保護に関する条約の批准に伴い講ずべき施策の在り方に関する調査研究協力者会議」といういかめしく、長い名前の会議は、推薦候補として富士山を挙げた。自然遺産として検討が開始されたのは当然であろう。

その年の十二月には、富士山の世界遺産登録を目指した大規模な署名運動が始まった。それは、静岡新聞社、ＳＢＳ静岡放送、「富士山を世界遺産とする連絡協議会」が共同で行った。この協議会は二年後の一九九四年六月までに二四〇万人余の署名を集めて、衆参両院議長に対して国による推薦の支援を請願した。それを受けて両院はその年の十二月に「世界遺産リストへの登録を目指して、富士山の保全対策を検討するなど積極的な取り組みを行うこと」という決議を採択した。翌年五月には政府としての取り組みを閣議によって決めた。

日本にとって最初の世界遺産登録を目指すということで、海外の専門家を招いてさまざまな検討が行われたことは想像に難くない。その中で一九九五年に開かれた「富士山国際フォーラム」（静岡新聞主催）において、富士山は自然遺産のみでなく、文化遺産としての登録も視野に入れるべきとの意見が出た。

「富士山は日本を代表する優れた自然景観を構成しているとともに、古来富士山信仰に基づく宗教活動等、詩歌、絵画、映像など多彩な芸術活動の対象とされてきた。その点、自然と文化を総合的に保全するという世界遺産委員会が示している文化的景

◇最近の流行にウトい。（8）

①中学時代の友人とはソ遠になった。
②激しい自己ケン悪に陥る。
③自分の能力をカ信してはならない。
④四連覇を何とかソ止した。
⑤あの人は終始カ黙であった。

問題二　次の**【会話文】**（89ページから77ページまである）は、修学旅行で富士山を訪れた**生徒A～F**の六人が、「富士山はどのような経緯で世界遺産に登録されたのか」をテーマとしたグループ発表をすることになり、そのための準備をしている場面である。この**【会話文】**の途中には、発表のために生徒たちが持ち寄った**【資料】**Ⅰ～Ⅵが引用されている。これらを読んで、後の問に答えよ。

【会話文】

生徒A　富士山が世界遺産に登録されるまでの経緯については、この前みんなで図書室に行った時に見つけた『FUJISAN　世界遺産への道』という本によくまとまって書かれているから、この本からの抜粋を**【資料】**Ⅰ～Ⅲとして使うことにしたんだったね。

生徒B　この本の著者の近藤誠一さんは、文化庁長官として富士山の世界遺産登録にかかわった人だから、信頼度の高い資

国語

（六〇分）

問題一 次の傍線を付したカタカナについて、（1）～（6）は最も適当な漢字を、（7）（8）は同じ漢字を含むものを、それぞれ①～⑤の中から一つ選び、その数字をマークせよ。

◇王様への**エッ**(1)**ケン**(2)が許された。

（1）**エッ**　①閲　②越　③謁　④悦　⑤縁

（2）**ケン**　①献　②謙　③健　④見　⑤権

◇五十年近い**セイ**(3)**ソウ**(4)を経た。

（3）**セイ**　①正　②静　③星　④聖　⑤歳

（4）**ソウ**　①早　②霜　③爽　④装　⑤捜

◇自由**ホン**(5)**ポウ**(6)に行動する。

（5）**ホン**　①翻　②凡　③煩　④奔　⑤本

（6）**ポウ**　①崩　②訪　③包　④方　⑤放

◇**チュウ**(7)心よりお見舞い申し上げる。

①サンプルから**チュウ**出する。

②二つの意見の折**チュウ**案になった。

③海外に三年間**チュウ**在する。

④一度聞いた曲を**チュウ**実に再現する。

⑤全力を傾**チュウ**して試験に取り組む。

解答編

英語

I **解答**　1－D　2－C　3－B　4－D　5－B

◆全　訳◆

≪文字が読めるようになることを通して脳に起こる変化≫

「大人の脳でさえも驚くほど順応性がある。30代で文字が読めるようになることは，読むという行為を支える脳内のネットワークを大いに変貌させる」と，オランダにあるマックス・プランク心理言語学研究所の上級調査員であり，研究の共著者であるFalk Huettigは言う。彼はこう続ける。「これはよい知らせである。もし幼少期に文字を読めるようになっていない，あるいは上手に読めるようになっていないとしても，読む技能のような複雑で努力を必要とする技能を習得するのに遅すぎるということはないのだ」

これまでの研究が明らかにしてきたのは，脳の外側の層である皮質は，成人が文字を読めるようになる時に変化するということだ。皮質は順応を司る脳の部位であるので，このことは予期されていた。しかし子供の場合，それは話の半分に過ぎない。彼らは視床と脳幹において長きにわたる再構築を経験していたのだ。この最新の研究以前は，脳科学の観点からは，子供と大人がどうやって文字を読めるようになるのかを比べる理由はたいしてなかった。

しかし，この最近の研究は，非識字率が変わらずおよそ39％のままであるインドで行われたが，この考え方に異議を唱えるものだ。この研究のために，Huettigとその同僚たちは北インドの小さな2つの村の，字の読めない，ヒンディー語を話す成人を30人採用した。それから，彼らはその人たちの脳を，脳の特定の領域への血流を検出する装置でスキャンした。その後，彼らはこれらの被験者たちのうち21人に6カ月にわたる講習を通じてヒンディー語の読み方を教え，彼らの脳をもう一度スキャンした。彼らは，これら 21 人の被験者の先のスキャン画像と後のスキャン画像の両方を，ヒンディー語の読み方を学ばなかった 9 人のそれらと比べ，21 人の被験者たちが，脳内の最も深い部分においてさえ，根本的な変化を経たということを発見した。

「私たちは視床と脳幹のこれらの深部構造が視覚野と共に機能することに気づいた」と，マックス・プランク研究所の Michael Skeide は言う。「これらの深部構造は視覚野が重要な情報を選別する手助けをしている」

これらの結果は，子供に初めて文字の読み方を教えるのであれ，自分自身の読む技能を磨くのであれ，練習が完璧を作るということ——そしてこの場合，練習が脳を根本的に変えるということを示唆している。

「私たちの研究は，読む経験は本当に重要であるということ，そして読むことは子供と大人の両方において，できるだけ推奨され実践されるべきであるということを示している」と，Huettig は言う。「言い換えると，子供も大人も，読めば読むほどよいのだ」

◀解　説▶

1.「本文によると，どの記述が正しいか」という設問に対して，第 3 段第 1 文（But this recent research, …）に「非識字率が変わらずおよそ 39 %のままであるインドで行われた」とある。したがって，D「インドには読み書きができない人がおよそ 39 %いる」が正解。A「Falk Huettig は識字についてのこの研究を 1 人で行い，公表した」 B「北インドではたった 39 %の成人しかヒンディー語を話すことができない」（39 %は読み書きができない人の割合のことであり，ヒンディー語を話せる人の割合ではない）。C「これまでの研究は，子供と大人が文字の読み方を学ぶ多くの理由を述べていた」

2.「Huettig とその同僚たちはこの研究で何を発見したか」という設問に対して，第 3 段（But this recent … deepest brain structures.）では，文字の読めない被験者の一部に読み方を教え，脳の血流の変化を調べるという研究内容が説明されている。同段最終文（They found that, …）後半部分に「彼らは，…脳内の最も深い部分においてさえ，根本的な変化を経たということを発見した」とあるので，C「文字が読めない人たちの脳内のネットワークは，文字が読めるようになることによって変わりうる」が正解。A「彼らの研究に参加した30人全員が文字の読み方を学ぶことから恩恵を得た」 B「6カ月にわたる英語講習は，文字を読めないすべての人たちの読む技能を向上させることができる」 D「文字の読み方を学ぶ6カ月にわたる訓練では，研究に参加した人たちの半数以下しか文字が読めるようにならなかった」

3.「本文によると，どれが視覚野について当てはまるか」という設問に対して，第4段（“We observed that … important information.”）の内容から，B「それは情報を選別するために視床および脳幹と連携する」が正解。A「それは単独で重要な脳形成を完全に選別できる」 C「それはMichael Skeideのかつての研究の類型において課題となった」 D「それは主にインドのヒンディー語話者の脳幹に位置する」

4.「この文章からの提案は何か」という設問に対して，最終段（“Our study shows … read, the better.”）の内容から，D「読むことは脳に変化をもたらしうるので奨励されるべきである」が正解。A「すべての人は視覚野を用いてヒンディー語の読み方を学ぶべきである」 B「子供は早期に文字を読むようになれば，完璧な学習者になりうる」 C「30代で文字が読めるようになることは，文字が読めるようになる最もよいタイミングである」

5.「以下のうちどれが本文のタイトルに最も適切か」という設問に対して，この文章の全般にわたって述べられている内容から判断すると，B「文字が読めるようになることを通して脳に起こる変化」が正解。A「子供にとって疑問の余地のある読む習慣」 C「読む技能に対する心理言語学」 D「読む技能の訓練と練習」

Ⅱ　解答　6－B　7－A　8－D　9－C　10－B

◆全　訳◆

≪アメリカの国民食，マカロニチーズ≫

アメリカを象徴する組み合わせがある。ピーナッツバターとゼリー，アップルパイとバニラアイス，そしてパンプキンスパイスとほぼすべてのものという組み合わせである。マカロニとチーズもまたそういった組み合わせの一つである。それはアメリカ料理における2つの顕著な傾向を表している。つまり他国の料理の嬉しい仲間入り，そして利便性と収益を最大化するための食品の産業化である。

腹を空かせた知恵のある19世紀のスイスの羊飼いたちがマカロニチーズを考案した，と一部では考えられている。乾燥パスタは軽く，また長持ちもするので，スイスのアルプス山脈で持ち歩くのに理想的であり，羊飼いたちは自分たちでチーズを作ることができた。マカロニチーズは，ほぼ確実にフランスを経由してアメリカにやって来た。トマス=ジェファーソンは1780年代にそこで生活している間，その料理を好きになった。未来の大統領はとても感動したので，パスタマシーンを含め，マカロニチーズを再現するのに必要な道具を取り寄せ，そして1802年の公式晩餐会においてマカロニチーズを提供した。晩餐を共にした人の中には懐疑的な人も何人かいた。晩餐会に出席した国会議員のマナセ=カトラーは，過度に味が濃く「好ましくない」としてマカロニチーズを退けた。そのような疑問視にもかかわらず，その料理の人気は広がった。

アメリカ文化にマカロニチーズを浸透させたのはクラフト社であった。アメリカがまだ世界恐慌の痛みを感じていた1937年に，この会社が初めて箱入りのマカロニチーズ製品を作った。安くて作るのが簡単で時間もかからないので，それはアメリカの国民食となった。今では1日に200万箱が売れている。多くの人にとって，粉チーズで作られた加工ソースのあざやかな黄色は，典型的で，またホッとさせてくれさえする特徴である。

◀解　説▶

6.「食品の産業化とは何を意味しているか」という設問に対して，下線部は「それはアメリカ料理における2つの顕著な傾向を表している」の具体的な説明箇所にあたるので，B「以前より大きな規模で食品を加工することによって，生産を増やすこと」が正解。そもそも，下線部のfoodは無冠詞となっており，特定の食物のことには言及していないので，他の選択肢はA「マカロニチーズ」，C「アップルパイとバニラ」，D「牛乳からチーズを作る」と，具体的な食物に触れている点において相応しくない。

7.「空欄を埋めるのに最も適切な選択肢を選びなさい」という設問に対して，空欄が含まれる文の後には，どのようにマカロニチーズがトマス=ジェファーソンによってアメリカ文化に紹介され浸透していったかが書かれていることを考慮すれば，マカロニチーズについての肯定的な表現が相応しい。A「好み」を補えば，develop a taste ～「～を好きになる」となり，全体として「トマス=ジェファーソンは1780年代にそこで生活している間，その料理を好きになった」となり，正解に相応しい。B「嫌悪」C「超過」 D「状態，様子，国，州」

8.「空欄を埋めるのに最も適切な選択肢を選びなさい」という設問に対して，空欄が含まれる文に続く最終段で，どれほどマカロニチーズがアメリカで親しまれているかについて書かれていることを考慮すれば，D「人気」を補って「その料理（＝マカロニチーズ）の人気は広がった」とすることが相応しい。A「生産性」 B「自動化」 C「利用（入手）できないこと」

9.「本文によると，以下のうち正しいものはどれか」という設問に対して，最終段第3文後半（it became an American staple.）に「それ（＝マカロニチーズ）はアメリカの国民食となった」とあるので，C「マカロニチーズは典型的なアメリカ料理の一つとなった」が正解。A「トマス=ジェファーソンはクラフト社にフランスからチーズを輸入するよう命じた」 B「パスタマシーンのおかげで，パスタはアメリカでチーズよりもはるかに広く用いられた」 D「マナセ=カトラーはマカロニチーズに感動し，公式晩餐会を楽しんだ」

10.「本文によると，マカロニチーズはどこで考案されたと考えられているか」という設問に対して，第2段第1文（Some attribute …）に「腹を空かせた知恵のある19世紀のスイスの羊飼いたちがマカロニチーズを考案したと一部では考えられている」とあるので，B「スイス」が正解。

III　解答　11－B　12－B　13－D　14－C　15－B

◆全　訳◆

≪エコツアーの勧め≫

コマエアーで環境に優しいフライトを！！

• 低価格な航空会社であることで有名ですが，コマエアーは主要航空会社では世界初の「環境に優しい」会社に生まれ変わりました！

• コマエアー社のジョン=ホワイト社長曰く，

「空を飛ぶことは魅力的なことだと私たちは信じています。しかし私たちはこのことと，これが環境に与える影響とのバランスを取らなければいけません。私たちが運航するすべてのフライトについては，フライトの燃料排出によって私たちが大気中に放出する二酸化炭素（CO_2）のいくらかを，酸素と入れ替え始めるつもりです。私たちはこれを植樹といった事業に投資することによって行っていくつもりです。これは新たな技術が開発されている間の一時的な解決策に過ぎないことを私たちはわかっています。しかしながら，今のところは，それが大気から CO_2 を取り除く一番よい方法だと私たちは信じています」

価値のある休暇用長期滞在賃貸物件@ヨーロッパ・トラベル社！

• ヨーロッパ・トラベル社はスウェーデンに 25 の支店を持つ，ポルトガルとスペインに旅するスウェーデンの人々のための業界大手の旅行会社です。コマエアー社との提携で，環境と社会へのよい影響を与える理想的な休暇用長期滞在物件をご提供します！

• ヨーロッパ・トラベル社のカリン=デイビス社長曰く，

「私たちのエリアの観光業はこれらの問題において他の分野より後発であり，私たちはより大きな責任を担い始めなければなりません」

ヨーロッパ・トラベル社　くつろぎの休暇用ビラ　タイプ 1

<u>仕様</u>

• ベッドルーム 2 つ
（電力は太陽光パネルから供給されます）
• 高性能プライベートプール
• 電気自動車の無料貸し出し（週末のみ）
• 地元産の野菜や果物の週ごとの配達（有料オプション）

<u>注目</u>

• フライトから排出される CO_2 に対する補償：
世界植樹機構への寄付
（コマエアー社との提携）

週ごとの賃料 2000 ユーロ

弊社の他の休暇用ビラの詳細はヨーロッパ・トラベル社のホームページをご覧ください。

◀解　説▶

11.「コマエアー社の広告によると，以下の記述のうちコマエアー社に当てはまるのはどれか」という設問に対して，コマエアー社の広告に記載されている社長の発言内容の第3・4文（For every flight … as planting trees.）より，B「コマエアー社は自社のフライトで放出される二酸化炭素に対する補償をするために，植樹事業への寄付を始めようとしている」が正解。A「コマエアー社は世界植樹機構と呼ばれる事業に対する長きにわたる寄付の歴史がある」　C「コマエアー社の社長は，自社のフライトが環境に与える影響に対する補償をする永続的な取り組みを始めたと信じている」　D「コマエアー社の顧客は主にスペインとポルトガルに住んでいるが，一方で本社はスウェーデンにある」

12.「以下のどの記述がヨーロッパ・トラベル社の広告に当てはまるか」という設問に対して，ヨーロッパ・トラベル社の広告に記載されている社長の発言内容より，B「その広告は，環境を改善しようとする取り組みにおいて観光業より他の分野の方が進歩しているということを示唆している」が正解。A「その広告は，ヨーロッパ・トラベル社は環境によい影響を与える事業に反対すると述べている」　C「その広告は，スウェーデンにあるヨーロッパ・トラベル社の事務所が2年前に25台の環境に優しい新しい電気自動車を導入したと私たちに伝えている」　D「その広告は，ヨーロッパ・トラベル社は環境に配慮する人たちにスウェーデンにある低価格な休暇滞在用賃貸物件を提供していることを説明している」

13.「以下のどの記述がヨーロッパ・トラベル社のビラを利用する顧客に当てはまるか」という設問に対して，ヨーロッパ・トラベル社のウェブサイトの左側下段（Compensation for …）の内容より，D「『くつろぎの休暇用ビラ・タイプ1』を借りれば，彼らは植樹事業を支援することができる」が正解に相応しいと推測できる。A「彼らはスウェーデンにある休暇用長期滞在物件に太陽光発電パネルを設置する事業に投資することができる」　B「彼らは新たな技術の導入のおかげで，地元産の野菜や果物を無料で受け取ることができる」　C「彼らは新たな技術の導入で，自分たちが乗った飛行機から出た二酸化炭素を取り除くことができる」

14.「ヨーロッパ・トラベル社のウェブサイトによると，『くつろぎの休暇用ビラ・タイプ1』を借りれば，何が提供されるか」という設問に対し，ヨーロッパ・トラベル社のウェブサイトの左側上段の１つ目の内容の補足説明（electricity obtained …）に「電力は太陽光パネルから供給されます」とあるので，C「天然資源由来の電力」が正解。A「雨水濾過装置の付いている公共プール」 B「週末の植樹ツアー」 D「月曜から木曜まで無料で借りられる，環境に優しい電気自動車」

15.「広告とウェブサイトによると，ヨーロッパ・トラベル社の他のタイプの『休暇用長期滞在物件』についての情報を見つけたいなら，顧客はどうすればよいか」という設問に対し，ヨーロッパ・トラベル社のウェブサイトの右側の内容から，B「ヨーロッパ・トラベル社のメインホームページを調べる」が正解。A「地元のヨーロッパ・トラベル社の事務所に電話をするか，メールを送る」 C「『くつろぎの休暇用ビラ・タイプ１』の情報が載っているページの最初にあるリンクをクリックする」 D「スウェーデンのコマエアー社の代理店を訪ねる」

Ⅳ 解答 16―D 17―A 18―B 19―B 20―A

◆全 訳◆

≪ついてないエイミーと優しいベアトリス≫

エイミー ：色とりどりの魚を見た？

ベアトリス：いや，まだなのよ。お手洗いに行った後，クラスのツアーグループを見つけられなかったの。

エイミー ：それは残念ね。お昼ご飯の時間に魚を見に戻ろうよ。

ベアトリス：それがいいわね。でも，まだ朝ご飯を食べてないのよ。すごくお腹が減ったわ。

エイミー ：シーランド・カフェテリアにすごいハンバーガーがあるって聞いたわよ。まず食べて，それからその後に魚を見ようよ。

ベアトリス：いい計画ね。それで，私はお手洗いに行っている間に他に何を見逃したのかしら？

エイミー ：ああ！ びっくりするようなウナギがいたわ！ でも，私，サメの水槽を通り過ぎている時に滑って転んだの。

ベアトリス：かわいそうに。本当についてないわね。

エイミー ：そうね。先月パーティーに行けなかった時みたい。

ベアトリス：それに，肩が痛くてバレーボールの試合に出られなかった時も。

エイミー　：そして，30 分遅れたからこのシーランドツアーも危うく逃すところだったわ。

ベアトリス：今朝，私たちが出発する前に，運よく運転手さんが待つことに同意してくれたからね。私たちは 7 時半に出発するはずだったけど，40 分遅れて出発したのよ。

エイミー　：ええ，もし時間通りに出発していたのなら，私たちはここに 9 時 5 分に着いていたでしょうね。

ベアトリス：そして色とりどりの魚を見る時間がもっとあったでしょう。まぁ，シーランド・カフェテリアに行って，有名なハンバーガーを食べてみようよ。きっと元気が出るわよ！

◀解　説▶

16.「空欄を埋めるのに最も適切な選択肢を選びなさい」という設問に対して，空欄が含まれている発言の直前のエイミーの発言でベアトリスに対する提案がなされていることに注目して，D の like を補えば，I'd like that.「それがいいわね」という，ベアトリスが提案を受け入れる発言となり，正解に相応しい。その他の選択肢の動詞を補った場合は，that が直前の提案内容を指しているとすればどの選択肢も相応しくない。また that が名詞を受けていると考えた場合でも，A の eat，B の fill，C の find の目的語に該当する名詞が存在しないので相応しくない。

17.「空欄を埋めるのに最も適切な選択肢を選びなさい」という設問に対して，空欄が含まれる発言の直前のエイミーの発言には「サメの水槽の前で転んだ」とあり，空欄の後の発言においてもエイミーに不運なことが起こったと書かれているので，A「かわいそう」が正解。You poor thing.「かわいそうに」という口語表現である。

18.「なぜベアトリスはエイミーを元気づけたいのか」という設問に対して，この会話の後半にはエイミーがここ最近，どれほど運が悪かったのかということについての内容が並んでいるので，B「最近，エイミーは不運な出来事を経験している」が正解。A「シーランドにはすごいハンバーガーはない」 C「エイミーはいつもバスに遅れる」 D「エイミーはたくさんの虹色の魚を見た」

19.「何時に女の子たちはシーランドに出発したか」という設問に対して，ベアトリスの最後から2番目の発言（Luckily the bus …）に「私たちは7時半に出発するはずだったけど，40分遅れて出発した」とあるので，Bが正解。

20.「会話で言及されなかったことは何か」という設問に対して，本文には「トイレを壊した」という発言はないので，Aが正解。ベアトリスの第3発言（Good plan. …）にある my toilet break の break は「休憩」の意味を表す。B「パーティーに参加できなかったこと」はエイミーの第5発言（Yeah. Like when …）で，C「スポーツ行事に参加できなかったこと」はベアトリスの第5発言（And when you …）で，D「滑って転んだこと」はエイミーの第4発言（Oh! There were …）で，それぞれ言及されている。

V　解答　21－B　22－B　23－A　24－A　25－C

◀解　説▶

21.「満場一致に基づく，あるいは一般的に社会に受け入れられている振る舞いや習慣」　B「しきたり，慣習」が正解。

22.「通常の限界を超えてあふれ出る大量の水」　B「洪水」が正解。

23.「特定の活動や目的に多くの時間と労力を割くこと」　A「～を捧げる」が正解。

24.「細部にわたって同じ，あるいは似ている」　A「全く同じの，あらゆる点で一致する」が正解。

25.「お金の量」　C「金額」が正解。

VI　解答　26－B　27－D　28－C　29－A　30－A

◀解　説▶

26. add fuel to the fire「火に油を注ぐ」= make the situation worse「状況をさらに悪くする」

27. make *one's* mouth water「よだれを出させる，欲しがらせる」= make someone want to eat something「何かを食べたいと思わせる」

28. put *one's* heads together「額を寄せて話し合う，一緒に計画を練る」＝ discuss something as a group「グループで何かを議論する」

29. pick *A* up「*A* を迎えに行く」＝ come and get ～「～を拾いに来る」

30. stand up for ～「～のために立ち上がる，～を支持する」＝ defend「～を守る」

Ⅶ　**解答**　31－A　32－B　33－A　34－C　35－A

◀解　説▶

31.「私は彼が体育館から運び出されるのを見ました」 知覚動詞＋O＋分詞の語法が用いられている。O (him) と carry の間には受動関係が成立するので，過去分詞を用いる。

32.「私たちはついに，麓に寂れたアミューズメントパークがある丘に到着しました」 与えられた選択肢から，関係詞を補う問題であると判断する。関係詞節内では空欄の直後に stood が続いており，一見すると，関係詞節内の主語が欠落していて，関係代名詞が必要であると思われる。しかし，stood の後に名詞が続いているからといって stand を他動詞として扱えば，「～をがまんする」という意味になり，文意が通らない。ここでは倒置が起こっており，a deserted amusement park が主語であり，stood「位置していた」が自動詞として用いられている。元の文は a deserted amusement park stood at the foot of the hill であり，of the hill が of which に置き換えられていると考える。関係副詞 where では a hill と at the foot がつながらない。

33.「役員たちは契約にさらなる修正がなされるべきかどうかについて議論している」 空欄には if 節内の主語に該当する名詞が必要であることから，A「修正」が正解。C「修飾語」

34.「もし万が一，宝くじが当たったら，あなたはどうしますか」 supposing「もし～なら」は接続詞である。「万が一～ならば」という内容となっていて，仮定法未来が用いられており were to *do* を用いることが相応しい。

35.「科学技術のおかげで，家で仕事ができる人が増えた」 enable *A* to *do*「*A* が～することを可能にする」の語法が用いられている。

Ⅷ 解答 36―C 37―A 38―D 39―B 40―C

◀解 説▶

36.「お出かけの際，もしこちらの方面にいらっしゃることがあれば，お気軽にお立ち寄りください」 drop in on ～「～に立ち寄る」

37.「ジョナサンは『新しい仕事に就けない』と言った」 sayの目的語は「話した内容」であり，「話した相手」はto＋人で表す。したがって，Bのsaid meはtoが欠落しているので，相応しくない。tellは「話した内容」をthat節やaboutで表す場合，「話した相手」を省略することができない。したがって，CのtoldやDのtold aboutはどちらも「人」が目的語になっていないので相応しくない。

38.「ジムは会議に遅れてきたので，会議室に入る前に言い訳をでっちあげようとした」 make up an excuse「言い訳をでっちあげる」

39.「私たちは生態系に対する意識を高めるべきです」 raise awareness「意識を高める」

40.「もし事業が成功したら，利益の一部を家族に与えるべきです」 a slice of ～「～の薄い一切れ，分け前」

Ⅸ 解答 41―D 42―B 43―D 44―D 45―B

◀解 説▶

41. Dのsuccessのみ第2音節に第1強勢がある。他は第1音節にある。

42. Bのattitudeのみ第1音節に第1強勢がある。他は第2音節にある。

43. Dのinterfereのみ第3音節に第1強勢がある。他は第1音節にある。

44. Dのliteratureのみ第1音節に第1強勢がある。他は第2音節にある。

45. Bのeliminateのみ第2音節に第1強勢がある。他は第1音節にある。

Ⅹ 解答 46―C 47―B 48―A 49―B 50―B

◀解 説▶

46. (Last month Tomio was) named manager <u>of</u> (the) new department (.)

name O C「OをCに指名する」を用いた受動態である。この場合のCに該当する役職名は通例は無冠詞である。

47. (He is the one who) composed (the love song) which (you have just) heard performed (on the TV.)

関係詞以下は先行詞を元の位置に戻すと，you have just heard the love song performed であり，知覚動詞＋O (the love song)＋過去分詞 (performed) の語法が用いられている。

48. Had (my smartphone not broken suddenly last night, I) would (now) be able to ask if (my friend could cancel our plans for today.)

仮定法を用いた文であるが，条件節は過去のことに対する仮定となっており仮定法過去完了が用いられている。ここでは if を省略し，疑問文の語順となる。帰結節は現在のことに対する想像なので，仮定法過去が用いられている。ask の目的語に if 節が用いられており，名詞節を導く if は「～かどうか」の意味である。

49. (The professor) sees to it that (every student has) a handout so (they can understand his lecture clearly.)

see to it that ～「～となるように取り計らう」 so 以下は that が省略されている目的構文となっている。

50. (Jerry) is nowhere (near) as good (a salesperson as Keith.)

nowhere near ～「～にはほど遠い」 通例は a ＋形容詞＋名詞の語順であるが，not as〔so〕～ as …「…ほど～ではない」の文では，as〔so〕＋形容詞＋ a ＋名詞となる。

日本史

I 解答

1ーシ 2ーヒ 3ータ 4ース 5ーセ 6ーテ
7ーオ 8ーカ 9ーホ 10ーニ

◀解 説▶

≪摂関政治と国風文化≫

1～4．安和の変後，藤原北家の人物が摂政ないしは関白に就く慣習が定着するなかで，摂関家内部の争いも藤原道長の時におさまった。その後道長は，彰子・妍子・威子・嬉子の娘4人を，それぞれ一条天皇・三条天皇・後一条天皇・後朱雀天皇の中宮・皇太子妃とし，栄華を極めた。

5．『小右記』は藤原実資の日記。藤原道長が1018年，威子を後一条天皇の中宮に立てた日に詠んだ望月の歌が収録されていることで知られる。

6．藤原公任は平安時代中期の貴族・歌人で，和歌漢詩文集『和漢朗詠集』や儀式書『北山抄』を著した。

7．源信は，985年『往生要集』を著し，阿弥陀仏を信仰することによる極楽往生を勧めた。

8・9．定朝は，国風文化期に一木造にかわる寄木造の手法を完成した仏師。定朝の作品として，平等院鳳凰堂阿弥陀如来像があげられる。

10．本地垂迹説とは，神は仏が仮に形を変えてこの世に現れたもの，とする仏主神従の思想である。のちには，天照大神は大日如来の化身と考えるなど，それぞれの神に神の本来の姿である本地仏を特定するようになった。

II 解答

1ーオ 2ーウ 3ーヒ 4ーア 5ーイ 6ーチ
7ーエ 8ータ 9ーカ 10ーヘ

◀解 説▶

≪鎌倉～室町時代の守護・地頭≫

1～3．1185年，長門国の壇の浦で源平最後の海戦が行われ，平氏は滅亡した。平氏滅亡後，源頼朝の支配権の強大化を恐れた後白河法皇が源義経に頼朝追討を命じると，頼朝は軍勢を京都に送って法皇に迫り，国ごとに守護，荘園・公領に地頭を置く権利を獲得した。

4．大江広元は，公文所初代別当として一般政務を主導したほか，頼朝に守護・地頭の設置を建言した。

6．順徳上皇は，父である後鳥羽上皇とともに承久の乱を起こしたが，乱後，佐渡に配流され同地で没した。

7．加徴米とは，領主に納める年貢に加えて地頭が自分の収益として農民から徴収できる付加米。新補率法によって，新補地頭は段別 5 升を認められた。

8．やや難。東郷荘は，伯耆国にあった京都の松尾神社領の荘園。下地中分のあり方を描いた荘園絵図が現存する。

10．南北朝の動乱期には，それまでの大犯三カ条のほか，土地争論を幕府の判決に従わせる権限である使節遵行や刈田狼藉を取り締まる権限などが，守護に認められた。

III　解答

1－コ　2－ケ　3－ナ　4－エ　5－ニ　6－ヒ
7－ホ　8－セ　9－タ　10－オ

◀解　説▶

≪江戸時代前～中期の政治≫

史料(1)は，1615 年に発令された禁中並公家諸法度。史料(2)は，1635 年に発令された武家諸法度（寛永令）。

1・2．1629 年，後水尾天皇は，紫衣事件をきっかけに，幕府の同意を求めずに徳川秀忠の孫である明正天皇に譲位した。

3．武家伝奏は，公家から 2 人選ばれ，朝廷の財政運営指導や幕府の法令伝達などを行い，幕府の朝廷統制において主要な役割を果たした。

4．江戸時代当初，親王家（宮家）は伏見・桂・有栖川の 3 家しかなく，やがて皇統を継ぐのが危うくなるとして，新井白石は将軍家宣に建言し，閑院宮家を創設した。

5・6．山崎闇斎が創始した垂加神道を学んでいた神道家の竹内式部は，1758 年，京都で公家に神書・儒書を講じたため，摂家によって復古派の公家とともに処分された（宝暦事件）。

7．武家諸法度（寛永令）によって，大名は国元と江戸とを 1 年交代（関東の大名は半年交代）で往復する参勤交代が義務づけられ，大名の妻子は江戸に住むことを強制された。

9．大名は，当初，領内の有力武士に領地を与え，その領民支配を認める地方知行制をとる場合が多かった。17世紀半ばになると，大名権力の強化にともない，年貢を蔵米として支給する俸禄制度がとられるようになった。

Ⅳ　解答

1―キ　2―サ　3―カ　4―ケ　5―シ

問1．ウ　問2．イ　問3．ア　問4．オ　問5．ア

◀解　説▶

≪明治時代前期の政治・社会経済・文化≫

1・3．1871年，廃藩置県の断行により，国内の政治的統一を達成した新政府は，土地所有者（地主・自作農）に対して地券を発行し，土地の所有権を認めた。1873年の地租改正条例は，この地券制度の確立を前提として定められたものである。

2．1884年に起きた秩父事件は，埼玉県秩父地方の農民が困民党を組織して蜂起した最大の激化事件であった。

5．1881年に大蔵卿に就任した松方正義は，松方財政と呼ばれるデフレ政策を推進した。

問1．ウ．正文。ア．誤文。五榜の掲示は，キリスト教の禁止を掲げた。イ．誤文。正院・左院・右院の三院制は，廃藩置県後の官制改革でとられた政治制度。エ．誤文。大教宣布の詔が発せられたのは，戊辰戦争（1868～69年）後の1870年で，下線部①の時期ではない。

問2．イ．誤文。地租改正では，課税基準が収穫高から地価，物納から金納へと改められ，税率は地価の3％とされた。「2.5％」が誤り。

問3．a・c．正文。b．誤文。1878年に来日したアメリカ人フェノロサが，岡倉天心らとともに設立したのは東京美術学校。d．誤文。1877年に来日したイギリス人建築家コンドルは，ニコライ堂や鹿鳴館を設計した。東京駅を設計したのは辰野金吾である。

問4．Ⅲ（1875年）→Ⅰ（1881年）→Ⅱ（1887年）の順。

世界史

I 解答

1ーそ　2ーか　3ーね　4ーす　5ーた　6ーみ
7ーほ　8ーう　9ーえ　10ーせ　11ーに　12ーし
13ーひ　14ーぬ　15ーつ

◀解　説▶

≪馬の活用の歴史≫

3・4．ヒッタイトは，インド=ヨーロッパ語系の民族で，戦車と鉄器を用いてメソポタミアに侵入し，バビロン第1王朝を滅ぼしたのち，アナトリアに建国した。前12世紀に海の民の侵入でヒッタイトが滅亡すると，鉄器が各地に普及した。

5．やや難。ミタンニは，ミタンニ人が前2千年紀後半に北メソポタミアに建国した国家。ミタンニ人が先住のフルリ人などと条約を結びながら統治していた。

8．『リグ=ヴェーダ』は，アーリヤ人の信奉したバラモン教の聖典『ヴェーダ』の中の最古のものである。

10．ヘロドトスは，ギリシアの歴史家でペルシア戦争を題材とした『歴史』を著した。同名の『歴史』を著し，ペロポネソス戦争を扱ったトゥキディデスと混同しないように注意しよう。

11．スキタイは，黒海北方に成立した騎馬遊牧民で，ギリシアのポリスやオリエントの諸民族とも交流をもった。

13．趙は，「戦国の七雄」の一つで現在の河北省南部から山西省北部を領有し，北方の騎馬遊牧民と境を接した。地図で場所を確認しておこう。

14．単于は，匈奴の君主の称号である。前漢の高祖に勝利した冒頓単于が有名。

II　解答

1―に　2―そ　3―ち　4―い　5―け　6―ぬ
7―か　8―こ　9―み　10―し　11―え　12―さ
13―ふ　14―へ　15―ひ

◀解　説▶

≪ルネサンスの歴史≫

1．フランソワ1世は，ヴァロワ朝のフランス王で，レオナルド=ダ=ヴィンチを招へいするなど文芸を保護した。リード文後半にある，2つ目の空欄を手がかりに解答したい。

2．「ヴィーナスの誕生」はボッティチェリの作品で，古代ギリシア・ローマの神話の一場面をモチーフとしている。

3．ミケランジェロは，イスラエル王国第2代の王ダヴィデの像を製作した。

7．ジョットは，ルネサンス絵画の先駆者とされる。代表作は「聖フランチェスコの生涯」。

9．ビザンツ帝国が1453年にオスマン帝国に滅ぼされると，ギリシア人学者がイタリアに亡命し，西ヨーロッパにおけるギリシアの古典研究の進展を促した。

11．カール5世は，ハプスブルク家の人物で，イタリアを舞台にフランソワ1世（空欄1の正解）と対立した。

13．カール大帝は，アーヘンの宮廷にアルクインを招きラテン語の文化を保護した。カール大帝の宮廷で進んだ文化の復興のことを，カロリング=ルネサンスと呼ぶ。

III　解答

問1．1―つ　2―え　3―み　4―さ　5―ひ
6―し　7―け　8―あ
問2．A―う　B―え　C―お　D―え　E―い　F―あ　G―お
H―え

◀解　説▶

≪戦争の歴史≫

問1．2．徴兵制は，フランス革命期に，国民公会によって実施された。

4．国民国家は，国民を主権者として成立する主権国家のことである。国民国家では，身分制度は廃止され国民を直接国家に結び付けることが追求

された。徴兵制による国民軍の創出はその典型的な事例である。

8．ナチス=ドイツがスラヴ系人種を劣等人種と考えていた，という情報は受験生には馴染みが薄いかもしれないが，その後の「独ソ戦が始まるが，これはある種の人種間戦争の様相を呈し」という文を手がかりに解答したい。

問2．A．あ．誤文。ペルシア戦争は，アケメネス朝の支配下にあったイオニア地方のギリシア人ポリスの反乱を機に起こった。い．誤文。ペルシア戦争は，ダレイオス1世の治世に始まった。え．誤文。ギリシアの勝利が確定したのは，プラタイアの戦いである。お．誤文。デロス同盟の盟主は，アテネである。

B．え．誤文。国民公会の選挙は，男性普通選挙で実施されたので，全国民による投票ではない。

C．お．誤文。ドイツ騎士団は，1190 年にイェルサレムではなく，アッコンで組織された。

D．え．誤文。スウェーデンは，西ポンメルンを獲得した。これを機に，スウェーデンはバルト海の制海権を掌握した。

E．い．誤文。ロゼッタ=ストーンに刻まれたエジプト文字を解読したのは，シャンポリオンである。

F．あ．誤文。南部諸州の主要産業は，綿花プランテーションであった。

G．お．誤文。「未回収のイタリア」を有していたのは，ドイツではなくオーストリアである。

H．え．誤文。ナチスは 1936 年に不戦条約ではなく，ロカルノ条約を破棄してラインラント進駐を行った。

地理

I 解答

問1．ア―①　イ―③　ウ―③　エ―④
問2．①　問3．①　問4．②　問5．①　問6．②
問7．②　問8．③　問9．④　問10．①　問11．②　問12．②

◀解　説▶

≪地形図の読図≫

問1．ウ．地形図Ａ～Ｃを見ると，三方五湖のうち水深が最も大きいのは水深 39m の日向湖であることが読み取れる。

エ．地形図Ｃを見ると，三方湖に鰣川が注ぎ込んでいることが読み取れる。リード文にあるように「大きな流入河川がある」湖は淡水が流れ込み塩分濃度が低いと考えられるため，塩分濃度が最も低いのは三方湖となる。

問6．地形図Ａ中の東西の線は西では日向湖，東では久々子湖を通過し，それぞれの水深は日向湖で 39m 程度，久々子湖で 2 m 程度なので，水深が逆となっている断面図③・④は消去できる。2つの湖の間の陸地のうち，最も標高が高い 145.8m の三角点は陸地の東寄りに位置すること，陸地の西側には果樹園や水田が広がる低地がみられることから，②が正解となる。

問7．地形図Ｂ中で水月湖を囲む四角形を考えてみると，縮尺2万5千分の1の地形図（原寸）上で一辺は 10cm 程度となる。一辺の実際の距離は $10\,\text{cm} \times 25000 = 2.5\,\text{km}$ となるため，四角形の面積は $2.5\,\text{km} \times 2.5\,\text{km} = 6.25\,\text{km}^2$ と計算できる。水月湖は計算した四角形よりは狭いものの，桁が異なるほどの差はないため，近似値として② $4.15\,\text{km}^2$ と決定できる。

問8．地形図Ｂを見ると，水月湖の水深は 34m だと読み取れる。梅丈岳については，近くの 200m の計曲線から数えると，「梅丈岳」の文字のすぐ上にわずかに見える計曲線が 400m を示していると読み取れる。したがって，両者の標高の差は約 435m となる。

問9．「地形図の土地利用記号を参考にして」とあり，地形図Ｂを見ると，水月湖の周辺には「広葉樹林（Q）」,「針葉樹林（Λ）」,「田（||）」は確認できるが,「ヤシ科樹林（Ƭ）」の地図記号はみられない。なお，形が似

ている「竹林（）」はあり，紛らわしいため注意しよう。
問12.「地形図の土地利用を参考にして」とあり，地形図C中では「果樹園（）」の地図記号が読み取れる。果樹園とはミカンやブドウ，ウメのように木に果実が実る果樹が広がる範囲を示しており，イチゴやスイカ，メロンのように木に実がならない作物は対象としていない。これらは農林水産省の分類では野菜（果実的野菜）として扱われ，地形図では「畑（）」やビニールハウスを示す「建物類似の構築物（）」で示される。

II 解答

問1．ア―③　イ―④　ウ―④　エ―③　オ―④
カ―②　キ―③　ク―②
問2．①　問3．②・⑤
問4．A―①　B―③　C―⑥　D―⑤

◀解　説▶

≪訪日観光≫

問3．グリーンツーリズムとは都市に住む人々が農山漁村に滞在して自然や文化，人々との交流を楽しむことを目的とした観光形態である。②不適。災害復興ボランティアはツーリズム（観光）ではない。⑤不適。工場夜景ツアーは農山漁村や自然を対象としたものではない。
問4．「訪日観光に関する文章を参考にして」という部分がヒントとなっている。まず文章の前半には「東京を観光し，箱根や…富士山を訪れた後，名古屋を経て関西に至る」ルートが人気となっていることが示されていることから，外国人宿泊者数が多いAには東京都，BかCには京都府が当てはまると考えられる。BとCは外国人宿泊者数に差はないが，国籍（出身地）別の構成では，Bは中国，欧州，米国，Cは台湾，韓国，中国が上位となっている。ここで文章の後半を見ると，「古都で日本の伝統文化を楽しむ人が多い欧米からの旅行者」とあるため，欧米からの宿泊者が多いBは京都府と判断できる。残るCとDにはどちらも東アジア地域からの宿泊客が多いが，距離の近さを考慮すると，台湾が1位のCは沖縄県，韓国が全体の半分を占め1位となるDは福岡県だと判断できる。なお，文章の前半に「ビジネスや会議のために来日した旅行者も，用務地やその周辺を観光してから帰国することが多く」とあるため，表（外国人宿泊者数上位）には豊かな自然が魅力の北海道や沖縄県のほかに，大都市を含む都道府県が該当すると推測できるため，最初に福井県と島根県を消去した上でA～Dを判定していくこともできる。

Ⅲ　解答

問1．ア―①　イ―③　ウ―④　エ―③　オ―④
カ―④　キ―③　ク―①　ケ―③

問2．②　問3．②　問4．②　問5．④　問6．④　問7．④
問8．③　問9．②　問10．①　問11．②　問12．③

◀解　説▶

≪アフリカの地誌≫

問4．アフリカ大地溝帯の断層湖として形成されたタンガニーカ湖は最大水深が1471mあり，水深が世界1位のバイカル湖（1741m）に次いで世界2位の深さである。なお，①ナセル湖はエジプトのアスワンハイダム建設により生じた人造湖，③チャド湖はチャド，ニジェール，ナイジェリア，カメルーンの4カ国にまたがる内陸湖，④マラカイボ湖はベネズエラ北部に位置し，マラカイボ油田は世界有数の原油埋蔵地として知られる。

問6．サヘルとはサハラ砂漠の南縁に沿って帯状に広がる半乾燥地域で，ステップやサバナを含み，年降水量は200～600mm程度だが年ごとの変動が激しい。近年は人口増加に伴う過放牧や過伐採により，砂漠化が深刻である。

問7．アスワンハイダムの建設に伴って，ナイル川の定期的な氾濫は抑制された一方で，氾濫により供給されていた肥沃土の供給が途絶えたことで農地の肥沃度が低下し，それを補うために化学肥料の使用量が増えている。

問9．第二次世界大戦終了時点でのアフリカにおける独立国はエチオピアのほか，エジプト，リベリア，南アフリカ共和国の4カ国のみであった。

問10．①適切。②不適。モザンビークの旧宗主国はポルトガルである。③不適。リビアの旧宗主国はイタリアである。④不適。ウガンダの旧宗主国はイギリスである。

問11．ガーナではカカオのプランテーション栽培が盛んで現在でも生産・輸出量ともに多いが，金（非貨幣用）や原油などの鉱産資源の輸出も増加しており，少しずつではあるが産業の多角化が進められている。

政治・経済

I 解答

問1．1—(キ)　2—(ケ)　3—(コ)　4—(イ)　5—(ア)
問2．(エ)　問3．(キ)　問4．(ア)　問5．(イ)
問6．A—(ア)　B—(カ)

◀解　説▶

≪人身の自由と司法制度≫

問1．1．日本国憲法第40条では，刑事補償の考えが定められており，冤罪などに対する補償を求める権利を規定している。

2．警察は被疑者への取り調べなどをもとに，48時間以内に検察に身柄を送致するか否かを判断する。被疑者が検察に送致された後，24時間以内に勾留するかどうかが検察官によって判断され，勾留する場合は裁判所に勾留請求がなされ，それを裁判官が認めれば，被疑者は勾留される。

3・4．逮捕された被疑者は，原則として，勾留中は法務省が管轄する拘置所に収監されると規定されているが，実際には警察署内の留置場を代用刑事施設として用いることが多く，留置場での長時間の取り調べが冤罪の要因の一つであるとして批判を受けている。

5．検察官は原則10日の勾留期限までに，取り調べなどをもとに，起訴するか否かの判断を下す。

問2．(エ)があてはまらない。死刑の犯罪抑止力や，死刑廃止による凶悪犯罪の増加について述べており，死刑廃止の論拠ではなく，むしろ死刑を存続すべきとする論拠である。

問3．A．誤文。日本国憲法第33条にあるように，現行犯逮捕においては，裁判所の令状は必要でない。B．誤文。2016年の刑事司法改革関連法の成立により，裁判員裁判対象事件などの取り調べは録音・録画が義務付けられたが，すべての事件の取り調べが録音・録画の対象にはなっていない。

C．誤文。日本には，自白による減刑を義務付ける制度は存在しない。

問4．(ア)が正文。(イ)誤文。推定無罪の原則においては，一般に，被疑者は有罪判決が下されるまで無罪として扱われる。(ウ)誤文。以前は，起訴後の被告人についてのみ国選弁護人がつけられていたが，2006 年から一部の被疑者にも国選弁護人がつけられるようになり，2018 年からは勾留されているすべての被疑者が，国選弁護人を依頼する権利を有するようになった。(エ)誤文。一事不再理の原則とは，無罪判決が確定した行為について改めて有罪とすることができないこと，同じ事件について再度刑事責任を問われないことを意味しており，有罪が確定した後に無実である証拠が出てきたときなど，被告人に有利となる場合は再審が認められる。

問５．(イ)が誤り。大津事件は，訪日中のロシア皇太子を警備の警官が負傷させた事件であり，当時の日本政府が被告人を死刑にするよう裁判所に圧力をかけたが，大審院（現在の最高裁判所）長の児島惟謙がそれをはねのけ，司法権の独立を守ったことで知られる。再審で無罪になった事件ではない。

問６．日本における裁判員制度は，重大な刑事事件の第一審（地方裁判所）で行われ，３人の裁判官と６人の裁判員の合議によって，有罪か無罪かの判断と，有罪であれば量刑の決定が行われる。

Ⅱ　解答

問１．１―(ソ)　２―(シ)　３―(ス)　４―(ケ)　５―(ア)　６―(オ)

問２．(ウ)　問３．(イ)　問４．(オ)　問５．(ア)　問６．(カ)

◀解　説▶

≪日本の選挙制度≫

問１．１・２．2017 年６月の公職選挙法改正により，現在，日本の衆議院の議員定数は 465 人であり，うち 289 人が国勢調査の人口によって区分された小選挙区選挙で，176 人が全国を 11 ブロックに分割した比例代表選挙で選出される。

３～６．2018 年の同法改正により，日本の参議院の議員定数は 248 人となり，うち 148 人が選挙区選挙で，100 人が比例代表選挙で選出される。2019 年の参議院議員通常選挙においては，最も人口が少ない福井県を単位とする選挙区を含む 32 の選挙区からそれぞれ１人の議員が選出され，最も人口の多い東京都を単位とする選挙区からは６人の議員が選出された。

問３．(イ)が正解。イギリスおよびアメリカの下院議員の選挙制度は，基本的には小選挙区制となっている。一方，スウェーデンでは，各県単位をべースとして，さらにそれを全国レベルでの得票率で調整する比例代表制を採用している。

問4．A．誤文。小選挙区制では，当選者は1名のみであることから，一般には大政党に有利とされている。C．誤文。比例代表の選挙区を分割すると選挙区あたりの当選人数も減少することから，大政党に有利となる場合が多い。

問5．B．誤文。参議院の比例代表制においては，政党名での得票数と個人名での得票数を合算して各政党への議席配分が行われる。C．誤文。衆議院の比例代表制の選挙は，全国を11のブロックに分けて実施される。

問6．B．誤文。中選挙区制は複数の候補者が当選することから，小選挙区制と比較して大政党単独の勝利になることは少なく，中小政党に有利であったとされる。C．誤文。中選挙区制において同じ政党から複数の候補者が立候補した場合，政党による区別がないため，それぞれの候補者に対する評価が選挙において重要視された。

III　解答

問1．1―(カ)　2―(ツ)　3―(ソ)　4―(ス)　5―(コ)
6―(ク)　7―(キ)　8―(タ)

問2．(イ)　問3．(ア)　問4．(エ)

◀解　説▶

≪国際通貨制度と貿易体制の推移≫

問1．1．イギリスの経済学者であるリカードは，比較生産費説を唱え自由貿易を重視した。

2．水平的分業とは，主に先進国同士で生産する製品を分担することである。

3．管理通貨制度においては，金の保有量にかかわらず各国の政府や中央銀行により通貨が発行される。

4．世界恐慌以後，イギリスやフランスなどの主要国は本国と植民地などを結んだ排他的なブロック経済圏を形成し，恐慌の影響を脱してブロック内での自給自足をはかろうとした。

5．IBRD（国際復興開発銀行）は世界銀行とも呼ばれ，ブレトン・ウッズ体制下の1946年から国連の専門機関として業務を開始した。

6．ブレトン・ウッズ体制下では，アメリカは各国通貨当局との間で金1

オンス＝35 ドルのレートでの交換を保証し，これがドル中心の国際通貨体制の基軸となった。

7．スミソニアン協定は，ニクソン大統領による金とドルの交換停止を受けて，新たな国際通貨体制を構築するため結ばれた。

8．GATT（関税と貿易に関する一般協定）は，関税などの輸入制限を撤廃し，自由貿易の拡大や世界経済の発展を目的として 1948 年に発足した。

問 2．(イ)正文。購買力平価説という。

(ア)誤文。1 ドル 100 円から 80 円になるということは，ドルに対して円の価値が高まっているため円高・ドル安である。

(ウ)誤文。日本の金利が他国に比べて高い場合，円の需要は高まり価値が上昇するため，為替相場は円高になる傾向にある。

(エ)誤文。ファンダメンタルズとは，経済成長率や金利・国際収支など，その国の経済の状態を判断する基礎的条件のこと。ファンダメンタルズが安定している国の通貨に対する信頼は高くなる傾向にあるため，通貨高になることが多い。

問 3．(ア)誤文。先進諸国が協調介入しドル高是正を行ったのは，1985 年のプラザ合意である。1987 年のルーブル合意では，プラザ合意以降のドル安傾向を望ましくないとする合意が先進国間で確認された。(イ)正文。SDR は IMF（国際通貨基金）の特別引き出し権である。国際収支が赤字となった加盟国は，この権利と引き換えに他の加盟国から外貨の融資を受けることができる。(ウ)正文。現在の米ドルや戦前のイギリス・ポンドが基軸通貨に該当する。(エ)正文。変動相場制の下では，経常収支が赤字になった国の通貨は価値が下がり，そのため輸出に有利になって経常収支が改善されると考えられる。

問 4．(エ)が正文。WTO の紛争処理小委員会をパネルと呼ぶ。(ア)誤文。東京ラウンドは 1973 年から 1979 年の間に行われた交渉である。(イ)誤文。セーフガードは輸入の急増などに対して恒久的ではなく，一時的に輸入を制限する措置のことである。(ウ)誤文。ドーハ・ラウンドにおいては，農産物分野の対立などにより，その多くの交渉が合意に至らなかった。

Ⅳ 解答

問1．1―(カ)　2―(ケ)　3―(エ)　4―(ス)　5―(ソ)　6―(オ)　7―(シ)

問2．(ア)　問3．(ウ)　問4．(ウ)　問5．(エ)

◀解　説▶

≪国際的な経済格差とその是正≫

問1．1．SDGs（持続可能な開発目標）は2015年に定められた，17の目標および169のターゲットからなる行動計画である。

2．MDGs（ミレニアム開発目標）は，2000年に定められた8つの目標を掲げる行動計画である。

3．主に先進国と発展途上国の間の経済格差やそれにともなう対立を南北問題という。

4．UNCTAD初代事務局長のプレビッシュは，自由貿易における先進国と発展途上国の不公平を指摘し，貿易上の不平等の改善などを求めたプレビッシュ報告にその名を残している。

5．NIEO（New International Economic Order）は，新国際経済秩序と訳されており，先進国本位の自由貿易ではなく発展途上国などにも平等な形での経済体制の樹立を掲げている。

6．主に発展途上国間で工業化に成功した国と失敗した国などの社会経済的格差や対立のことを南南問題という。

7．HDI（Human Development Index）は人間開発指数と訳されており，保健・教育・所得の観点から算出され，各国の福祉や生活水準をはかる目安とされている。

問2．先進諸国が植民地を広げ支配を強める際に，特定の一次産品の生産への特化を強制した経済構造をモノカルチャー経済と呼ぶ。

問3．UNCTADの第1回会議では，スローガンとして「援助よりも貿易を」が掲げられ，先進国と発展途上国の間の平等な形での貿易が要求された。

問4．(ウ)が関連しない。イラクがクウェートに侵攻したのは，1990年のことである。

問5．(エ)が誤り。輸入していた工業製品の国産化を目指すのは，政府の介入により国内産業の振興をはかる輸入代替工業化政策である。

数学

I　解答

(1)ア．1　イ．5　ウ．1　エ．1

(2)オ．2　カ．6　キ．9　ク．6　ケ．9

(3)コ．9　サ．2　シ．3　ス．5　セ．2

(4)ソ．5　タ．5　チ．6　ツテ．11

◀解　説▶

≪小問 4 問≫

(1)　$ax^3+3x^2+bx+3=(x^2+x+1)(cx+2)+2x+d$

右辺を展開して整理すると

$cx^3+(c+2)x^2+(c+4)x+d+2$

係数を比較して

$$\begin{cases} a=c \\ 3=c+2 \\ b=c+4 \\ 3=d+2 \end{cases}$$

よって　$a=1,\ b=5,\ c=1,\ d=1$　→ア～エ

(2)　$a(x-7)>2x+6a^3-21a^2+11a$

$(a-2)x>6a^3-21a^2+18a$

$(a-2)x>3a(a-2)(2a-3)$

$a>2$ のとき　$x>6a^2-9a$　→オ～キ

$a=2$ のとき，解なし。

$a<2$ のとき　$x<6a^2-9a$　→ク，ケ

(3)　$a_{n+1}=3a_n-5$

$$a_{n+1}-\frac{5}{2}=3\left(a_n-\frac{5}{2}\right)$$

数列 $\left\{a_n-\frac{5}{2}\right\}$ は初項 $a_1-\frac{5}{2}=7-\frac{5}{2}=\frac{9}{2}$，公比 3 の等比数列であるから

$$a_n-\frac{5}{2}=\frac{9}{2}\cdot 3^{n-1}$$

$$a_n=\frac{9}{2}\cdot 3^{n-1}+\frac{5}{2}\quad \to コ〜セ$$

(4)　点A，B，C，Dが同一平面上にあることより

$$\overrightarrow{AD}=k\overrightarrow{AB}+l\overrightarrow{AC}$$

と書くことができる。

$$(2,\ 0,\ a+1)=k(1,\ -2,\ 5)+l(0,\ -2,\ 2)$$
$$=(k,\ -2k-2l,\ 5k+2l)$$

よって　$\begin{cases} 2=k \\ 0=-2k-2l \\ a+1=5k+2l \end{cases}$

これを解いて　$k=2,\ l=-2,\ a=5$

ゆえに　$a=5$　→ソ

$$\overrightarrow{DB}=(-1,\ -2,\ -1)$$
$$\overrightarrow{DC}=(-2,\ -2,\ -4)$$
$$|\overrightarrow{DB}|=\sqrt{6}$$
$$|\overrightarrow{DC}|=\sqrt{24}=2\sqrt{6}$$
$$\overrightarrow{DB}\cdot\overrightarrow{DC}=2+4+4=10$$
$$\cos\theta=\frac{\overrightarrow{DB}\cdot\overrightarrow{DC}}{|\overrightarrow{DB}||\overrightarrow{DC}|}=\frac{10}{\sqrt{6}\cdot 2\sqrt{6}}$$
$$=\frac{5}{6}\quad \to タ，チ$$
$$\sin\theta=\sqrt{1-\left(\frac{5}{6}\right)^2}=\frac{\sqrt{11}}{6}$$
$$\triangle BCD=\frac{1}{2}\times\sqrt{6}\times 2\sqrt{6}\times\frac{\sqrt{11}}{6}$$
$$=\sqrt{11}\quad \to ツテ$$

Ⅱ　解答

(1)ア．1　イ．2　ウ．2　エ．2　オ．1　カ．2
キ．1　ク．2　ケ．4　コ．4　サ．1　シ．2
(2)スセ．-2　ソ．2　タ．1　チ．1　ツ．7　テト．10　ナ．7
ニ．7

◀解　説▶

≪単位円上の点で作る図形≫

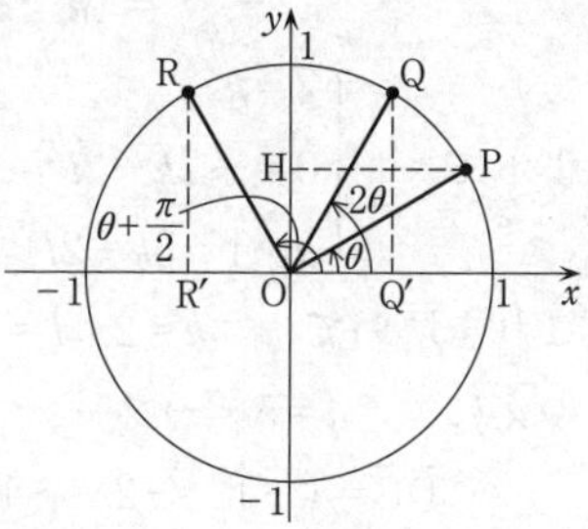

(1)　$\triangle\mathrm{OPR}=\dfrac{1}{2}\times1\times1\times\sin\dfrac{\pi}{2}$

$=\dfrac{1}{2}$　→ア，イ

$\triangle\mathrm{OPQ}=\dfrac{1}{2}\times1\times1\times\sin\theta$

$=\dfrac{\sin\theta}{2}$　→ウ

$\triangle\mathrm{OQR}=\dfrac{1}{2}\times1\times1\times\sin\left(\dfrac{\pi}{2}-\theta\right)$

$=\dfrac{\cos\theta}{2}$　→エ

$\triangle\mathrm{PQR}=\triangle\mathrm{OPQ}+\triangle\mathrm{OQR}-\triangle\mathrm{OPR}$

$=\dfrac{\sin\theta}{2}+\dfrac{\cos\theta}{2}-\dfrac{1}{2}$

$=\dfrac{1}{2}(\sin\theta+\cos\theta-1)$　→オ～キ

$\sin\theta+\cos\theta=\sqrt{2}\sin\left(\theta+\dfrac{\pi}{4}\right)$　→ク，ケ

$0<\theta<\dfrac{\pi}{2}$より，$\dfrac{\pi}{4}<\theta+\dfrac{\pi}{4}<\dfrac{3}{4}\pi$であるから

$\dfrac{\sqrt{2}}{2}<\sin\left(\theta+\dfrac{\pi}{4}\right)\leqq1$

$\triangle\mathrm{PQR}=\dfrac{1}{2}\left\{\sqrt{2}\sin\left(\theta+\dfrac{\pi}{4}\right)-1\right\}$であるから

$\dfrac{1}{2}\left(\sqrt{2}\times\dfrac{\sqrt{2}}{2}-1\right)<\triangle\mathrm{PQR}\leqq\dfrac{1}{2}(\sqrt{2}\times1-1)$

$0<\triangle\mathrm{PQR}\leqq\dfrac{-1+\sqrt{2}}{2}$

$\sin\left(\theta+\dfrac{\pi}{4}\right)=1$ となるのは $\theta=\dfrac{\pi}{4}$ のときであることより，△PQR の面積は，

$\theta=\dfrac{\pi}{4}$ のとき，最大値 $\dfrac{-1+\sqrt{2}}{2}$ をとる。 →コ～シ

(2)

$$\begin{aligned} t &= \mathrm{OP}\times\sin\theta \\ &= \sin\theta \end{aligned}$$

$$\begin{aligned} u &= \mathrm{OQ}\times\cos 2\theta-\mathrm{OR}\times\cos\left(\theta+\frac{\pi}{2}\right) \\ &= \cos 2\theta+\sin\theta \\ &= 1-2\sin^2\theta+\sin\theta \\ &= -2\sin^2\theta+\sin\theta+1 \\ &= -2t^2+t+1 \quad \text{→ス～タ} \end{aligned}$$

$$\begin{aligned} S &= tu=t(-2t^2+t+1) \\ &= -2t^3+t^2+t \end{aligned}$$

$$\frac{dS}{dt}=-6t^2+2t+1$$

$\dfrac{dS}{dt}=0$ とおくと

$$6t^2-2t-1=0 \qquad t=\frac{1\pm\sqrt{7}}{6}$$

t	0	…	$\frac{1+\sqrt{7}}{6}$	…	1
$\frac{dS}{dt}$		+	0	−	
S		↗	$\frac{10+7\sqrt{7}}{54}$	↘	

増減表を書くと右のようになる。

よって，$t=\dfrac{1+\sqrt{7}}{6}$ のとき，S は最大値 $\dfrac{10+7\sqrt{7}}{54}$ をとる。 →チ～ニ

Ⅲ　解答

(1)ア．3　イ．2　ウ．3　エ．2　オ．3

(2)カ．2　キ．3　ク．8

(3)ケ．3　コ．3　サ．2　シ．3　ス．2　セ．3　ソ．2　タ．3

チ．2　ツ．3　テ．2　ト．3　ナ．2

(4)ニ．3　ヌ．2　ネ．3　ノ．2　ハ．3　ヒ．0　フ．4　ヘ．7

(5)ホ．3　マ．2　ミ．3　ム．2　メ．2

◀解　説▶

≪円によって切り取られた線分の長さ≫

(1)　接点の座標を $(x_1,\ y_1)$ とすると，接線の方程式は

$x_1x+y_1y=3$

これが点 $(2\sqrt{3},\ 0)$ を通ることより

$2\sqrt{3}x_1=3$

$x_1=\dfrac{\sqrt{3}}{2}$

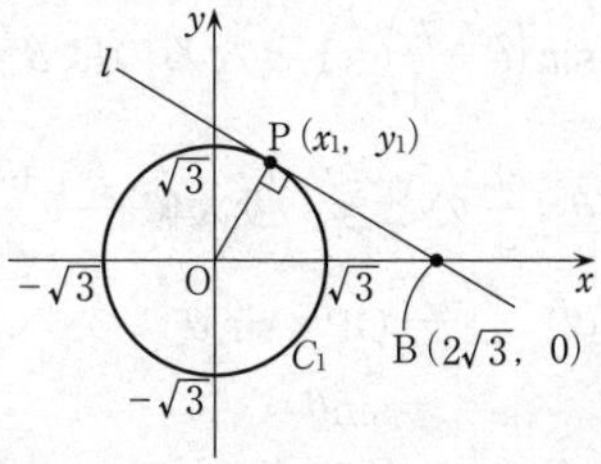

また，$x_1{}^2+y_1{}^2=3$ であるから，$x_1=\dfrac{\sqrt{3}}{2}$ のとき

$y_1=\pm\dfrac{3}{2}$

よって，点Pの座標は

$\left(\dfrac{\sqrt{3}}{2},\ -\dfrac{3}{2}\right),\ \left(\dfrac{\sqrt{3}}{2},\ \dfrac{3}{2}\right)$　→ア～エ

線分BPの長さは

$\sqrt{\mathrm{OB}^2-\mathrm{OP}^2}=\sqrt{(2\sqrt{3})^2-(\sqrt{3})^2}$

$=3$　→オ

(2)　点Pが $\left(\dfrac{\sqrt{3}}{2},\ -\dfrac{3}{2}\right)$ であるとき，直線 l の方程式は

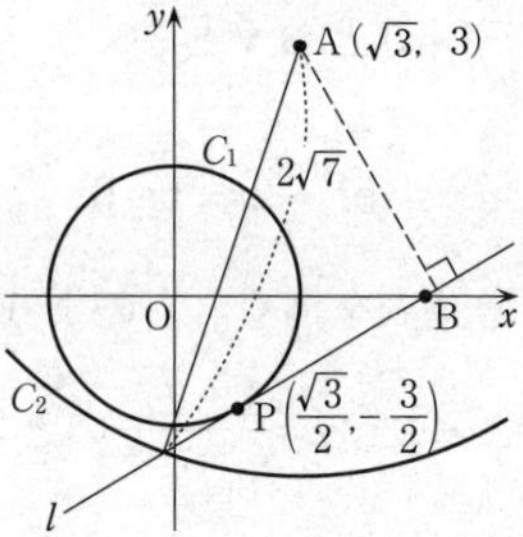

$\dfrac{\sqrt{3}}{2}x-\dfrac{3}{2}y=3$

つまり　　$\sqrt{3}x-3y-6=0$

であるから，点 $\mathrm{A}(\sqrt{3},\ 3)$ と直線 l の距離は

$\dfrac{|\sqrt{3}\times\sqrt{3}-3\times3-6|}{\sqrt{(\sqrt{3})^2+3^2}}=2\sqrt{3}$　→カ，キ

$q=2\sqrt{(2\sqrt{7})^2-(2\sqrt{3})^2}$

$=8$　→ク

(3)　$q=10$ のとき，点Aと直線 l の距離は

$\sqrt{(2\sqrt{7})^2-\left(\dfrac{10}{2}\right)^2}=\sqrt{3}$　→ケ

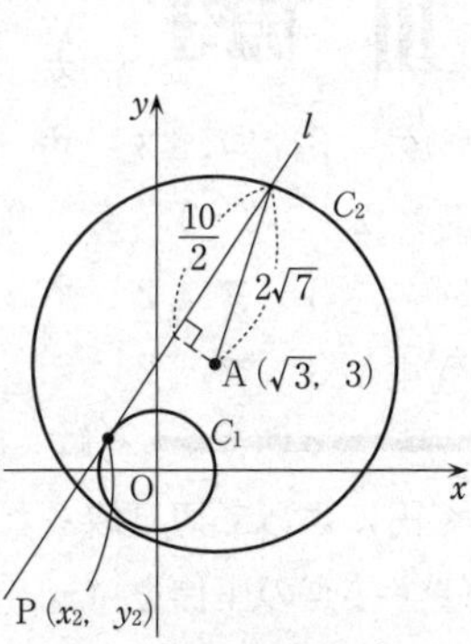

このときの点Pの座標を $(x_2,\ y_2)$ とすると，接線の方程式は

$x_2x+y_2y-3=0$

点 A $(\sqrt{3},\ 3)$ と直線 l との距離が $\sqrt{3}$ であるから

$$\frac{|\sqrt{3}x_2+3y_2-3|}{\sqrt{x_2{}^2+y_2{}^2}}=\sqrt{3}$$

$x_2{}^2+y_2{}^2=3$　……① であるから

$$\sqrt{3}x_2+3y_2-3=\pm 3$$

よって　　$x_2+\sqrt{3}y_2=0$　……②

または　　$x_2+\sqrt{3}y_2-2\sqrt{3}=0$　……③

①，②より　　$(x_2,\ y_2)=\left(-\dfrac{3}{2},\ \dfrac{\sqrt{3}}{2}\right),\ \left(\dfrac{3}{2},\ -\dfrac{\sqrt{3}}{2}\right)$

①，③より　　$(x_2,\ y_2)=\left(\dfrac{\sqrt{3}}{2},\ \dfrac{3}{2}\right)$

よって，点 P の座標は x 座標が小さい順に

$$\left(-\frac{3}{2},\ \frac{\sqrt{3}}{2}\right),\ \left(\frac{\sqrt{3}}{2},\ \frac{3}{2}\right),\ \left(\frac{3}{2},\ -\frac{\sqrt{3}}{2}\right)\quad \to コ〜ナ$$

(4)　q が最大となるのは直線 l が点 A を通るときである。

このときの接点の座標を $(x_3,\ y_3)$ とすると，接線の方程式は

$$x_3x+y_3y=3$$

これが点 $(\sqrt{3},\ 3)$ を通ることより

$$\sqrt{3}x_3+3y_3=3$$

また，$x_3{}^2+y_3{}^2=3$ であるから，これらを連立させて

$$(x_3,\ y_3)=\left(-\frac{\sqrt{3}}{2},\ \frac{3}{2}\right),\ (\sqrt{3},\ 0)$$

よって，q が最大となるときの点 P の座標は，x 座標の小さい順に

$$\left(-\frac{\sqrt{3}}{2},\ \frac{3}{2}\right),\ (\sqrt{3},\ 0)\quad \to ニ〜ヒ$$

q の最大値は　　$4\sqrt{7}$　→フ，へ

(5)　q が最小となるのは，直線 l と点 A の距離が最大となるときである。

直線 OA と円 C_1 の交点のうち，A より遠い方の点を C とする。

点 P が点 C にあるとき，q は最小となる。

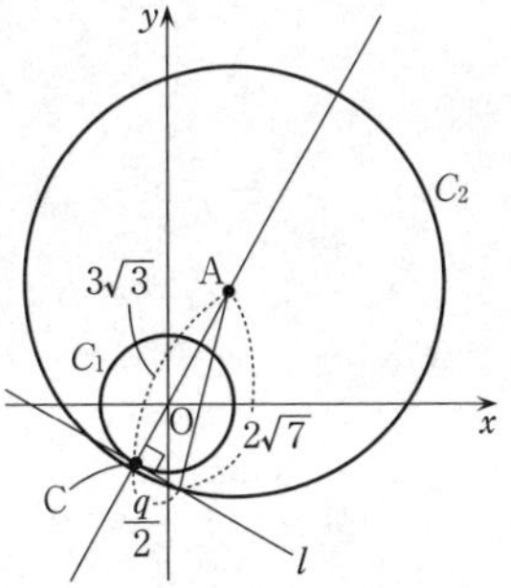

$$\begin{cases} y=\sqrt{3}x \\ x^2+y^2=3 \end{cases}$$

これを解くと

$$(x,\ y)=\left(\pm\frac{\sqrt{3}}{2},\ \ \pm\frac{3}{2}\right)$$ （複号同順）

よって　$\mathrm{C}\left(-\frac{\sqrt{3}}{2},\ \ -\frac{3}{2}\right)$

ゆえに，q が最小となるときの点Pの座標は

$$\left(-\frac{\sqrt{3}}{2},\ \ -\frac{3}{2}\right)$$ →ホ～ム

q の最小値は

$$2\sqrt{(2\sqrt{7})^2-(3\sqrt{3})^2}=2$$ →メ

る。Ｙについては、選択肢が日本人と西欧人の対比になっていることを押さえ、これが資料Ⅲで言及されていることを読み取る。資料Ⅲの後半に、日本人は富士山を芸術作品とすることに抵抗がないが、西欧では芸術作品とは自然より「偉い」人間がつくったものと考えており、文化や芸術を「人間の所作の結果」と定義したとあることから判断する。Ｚは、資料Ⅲの後の生徒Ｆの発言、資料Ⅴの後の生徒Ｆ・生徒Ｃの発言、資料Ⅵの後の生徒Ｅの発言の内容をそれぞれ読み取って解答する。

問五　空欄前にある「与えた」にすると、富士山がモノではない、つまり富士山に意志があるということになり、登録基準の背後にある西欧の考え方と矛盾するという文脈を押さえる。

問六　傍線部の「言はむかたなし」は「言ふ」＋婉曲の助動詞「む」＋「かた」（＝方法）＋「なし」なので、〝言いようがない〟の意となる。これを踏まえて判断する。

問七　傍線部は「辛くして」がウ音便化したものである。

問八　資料Ⅳの後の生徒の発言から、傍線部が富士山を眼前にした時の感慨であることを読み取る。その上で「ぬ」が打消の助動詞「ず」の連体形であることを押さえて判断する。

問九　「すごし」（＝恐ろしい、もの寂しい）、「おろかなり」（＝疎略だ、劣る）の意を踏まえて判断する。

問十　傍線部直前の文に「都の方のみ恋しく」とあることに着目する。傍線部の「ぬべし」が強意の助動詞「ぬ」＋推量の助動詞「べし」であることを押さえて解答する。

問十一　最初のjの前にある生徒Aの発言「富士山なんか問題にならない…自分の心の思い上がりだと気づいている」、後のjを含む生徒Bの発言に、富士山の大きさだけではない何かに歓声が上がったとあることから判断する。

問十二　「なる」を含めた「見えずなる」で訳してみるとよい。〝見えなくなる〟になるので動詞と判断する。「なる」は「大学生になる」と同じなので四段活用である。

問十五　順序にこだわらず、確実なものを決めて消去していくとよい。Aは、例えば資料Ⅱ直前の発言に見られるように、使うべき資料に言及しているので、⑤が適当である。また、Dの発言は全体を通して「？」になっていることが多いので、④だと判断する。Fの資料Ⅲの後の発言を見ると、調べたことについて述べていることがわかるので、②だと判断する。全体の見通しが立った段階で、その他の役割に矛盾がないことを確かめるとよい。

問十六　Xが資料Ⅰのまとめであることを読み取る。Ⅰには一九九二年に自然遺産としての検討を開始し、一九九五年に文化遺産としても検討することになり、二〇〇三年に自然遺産としての登録は困難だと明らかになったと書かれてい

問九　ウ
問十　オ
問十一　ウ
問十二　ア
問十三　ア
問十四　ア
問十五　オ
問十六　X―ウ　Y―エ　Z―イ

◀解　説▶

問一　選択肢の「収斂《しゅうれん》」は〝一つにまとまる〟の意。空欄前の「登録を目指すことの是非」が国内の議論にあった。つまり、一つの方向にまとまっていなかったという文脈を押さえ、戦略について述べているaもそれに基づいて判断する。

問二　空欄を含む発言を受けて生徒Dが世界遺産登録の基準を確認する必要があると述べていることから、富士山をどういうものとして扱うべきかが問題の中心であったことがわかる。

問三　最初の空欄c直前に富士山がさまざまな芸術家にインスピレーションを与えたとあること、三箇所目のcの後に「あいまいな『その他』条項」とあることから判断する。dについては、cと並列されていること、サブタイトルが「信仰の対象と芸術の源泉」という文化に関するものであることから判断する。eとfは空欄前後から自然遺産、自然科学的価値としての登録基準であることを押さえ、「自然」に言及している基準を選ぶ。

問四　空欄前の「日本人はモノにも魂がある…抵抗感がない」、空欄後の「だから富士山を優れた芸術作品そのものとして登録することに…抵抗も感じなかった」とあることから判断する。

国語

一

解答

(1)―③ (2)―④ (3)―③ (4)―② (5)―④ (6)―⑤ (7)―② (8)―①

二

出典

近藤誠一『FUJISAN 世界遺産への道』〈第二章 富士山推薦からイコモス勧告まで 1 世界遺産条約加盟と富士山：自然遺産から文化遺産へ 第七章 富士山と世界における日本文化 3 富士山登録の意義〉（毎日新聞社）

菅原孝標女『更級日記』

阿仏尼『うたたね』、『十六夜日記』

解答

問一 エ

問二 イ

問三 カ

問四 ア

問五 ア

問六 イ

問七 ア

問八 エ

教学社 刊行一覧

2024年版 大学入試シリーズ（赤本）

378大学555点
全都道府県を網羅

国公立大学（都道府県順）

全国の書店で取り扱っています。店頭にない場合は，お取り寄せができます。

1 北海道大学（文系－前期日程）
2 北海道大学（理系－前期日程） 医
3 北海道大学（後期日程）
4 旭川医科大学（医学部〈医学科〉） 医
5 小樽商科大学
6 帯広畜産大学
7 北海道教育大学
8 室蘭工業大学／北見工業大学
9 釧路公立大学
10 公立千歳科学技術大学
11 公立はこだて未来大学 総推
12 札幌医科大学（医学部） 医
13 弘前大学 医
14 岩手大学
15 岩手県立大学・盛岡短期大学部・宮古短期大学部
16 東北大学（文系－前期日程）
17 東北大学（理系－前期日程） 医
18 東北大学（後期日程）
19 宮城教育大学
20 宮城大学
21 秋田大学 医
22 秋田県立大学
23 国際教養大学 総推
24 山形大学 医
25 福島大学
26 会津大学
27 福島県立医科大学（医・保健科学部） 医
28 茨城大学（文系）
29 茨城大学（理系）
30 筑波大学（推薦入試） 医 総推
31 筑波大学（前期日程） 医
32 筑波大学（後期日程）
33 宇都宮大学
34 群馬大学 医
35 群馬県立女子大学
36 高崎経済大学
37 前橋工科大学
38 埼玉大学（文系）
39 埼玉大学（理系）
40 千葉大学（文系－前期日程）
41 千葉大学（理系－前期日程） 医
42 千葉大学（後期日程） 医
43 東京大学（文科） DL
44 東京大学（理科） DL 医
45 お茶の水女子大学
46 電気通信大学
47 東京医科歯科大学 医
48 東京外国語大学 DL
49 東京海洋大学
50 東京学芸大学
51 東京藝術大学
52 東京工業大学
53 東京農工大学
54 一橋大学（前期日程） DL
55 一橋大学（後期日程）
56 東京都立大学（文系）
57 東京都立大学（理系）
58 横浜国立大学（文系）
59 横浜国立大学（理系）
60 横浜市立大学（国際教養・国際商・理・データサイエンス・医〈看護〉学部）
61 横浜市立大学（医学部〈医学科〉） 医
62 新潟大学（人文・教育〈文系〉・法・経済科・医〈看護〉・創生学部）
63 新潟大学（教育〈理系〉・理・医〈看護を除く〉・歯・工・農学部） 医
64 新潟県立大学
65 富山大学（文系）
66 富山大学（理系） 医
67 富山県立大学
68 金沢大学（文系）
69 金沢大学（理系） 医
70 福井大学（教育・医〈看護〉・工・国際地域学部）
71 福井大学（医学部〈医学科〉） 医
72 福井県立大学
73 山梨大学（教育・医〈看護〉・工・生命環境学部）
74 山梨大学（医学部〈医学科〉） 医
75 都留文科大学
76 信州大学（文系－前期日程）
77 信州大学（理系－前期日程） 医
78 信州大学（後期日程）
79 公立諏訪東京理科大学 総推
80 岐阜大学（前期日程） 医
81 岐阜大学（後期日程）
82 岐阜薬科大学
83 静岡大学（前期日程）
84 静岡大学（後期日程）
85 浜松医科大学（医学部〈医学科〉） 医
86 静岡県立大学
87 静岡文化芸術大学
88 名古屋大学（文系）
89 名古屋大学（理系） 医
90 愛知教育大学
91 名古屋工業大学
92 愛知県立大学
93 名古屋市立大学（経済・人文社会・芸術工・看護・総合生命理・データサイエンス学部）
94 名古屋市立大学（医学部） 医
95 名古屋市立大学（薬学部）
96 三重大学（人文・教育・医〈看護〉学部）
97 三重大学（医〈医〉・工・生物資源学部） 医
98 滋賀大学
99 滋賀医科大学（医学部〈医学科〉） 医
100 滋賀県立大学
101 京都大学（文系）
102 京都大学（理系） 医
103 京都教育大学
104 京都工芸繊維大学
105 京都府立大学
106 京都府立医科大学（医学部〈医学科〉） 医
107 大阪大学（文系） DL
108 大阪大学（理系） 医
109 大阪教育大学
110 大阪公立大学（現代システム科学域〈文系〉・文・法・経済・商・看護・生活科〈居住環境・人間福祉〉学部－前期日程）
111 大阪公立大学（現代システム科学域〈理系〉・理・工・農・獣医・医・生活科〈食栄養〉学部－前期日程） 医
112 大阪公立大学（中期日程）
113 大阪公立大学（後期日程）
114 神戸大学（文系－前期日程）
115 神戸大学（理系－前期日程） 医
116 神戸大学（後期日程）
117 神戸市外国語大学 DL
118 兵庫県立大学（国際商経・社会情報科・看護学部）
119 兵庫県立大学（工・理・環境人間学部）
120 奈良教育大学／奈良県立大学
121 奈良女子大学
122 奈良県立医科大学（医学部〈医学科〉） 医
123 和歌山大学
124 和歌山県立医科大学（医・薬学部） 医
125 鳥取大学 医
126 公立鳥取環境大学
127 島根大学 医
128 岡山大学（文系）
129 岡山大学（理系） 医
130 岡山県立大学
131 広島大学（文系－前期日程）
132 広島大学（理系－前期日程） 医
133 広島大学（後期日程）
134 尾道市立大学 総推
135 県立広島大学
136 広島市立大学
137 福山市立大学 総推
138 山口大学（人文・教育〈文系〉・経済・医〈看護〉・国際総合科学部）
139 山口大学（教育〈理系〉・理・医〈看護を除く〉・工・農・共同獣医学部） 医
140 山陽小野田市立山口東京理科大学 総推
141 下関市立大学／山口県立大学
142 徳島大学 医
143 香川大学 医
144 愛媛大学 医
145 高知大学 医
146 高知工科大学
147 九州大学（文系－前期日程）
148 九州大学（理系－前期日程） 医
149 九州大学（後期日程）
150 九州工業大学
151 福岡教育大学
152 北九州市立大学
153 九州歯科大学
154 福岡県立大学／福岡女子大学
155 佐賀大学 医
156 長崎大学（多文化社会・教育〈文系〉・経済・医〈保健〉・環境科〈文系〉学部）
157 長崎大学（教育〈理系〉・医〈医〉・歯・薬・情報データ科・工・環境科〈理系〉・水産学部） 医
158 長崎県立大学 総推
159 熊本大学（文・教育・法・医〈看護〉学部）
160 熊本大学（理・医〈看護を除く〉・薬・工学部） 医
161 熊本県立大学
162 大分大学（教育・経済・医〈看護〉・理工・福祉健康科学部）
163 大分大学（医学部〈医学科〉） 医
164 宮崎大学（教育・医〈看護〉・工・農・地域資源創成学部）
165 宮崎大学（医学部〈医学科〉） 医
166 鹿児島大学（文系）
167 鹿児島大学（理系） 医
168 琉球大学 医

2024年版　大学入試シリーズ（赤本）

国公立大学 その他

169 〔国公立大〕医学部医学科 総合型選抜・学校推薦型選抜 医 総推
170 看護・医療系大学〈国公立 東日本〉
171 看護・医療系大学〈国公立 中日本〉
172 看護・医療系大学〈国公立 西日本〉
173 海上保安大学校／気象大学校
174 航空保安大学校
175 国立看護大学校
176 防衛大学校 総推
177 防衛医科大学校（医学科） 医
178 防衛医科大学校（看護学科）

※No.169～172の収載大学は赤本ウェブサイト（http://akahon.net/）でご確認ください。

私立大学①

北海道の大学（50音順）

201 札幌大学
202 札幌学院大学
203 北星学園大学・短期大学部
204 北海学園大学
205 北海道医療大学
206 北海道科学大学
207 北海道武蔵女子短期大学
208 酪農学園大学（獣医学群〈獣医学類〉）

東北の大学（50音順）

209 岩手医科大学（医・歯・薬学部） 医
210 仙台大学 総推
211 東北医科薬科大学（医・薬学部） 医
212 東北学院大学
213 東北工業大学
214 東北福祉大学
215 宮城学院女子大学 総推

関東の大学（50音順）

あ行（関東の大学）

216 青山学院大学（法・国際政治経済学部－個別学部日程）
217 青山学院大学（経済学部－個別学部日程）
218 青山学院大学（経営学部－個別学部日程）
219 青山学院大学（文・教育人間科学部－個別学部日程）
220 青山学院大学（総合文化政策・社会情報・地球社会共生・コミュニティ人間科学部－個別学部日程）
221 青山学院大学（理工学部－個別学部日程）
222 青山学院大学（全学部日程）
223 麻布大学（獣医、生命・環境科学部）
224 亜細亜大学
225 跡見学園女子大学
226 桜美林大学
227 大妻女子大学・短期大学部

か行（関東の大学）

228 学習院大学（法学部－コア試験）
229 学習院大学（経済学部－コア試験）
230 学習院大学（文学部－コア試験）
231 学習院大学（国際社会科学部－コア試験）
232 学習院大学（理学部－コア試験）
233 学習院女子大学
234 神奈川大学（給費生試験）
235 神奈川大学（一般入試）
236 神奈川工科大学
237 鎌倉女子大学・短期大学部
238 川村学園女子大学
239 神田外語大学
240 関東学院大学
241 北里大学（理学部）
242 北里大学（医学部） 医
243 北里大学（薬学部）
244 北里大学（看護・医療衛生学部）
245 北里大学（未来工・獣医・海洋生命科学部）
246 共立女子大学・短期大学
247 杏林大学（医学部） 医
248 杏林大学（保健学部）
249 群馬医療福祉大学・短期大学部 新
250 群馬パース大学 総推
251 慶應義塾大学（法学部）
252 慶應義塾大学（経済学部）
253 慶應義塾大学（商学部）
254 慶應義塾大学（文学部） 総推
255 慶應義塾大学（総合政策学部）
256 慶應義塾大学（環境情報学部）
257 慶應義塾大学（理工学部）
258 慶應義塾大学（医学部） 医
259 慶應義塾大学（薬学部）
260 慶應義塾大学（看護医療学部）
261 工学院大学
262 國學院大學
263 国際医療福祉大学 医
264 国際基督教大学
265 国士舘大学
266 駒澤大学（一般選抜T方式・S方式）
267 駒澤大学（全学部統一日程選抜）

さ行（関東の大学）

268 埼玉医科大学（医学部） 医
269 相模女子大学・短期大学部
270 産業能率大学
271 自治医科大学（医学部） 医
272 自治医科大学（看護学部）／東京慈恵会医科大学（医学部〈看護学科〉）
273 実践女子大学 総推
274 芝浦工業大学（前期日程〈英語資格・検定試験利用方式を含む〉）
275 芝浦工業大学（全学統一日程〈英語資格・検定試験利用方式を含む〉・後期日程）
276 十文字学園女子大学
277 淑徳大学
278 順天堂大学（医学部） 医
279 順天堂大学（スポーツ健康科・医療看護・保健看護・国際教養・保健医療・医療科・健康データサイエンス学部） 総推
280 城西国際大学 新
281 上智大学（神・文・総合人間科学部）
282 上智大学（法・経済学部）
283 上智大学（外国語・総合グローバル学部）
284 上智大学（理工学部）
285 上智大学（TEAPスコア利用方式）
286 湘南工科大学
287 昭和大学（医学部） 医
288 昭和大学（歯・薬・保健医療学部）
289 昭和女子大学
290 昭和薬科大学
291 女子栄養大学・短期大学部
292 白百合女子大学
293 成蹊大学（法学部－A方式）
294 成蹊大学（経済・経営学部－A方式）
295 成蹊大学（文学部－A方式）
296 成蹊大学（理工学部－A方式）
297 成蹊大学（E方式・G方式・P方式）
298 成城大学（経済・社会イノベーション学部－A方式）
299 成城大学（文芸・法学部－A方式）
300 成城大学（S方式〈全学部統一選抜〉）
301 聖心女子大学
302 清泉女子大学
303 聖徳大学・短期大学部
304 聖マリアンナ医科大学 医
305 聖路加国際大学（看護学部）
306 専修大学（スカラシップ・全国入試）
307 専修大学（学部個別入試）
308 専修大学（全学部統一入試）

た行（関東の大学）

309 大正大学
310 大東文化大学
311 高崎健康福祉大学 総推
312 拓殖大学
313 玉川大学
314 多摩美術大学
315 千葉工業大学
316 千葉商科大学
317 中央大学（法学部－学部別選抜）
318 中央大学（経済学部－学部別選抜）
319 中央大学（商学部－学部別選抜）
320 中央大学（文学部－学部別選抜）
321 中央大学（総合政策学部－学部別選抜）
322 中央大学（国際経営・国際情報学部－学部別選抜）
323 中央大学（理工学部－学部別選抜）
324 中央大学（6学部共通選抜）
325 中央学院大学
326 津田塾大学
327 帝京大学（薬・経済・法・文・外国語・教育・理工・医療技術・福岡医療技術学部）
328 帝京大学（医学部） 医
329 帝京科学大学 総推
330 帝京平成大学 総推
331 東海大学（医〈医〉学部を除く－一般選抜）
332 東海大学（文系・理系学部統一選抜）
333 東海大学（医学部〈医学科〉） 医
334 東京医科大学（医学部〈医学科〉） 医
335 東京家政大学・短期大学部 総推
336 東京経済大学
337 東京工科大学
338 東京工芸大学
339 東京国際大学
340 東京歯科大学
341 東京慈恵会医科大学（医学部〈医学科〉） 医
342 東京情報大学
343 東京女子大学
344 東京女子医科大学（医学部） 医
345 東京電機大学
346 東京都市大学
347 東京農業大学
348 東京薬科大学（薬学部） 総推
349 東京薬科大学（生命科学部） 総推
350 東京理科大学（理学部〈第一部〉－B方式）
351 東京理科大学（創域理工学部－B方式・S方式）
352 東京理科大学（工学部－B方式）
353 東京理科大学（先進工学部－B方式）
354 東京理科大学（薬学部－B方式）
355 東京理科大学（経営学部－B方式）
356 東京理科大学（C方式、グローバル方式、理学部〈第二部〉－B方式）

私立大学②

いつも受験生のそばに── 赤本

大学入試シリーズ＋α
入試対策も共通テスト対策も赤本で

入試対策

赤本プラス

赤本プラスとは，過去問演習の効果を最大にするためのシリーズです。「赤本」であぶり出された弱点を，赤本プラスで克服しましょう。

大学入試 すぐわかる英文法 DL
大学入試 ひと目でわかる英文読解
大学入試 絶対できる英語リスニング DL
大学入試 すぐ書ける自由英作文
大学入試 ぐんぐん読める英語長文〔BASIC〕
大学入試 ぐんぐん読める英語長文〔STANDARD〕
大学入試 ぐんぐん読める英語長文〔ADVANCED〕
大学入試 最短でマスターする
数学Ⅰ・Ⅱ・Ⅲ・A・B・C 新◎
大学入試 突破力を鍛える最難関の数学 新◎
大学入試 ちゃんと身につく物理 新◎
大学入試 もっと身につく物理問題集
（①力学・波動）新◎
大学入試 もっと身につく物理問題集
（②熱力学・電磁気・原子）新◎

入試対策

英検® 赤本シリーズ

英検®（実用英語技能検定）の対策書。
過去問集と参考書で万全の対策ができます。

▶**過去問集（2023年度版）**
英検®準1級過去問集 DL
英検®2級過去問集 DL
英検®準2級過去問集 DL
英検®3級過去問集 DL

▶**参考書**
竹岡の英検®準1級マスター DL
竹岡の英検®2級マスター CD DL
竹岡の英検®準2級マスター CD DL
竹岡の英検®3級マスター CD DL

入試対策

赤本プレミアム

赤本の教学社だからこそ作れた、
過去問ベストセレクション

京大数学プレミアム〔改訂版〕
京大古典プレミアム
東大数学プレミアム 新
東大現代文プレミアム 新

CD リスニングCDつき　DL 音声無料配信
新 2023年刊行　◎ 新課程版

入試対策

赤本メディカルシリーズ

過去問を徹底的に研究し，独自の出題傾向をもつメディカル系の入試に役立つ内容を精選した実戦的なシリーズ。

〔国公立大〕医学部の英語〔3訂版〕
私立医大の英語〔長文読解編〕〔3訂版〕
私立医大の英語〔文法・語法編〕〔改訂版〕
医学部の実戦小論文〔3訂版〕
〔国公立大〕医学部の数学
私立医大の数学
医歯薬系の英単語〔4訂版〕
医系小論文 最頻出論点20〔3訂版〕
医学部の面接〔4訂版〕

入試対策

体系シリーズ

国公立大二次・難関私大突破へ，自学自習に適したハイレベル問題集。

体系英語長文	体系日本史
体系英作文	体系世界史
体系数学Ⅰ・A	体系物理〔第6版〕
体系数学Ⅱ・B	体系物理〔第7版〕新◎
体系現代文	体系化学〔第2版〕
体系古文	体系生物

入試対策

単行本

▶**英語**
Q&A即決英語勉強法
TEAP攻略問題集 CD
東大の英単語〔新装版〕
早慶上智の英単語〔改訂版〕

▶**数学**
稲荷の独習数学

▶**国語・小論文**
著者に注目! 現代文問題集
ブレない小論文の書き方 樋口式ワークノート

▶**理科**
折戸の独習物理

▶**レシピ集**
奥薗壽子の赤本合格レシピ

入試対策　共通テスト対策

赤本手帳

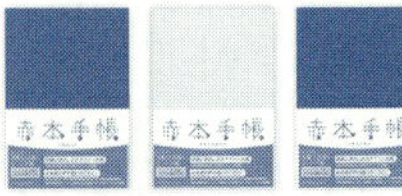

赤本手帳（2024年度受験用）プラムレッド
赤本手帳（2024年度受験用）インディゴブルー
赤本手帳（2024年度受験用）ナチュラルホワイト

入試対策

風呂で覚えるシリーズ

水をはじく特殊な紙を使用。いつでもどこでも読めるから，ちょっとした時間を有効に使える！

風呂で覚える英単語〔4訂新装版〕
風呂で覚える英熟語〔改訂新装版〕
風呂で覚える古文単語〔改訂新装版〕
風呂で覚える古文文法〔改訂新装版〕
風呂で覚える漢文〔改訂新装版〕
風呂で覚える日本史〔年代〕〔改訂新装版〕
風呂で覚える世界史〔年代〕〔改訂新装版〕
風呂で覚える倫理〔改訂版〕
風呂で覚える化学〔3訂新装版〕
風呂で覚える百人一首〔改訂版〕

共通テスト対策

満点のコツシリーズ

共通テストで満点を狙うための実戦的参考書。
重要度の増したリスニング対策は
「カリスマ講師」竹岡広信が一回読みにも
対応できるコツを伝授！

共通テスト英語〔リスニング〕満点のコツ CD DL
共通テスト古文 満点のコツ
共通テスト漢文 満点のコツ
共通テスト化学基礎 満点のコツ
共通テスト生物基礎 満点のコツ

入試対策　共通テスト対策

赤本ポケットシリーズ

▶**共通テスト対策**
共通テスト日本史〔文化史〕

▶**系統別進路ガイド**
デザイン系学科をめざすあなたへ
心理学科をめざすあなたへ〔改訂版〕